Christoph Meer - Teyler

Sänger · Verborgene Fäden

Fritz Sänger

Verborgene Fäden

Erinnerungen und Bemerkungen
eines Journalisten

Verlag Neue Gesellschaft · Bonn

CIP-Kurztitelaufnahme der Deutschen Bibliothek

Sänger, Fritz
Verborgene Fäden: Erinnerungen u. Bemerkungen eines Journalisten. –
1. Aufl. – Bonn: Verlag Neue Gesellschaft, 1978.
    ISBN 3-87831-267-9

© 1978 bei Verlag Neue Gesellschaft GmbH
Godesberger Allee 143, D-5300 Bonn 2
Alle Rechte vorbehalten
Nachdruck – auch auszugsweise – nur mit Genehmigung des Verlags
Herstellung: braunschweig-druck GmbH
Printed in Germany 1978

„Es gibt nichts Gutes —
außer man tut es"

(Erich Kästner)

Inhalt

Zuvor sei bemerkt ...

Der Mensch gerät unversehens in „seine Zeit". Denn er hat sie nicht vorbereitet, nicht einmal aussuchen können, und er muß nicht erst erwachsen sein, um sich in ihr zurechtzufinden. Er täte gut, wenn er von Anfang an versuchte, in jeder Zeit das Beste aus allem zu machen.

Wir leben nicht nur einer nach dem anderen, sondern auch einer aus dem anderen. Nur zum Teil, zu einem bescheidenen Teil, gestalten wir dann unsere Zeit in vielen kleinen Geschehnissen mit. Der eine ergreift diesen, der andere jenen Zipfel, je nach Elternhaus, Umwelt, Schicksal, Beruf, Position und Leistung, auch nach den geistigen und körperlichen Kräften, die er hat und die er einsetzt, die er pflegt und erweitert oder unbeachtet läßt. Glück und Pech, Veranlagung und Willen – was wird der Mensch aus seinen Möglichkeiten machen?

Jahrzehnte später fragt er sich dann vielleicht auch, was er hat machen können, was ihn behinderte, was er nicht erkannt hat.

Jeder lebt sein Leben und gewinnt sein Maß. Das des anderen zu dulden, seine andere Art zu respektieren, die eigene Unabhängigkeit an den Grenzen abzustecken, die der andere für seine Freiheit beansprucht, diese Grenzen zu finden und zu achten, das ist die große Kunst, ein Leben in Freiheit und als ein Freier führen zu können.

In diesem Buch werden Episoden aus einem Leben erzählt, das im ersten Jahr nach der Jahrhundertwende geboren wurde. Das war die Zeit, in der ein Kaiser auf dem Thron seiner Väter saß, Wilhelm II., Deutscher Kaiser, keineswegs Kaiser von Deutschland oder gar „der Deutschen". 1871 war dieser Thron errichtet worden und 1888 bestieg ihn der dritte in der Reihe nach Vater und Großvater.

Im Blickfeld des jungen Menschen, der heranwuchs, lag in jener Zeit das eigene Vaterland. Alle anderen Länder waren weit fort.

Amerika war das Land der Indianerkämpfe. In Afrika gab es Kolonien, und die Menschen dort konnten weder lesen noch schreiben und trugen bunte Lappen oder gingen nackt; „Onkel Toms Hütte" schien ihr Schicksal zu sein. Im märchenumsponnenen Orient lag das ferne Indien. Frankreich aber, an Deutschlands Westgrenze, war der „Erbfeind" Deutschlands. Rußland wurde von einem Zaren beherrscht, in dessen Bereich Sibirien als Schrecken der Untertanen existierte. Aus China drohte die „gelbe Gefahr, eine Geißel der Menschheit".

So entstand das Bild der Welt. Im eigenen Lande sorgte der Kaiser für alle. Er war selbstverständlich „ein lieber Mann", wie wir in der Schule sangen, der in Berlin wohnte, von der Welt gefürchtet oder respektiert, von allen Deutschen geliebt; er schien mächtiger zu sein als alle anderen Herrscher, Könige, Zaren oder Präsidenten.

So etwa sah das Bild aus, das von einer Schulklasse, die vor der Entlassung stand, in einem letzten freien Aufsatz beschrieben worden war, das Bild einer Welt, die diese jungen Menschen um 1912 zu kennen meinten. Es war eine Klasse einer großstädtischen Volksschule, und diese Schulart wurde damals von etwa neunzig Prozent aller Kinder besucht.

Bald, sehr bald wurde das anders. Auf den Schlachtfeldern des ersten Weltkrieges (1914 bis 1918) bekämpften Menschen einander, von denen die meisten nicht wußten, aus welchem Lande die anderen gekommen sein könnten, auf die sie geschossen hatten und die auf sie schossen. Es waren afrikanische Zuaven und indische Gurkhas, mongolische und marrokanische Menschen, sie hatten schwarze, gelbe und weiße Hautfarbe und alle rangen um einen Sieg, der keinem den Frieden brachte.

Als der Krieg Millionen Menschenleben, dazu Länder, Städte und Dörfer und menschliches Glück zerstört hatte, lebte der Deutsche Kaiser in Holland. Deutschland wurde eine Republik. Die Könige von Bayern, von Sachsen und Württemberg, die Herzöge und Fürsten der deutschen Länder waren verschwunden. In Rußland gab es keinen Zaren mehr, und das britische Empire war im Zustand des Zerfalls. Amerika, die Vereinigten Staaten, erschienen als Großmacht, und eine neue Gesellschaftsform, vom Kommunismus bestimmt, begann sich in Osteuropa auszubreiten.

In Deutschland wurde der Versuch unternommen, eine Demokratie zu entwickeln, in der die Staatsgewalt vom informierten und verantwortungsbewußten Bürger ausgehen sollte. Er mißlang zwar zunächst, aber er regte zu neuen Ideen und weitgreifenden Hoffnungen und Wünschen an. Die heranwachsenden Jungen und Mädchen waren Zeugen und wurden Träger der Wandlung und neuer Entwicklungen. Sie taten, als sie älter wurden, erste Schritte zu notwendigen Reformen. Sie erlebten, sie sahen, beobachteten, zweifelten, hörten, lasen und begeisterten sich und das geschah zum ersten Male in allen Schichten des ganzen Volkes. Sie lernten andere Völker kennen und andere Länder sehen, erst wenige von ihnen, dann immer mehr. Diese Generation – das sind heute die Alten in unserer Gesellschaft.

Zu jener Zeit, der Weimarer Republik, die 1918 ausgerufen wurde, sangen die Kinder in den Schulen „Deutschland, Deutschland über alles" als Nationalhymne. Ihre Eltern hatten noch „Heil Dir im Siegerkranz gesungen", und wir lernten diese Hymne auf den Kaiser in den ersten Jahren auch noch. Für eine Jugend, die zunehmend sehend und deshalb kritisch wurde, verlief der Übergang nicht ohne Verwirrung.

Ich erinnere mich eines Vorganges aus den ersten Schuljahren, als der Kaiser noch auf dem Thron saß. Ein Mitschüler hatte in der Klasse die Frage gestellt, warum wir eigentlich dem Kaiser immer wieder Heil wünschten, ob er denn sehr krank sei. Der Lehrer war bemüht, den Sinn des Liedes verständlich zu machen.

Aber da war auch der „Siegerkranz": Es hatte ja noch gar keinen Krieg gegeben, den dieser Kaiser siegreich geführt hätte, und der jetzt tobende Weltkrieg war auch noch nicht siegreich beendet. Die Klasse war beteiligt, fragte, ließ sich nicht einfach beschwichtigen. An der Wand hing ein Vers: „Sich selbst bekämpfen, ist der allerschwerste Krieg, sich selbst besiegen, ist der schönste Sieg." Aber auch Friedrich Freiherr von Logau, von dem dieser Vers stammte (wie unter dem Bild stand), konnte dem Lehrer nicht viel helfen.

Da stimmte doch etwas nicht! Und als dann das neue, das republikanische Deutschland, das nach dem Kriege aufgebaut werden sollte, „von der Maaß bis an die Memel" und „von der Etsch bis an den Belt" gepriesen wurde, stimmte es wieder nicht. Es gelang denen, welche die Verantwortung trugen, auch den modernen Schulen, den demokratischen Parteien nicht, die Werte und die Bedeutung des selbstverantwortlichen Staatsbürgers deutlich oder gar begehrenswert zu machen. In Wirtschaft und Politik blieben die Mächtigen von einst mächtig, auch wenn sie nicht führten. Die Vergangenheit verfälschte die Gegenwart. Auch die junge Generation, die in der Weimarer Republik heranwuchs, hat den Unterschied zwischen Wort und Wirklichkeit erfahren und hat auch damals, was sie nicht redlich fand und nicht glaubte billigen zu können, auf ihre Weise an den Pranger zu stellen versucht.

Dann machte in den dreißiger Jahren die weltweite Krise der ungebundenen „Wirtschaftsordnung" Millionen von Menschen arbeitslos. Sie entbehrten, sie erlahmten und verzweifelten und verfielen, über Ursache und Wirkung ihres Schicksals kaum je aufgeklärt, nur zu leicht denen, die ihnen versprachen: „Heute gehört uns Deutschland, morgen die ganze Welt" – wenn sie nur wollten. Zu viele folgten den neuen noch größeren Worten und rücksichtslosen Versprechungen, den Lügen, die sie nicht erkannten.

Die Jugend unter dem Hakenkreuz hatte zu gehorchen, sie wurde gedrillt, nicht erzogen. Das neue „Heil", das sie nun rufen mußte, galt einem Diktator, aber sie wußte es nicht und sie glaubte, was ihr an Glanz und Gloria vorgegaukelt wurde und wurde dann bitter enttäuscht vom Schicksal in eine graue, nüchterne Trümmerwelt entlassen, in der Hunger herrschte und Hoffnungslosigkeit. Das war die Wirklichkeit, die ihr die Väter nach dem zweiten verlorenen Kriege boten und in der sie leben und arbeiten sollte.

Je höher sich die Träume und die Phantasie der Nationalisten aller Schattierungen in die Wolken schwangen, je größer das Verlangen, je sinnloser die Illusionen wurden, je maßloser die Arroganz des Machtwillens sich ausdehnte, desto schmerzhafter mußte die Belehrung für alle die folgen, die jene Jahre des Pathos und der hallenden Begeisterung, der unkontrollierten Leidenschaften und des ungezügelten Verbrechens kritiklos durchlebt hatten.

Ob auch die jungen Menschen in diesen zwölf Jahren der Herrschaft des absoluten Nationalismus die Lieder mitgesungen hatten, die von der Herrschaft über die Welt dröhnten, oder ob sie nur mit gehofft haben, ob sie ihren Verstand betäubt oder ob sie ihn für den Versuch des Widerstandes gegen das totale Verbrechen eingesetzt hatten, alle standen 1945 vor den Trümmern der Städte und der Dörfer, der Arbeitsstätten, der Hoffnungen und ihres Glaubens. Es war mit allen Sinnen zu begreifen, daß Deutschland und daß Europa zerstört worden war.

Die Jugend in diesem geteilten Deutschland hat die neue Wirklichkeit begriffen und hat schnell durch den Glauben an die Freiheit der Person und an ein gemeinsames Europa ersetzt, was sie verloren hatte. Sie vergaß ihre Hoffnung auch dann nicht, als nur wenige Jahre danach das sogenannte Wirtschaftswunder in Deutschland zu einem Materialismus ohne Beispiel führte und verführte, an dem freilich die große Mehrheit der jungen Generation kaum Teil hatte. Sie mußte wie ihre Väter, die es vergessen hatten, abermals erkennen, daß da wieder etwas nicht stimmte.

„Einigkeit und Recht und Freiheit" sollten nun ein wirklich neues, schöneres und besseres Deutschland kennzeichnen. Manche sangen und singen die neue Hymne des Landes ungern. Es erscheint diesen angemessener, die Mahnungen aus der Vergangenheit zu beachten und Warnungen zu verstehen, die aus Ursache und Wirkung zu erkennen sind. Das „Land voll Lieb' und Leben, mein teures Vaterland" wäre, so meinten viele, der richtige und der angemessene Ruf gewesen, alle Deutschen zu gemeinsamer Arbeit für den Frieden und für den Fortschritt in der Welt aufzufordern. Viele aber, zu viele, trotzen mit einem „Deutschland über alles" und verweigern Können und Wollen dem Möglichen, das zu tun sich anbietet. Nicht wenige meinen, es tue sich auch heute schwer mit der Einigkeit und mit dem Recht und wohl auch mit der Freiheit, es gebe noch allzuviel Obrigkeit und Glauben an die Allmacht des Staates, zu wenig Bereitschaft zu unabhängiger Freiheitlichkeit und souveräner Staatsbürgerhaltung.

Wer diese Jahrzehnte offenen Sinnes erlebt hat – kann der anders als kritisch beobachten und immer wieder Wort und Tat messen und Unterscheiden? Möglich, daß der Beruf des Journalisten deshalb nur eine Konsequenz war; er hat mein Leben bestimmt.

Im April 1920 – ich war 18 Jahre alt geworden – wurde vom zuständigen Gericht ein Antrag des Vorstandes des Preußischen Lehrervereins, der damals weitaus größten und führenden Berufsorganisation der Lehrer, genehmigt, der die Erklärung meiner vorzeitigen Großjährigkeit betraf. Ich hatte „ja" zu der Frage des Vorstandes gesagt, ob ich bereit sei, eine neu zu gründende Zeitschrift für angehende und junge Lehrer – „Der Ruf" – zu redigieren. Redakteur konnte nur sein, wer volle Verantwortung übernehmen konnte, also im juristischen Sinne volljährig war. Damals war das 21. Lebensjahr dafür geltend. In der Geschichte der preußischen Lehrerseminare war es ein noch niemals verzeichneter Vorgang, daß nun in der Aula verkündet wurde, was geschehen war. Der Direktor nannte es einen Fortschritt zur Verwirklichung der jungen Demokratie.

Mit dieser Verpflichtung begann für mich die unmittelbare Anteilnahme an den „öffentlichen Angelegenheiten", wurde das Beobachten zur Pflicht und die Entscheidung über wichtig und unwichtig, über wahr oder zweifelhaft, die Suche nach den Zwischentönen, die erst eine redliche und gerechte Darstellung des Tatsächlichen ermöglichen, zur Sache des Gewissens, der ständigen Auseinandersetzung mit sich selbst.

Nur eine kleine Zahl von Ereignissen und Erinnerungen habe ich schließlich aufgeschrieben. Mir war nicht zuerst das mitgeteilte einstige Geschehen wichtig, sondern mich leitete die Hoffnung, durch eine Darstellung Überlegungen zu provozieren, nun auch in diesem bunten, turbulenten und nicht selten komplizierten öffentlichen Leben mitzuwirken. Zu jeder Zeit in der Geschichte war die kritische und darin verantwortungsbewußte Mitwirkung des Bürgers die Voraussetzung für die Entwicklung und das Gedeihen einer Demokratie.

Die in diesem Buche mitgeteilten Erinnerungen aus einem nun 75jährigen Leben berichten nicht zusammenhängend über einen Lebenslauf. Geburtsdatum und -ort, Herkunft, Schulbesuch, Ausbildung und Stationen im beruflichen Leben werden aber erwähnt, jedoch nur beiläufig in der einen oder anderen Episode, die hier erzählt wird.

Bei der Auswahl und Aufzeichnung meiner Erinnerungen kam es mir nicht auf Sensationen, wohl aber darauf an, daß erlebte Tatsachen für sich selber sprechen. Ich möchte deutlich werden lassen, welche Rolle in einem Leben das Wort „Warum" spielen kann, wie Zweifel zu Kritik führen, wie damit die wichtigsten Voraussetzungen journalistischer und verantwortungsbewußter Tätigkeit entstehen und wirken. Denn Journalismus, der ständig wache Drang zur Beobachtung, zur Analyse und zur wertenden Mitteilung dessen, was die Augen sahen und die Ohren hörten, kann nicht erlernt werden; er setzt Anlagen voraus und entfaltet sich mit dem „im Strom der Welt" sich bildenden Charakter.

Eine kontinuierliche Darstellung des Verlaufes eines Lebens zu geben, das keinen kontinuierlichen Verlauf nahm, erschien mir nicht angebracht. Der „Erste Blick" (1907) des Sechsjährigen aus dem Fenster der elterlichen Wohnung, der auf demonstrierende Arbeiter fiel, rief die Frage wach, warum die Männer so laut riefen, warum sie rote Fahnen trugen, warum sie Hunger hätten. Der Geschichtsunterricht, der, noch im Kaiserreich erlebt, zwischen dem Kaiser und dem Senator der Freien und Hansestadt Hamburg unterschied, solche Episoden sind mir wichtiger für dieses Buch als manches gute Gespräch, das ich viel später mit vielen Persönlichkeiten geführt habe, die in Politik, Wirtschaft und Kultur etwas galten.

Das Leben, das ich zu leben hatte, brachte manchen überraschenden Abschnitt, der oft ein Abbruch war. Es folgte zwar eines auf das andere, aber nicht immer eines aus dem anderen.

Die Ausbildung nach der Schulzeit konnte zwar ins Schulamt führen, jedoch verfolgte ich mit dem Besuch des Lehrerseminars vor allem den Zweck, auf diesem in der Republik neu ermöglichten Wege die Reife für ein Universitätsstudium zu erlangen. Der Besuch einer Höheren Schule war in der Kaiserzeit denen versagt, die nicht die Mittel für ein

ziemlich hohes Schulgeld, für Schulbücher, Kleidung und einen Lebens-
standard aufbringen konnten, den eine Witwe mit vier Kindern nicht
ermöglichte. Im Seminar halfen staatliche Stipendien. Aber nun entwickelte sich auf dem Seminar der Journalist. Nach bestandenem Examen vergingen nur neun Tage, dann konnte ich bereits in der größten
Zeitung in meiner Heimatstadt Stettin bei gediegenen Journalisten
volontieren.
Zufall und Interesse führten zur gewerkschaftlichen Arbeit, und der
Sekretär der Berufsorganisationen der Beamten und Lehrer wurde mit
der Wirklichkeit konfrontiert: Ihm wurden Sachaufgaben gestellt, die
zu lösen waren.
Die Nazijahre lehrten, ohne Lohn und im Widerstreit zur Obrigkeit
leben zu können. Dann wurde der Journalist erneut und in besonderen
Positionen gefordert, und in der Demokratie wurde der Staatsbürger
nicht aus der politischen Verpflichtung entlassen, die ihm Mitverantwortung auferlegte. Es entstanden Konflikte.
Diese Abschnitte in meinem Leben ergaben sich vielfach aus Zufällen
und aus überraschenden Ereignissen. Sie sollten deshalb in der Darstellung nicht durch intellektuelle Konstruktion so miteinander verknüpft werden, als ob sie ein organisches Ganzes bildeten. Die voneinander unabhängigen Erfahrungen und einzelnen Erlebnisse, von denen
ich berichten möchte, sollten Stichworte hergeben, die Inhalt und Lehren
kennzeichnen. Jahreszahlen zu den Episoden haben keine andere Bedeutung als die, es dem Leser zu ermöglichen, Zeit und Umstände durch
eigene Erinnerungen ungefähr zu erkennen.
Was immer ich erlebt und erfahren habe, wollte ich nicht mit direkten
oder auch nur mittelbaren Hinweisen auf Wichtigkeiten bemänteln
oder in einen bedeutungsvollen Rang heben. Jede überzogene Bewertung meiner Erlebnisse und Erfahrungen liegt mir sehr fern und wo
eine Selbstbeleuchtung vorhanden zu sein scheint, entstand sie ganz
gewiß nur, um einen Vorgang genau und verständlich zu erzählen.
Fremde Federn möchte ich Fremden lassen, und bunte Kleidung habe
ich nie getragen. Um der Treue zur Wirklichkeit und um der Wahrheit
willen erscheinen mir die von mir gewählte Form und der Inhalt der
Aufzeichnungen auch dann vertretbar, wenn sie üblichen Ansprüchen
an gewohnte Memoirenliteratur nicht entsprechen. Ich wünsche mir,
daß der Leser nachdenklich wird, wenigstens hin und wieder.
Wedel/Holstein, Sommer 1977

Erster Blick

(1907)   Es muß nicht 1907 gewesen sein, es kann sich auch 1908 er-
eignet haben, aber gewiß nicht später, weil der Vater noch lebte, der
im Herbst 1908 starb. Wir wohnten in Stettin am Viktoriaplatz 1. Das
Rathaus lag, wenn wir am Fenster standen, rechts; die Grüne Schanze,
die Straße aus der Stadtmitte zum Bahnhof hin, war durch eine Quer-
straße und über den Platz hinweg, gerade noch zu sehen. Mutter hatte
gerufen, Menschen, viele Menschen, die sangen und rote Fahnen trugen,
zogen die Grüne Schanze entlang. Sie wollten wohl zum Rathaus ein-
schwenken, wurden aber daran gehindert, denn in der schmalen Quer-
straße standen Polizisten. Das waren damals meist ältere Männer, oft
wohlbeleibt, mit Pickelhauben und in blauer Uniform.
Arbeiter demonstrierten. Es war die erste Begegnung mit dem Leben
jenseits der Familie, mit einer „öffentlichen Angelegenheit", mit einem
gesellschaftspolitischen Tatbestand – wie immer ein solches Ereignis
dann gekennzeichnet wurde. Soweit ich mich erinnern kann, gab es
zuvor nichts dergleichen in der kleinen Welt, die wir Kinder und wohl
die meisten kannten. Dieses Ereignis blieb fest in der Erinnerung. Was
wollten die Menschen? Warum riefen sie so laut?
Die Mutter erklärte es und der Vater kam dazu. Er hatte sein Büro
genau unter dem Schlafzimmer, an dessen Fenster wir gestanden hatten
und hatte ebenfalls gesehen, was sich da tat. Viel hatte sich nicht ereig-
net, kein „Zusammenstoß", keine Aktion. Vater – ich habe das in Erinnerung als sei es vor nicht langer Zeit erst gewesen – sagte, es sei ganz
dumm, die Arbeiter schlecht zu behandeln, denn die brauchten wir, mit
denen müsse er auch arbeiten. Er war Kaufmann und hatte eine Gene-
ralvertretung als Großhändler mit Lebensmitteln, vornehmlich Marga-
rine, die damals noch wenig bekannt war. Wenn eine Ladung nach
Finnland ging, das damals noch zum Zarenreich gehörte, oder nach
Dänemark, Schweden oder Norwegen, dann fuhren unsere Wagen zum
Freihafen. Mir ist in Erinnerung geblieben, daß der Vater einmal mit
den Arbeitern gesprochen hat, mit denen ich manchmal mitfahren
durfte. Er sagte, so erinnere ich mich, daß sie sehr vorsichtig sein müßten, denn eine solche Ladung sei wertvoll und es dürfe keine der vielen
Kisten entzweigehen, und die Arbeiter erwiderten, sie würden schon
richtig aufpassen. Dieses Gespräch, so seltsam es klingen mag, ist mir
genau und bis in beobachtete Gesten hin vor Augen, weil ich immer
wieder daran habe denken müssen, wie sich die Erwachsenen besprochen
haben. Denn nachher sagte es der Vater auch Mutter, das seien vernünftige Leute, auf die man sich verlassen könne. Nach seinem Tode haben
manche von ihnen noch meiner Mutter geholfen.

Ein Kind nimmt solche Wahrnehmung wahrscheinlich viel gründlicher auf als ein Erwachsener, wie ein Erlebnis, das den Menschen formt.

Kaiser-Manöver

(1912)   Das Bundesverteidigungsministerium hat meine Bitte nicht beantwortet, mit der ich bestätigt haben wollte, daß 1912 in der Nähe von Stettin, in Pommern und Mecklenburg, Kaiser-Manöver stattgefunden haben. Ich glaube aber, das Jahr ist richtig erinnert. Wir hatten damals bei Hans Lawerenz Unterricht, einem Lehrer, den wir Jungen „Stacker" nannten, weil er so stolperig ging. Er war meist kurz angebunden, aber wir hatten jenes Vertrauen zu ihm, das man einem „Kumpel" entgegenbringt.

An dem Tage, den die Erinnerung festgehalten hat, wollten wir von ihm wissen, ob der Kaiser auch nach Stettin komme und ob wir ihn sehen könnten und wo am besten. Er erklärte es uns: Am Deutschen Berg! Die Parade nach dem Manöver werde auf dem Kreckower Feld sein, also komme der Kaiser am Denkmal auf dem Deutschen Berg vorbei, und dort sollten wir uns einen Platz suchen.

Das erklärte er, aber irgendwie spürten wir eine Distanz. Dann fügte er hinzu, etwa so, es war seine Art: Ja, Kaiser, Jungen, das wird man, wenn der Vater Kaiser war. Man braucht nichts weiter dazu zu tun. Wenn Ihr aber mal einen Mann sehen wollt, der etwas geworden ist, weil er viel kann, Charakter hat, Mut und auch weiß, wo bei den Menschen der Schuh drückt, dann müßt Ihr Euch einen Hamburger Senator ansehen! Die kommen in das Amt ohne den Vater, wenigstens die meisten. Die müssen etwas getan haben und tüchtig sein, sonst bleiben sie nicht Senator. Kaiser kann jeder bleiben, wenn er es ist. Damals haben wir Jungen den Kaiser gesehen; er ritt an uns vorüber. Ob wir Hurra geschrien haben, ich weiß es nicht mehr. Aber die galoppierende Kavalkade machte großen Eindruck auf uns.

Krieg

(1914)   Ein ganzes Jahr freuten wir Kinder uns auf Lubmin, auf die Kleinbahn, die vom Hauptbahnhof in Greifswald durch die alten Straßen bimmelte, nach Wiek und nach Eldena fuhr, nach Hanshagen-Gut und Hanshagen-Dorf, nach Galkow und nach Vierow und durch die Wiesen und Felder schlich und im Walde wieder die Glocke der Lokomotive schlagen ließ, damit die Wege, die über die Schienen führten, freiblieben. Es gab ja noch Rehe und Hasen und es gab viele Menschen, die dort Erholung suchten. Lubmin lag an der Ostsee, nicht weit davon, wo dann in Peenemünde die Nazis ihre Fernraketen bauten und heute ein Atomkraftwerk der DDR steht. Jenseits des Bodden lag die Insel Rügen und davor der Vilm, eine Malerinsel, ein Juwel im Kranz der Inseln, des Ruden, der Greifswalder Oie, die den Leuchtturm trug und der Insel Hiddensee. Über dem Strand von Lubmin stand auf hoher Düne der Kiefernwald, und, wirklich: „Wenn in stiller Stunde Träume mich umweh'n, bringen frohe Kunde Geister, ungeseh'n, reden von dem Lande meiner Heimat mir, hellem Meeresstrande, dunklem Waldrevier".

In Lubmin wohnten Freunde meines Vaters. Als er zu früh für uns vier Geschwister gestorben war, schon 1908, luden sie uns in jedem Jahre zu sich ein, Franz Jacobs und seine Frau und die Kinder. Das „Alte Haus" stand im Dorf, wo morgens die Kühe vorüberzogen und wo der Krämerladen für die Bauern war. Ein „Neues Haus" war die „Villa Margarete", dicht am Strand, ringsum von hohen Kiefern geschützt. Welche Ruhe, wie tief der Frieden, der dort herrschte. Selbst als Kinder haben wir das bemerkt und haben uns darauf gefreut, wenn wir in der Stadt an den nächsten Sommer dachten.

Die Badegäste, wie die Fremden genannt wurden, kamen aus Leipzig und aus Dresden, aus Magdeburg, aus Prag und aus Warschau, das damals russisch war. Aus Lodz kam eine Familie in jedem Jahre wieder, aus St. Petersburg eine andere. Die Blunks kamen aus Hamburg. Aus Holland kamen sie und in Scharen aus Berlin und Stettin. Wir Kinder kannten uns bald, spielten miteinander, wußten nur von Freude, Ferien, See und Sand, vom Wald, von Bootsfahrten, wir waren fröhlich miteinander.

Das war immer so, das konnte niemals anders werden. Aber dann durften plötzlich die Kinder der einen Familie nicht mehr mit uns herumstreifen. Warum nicht? Am nächsten Tag fuhren sie schon ab, diese Familie und eine andere. Die aus Lodz glaubten nicht daran: Es gebe Krieg, hieß es.

Warum Krieg? In Serbien war der Thronfolger des österreichischen Kaisers erschossen worden. Deshalb sollte es Krieg geben? Wir sprachen miteinander, wir Kinder; wir verstanden es nicht. Was die Großen sagten, verstanden wir noch weniger.

Aber die Blunks reisten auch ab und gleich auch die aus Petersburg, und die Lehrerfamilie aus Stettin, die uns auf der Hinfahrt mitgenommen hatte, packte die Sachen – und wir mußten es auch tun.

Wir nahmen Abschied, richtigen Abschied, wie es die Großen taten, aber wir glaubten nicht daran: Nächstes Jahr, dann gehen wir wieder nach Fresendorf, fahren mit den Fischern zum Aalfang, nächstes Jahr, wie immer!

Manche weinten als sie abfuhren.

Ich habe niemals einen von den Jungen oder Mädchen wiedergesehen. Wir waren dreizehn Jahre alt oder etwas weniger oder mehr. Wir begriffen das nicht: Warum denn Krieg? Warum denn Feinde? Warum denn totschießen, wenn wir doch Freunde waren?

Wir hatten viel zu lernen von dem, was Leben heißt.

Berlin

(1916)   Wir sollten einen Aufsatz über deutsche Städte schreiben. Jeder konnte wählen, welche Stadt er beschreiben wollte, es mußte nur der Charakter, das Wesen dieser Stadt in dem Aufsatz deutlich gemacht werden. Es kam nicht auf eine Beschreibung, wohl aber auf die Ausdeutung an. Hans Lawerenz, der uns dieses Thema gestellt hatte, gab, wie er uns dabei erklärte, „den eigentlichen Geschichtsunterricht". Er fragte auch nach Geschichtszahlen, aber öfter und eindringlicher nach dem Warum des Geschehens. Nun frage man einmal fünfzehnjährige Jungen mitten im Kriege nach dem Warum des Siebenjährigen Krieges! Warum hat Friedrich II. – nein, Lawerenz sagte kaum je „der Große", er blieb bei dem zweiten Friedrich der preußischen Königsgeschichte – diesen Krieg gegen Maria Theresia begonnen, geführt, wiederholt?
Was also sagte die Stadt aus, die man sich gewählt hatte? Ich wollte über Berlin schreiben, über die Hauptstadt des Deutschen Reiches. Aber ich hatte über Berlin als „Hauptstadt Deutschlands" geschrieben. Das führte zu einer mit roter Tinte an den Rand geschriebenen Bemerkung des Lehrers: „Berlin war nicht ‚schon immer' die Hauptstadt Deutschlands, sondern ist 1871 zur Hauptstadt des Deutschen Reiches gemacht worden. Hauptstadt waren nach geschichtlicher Tatsache und Tradition Wien oder Frankfurt und andere Städte in Deutschland".
Das führte zu einer Diskussion in der Klasse. Berlin rückte unversehens aus seiner zentralen Bedeutung heraus, die es doch zu jener Zeit für jeden Jungen, mindestens in Norddeutschland, hatte. Da wurden Dresden und Frankfurt am Main, Wien und Worms, Aachen und viele andere Städte des „Heiligen Römischen Reiches deutscher Nation" in einer Eindringlichkeit vorgestellt, die uns Jungen so fesselte, daß, wer es wollte, noch an einer freiwilligen Arbeitsgemeinschaft teilnehmen konnte, die sich mit „der eigentlichen Geschichte" Deutschlands befaßte, nicht mit den Kriegen, sondern mit seiner Kultur, seiner Entwicklung, seinen Möglichkeiten und seinen Belastungen aus Geschichte und Politik, mit der Position Deutschlands unter den anderen Völkern in Europa und in der Welt.
Es ist eine unvergeßliche Erinnerung, wie es diesem Lehrer gelang, ohne Pathos, ohne hochtrabende Rederei ein Bild des Wesens Deutschlands und der Deutschen bei uns entstehen zu lassen, das zu Respekt, zur wirklichen Anteilnahme an den Tatsachen und so zu einem innigen Verhältnis zu Land und Mitmenschen führte. Die „Helden" waren die großen Geister der Wissenschaft und der Kunst, auch Staatsmänner, auch Soldaten, aber wieder auch die Frauen und Männer der sich in jenen Jahrzehnten hoch entwickelnden Wirtschaft und Technik. Das Wort vom Helden ist, so glaube ich, niemals gefallen.
Die Seite aus dem Aufsatzheft fand ich 1945 zwischen alten Blättern, die wir aus dem Reisekorb kramten, als wir den Krieg, den zweiten, hinter uns hatten. Ich hatte frühzeitig angefangen zu sammeln. Es hat sich gelohnt.

Es sollte Frieden geben

(1917)   Daß sich an den runden Anschlagsäulen, die es damals in viel größerer Zahl gab als heute, die Menschen drängten, um Neuigkeiten zu erfahren, war mindestens seit Beginn des Krieges häufig der Fall. Es gab ja noch keinen Rundfunk, der die neuesten Informationen in die Häuser bringen konnte, und die Zeitungen, die zwar Extrablätter herausgaben, enthielten lange Artikel und nur kurze Nachrichten. An den Anschlagsäulen standen, als der Krieg 1914 begann, die Wortlaute der amtlichen Bekanntmachungen, der Aufruf des Kaisers „An mein Volk" mit dem Satz: „Ich kenne keine Parteien mehr, ich kenne nur noch Deutsche"; dort stand der Befehl zur Mobilmachung, die Anordnung zur Einführung der Brotkarte.

Aber so viele Menschen waren noch niemals um die Säulen versammelt und so lautlos standen die Menschen vorher auch nie dabei. Jemand las laut vor, was da angeschlagen war. Die großen weißen Plakate hatten einen langen Text, den man nur lesen konnte, wenn man dicht davor stand.

Der Deutsche Reichstag hatte mitten im Kriege, am 19. Juli 1917, eine Resolution gefaßt, in der vom Frieden die Rede war. Vorher war der Reichskanzler gestürzt worden. Das war schon eine Sensation. Theobald von Bethmann-Hollweg hatte er geheißen, und sein Nachfolger hieß „nur" Georg Michael, „ein Bürgerlicher also", sagten die Leute. Das war der erste Kommentar, der hörbar wurde.

Eine Mehrheit im Reichstag hatte es „gewagt" (so kommentierten wir Jungen und sprachen es auch aus); es waren Sozialdemokraten, Fortschrittliche (heute würde man Freie Demokraten sagen) und Zentrumsabgeordnete (die man heute etwa auf einem linken Flügel der CDU suchen müßte). Sie bekannten sich zu einem Frieden der Verständigung und ohne Annexionen oder Kriegsentschädigungen.

Frieden! Das Wort allein genügte, um Hoffnung entstehen zu lassen; für einen Taumel der Begeisterung reichte es nicht. Zuhause sagte die Mutter nur: „Na ja, mal sehen, was wird". Wahrscheinlich haben andere Mütter das auch gesagt und sich dann weiter um das nötige Essen gesorgt. Der Hunger war spürbar in jenem Jahr, und er begann das Denken zu beherrschen.

Wir Jungen aber diskutierten. Zum ersten Male begegneten wir der Tatsache, daß es eben doch Parteien gab, die etwas anderes wollten als andere Parteien. Natürlich hatte es sie längst gegeben. Da waren also die Konservativen und die Nationalliberalen für den Krieg und die Eroberung anderer Länder und die Sozialdemokraten und Fortschrittler und viele oder vielleicht alle aus dem Zentrum für den Frieden – so einfach machten wir es uns.

Aber unter uns war einer, der sagte mehr dazu: Kurt Bauer. Sein Vater war im Metallarbeiterverband tätig, also Gewerkschaftsangehöriger. Er war für den Sohn eine Informationsquelle, die dieser aber durchaus kritisch ausschöpfte: „Der Alte meint..." Wir haben ihn später immer nur „den Alten" genannt. Damals meinte der Vater und nach ihm der Sohn, daß diese Resolution des Reichstages „eigentlich" wenig Sinn habe. Erstens habe der Abgeordnete Erzberger sie verfaßt und durchgesetzt und der sei ein ganz rücksichtsloser Annexionist, der die katholischen Länder Belgien, Polen und Litauen und andere in das Deutsche Reich einverleiben wollte. Aber weil nun die Vereinigten Staaten in den Krieg eingetreten waren, weil der Stellungskrieg im Westen nicht voranführte, weil auch der U-Boot-Einsatz England nicht überwand, versuche Erzberger zu retten was noch zu retten sei. Zweitens seien die Feindmächte jetzt stärker geworden und hätten in der Resolution des Reichstages viele Stolperdrähte gefunden, mehrdeutige Wendungen, Bedingungen und heimliche Vorbehalte.

Zum ersten Male besprachen wir konkrete Alternativen, suchten wir nach Zwischentönen, unterschieden wir redliche Absichten von taktischen Zielen. Es war die Diskussion, in der Kurt Bauer einmal sagte, man könne sich in manchen Situationen und bei politischen Überlegungen oft oder meist auf das Gefühl sicherer verlassen als auf den Verstand, wenn man nur genug wisse und richtig nachdenke.

Heute meine ich, daß er recht gehabt hat. Ich habe mir seine Bemerkung damals aufgeschrieben und viele ähnliche gelegentlich dazu, alle in ein kleines, braunes Kontobuch, das irgendwo bei uns lag. Es ist noch heute vorhanden. Viele Seiten sind vergilbt, und die Bleistiftschrift hat die Jahrzehnte oft nicht überdauert. In den Bombennächten des zweiten Weltkrieges ist fast alles vernichtet worden was wir besaßen. Warum blieb dieses Büchlein, warum blieben andere Blätter und manche Bilder erhalten? Ich werde wohl noch manches Mal auf dieses Büchlein zurückgreifen.

Dabersche Kartoffeln

(1917)   Die eine Hausfrau hielt es mit den gelbfleischigen, die andere mit den roten Kartoffeln. Wer noch aus der Zeit des ersten Weltkrieges Erinnerungen mit sich trägt, der weiß, was die Daberschen Kartoffeln bedeuteten: Meine Mutter sagte, sie seien die besten. Solange sie noch wählen konnte, kaufte sie die und keine anderen.

Im Krieg wurde das anders. Selbst in Pommern, unserer Heimat, wo doch, wie der Volksmund behauptet, „die dümmsten Bauern" wohnen und deshalb „die größten Kartoffeln wachsen", gab es nicht mehr genug Kartoffeln um satt werden zu können, wenigstens nicht in den großen Städten und nicht für die Normalverbraucher, die nichts zum Tauschen und nicht genug Geld hatten, um Überpreise bezahlen zu können. Deren Kinder gingen deshalb „heuschen", das heißt, sie gingen zu den Bauern aufs Land und bettelten, damit sie – gegen Bezahlung! – ein paar Pfund Kartoffeln zusätzlich bekamen.

Mein Bruder, damals zwölf Jahre jung, und ich gingen heuschen, nicht nur einmal. Obwohl wir noch unerfahren waren, heimsten wir beide

Rucksäcke voll von Daberschen Kartoffeln! Solch ein Glück! Es war ein trüber Herbsttag. Die Nässe hing in der Luft und auch auf unserem Rücken. Die Kartoffeln waren angefroren. Machte nichts, dachten wir, Mutter würde sich dennoch freuen.

Als wir auf den Bahnhof wankten, es muß Kolbitzow gewesen sein, wo heute die Grenzstation zwischen der DDR und Polen ist, war es fast dunkel. Wir hatten den Gendarm nicht gesehen, der da stand. Das „Hamstern", wie sie das nannten, obwohl wir uns doch nur satt essen wollten, war verboten.

„Ausschütten!"

Das Geld war weg; die Kartoffeln waren weg; die Rucksäcke waren leer. Im Wartesaal weinten Frauen, denen es genau so gegangen war.

Als der Zug von fern pfiff, klopfte eine Frau draußen an die Fensterscheibe des Warteraumes und winkte uns Jungen. Sie zeigte uns im Schuppen am Bahnsteig einen Berg herrlichster Kartoffeln. Die Rucksäcke waren nie so schnell gefüllt worden, auch später nie wieder. Die Frau mahnte uns: „In Stettin müßt Ihr aufpassen, nicht zum Hauptausgang! Geht über den Eisensteg hinten raus!" Ob sich heute ein Mensch vorstellen kann, wie glücklich man sein kann, wenn man einen Rucksack voll Kartoffeln hat? Wir haben das Glück nicht vergessen. Wir schleppten mühsam die Last die Treppen hinauf, über den eisernen Steg zum Ausgang, der kaum je benutzt wurde.

Da aber stand eine „Pickelhaube"! Im Lampenlicht war sie frühzeitig zu sehen, jedoch war nichts mehr zu machen. Die Daberschen waren weg.

So war der Krieg – für uns.

Ein Kilo Butter

(1918)   Es könnte auch mehr gewesen sein, vielleicht waren es zwei Kilo. Wieviel gingen in ein Militärkochgeschirr hinein, das im ersten Weltkrieg jeder Soldat hatte (und jeder Junge, wenn er aufpaßte), wenn es bis an den Rand vollgeschmiert war? Das konnte ich am 6. August 1918 meiner Mutter zum Geburtstag schenken, mitten im schlimmsten Hungerjahr des Krieges.

Und das kam so: In den Sommerferien wollten wir irgendwo auf dem Lande beim Bauern arbeiten und essen, viel essen. Vier Freunde waren wir. Mit dem Dampfer fuhren wir bis Swinemünde und wanderten dann erst einmal den Strand entlang: Ahlbeck, Heringsdorf, Bansin, Ueckeritz und weiter bis an die Peene, an der damals noch keine Sperre war wie im zweiten Weltkrieg. Man hatte uns gesagt, auf Rügen seien die Arbeitskräfte besonders knapp. Deshalb wollten wir hin, auf die schönste aller deutschen Inseln. Irgendwo vor Greifswald nahm uns ein Fischer mit nach Putbus. Wir halfen hier, wir halfen dort; wir aßen und schliefen bei den Bauern, blieben ein paar Tage und wanderten weiter. Für die Ernte war es noch zu früh. Die Ferien vergingen zu schnell. Aber bis zur Stubbenkammer waren wir gekommen.

Dann wurde es Zeit zur Rückkehr; die Ferien dauerten nur vier Wochen. Es war später Abend. Eine Nacht mußte bevorstehen, wie sie nur in Romanen geschildert wird. Der Tag war heiß gewesen. Wir wanderten über den Damm, der den Jasmunder Bodden durchschnitt. Der Tau fiel überreichlich. Wir wurden triefend naß. Kurz vor Bergen sahen wir in der Morgendämmerung Licht, gingen hin und – hatten eine Molkerei „gefaßt". Wir durften uns wärmen, und die Arbeiter fragten uns aus; wohin, woher, wie sieht es in Stettin aus?

Es wurde Tag, und wir mußten fort. Als wir das Gepäck aufhuckten, das an den Öfen gelegen hatte, fehlten die Kochgeschirre. Der Schreck war heftig – aber kurz: Sie standen abseits, wo es nicht so warm war. Wir wollten sie aufschnallen, sie waren schwer geworden, denn bis an den Rand waren sie voll guter, pommerscher Landbutter geschmiert und das für jeden von uns!

Bilde sich niemand ein, der dies liest, daß er die Freude nachempfinden könne, die wir empfanden. Mutter hatte doch am nächsten Tage Geburtstag. Sie hatte zehn Jahre lang vier Kinder ohne den zu früh gestorbenen Vater aufgezogen und allein durch das Leben gebracht, ohne Vermögen, ohne Sozialhilfe, die es, als wir einen Kaiser hatten, noch nicht gab. Sie hatte im Kriege mehr gehungert als wir Kinder, denn immer hatte sie „schon vorher, in der Küche draußen, beim Zurechtmachen" gegessen, sagte sie, wenn sie uns zusah und selbst nichts aß. Ob wirklich jemand ihre Freude nachempfinden kann, als das Kochgeschirr auf dem Geburtstagstisch stand?

Alles wird ganz anders

(1918)   Der Krieg dauerte an. Der Hunger wurde nicht oft gestillt. Wenn es nicht einmal Kartoffeln gab! Die Kohlen wurden knapp, und wenn die Schule nicht geheizt werden konnte, fiel sie aus. Es war der vierte Kriegswinter. Im Frühjahr aber stand ein Examen an, dessen Bestehen damals zum Wehrdienst als „Einjähriger" berechtigte; sonst mußte jeder gesunde Junge zwei Jahre dienen. Wir Schüler einer Mittelschule – Vaters früher Tod hatte den Besuch einer anderen Schule, in der ein hohes Schulgeld gezahlt werden mußte, nicht möglich gemacht – mußten die Prüfung an einer Höheren Schule vor uns fremden Lehrern ablegen. Ich bestand – was nun?

Um weiterzukommen, bot zu jener Zeit die Ausbildung zum Lehrer an Volksschulen eine Chance. An den Lehrerseminaren, die diese Ausbildung vermittelten, gab es staatliche Beihilfen, die bei bescheidensten Ansprüchen auch dem den Besuch erlaubten, der von daheim nichts oder nur wenig erwarten konnte. In Pyritz in Pommern war eines der wenigen preußischen Seminare, deren Lehrkörper bereits von akademisch gebildeten Lehrern durchsetzt war und in diesem Falle auch geleitet wurde. Neben Jahrgangsklassen gab es freie Arbeitsgemeinschaften, und das abschließende Examen berechtigte begrenzt zum Studium. Ich ging nach Pyritz.

Vorerst war von Unterricht und planvoller geistiger Arbeit kaum die Rede. Die letzten Reserven an Männern waren Soldat geworden; der Jahrgang 1900 wurde eingezogen. Es fehlte an Arbeitskräften. In frei gebildeten Gruppen gingen wir in den landwirtschaftlichen Hilfsdienst. Wir pflügten und wir ernteten, wir machten Heu, und wir versorgten die Ochsen im Stall, die wir in der Frühe des Tages vor den Pflug spannten. Aber es gab zu essen und rings um uns war nichts vom Krieg zu spüren. Wilhelmsfelde bei Fiddichow lag in herrlicher Umgebung.

Revolution!

Wir hörten das ungläubig, aber Soldaten, die krank oder verwundet oder wer weiß warum sonst heimkehrten, bestätigten es. Der Krieg sei aus, sagten sie. Es kam für uns, die wir weit draußen auf dem Lande kaum Zeitungen bekamen – und einen Rundfunk gab es damals noch nicht! –, die kaum andere Menschen als die vom Gutshof sahen und sprachen, völlig überraschend. Es hielt uns nichts mehr.

Am anderen Tag war Wochenende. In Fiddichow, der nächsten Bahnstation, sprangen wir bei Dunkelheit auf den langsam durchfahrenden Güterzug. Die Beutel mit Kartoffeln, Kohlrüben (Wruken sagten wir dazu) und sogar mit Fleisch und Speck, was alles uns die Gutsleute und die Arbeiter gegeben hatten, schleuderten wir vorher hinauf und suchten und fanden sie im Dunkel der Nacht auf den Kohlen wieder, die der Zug aus Oberschlesien nach Stettin brachte. Auf dem Güterbahnhof in Stettin deckte die Nacht unsere Flucht über die Geleise. Bahnhöfe wurden damals streng bewacht.

Es schien wirklich vieles anders geworden zu sein, denn wir sahen keine Posten und niemand hielt uns an. Daheim herrschte große Freude, über den Heimkehrer und nicht minder über das Mitgebrachte. Mutter und Geschwister konnten nicht viel berichten. Zu der Zeit hatte jeder nur mit sich zu tun, und die politischen Ereignisse wurden kurz zur Kenntnis genommen. Erst als wir dann am anderen Tage Zeitungen lasen, Freunde sprachen, in den vielen Menschenansammlungen standen und hörten, begannen wir zu ahnen, daß wohl vieles oder alles ganz anders werden würde als es bisher war. Aber wie?

Am Abend fuhren wir wieder so zurück wie wir gekommen waren: Per Huckepack auf Güterwagen und glitten in Fiddichow in sternklarer Nacht hinunter. Zum Morgengrauen mußten wir in den Ställen sein und die Ochsen füttern, mit denen wir ackerten.

Was wir erfahren hatten, das gab uns Stoff zur Diskussion, und jeder hatte, wie wir uns vorgenommen hatten, Zeitungen gerafft, wo er nur welche finden konnte. Als die Ochsen nach getaner Arbeit im Stall standen, saßen wir in unserer warmen Unterkunft und besprachen das Weltgeschehen.

Die Fronten hatten dem Ansturm der wachsenden Kräfte der Gegner nicht standhalten können, so hatten es uns die Soldaten berichtet und so stand es auch in den Zeitungen. Die Generale, denen die Friedensresolution der Reichstagsmehrheit von 1917 noch als „Verrat" erschienen war, hatten nun, ein Jahr später, schon im September 1918 die Politiker zu Hilfe gerufen, die sie vorher verdammt und beschimpft hatten. Sie verlangten von den „Schwatzmäulern" in Berlin ganz schnell ein deutsches Friedensangebot an die Westmächte; „sofort" sollte es abgegeben werden, so verlangten es Hindenburg und Ludendorff vom Kaiser. Alles war oder schien uns auf den Kopf gestellt. Der Kaiser verließ das eigene Land, kämpfte nicht, war nicht tapfer, nicht siegreich, ging einfach über die Grenze nach Holland.

Man muß sich in die Situation jener jungen Menschen zu versetzen versuchen, um die Fassungslosigkeit begreifen zu können, die uns erfüllte. Da war also nun nichts mehr mit dem „Siegerkranz" und dem „Heil" und vielem anderen, was einmal selbstverständlich schien. Deutschland war eine Republik geworden, und wir wußten kaum, was denn das nun eigentlich in der täglichen Wirklichkeit bedeuten konnte. In den Zeitungen standen unbekannte Namen an der Stelle, an der sonst die Minister und die Mächtigen aus allen Ämtern und Organisationen zu finden waren.

Es war eine erregende Zeit, für junge Menschen nicht minder, vielleicht sogar mehr als für die Erwachsenen, denn wir kannten keine andere Welt als die, die es nun nicht mehr geben konnte. Wenn wir mit den Knechten auf dem Gutshof sprachen, mit den Handwerkern, die zuweilen auf den Hof kamen, mit den Kriegsgefangenen, die mit uns arbeiteten und mit denen wir uns gut verstanden – eine völlig neue Welt tat sich vor uns auf. Das alles mag in den Städten anders gewesen sein als auf dem Lande, weitab von der Stadt. Wir mußten uns zum ersten Male unmittelbar im Gespräch mit Betroffenen mit Fragen beschäftigen, die wir kaum dem Thema nach kannten, geschweige denn in der konkreten Belastung, die sie alle mit sich trugen. Die nächsten Wochen waren eine „Hohe Schule" der politischen Wirklichkeit.

Als der Frühling kam, zogen wir wieder nach Pyritz zurück. Die Begegnung mit dem Krieg und seinen Folgen, mit der Tragödie vieler Menschen, die ihm ihren Zoll zu zahlen hatten, das Wissen um keimende Hoffnungen auf eine neue, bessere Zukunft – das war ein Unterricht, den uns das Leben erteilte. Wir haben in Wilhelmsfelde nicht nur in der Landwirtschaft gelernt. Ich gestehe gern, daß ich jene Monate dort nicht missen möchte und daß ich manchem jungen Menschen später gleiche Erfahrungen und Erlebnisse gewünscht habe.

Staatsbürger

(1919)   Soll ich den „neuen Geist" beschwören, der nun, nachdem der Obrigkeitsstaat zerfallen war, auch in die Lehrerseminare einzog? Ich möchte lieber berichten, wie es dort wirklich war. Mag, wer dies liest und bedenkt, daraus erkennen, wie klein die Schritte oft sind, die auf dem Wege vom Untertan zum freien Bürger getan werden müssen.

Die Seminaristen, die nicht Soldat geworden waren, und jene, die aus den Schützengräben heimkehrten, saßen nun gemeinsam auf den Schulbänken. Es gab dort keine Revolution. Der Herr Oberleutnant, der bei Ypern war oder an der Somme oder in Rußland gekämpft hatte, und der „Heimkrieger", der alles wissende Lehrer, nahmen ihre gewohnten Plätze ein. Sie haben alle lernen müssen. Ich erinnere mich vieler Spannungen, aber keines Vorfalls, der ungewöhnlich war.

Die Früchte des reichen Pyritzer Weizackers wuchsen nicht für alle, die im Internat des Lehrerseminars wohnten. 1919 und auch später sind noch viele der Seminaristen, auch der ehemaligen Soldaten unter ihnen, nicht immer satt geworden. An einem Morgen hing über dem Speisesaal ein sorgfältig gezeichnetes Schild; es trug die Inschrift: „Jesus Sirach 31, 13". Wer in der Bibel nachschlug, die damals zum üblichen Bestand der Schulbücher gehörte, der fand: „Und denke nicht, hie ist viel zu fressen." Der Vers hing lange dort.

Nein, es gab keine peinliche Untersuchung! Mancher der älteren Lehrer mag sie erwartet, gar gefordert haben. Der Pädagoge, der das Seminar leitete, Schulrat Saar, forschte nicht nach dem „Wer", sondern nach dem „Warum". Er fragte danach, er diskutierte darüber, er regte an, daß wir Vorschläge machen sollten, wie die Beköstigung so vieler Menschen verbessert werden könne und ob vielleicht der Staat jetzt die Haushaltszuschüsse erhöhen werde.

Wir begriffen was zu tun war, denn wir waren gefragt. Der Appell, ob er bewußt empfunden oder als eine Provokation hergenommen wurde, führte dazu, daß die Seminaristen unter sich beschlossen, eine Abordnung von ihnen müsse nach Berlin reisen, zu den neuen preußischen Ministern für „Wissenschaft, Kunst und Volksbildung", zu Konrad Haenisch und Adolph Hoffmann, damals noch beide das Ministerium leitend, der Sozialdemokrat und der Unabhängige Sozialist, der „Zehn-Gebote-Hoffmann". Zwei sind gefahren, ein „Kriegsseminarist", Erich Rathke und der, der diese Erinnerung aufschreibt. Dort fand keiner etwas dabei, auch Konrad Haenisch nicht, der uns empfing, daß da zum ersten Male sozusagen Verhandlungen zwischen einem Minister und Schülern aufgenommen wurden.

Ein Weg war hier betreten worden, der seit jenem Anfang in einer langen Entwicklung erfolgreich und Schritt für Schritt fast unmerklich zu den Einrichtungen geführt hat, in denen heute Regierende und Regierte, Verantwortliche und Interessierte, Berufene und auch Unberufene miteinander beraten und beschließen. Wir lernten: die formale, durch Gesetz gestützte Autorität findet ihre Grenze und Korrektur dort, wo sich Gemeinsinn und Verantwortungsbewußtsein des Bürgers einer öffentlichen Aufgabe verpflichtet wissen.

Schlacken

(1920) „Schnirks" konnte, wenn er wollte und in entsprechender körperlicher Verfassung war, in vorbildlicher Weise Geschichte lehren. Dann unterrichtete er nicht, sondern forschte, analysierte, grübelte, indem er spach und verwies den, der zuhörte, zum Mitdenken. Wenn er nicht in Form war – und das war nicht ganz selten der Fall – betrat er den Raum mit den Worten: „Na, nu schnirksen Sie mal". Daher der Spitzname. Er ruhte dann aus, mußte ausruhen.

Eines Morgens im März 1920 sah man ihm beim Eintritt die Wirkung der uns bekannten Ursachen an. Er sagte nichts vom „Schnirksen", sondern unerwartet: „So, jetzt herrscht Ordnung in Deutschland! Jetzt wird wieder gearbeitet!" Was war in ihn gefahren?

Er wußte, was uns noch unbekannt war: In Berlin und in anderen deutschen Städten hatten rechtsradikale Kreise einen Putsch gegen die gewählte Regierung unternommen. Von Döberitz her, so berichtete „Schnirks" etwas mühsam, wo ein Militärübungsplatz war, hatte der Reichswehrgeneral Walter Freiherr von Lüttwitz, schon lange vorher in den Zeitungen wiederholt als im politisch-demokratischen Sinne unzuverlässig bezeichnet, die berüchtigt gewordene „Brigade Ehrhardt" nach Berlin marschieren lassen. Sie sollte die Reichsregierung, die damals unter dem Sozialdemokraten Gustav Bauer amtierte, absetzen. Der ehemalige ostpreußische Generallandschaftsdirektor Wolfgang Kapp, ebenfalls als Exponent nationalistischer Kreise bekannt, sollte die Macht übernehmen, den Reichstag auflösen und eine neue Regierung einsetzen. In Bauers Reichsregierung saßen damals unter fünfzehn Ministern, den Kanzler eingeschlossen, sieben, die der SPD angehörten, die also in der Minderheit waren; Zentrum und Demokraten bildeten die Mehrheit.

Ursache des Putsches war – „Schnirks" sagte so etwas ungerührt – daß „eben die janze Richtung nicht paßte". Anlaß zu der Aktion der Nationalisten war, daß die Reichsregierung nach dem Friedensvertrag von Versailles die Zahl der deutschen Truppen vermindern mußte und angeordnet hatte, die Marinebrigade aufzulösen. Die aber hatte sich ganz besonders als Schutztruppe der politischen Rechten und der Radikalen unter den Feinden der Demokratie entwickelt.

Die Reichsregierung wich nach Dresden und dann nach Stuttgart aus. Sie wollte kämpfen. Die Gewerkschaften proklamierten zur Abwehr des Putsches den Generalstreik. Als der voll befolgt wurde und alle Räder stillstanden, brach der Putschversuch schnell zusammen. Er hatte am 14. März begonnen und endete am 17. März.

Schnirks hatte sehr bald wieder Gelegenheit, sich seinem Selbst zuzuwenden. Er erschien zur nächsten Geschichtsarbeit in wenig guter Verfassung und wurde mit der Bemerkung empfangen, die ich mir nicht verkneifen konnte: „Herr Fenner, in Deutschland herrscht wieder Ordnung; es wird weiter gearbeitet." Er winkte nur müde ab und blieb, was er immer war, ein richtiger Kumpel.

Seine politische Gesinnung war uns nie verborgen geblieben. Sie hinderte ihn auch nachher nicht, die Tatsachen von Gerüchten sorgfältig zu trennen und auch ihm sichtlich unangenehme Zugeständnisse zu machen. Als später ein neues Gesetz nur die Urheber des Putsches und seine Führer zur Verfolgung bestimmte und dann gar nur der Berliner Polizeipräsident wirklich verurteilt wurde, kritisierte Schnirks mit uns gemeinsam diese „Milde" des Gerichtes. Ich habe mir damals aufgeschrieben: „Diese Zeichen der Schwäche der Regierung sind schlimmer und werden folgenreicher sein als der ganze Putschversuch" – ausgesprochen von eben dem gleichen Erich Fenner. Seine Meinung war, wer regiert, der muß Gesetzen unnachsichtig Respekt verschaffen, „auch gegen Generale". Solche Sätze hielt ich fest. Es war noch oft nützlich, frühzeitig die Stenographie erlernt zu haben.

Die Sache mit dem Säugling

(1920)   „Jetzt noch ein Säugling!" Die tiefe Stille, die sich im Sitzungssaal des Deutschen Reichstages ausbreitete, als der Redner geschlossen hatte und nur vereinzelt Beifall versucht wurde, zerriß dieser Zwischenruf. Dann folgte „große Heiterkeit" und „Entrüstung", so stellte das Protokoll fest. Die erste und einzige Reichsschulkonferenz, die es in Deutschland je gegeben hat, begann ihre Arbeit.

Als Vertreter der Freideutschen Jugend hatte ein Jenaer Student der Philosophie, Hans Alfken, den Anspruch des Kindes auf einen guten, auf den ihm angemessenen Lehrer vertreten. Hoher Idealismus und gezügelter Enthusiasmus hatten Form und Inhalt der kurzen Ansprache zu einem Bekenntnis des Glaubens an eine neue Zeit freien Menschentums werden lassen. Ohne Modewörter, ohne Pathos durchbrachen einfache Hinweise auf den kommenden Träger staatsbürgerlicher Pflichten die starren Üblichkeiten herkömmlicher pädagogischer Aussagen und Formeln.

Das war neu in einer Versammlung, die einen staatspolitischen Auftrag zu erfüllen hatte. Die 1913 auf dem Hohen Meißner von den Verbänden der Jugend gemeinsam entwickelte Forderung wurde zum ersten Male praktisch angewendet: „Wir wollen unser Leben nach eigener Bestimmung, unter eigener Verantwortung und mit innerer Wahrhaftigkeit selbst gestalten".

Hans Alfken ging auf seinen Platz zurück und blieb nicht einsam: Junge und alte Menschen drängten sich zu ihm. Der Staatssekretär des

Reichsministeriums des Innern, Heinrich Schulz, der die Reichsschulkonferenz leitete, in der dies geschah, mahnte die Teilnehmer:

> „Das Reichsministerium des Innern hat nach reiflicher Überlegung Jugendliche aus allen Kreisen der Jugendbewegung hinzugezogen (Sehr gut!). Wir haben sie auch als Sachverständige geladen, und zwar insofern, als sie noch Objekte der Erziehung sind oder bis vor kurzem waren. Meine Damen und Herren, daß die Jugend noch nicht tolerant ist, das ist ihr gutes Recht. (Zurufe: So? Gegenrufe: Sehr richtig!) Ich wünschte aber, daß die Erwachsenen alle etwas von der weisen Toleranz besäßen, die hier vorhin in den schönen Worten des Herrn Direktors Goldbeck zum Ausdruck genommen ist. (Bravo!) Ich möchte deshalb bitten, die Äußerungen der Jugendlichen, auch wenn sie noch nicht in der klassischen, gewählten Form vorgetragen werden, wie es bei Erwachsenen – nicht immer, aber gelegentlich – (Heiterkeit und Zustimmung) der Fall ist, mit der nötigen Toleranz entgegenzunehmen".

Im Frühjahr 1917, mitten im Kriege, hatte dem Deutschen Reichstag ein Antrag vorgelegen, die folgende Entschließung anzunehmen:

> „Der Reichstag wolle beschließen, den Herrn Reichskanzler zu ersuchen, nach Beendigung des Krieges Vertreter der staatlichen und gemeindlichen Schulverwaltung, der pädagogischen Theorie und Praxis und der Schulpolitik sowie andere geeignete Sachverständige zu einer Reichsschulkonferenz zusammenzuberufen, die im Hinblick auf die Kriegserfahrungen die Gesamtheit der pädagogischen, schulgesetzlichen und schulorganisatorischen Fragen zu beraten und sich gutachtlich darüber zu äußern hat."

Der Antrag war von den Sozialdemokraten eingebracht worden. Der Hauptausschuß des Reichstages befürwortete ihn, aber das Plenum lehnte ihn ab. Kaum ein Jahr später war die politische Landschaft in Deutschland verändert. In Preußen, dem weitaus größten Lande des Reiches, führte der Sozialdemokrat Konrad Haenisch das Ministerium für Wissenschaft, Kunst und Volksbildung. Im November 1918 bereits forderte er die Landesregierung auf, beim Reichsminister des Innern vorstellig zu werden, so bald wie möglich die in der einstigen Reichstagsentschließung angeregte Reichsschulkonferenz zu verwirklichen. Die Wirren der ersten Nachkriegszeit verhinderten eine sofortige Einberufung. Erst am 11. Juni 1920 konnte sie ihre Arbeit aufnehmen. Sie war eine Reichskonferenz, in der alle Fragen des Schulwesens zur Diskussion gestellt wurden, obwohl das Bildungswesen damals wie heute Sache der Länder war. Forschung und Wissenschaft, alle Schularten vom Kindergarten bis zu Hochschulen, die Berufsorganisationen der Lehrer, pädagogische Einrichtungen jeder Aufgabe, freie Vereinigungen, Elterngruppen, Kirchen und Gewerkschaften waren eingeladen und vertreten und nicht zuletzt auch die Bünde der Jugend.

Die Konferenz hatte weit über 600 Teilnehmer und sollte nicht den Charakter eines Parlamentes haben, erklärte ihr Vorsitzender, Staatssekretär Heinrich Schulz, denn sie sollte nicht durch Mehrheitsvoten wirken, sondern: „Sie ist nur eine amtliche, zusammenfassende Ver einigung von Gutachtern und kann nur gutachtliche Äußerungen zutage fördern".

Die Hoffnung, welche die preußische Landesregierung bei ihrer Anregung zu dieser Konferenz ausgesprochen hatte, wurde nicht erfüllt: „Die gründliche Erneuerung des deutschen öffentlichen Schul- und Erziehungswesens vorzubereiten". Noch war das konservative Element in Deutschland selbst dort zu stark, wo der Fortschritt wenigstens als notwendig anerkannt wurde. Es fehlte die Tat. Die Forderung der Weimarer Verfassung, Grundsätze für das Schulwesen aufzustellen, sei nicht erfüllt worden, stellte eben jener Hans Alfken fünfzig Jahre später in einem Artikel über „Die Reichsschulkonferenz 1920" fest und schrieb*:

„Reichsregierung und Länderregierungen versäumten außerdem, die Fülle der Anregungen, die sich in den Berichten und Diskussionen sowie den Leitsätzen und Beschlüssen der Reichsschulkonferenz dokumentierten, auszuwerten und in ausreichenden Versuchen auf ihr Praktikabilität zu erproben ..."

„Weder die Wissenschaftler noch die Praktiker der Pädagogik haben es unternommen, aus der Fülle des Materials der Konferenz eine geschlossene Konzeption eines neuen deutschen Schul- und Erziehungswesens zu erarbeiten. Solche Konzeption hätte die Diskussionen der Reichsschulkonferenz in der breiten Fachwelt und in der Öffentlichkeit erneut anfachen und damit die Politiker und Schulverwaltungen vor die Notwendigkeit progressiver Entscheidungen stellen können. Alles das geschah nicht. Die Reichsschulkonferenz geriet in Vergessenheit."

Alfkens Feststellungen sind nur allzu richtig. Selbst die Fachwelt kennt heute kaum noch die Namen derer, die damals einer neuen Schule den Weg zu bahnen versuchten, aber sie bedient sich nur allzu oft der Ideen und Planungen, die damals vorgetragen wurden, ein zuweilen peinlicher Vorgang.

Ich habe Hans Alfken nach jenen Tagen, dem 11. bis 19. Juni 1920, in denen ich als Berichterstatter für eine Zeitschrift die Reichsschulkonferenz beobachtet und über sie berichtet habe, erst Jahrzehnte später wiedergesehen. Der zweite Weltkrieg war schon vorüber. Jetzt lebt er im Ruhestand. Er war zuletzt Ministerialdirigent im Kultusministerium des Landes Niedersachsen. Der Idealismus der Jugend hat auch ihn nicht verlassen.

* In „Die Deutsche Berufs- und Fachschule", Heft 11/1970.

Journalist

(1921)   Der Schreibtisch, besonders breit und wuchtig, ein Glastisch daneben, die Sessel und der Stuhl, auf dem ich sitzen sollte – alles war mit Zeitungsausschnitten voll belegt. So sah das Zimmer des Chefredakteurs des „General-Anzeiger für Stettin und die Provinz Pommern" aus, des Dr. h. c. Otto Sommer. Ich sollte ihm „helfen" hatte er gemeint, er wolle den Leitartikel für die Sonntagsausgabe schreiben.

Die Zeitungsausschnitte rundherum trugen die Zeichen seiner Vorbereitung. Sie zeigten hier eine Stelle und dort eine, Unterstreichungen, rote, grüne und blaue Kreuze und Kreise, alles Kennzeichnungen für den Grad der Bedeutung dieser Stelle und Merkmale für die Aufeinanderfolge.

Er saß dann – nicht nur dieses eine Mal – hinter seinem Schreibtisch und griff nach links und nach rechts, nach vorn und nach hinten und begann zu diktieren, zu streichen, zu ändern, zu wiederholen.

So gut habe er es noch nie gehabt, meinte er, als die erste dieser Unternehmungen beendet war, und eine Unternehmung mit Wagnis, Gefahr und Erfolg war es stets. Meine früh in der Schulzeit begonnenen stenographischen Fertigkeiten kamen ihm und mir zu Hilfe. Der Leitartikel wurde immer fertig, meist aber erst Stunden nach dem Diktat. Der Chefredakteur fand ihn in aller Regel „wirklich gut". Vor seiner journalistischen Position war er Rektor einer Schule in Stettin gewesen. Er hatte Amt und Pension aufgegeben.

Das war noch eine Zeit richtiger journalistischer Tätigkeit. Später erst lernte ich, daß ein Leitartikel in einer Stunde fertig sein konnte, von der Stellung des Themas bis zur Ablieferung an die Setzerei. Das war in der „Frankfurter Zeitung" selbstverständlich.

Die Ausbildung als Volontär in Stettin begann neun Tage nach der am 23. September 1921 in Pyritz abgelegten Prüfung für das Lehramt an Volksschulen. Ich hatte seit Juli 1920 bereits die Zeitschrift für junge und angehende Lehrer „Der Ruf" geleitet, die der Preußische Lehrerverein herausgab und behielt diese Aufgabe noch bis 1925 bei. Die Nachrichtenarbeit auf der einen Seite, die Effektivität und jederzeit schnelle Arbeit verlangte und die sorgfältige Wertung vorliegender Beiträge für die Zeitschrift, das Ausfeilen und die Pflege der Sprache – beide Aufgaben zu erfüllen, das war eine nützliche praktische Ausbildung.

Ein Glücksfall hatte mich zum „General-Anzeiger" gebracht. Ich wollte nur einmal sehen, wie das in einer richtigen Redaktion eigentlich aussieht, ging hinauf, sagte mein Anliegen dem ersten Menschen, dem ich dort begegnete und wurde auf einen Stuhl befohlen. Max Hermann, der Redakteur für Lokales und Vermischtes, machte nie Umstände.

„Also", begann er kurz, „wer sind Sie?" Was ich bisher getan hätte. Dann ein „. . . So! . . ." und: „Hier tagen morgen die Philologen aus ganz Preußen, Sie gehen hin und schreiben uns einen Bericht, hundert

Zeilen über die drei Tage, mehr nicht. Unser Reporter ist krank. Machen Sie's gut! Auf Wiedersehen!" Am Morgen nach der Tagung sollte ich bis um zehn Uhr das Manuskript abliefern.

Ich tat wie „angeordnet". Der gewiegte „Lokale" nahm die Blätter (die noch mit der Hand geschrieben waren), las, sagte nichts, ging nach hinten und kam nach etlicher Zeit wieder. Keine Bemerkung fiel, sondern: „Der Chef will Sie sehen." Und schon hallte ein donnerndes „Kommen Sie mal her" durch den langen Gang und noch: „Hierher, hier bin ich", ganz hinten nämlich. Ich weiß wirklich nicht, ob er mich überhaupt angesehen hat, ob dazu Zeit gewesen ist. Denn ohne Pause ging das alles so: Ich finde das Zimmer, trete ein und höre: „Das da nehmen Sie mal alles, setzen Sie sich vorn irgendwo hin und sagen Sie mir in ein paar Tagen, was davon zu gebrauchen ist."

Ich muß ziemlich verdaddert dagestanden haben, denn nun folgte, ruhig zwar aber bestimmt: „Na los, Sie sind angestellt."

Aber ich hatte mich gar nicht beworben. Das war zur Zeit der beginnenden Inflation. Am nächsten Morgen mußte ich zum Verlagsbüro kommen, ein fertiger Vertrag lag vor, fünfhundert Mark standen als Gehalt darin. Fünfhundert Mark! Ich konnte mir meinen ersten Anzug kaufen.

Praxis

(1922/1926)   Wilhelm Schröder war, als ich ihn kennenlernte, Postinspektor in Stettin. Als er starb, lange nach dem zweiten Weltkrieg, war er Staatssekretär für das Post- und Telegraphenwesen der Deutschen Demokratischen Republik und Professor an der Technischen Hochschule in Dresden gewesen; Kommunist war er nie. Ich hatte als Journalist über eine Tagung der Beamten zu berichten gehabt und sah ihn dort zum ersten Male. Er war klein von Statur, aber ein Redner, der nicht durch Glanz, sondern durch die Sache und wie er sie vertrat, fesselte, an sich band, zu sich heranzog.

Als der Bericht in der Zeitung stand, rief er mich an. Wir trafen uns, und er fragte, ob ich die Geschäftsstelle des Provinzkartells Pommern des Deutschen Beamtenbundes, dessen Vorsitzender er war, übernehmen würde. Ich dürfe für die Presse so oft arbeiten wie ich wolle und auch den „Ruf" weiter leiten. Im Dezember 1922 wechselte ich aus der Zeitung zu ihm über.

Ich kam zu einem Manne, der – wie wenig andere es können – durch seine Art, sein Wesen, seine Korrektheit und Sachlichkeit Vorbild war, ein aufgeschlossener, dem Fortschritt zugetaner Mensch mit freiem Blick und Sinn, ohne die geringste Bereitschaft zu einer Abhängigkeit.

Zum Vorstand dieser Provinzorganisation des Deutschen Beamtenbundes gehörten mehrere Mitglieder, „gestandene Mannsleut", die erste Generation in der Demokratie Deutschlands nach dem Obrigkeitsstaat. Sie leisteten aufreibende Kärrnerarbeit. Organisationen der Beamten hatte es schon lange gegeben; aber sie hatten wenig Einfluß auf die Gesellschafts- und Sozialpolitik gehabt. Sie nun mitwirkend in die Entwicklung der sozialen Gesetzgebung und in die neue Gesellschaftsordnung einzubauen, das war schon eine Aufgabe, die Phantasie, Flexibilität, Beharrlichkeit und Solidarität verlangte und nicht zuletzt einen realistischen Weitblick über die Grenzen der deutschen Wirklichkeit hinaus.

Wilhelm Schröder schrieb eine „Geschichte der internationalen Beamtenbewegung", das heißt er erarbeitete sie und diktierte sie mir. Wieder war die Stenographie von Nutzen, nicht nur für die Herstellung des Manuskriptes, sondern auch für den, der dabei lernte, wie geistig und technisch ein Buch entsteht.

Die Begegnung mit der neuen Wirklichkeit brachte Kontakte mit vielen Menschen des öffentlichen Lebens. Unter ihnen war ein junger Berufskollege, Sekretär des Gewerkschaftsringes deutscher Arbeiter- und Angestelltenverbände, Ernst Lemmer. Er war auf Anregung von Theodor Wolff, Chefredakteur des „Berliner Tageblatts", von seinen politischen Freunden in der damaligen Deutschen Demokratischen Partei zum Kandidaten für die Wahl zum Reichstag bestellt worden und zwar im Wahlkreis II, Pommern-Mecklenburg. So kam er nach Stettin, damals noch nicht 26 Jahre alt. Er suchte ein Büro, fragte sich durch, kam zu mir, wo ein Bürozimmer nebenan frei war und bezog es. Benutzt hat er es kaum, denn er war ständig unterwegs.

Es war 1924. Ernst Lemmer gewann gegen jede Erwartung seinen Wahlkreis. Viele Stunden mit ihm haben Gespräche gebracht, deren Inhalt lebendig geblieben ist. Die Freundschaft hielt durch die Jahrzehnte und ungeachtet der unterschiedlichen politischen Standorte. Ich war 1920 in die Sozialdemokratische Partei Deutschlands eingetreten und habe sie seither nie verlassen. Lemmer gehörte zu den – wie wir sie heute nennen – Freien Demokraten, trat aber nach dem zweiten Weltkrieg in die Christlich-Demokratische Union ein, in die er, so meine ich, nicht gehörte. Es hat uns nie getrennt.

Während der Zeit der Diktatur in Deutschland haben wir manches miteinander getan, was damals das Licht der Öffentlichkeit scheuen mußte. Als wir uns im Bundestag wieder trafen, wo er in den Bänken der Unionsparteien saß und ich bei meinen sozialdemokratischen Freunden, hat unsere Freundschaft niemals darunter gelitten. Menschliche Beziehungen müssen nicht vor den Fraktionstüren abreißen, sie können im Gegenteil nützliche, sachliche Hilfe leisten.

Die Tätigkeit im Beamtenbund brachte eine Fülle von Anregungen zur öffentlichen Auseinandersetzung, und ich habe in jenen Jahren (bis 1926 in Stettin) im Beamtenbund und Lehrerverein, in der SPD, in Jugendvereinigungen und Volkshochschulen, vor Eltern und in Gewerkschaftsveranstaltungen über Schul- und Erziehungsfragen, über staatsrechtliche und allgemeine politische Themen gesprochen und in Zeitungen und Zeitschriften geschrieben. In der Erinnerung sind diese Jahre als eine Zeit des Aufbaues haften geblieben, in der ich mehr genommen habe als ich geben konnte.

Erstmals Konrad Adenauer

(1927)   „Haben Sie was gegen Berlin?" Heinrich Krüger fragte mich das, es war etwa Mitte Dezember 1926. Krüger war Mitglied des Vorstandes des Provinzkartells Pommern des Deutschen Beamtenbundes. Sein Beruf war der eines Gewerbelehrers, seine besondere Begabung war das Schreiben in einer bestechend klaren und dabei farbigen Sprache. Seine wichtigste Eigenschaft aber war die väterliche Hilfsbereitschaft, die er still, fast nicht einmal spürbar, stets einsetzte.

Was sollte ich gegen Berlin haben? Das Gegenteil war richtig. Genau das wollte er hören. In der Zentrale des Beamtenbundes in Berlin suchten sie einen Mitarbeiter, der Verbindungen herstellen und pflegen konnte, der hören und sprechen, schreiben und sorgfältig abwägen müßte, und Krüger war der Meinung, ich sollte hingehen.

In den ersten Januartagen 1927 suchte ich ein möbliertes Zimmer in Berlin und nahm ich meine neue Arbeit auf. Ich wurde der Presseabteilung zugesellt, wo Paul Heßlein mein Chef und Hugo Kamossa mein Kollege und Freund wurden. Meine Aufgabe sollte vor allem außerhalb des Hauses liegen. Ich sollte im Reichstag, Reichsrat, im Preußischen Landtag und Staatsrat Kontakte aufnehmen und pflegen und als der ständige Verbindungsmann tätig werden. So kam es von selbst, daß ich vor allem dem Vorsitzenden, Wilhelm Flügel, sozusagen „zur besonderen Verwendung" zur Verfügung stand. Die Aufgabe machte von vornherein deutlich, daß es keine geordnete Arbeitszeit geben, daß jeder Tag andere Aktionen nötig machen werde, daß es wohl vor allem auf eigene Initiative und Reaktionsfähigkeit ankommen werde.

Niemals wieder habe ich in so kurzer Zeit so viele Persönlichkeiten des öffentlichen Lebens kennengelernt, wie in diesem ersten Vierteljahr 1927. Zu vielen enstand jenes notwendig lockere Verhältnis des Gespräches, das besser als jede formelle Aussprache erlaubt, einander zu sagen, was um der Klarheit willen ausgesprochen werden muß und miteinander zu suchen und zu finden, was zur Förderung einer Sache dienlich sein kann. Nicht wenige der damals entstandenen Verbindungen haben über Jahrzehnte und bis auf den Tag gehalten, auch als die Diktatur eine lange Pause aufzwang.

In der Regel begann es mit einer offiziellen Vorstellung; Paul Lockenvitz besorgte sie. Ob es Ende Januar oder Anfang Februar 1927 gewesen ist, weiß ich nicht mehr. Der Präsident des Preußischen Staatsrates war an der Reihe, nachdem die Parlamentspräsidenten von Reichstag und Landtag besucht worden waren. Es nieselte in Berlin. Der Präsident, Oberbürgermeister der Stadt Köln, Dr. Konrad Adenauer, empfing uns formlos, stehend, wenig konzentriert, gähnend. Man konnte schon frieren an diesem Wintermorgen. Als wir höflich meinten, Adenauer sei sicher von der Reise müde, erwiderte er etwas gedehnt: „Ja, ja, ein langer Weg hierher; aber bis Braunschweig geht das immer noch; dann wird es langweilig, da beginnt für mich die Steppe."

Das Gespräch war nur kurz. Der Eindruck, den der Herr Präsident gemacht hatte, war flach; der Mann war eng.

Ich weiß nicht, ob Adenauer die noch zur Zeit seiner Kanzlerschaft mehrfach öffentlich zitierte aufschlußreiche Bemerkung zuweilen auch anderen Gesprächspartnern gegenüber ausgesprochen hat. Als er 1949, zweiundzwanzig Jahre nach dem in Berlin geführten Gespräch, Bundeskanzler geworden war, erinnerte mich Paul Lockenvitz an jene Szene. Sie wurde nach dem zweiten Weltkrieg, als Hitler die Sowjets bis an die Elbe hatte gelangen lassen, ein Schlüssel für viele Aussagen, Polemiken, Unterlassungen und Geschehnisse, ein Schlüssel, mit dessen Hilfe das Verhältnis des Bundeskanzlers Dr. Konrad Adenauer zum deutschen Osten, seiner Eigenart und seinem Menschenschlag, deutlich erkennbar wurde. Adenauer hatte keine innere Beziehung zu diesem Teil des ganzen Deutschlands.

Einmaliges Berlin

(1927)   Vor der endgültigen Berufung nach Berlin zum Deutschen Beamtenbund hatte es für mich viele Anlässe gegeben, dort zu sein, an Konferenzen oder Versammlungen teilzunehmen, Diskussionen zu bestreiten, zu berichten und immer wieder wahrzunehmen, sich anregen zu lassen, zu erspüren, wohin das Denken sich richtet und Wünsche und Hoffnungen streben. Jene Monate und dann die Jahre, in denen ich ständig dort war, haben ungezählte Gelegenheiten zu Gesprächen, Begegnungen, Auseinandersetzungen, Unternehmungen und zu allen Aktivitäten gegeben, die nach vorn drängten.

Die einst im märkischen Sand entstandene brandenburgisch-preußische Hauptstadt Berlin überbot, seit sie Reichshauptstadt geworden war, alle anderen deutschen Städte, vielleicht Hamburg ausgenommen, an Weltoffenheit, an freiem Sinn. Niemals wieder habe ich wie dort erlebt, daß der frische Wind, der aus allen Richtungen frei wehen kann, Voraussetzung geistiger Entwicklung und menschlichen Fortschrittes ist.

Am Halleschen Tor saßen wir in einem Keller mit dem anspruchsvollen Namen „Lucullus" und diskutierten. Bis 1933 war das einer der ungezählten Treffpunkte, an denen Freunde und Andersdenkende miteinander sprachen, sich stritten und verständigten – oder auch nicht. Die Republik bestand noch kein Jahrzehnt, und es war doch alles erst im Werden.

Zu meinem engeren Arbeitsbereich gehörte, daß die Berufsbeamten und ihre Organisationen ihr Verhältnis zu den Gewerkschaften klärten, die längst eine Tradition und unter den gesellschaftspolitischen Kräften eine gesicherte Position hatten: die „Freien" Gewerkschaften (im „Allgemeinen Deutschen Gewerkschaftsbund", ADGB, sozialistisch orientiert), die „Hirsch-Dunckerschen Gewerkvereine" (freiheitlich-demokratisch gerichtet), die Organisationen der Christlich-Sozialen Bewegung und die der Angestellten. Vorurteile aus vergangenen Zeiten und soziale Bindungen bauten noch immer Hindernisse für eine Zusammenarbeit auf, von denen nicht wenige noch heute nicht völlig weggeräumt sind. Im Verlaufe der ständigen Auseinandersetzungen bildete sich im Deutschen Beamtenbund eine „Arbeitsgemeinschaft sozialdemokratischer Beamter". Sie wollte versuchen, den Kontakt zur Sozialdemokratischen Partei zu verbessern und dort und im Beamtenbund gegenseitig Verständnis zu wecken und zu pflegen. Es gab neben dem DBB noch den „Allgemeinen Deutschen Beamtenbund" (ADB), der zu den freien Gewerkschaften gehörte. Seine Nähe zur SPD ergab für ihn engere Beziehungen zu dieser damals größten Partei im Reichstag, die für den DBB noch zu erstreben waren.

Was aber ist eine Organisation, auch eine Arbeitsgemeinschaft wert, wenn sie keine Stimme hat! Also wurde ein Blättchen ins Leben gerufen, „Der freie Beamte", herausgegeben von der neu im DBB gebildeten Arbeitsgemeinschaft. Die Leitung wurde mir übergeben. Wie vorauszusehen war, ging das nur kurze Zeit ohne Kritik aus den Gremien des DBB. Was den einen recht sei, das müsse den anderen billig sein, so die eine Vorhaltung; es sei „ein erster Schritt zur Spaltung", so die andere. Alle Mühe, eine nützliche Absicht verständlich zu machen, scheiterte an der formalen Gleichstellung, die nicht auf die besondere Tatsache Rücksicht nahm, daß die Beziehungen, die zu jeder anderen demokratischen Partei vorhanden waren, zu der größten politischen Kraft, der SPD, noch immer besonderen Belastungen ausgesetzt blieben, Folgen der historischen Entwicklung.

Die Spannung im Beamtenbund verschärfte sich und es ergab sich für mich eine Lehre: Da sei ein junger Mann etwas voreilig gewesen, ein vielleicht allzu aktiver Mensch. Das sei zu bereinigen, er werde zurücktreten, er, nicht der Veranlasser. Ich hatte begriffen. So etwas ist nötig; es kommt wohl auf die Bedeutung oder das Gewicht dessen an, der eigentlich die Verantwortung zu übernehmen hätte.

Mir lag jedoch seit Wochen ein besonders reizvolles Angebot vor. Ich ging, aber ich blieb als unabhängiger Mandatsträger in Gremien des Beamtenbundes tätig und habe die langsam, oft zu langsam wachsende Teilnahme der Beamtenschaft an den sozialen Auseinandersetzungen mit erlebt, das Ringen um einen klaren Standort in der neuen Gesellschaft – bis 1933 eine Diktatur die Entwicklung vom subalternen zum freien Beamten und souveränen Bürger brüsk unterbrach.

Schule und Kind

(1927/1933)   „Der Lehrerstand erklärt sich hiermit für mündig" –
das hatte ein Aufruf proklamiert, der am 31. März 1848 erschienen
war und die Lehrer in Ost und West und Süd und Nord aller Länder
des damaligen Deutschland erregt hatte. Aber erst sieben Jahrzehnte
später wurde begonnen, was der Aufruf verlangte: Die Schule von
der Aufsicht durch die Geistlichen und durch berufsfremde und sach-
unkundige Juristen zu befreien, damit sie ohne Bevormundung „frei
aus sich selbst heraus bildend" im Volke wirken möge. Die Ereignisse
der achtundvierziger Volksbewegung, die eine Revolution genannt
wurde, hatten dennoch erreicht, daß auch die Lehrer an den allgemeinen
Volksschulen und an den bis dahin allzu sehr vernachlässigten Dorf-
schulen ihre Verpflichtung vor dem Kinde erkannten, es durch „allgemeine Emporbildung der inneren Kräfte... zu reiner Menschenweis-
heit" zu erziehen (Pestalozzi), und das hieß zugleich: zu freien Bür-
gern.
Eine rasch um sich greifende harte Reaktion zerstörte dann zwar bald
viele Keime neuen pädagogischen Denkens und Handelns, und wenn
auch das Lesen liberaler Zeitungen für Lehrer in kleinen Städten und
gar Dörfern unmöglich war – was einmal gedacht wird, geht nicht verloren.
Die Lehrer in Preußen, wo die Reaktion am ärgsten wirkte, schufen
sich damals ein eigenes Organ zur Information und zur Förderung des
Zusammenhalts, die „Preußische Lehrerzeitung". Wer konnte schon
etwas gegen ein „Fachblatt" haben, in dem pädagogische Fragen erörtert
wurden, – freilich auch im Blick auf die Wirklichkeit des allgemeinen
Lebens! Die Zeitung wurde für die Lehrer ein Ersatz für eine Tageszeitung. Sie erschien dreimal in der Woche und hatte das Format der
Lokalzeitungen. Durch Jahrzehnte haben mutige Männer darin die
Gedanken an eine freie Schule, eine moderne, allein dem Kinde zuge-
wandte Erziehung zu souveränen Menschen gepflegt.
Vom 1. Mai 1927 an hatte ich diese Zeitung zu redigieren. Ihr langjähriger Leiter, Rektor Hermann Stolle, mußte die Feder aus der Hand
geben; nur wenige Wochen danach starb er. Meine nun notwendige
Übersiedlung nach Magdeburg, dem Sitz des Preußischen Lehrervereins,
war für mich kein Abschied von Berlin. In jener Zeit des Aufbruches
alter und neuer Ideen, die 1918 begonnen hatte, konnte nur der Wirk-
lichkeitsnahe tätig sein, der den Zugang zu den Quellen in Berlin nicht
verlor. Kaum je in der Geschichte dieser Stadt war sie mehr als in den
zwanziger Jahren Sammelpunkt moderner, fortschrittlicher und nun
vor allem auch international verbundener Menschen.
Die Zeitung, die allzu lange in der Tradition verblieben war, hatte die
Umgestaltung zu einer modernen, ansprechenden Publikation nötig.
Die Nachricht und der schulpolitische Kommentar zum Tage sollten
nicht nur die Leser mobilisieren, sondern auch Wirkung auf die Regierenden in der Reichs- und preußischen Hauptstadt Berlin ausüben.

Je unmittelbarer die journalistische Arbeit sich aber mit den Themen der Schule und Erziehung befaßte, desto näher rückte die Bindung an die Sache selbst. Die Folge war: Aus dem Redakteur wurde mehr und mehr der Mitarbeiter in der Sache, der Sekretär des Preußischen Lehrervereins, der freilich das Schreiben nicht zurückstellen konnte und wollte. Die Arbeit des Preußischen Lehrervereins ging davon aus, daß die Bedeutung des Schulwesens, wie es sich im Bewußtsein der öffentlichen Meinung darstellt, auch über Wert und Bedeutung des Lehrers entscheidet und daß vor allem die Volksschule und ihre Leistung Rechts- und Besoldungsfragen und die gesellschaftspolitische Position des Lehrers bestimmen.

Der Ausbau des Schulwesens erschien deshalb als die wichtigste Aufgabe. Der Blick mußte sich zuerst auf die Volksschule richten, die für neunzig von hundert aller Kinder im Deutschen Reiche die einzige Schule war. Der Ausbau des Fortbildungs-Schulwesens und der Berufsschulen, die Fortbildung der amtierenden Lehrer, die Fürsorge für einen geeigneten Lehrernachwuchs, eine grundlegende Neugestaltung der Lehrerbildung, die an Hochschulen und gemeinsam für Lehrer aller Schularten strukturiert werden sollte – das waren die wichtigsten Ziele einer fortschrittlichen Schulpolitik. Es waren die Jahre, in denen die Pädagogischen Akademien entstanden, die einen ersten Schritt zu einer wissenschaftlichen Ausbildung der Lehrer als Pädagogen und Psychologen und als Fachlehrer darstellten. Das letzte der 1816 in Preußen gegründeten Lehrerseminare schloß 1926, und die ersten Akademien begannen im gleichen Jahre ihre Lehrtätigkeit: in Elbing, Kiel und in Bonn in dem Hause, in dem 1949 der Deutsche Bundestag seine Arbeitsstätte fand.

Die neu und selbständig zu ordnende Lehrerbesoldung, die in Preußen vielfach hinter der anderer deutscher Länder zurückgeblieben war, begründete die Lehrerorganisation mit dem Hinweis auf die wachsende Leistung der Schule und auf ihre erheblich größer gewordenen Bedeutung für die Heranbildung einer Jugend, die den Ansprüchen des neuen technischen Zeitalters genügen mußte. Die Lehrerbildung mußte so beschaffen sein, daß sie die besten Kräfte für den Lehrerberuf anzog. Nur der beste Lehrer garantiert die Leistung der Schule.

Die Schulverwaltung war aus ihren Bindungen an die Kirchen und an die Patrone endlich zu lösen. Sie mußte so organisiert und geführt werden, daß ausschließlich die pädagogische Aufgabe die Direktiven bestimmte. Eine kollegiale Schulleitung erschien als die sinnvollste Voraussetzung für die Arbeit in der Schule.

Die älteste Forderung für eine moderne Entwicklung des Schulwesens war die nach der Trennung des Schulamtes vom Kirchenamt, des Lehrers von der Pflicht, Kantor und Organist zu sein, die Ablösung des Geistlichen von der Schulaufsicht. Das 1929 abgeschlossene Preußen-Konkordat gab besonderen Anlaß für eine Abgrenzung. Die Schule ist zwar in dem Konkordat nicht ausdrücklich erwähnt, wohl aber durch zahlreiche Bestimmungen unmittelbar und mittelbar betroffen. Ein

Reichsschulgesetz sollte entstehen, und die Lehrer fürchteten, daß vom Konkordat her auch dieses Gesetz beeinflußt werden könnte. Jede kirchliche Einmischung in die Schule und gar jede Bevormundung wurde mit aller Entschiedenheit abgelehnt. Der Ministerpräsident Preußens, der Sozialdemokrat Otto Braun, sah sich zu der im Landtag abgegebenen Erklärung veranlaßt, daß „in keiner Weise irgendwelche vertraglichen oder staatsrechtlichen Verpflichtungen dem Vatikan gegenüber übernommen" würden.

Die Arbeit war in diesen Jahren an Intensität und Themenzahl ungewöhnlich, der Gewinn aus menschlichen Begegnungen und sachlicher Information war es nicht minder. Man hockte ja nicht am Schreibtisch, und über die Pflichten aus der unmittelbaren Tätigkeit für die Ziele des Preußischen Lehrervereins hinaus entstanden Beziehungen zu einer großen Zahl von Persönlichkeiten des öffentlichen Lebens, die in Politik und Wissenschaft und vor allem im Bildungswesen tätig waren. Ich erinnere mich dankbar der Gespräche mit Carl Heinrich Becker, dem liberalen und geistvollen Minister für Wissenschaft, Kunst und Volksbildung, der von 1925 bis 1930 die kulturpolitische Führung in Preußen und im Reich repräsentierte. Ich gedenke des vielfachen Gesprächspartners Erich Wende, zuletzt Staatssekretär im Kultusministerium in Niedersachsen, damals der verantwortliche Ministeriale für Schule und Lehrerbildung und einer der aktivsten Förderer der modernen Bildungseinrichtungen. Seine 1959 erschienene Biographie über Becker zeichnet zugleich das Bild der gedankenreichen und entschiedenen Bemühungen um die Verwirklichung der so dringend nötigen Schulreform.

Otto Benecke, nach dem zweiten Weltkrieg Leiter der Kulturabteilung des Deutschen Städtetages, Kurt Löwenstein, Stadtschulrat in Berlin, Adolf Reichwein, im preußischen Bildungsministerium, Richard Seifert in Dresden gehörten in diesen Kreis. Die Zusammenarbeit mit den kulturpolitisch und für die Schule besonders interessierten Politikern führte zu Adolf Grimme, der 1930 in Preußen Minister für Wissenschaft, Kunst und Volksbildung wurde, zu den Abgeordneten im Landtag Christoph König und Hildegard Wegscheider (Sozialdemokraten), Theodor Bohner (Deutsche Demokratische Partei) und den Volksparteilern Schwarzhaupt und Boelitz (der einige Zeit preußischer Unterrichtsminister war), zu Heinrich Schulz, dem Schulpolitiker der Sozialdemokratie, zu Paul Oestreich, dem Vorsitzenden des Bundes entschiedener Schulreformer und kämpferischen, mitreißenden Geist, zu Siegfried Kawerau, Otto Tacke, Käthe Feuerstak und anderen Mitstreitern Paul Oestreichs, zu Fritz Thiele, Leo Raeppel, Paul Faulbaum, Hans Manthey aus den Lehrerorganisationen, zu dem Zentrumsabgeordneten Brockmann-Rinkerode, zu Hermann Maaß, dem Generalsekretär des Reichsausschusses der Jugendverbände, 1944 von Hitler ermordet – kurz zu einer langen Reihe von in der Schulpolitik jener Jahre geistig und politisch führenden Persönlichkeiten. Mit vielen von ihnen bestand auch nach dem zweiten Weltkrieg noch Kontakt. Die meisten von diesen Männern und Frauen, die jedem, der ihren Weg kreuzte, viel mitgegeben haben, sind längst nicht mehr am Leben.

Was damals gedacht und getan wurde, das wirkte weiter. Was nach dem Zusammenbruch des Kaiserreiches in Deutschland geschah, nahm zuweilen revolutionäre Formen an, es aber eine Revolution zu nennen, das würde Tatsachen, Wert und Bedeutung dessen erheblich verkennen, was dann beständige Wirklichkeit wurde. In der Weimarer Republik wurde gerade auf dem Gebiet der Schule und des Erziehungswesens viel Gutes und dringend Nützliches gedacht und geplant aber wenig davon realisiert.

Zugegeben, daß die Finanzlage des Staates und der Gemeinden manchen notwendigen Schritt verhinderte. Zugegeben, daß es eine beachtliche Leistung war, daß der Staat Preußen 1929 nach Krieg und Zusammenbruch bereits 435 Millionen Reichsmark für die persönlichen Volksschullasten ausgab gegenüber knapp 100 Millionen Mark 1911 nach Erlaß des Volksschul-Unterhaltungsgesetzes und daß die Aufwendungen der Gemeinden in der gleichen Zeit von 1911 bis 1929 nur von 238 auf 288 Millionen Reichsmark stiegen. Aber die Einsicht des Freiherrn vom Stein, daß Investitionen für das Bildungswesen stets den höchsten Zinssatz erbringen, hat sich dennoch nicht wiederholt. Sie hatte hundert Jahre vorher den Anstoß zu einer beachtlichen Entwicklung des gesamten Bildungswesens gegeben. Aus anfangs hochfliegenden schulpolitischen Plänen wurde in den Weimarer Jahren doch nur eine Anbahnung künftiger Entwicklungen. Das Regime der Diktatur zerstörte auch diese Möglichkeiten.

Vorbestraft

(1928) Der Kläger war Mitglied des Deutschen Reichstages. Sein Name tut nichts zur Sache. Der Mann gehörte der Fraktion der Deutschnationalen Volkspartei an, der damals am weitesten rechts stehenden politischen Partei. In einer für die Schule und ihre Förderung besonders wichtigen Situation hatte er, obwohl selbst ein Mann der Schule, sie schmählich im Stich gelassen und die Lehrer verleumdet, heute würden wir sagen: In die Nähe der Anarchisten und des Anarchismus gerückt. Ein Sturm der Entrüstung entlud sich auf den Redner, dessen Pathos von Selbstgerechtigkeit und Voreingenommenheit gestrotzt hatte, und es empörten sich nicht nur Lehrer und politische Gegner, sondern Eltern und selbst Freunde von ihm.

Also schrieb ich in der „Preußischen Lehrer-Zeitung" einen Kommentar, eine deutliche Gegenmeinung und ließ nicht nur die Überschrift sagen, was da zu sagen war. Die lautete: „Ephialtes".

Das wäre nun keiner Erinnerung wert geworden, wenn es nicht den Richter gegeben hätte, der zu verhandeln und zu urteilen hatte. Er wollte alles genau wissen, weniger von mir als von dem, der sich beleidigt fühlte. Wie war das und warum Ephialtes? Langsam und schwerfällig schälten sich Geschehen, Zeit, Umstände und Bedeutung heraus: Vierhundert Jahre und mehr vor Christi Geburt führten die Perser Krieg gegen die Griechen. Sie zogen vom Norden her auf Sparta zu. Aber damals gab es nur einen Weg über ein unwegsames Gebirge: den Paß, der über die Thermopylen führte. Er konnte auch von der kleinen Schar der Spartaner unter Leonidas mit Aussicht auf Erfolg verteidigt werden, wenn es keinen Verräter geben würde. Der aber, ortskundig und ohne Charakter oder – es ging doch schließlich um eine deutschnationale Handlung, die zur Beurteilung stand – ohne „Vaterlandsgesinnung", führte die Perser auf schmalen Pfaden in den Rücken der Spartaner. Übrig blieb nur der unvergessene Appell, den Friedrich von Schiller der Nachwelt überlieferte:

> „Wanderer, kommst Du nach Sparta,
> verkünde dorten,
> Du habest uns hier liegen geseh'n
> wie das Gesetz es befahl."

Ephialtes hieß der Verräter.
Das alles interessierte den Richter offenbar weit mehr als die Beleidigungssache, die da anstand. Er las den Artikel vor, langsam von Anfang bis zum Ende, er nahm sich Zeit und tat es ungeachtet vieler Unterbrechungen, die er einlegen mußte, um das Publikum zur Ruhe zu mahnen, das seine beachtliche Deklamation mit Beifall bedachte.
So war publik geworden, was zuvor in einer nur in Fachkreisen verbreiteten Zeitung irgendwo vergraben worden wäre.
Das Urteil lautete auf 50 Reichsmark Geldstrafe. Ich war vorbestraft.
Es ist bei dieser einen Strafe bis heute verblieben.

Sozialdemokrat — das genügte

(1933)   Auf einer außerordentlichen Vertreterversammlung des Preußischen Lehrervereins, die in der Pfingstwoche 1933 in der Stadthalle in Magdeburg stattfand, saßen am Vorstandstisch drei Männer in Uniform und mit der Hakenkreuzbinde am Arm, an ihrer Spitze der „Reichsbeauftragte für Lehrervereine", Dr. Sablotny. Eine Fotografie bezeugt die Szene: Heinrich Diekmann, Vorsitzender des Lehrervereins und bis dahin Demokrat, stand (wenigstens am Tisch) aufrecht und sprach zu den Versammelten. Die Hakenkreuze im Saal sind auf dem Bild nicht zu erkennen. Sie hatten aber die Macht auch hier übernommen.
Wenige Tage nach dem großen Coup vom 30. Januar 1933 war ich zunächst beurlaubt und dann entlassen worden. Ich war Sozialdemokrat, am 1. April 1920, damals noch Seminarist, der SPD beigetreten. Das

sei es aber nicht, behauptete Diekmann, als er „im Auftrage", wie er betonte, mir die Entfernung aus der Arbeit mitteilte und ohne weitere Begründung und offensichtlich auch bedenkenlos einen Vertrag brach, der auf Lebenszeit geschlossen und von ihm unterzeichnet war. Rechtsanspruch? Es gäbe jetzt Mittel, so etwas einfacher zu erledigen, erwiderte er. Man hatte eine Regelung beschlossen, die für einen kurzen Übergang in die Arbeitslosigkeit reichen sollte. Eine Erfüllung des Vertrages lehnte man ab.

Die Aussprache mit Diekmann gab Gelegenheit, doch noch einiges „aufzurechnen". Der Preußische Lehrerverein war endlich von Magdeburg, wo er seinen Sitz hatte, im Dezember 1932 nach Berlin verlegt worden. Das geschah gegen den Willen und entgegen vielen Intrigen des Vorstandes und des Vorsitzenden insbesondere.

Eine Organisation, die so realistisch schulpolitisch tätig war, mußte längst am Ort des Geschehens und der politischen Entscheidungen wirken können. Der Preußische Lehrerverein war in den letzten Jahren vor dem Zusammenbruch der Demokratie nur wenig erfolgreich gewesen. Die Leitung wurde allzu provinziell geführt. Der Vorstand wollte sich nicht von Magdeburg trennen; er war mit sich selbst zufrieden und sah seine Wurzeln in dem kleinen Freundeskreis der alten Kollegen; er schien Furcht zu haben vor der Wirklichkeit im lebendigen Berlin, vor der er sich zu bewähren hatte. Der Lehrerverein, einst die Spitze des Fortschritts, hatte kaum etwas getan, um die Lehrerschaft zu befähigen, dem Ansturm des Ungeistes zu widerstehen, der mit den braunen Bataillonen heranbrauste. Den Lehrern wäre zuerst die Aufgabe zugefallen, die Gefahr zu erkennen und ihr zu trotzen. Ein einst freiheitlicher Idealismus war müder Verdrossenheit gewichen.

Dies und Details dazu habe ich dem Vorsitzenden Heinrich Diekmann zu meiner Erleichterung doch noch sagen können. Er verweigerte mir darauf die Ausstellung eines Zeugnisses.

Ich mußte das Arbeitsgericht anrufen. Dort kam er mit der eigentlichen Begründung für meine Entlassung heraus: Von irgendwem wußte er, daß ich den Neuköllner Stadtschulrat Dr. Kurt Löwenstein, einen führenden Schulpolitiker der SPD, mit Frau und Sohn bei mir aufgenommen und ihm zur Flucht verholfen hatte. Das war richtig. Die Familie Löwenstein war in ihrer Wohnung von der SA überfallen und beschossen worden. Sie konnte gerade noch denen entkommen, die in jenen Wochen ungezählte Gewalttaten und Morde begingen. Meine Wohnung war noch unbekannt, weil ich erst vor kurzem aus Magdeburg nach Berlin zugezogen war. Kurt Löwenstein war Gründer und Vorsitzender der Reichsarbeitsgemeinschaft der Kinderfreunde und den Nazis verhaßt, ein Mann, der in Deutschland dann in der Emigration großes Ansehen genoß. Am 8. Mai 1939 ist er in Paris gestorben.

Ein Beisitzer des Arbeitsgerichtes, der von der Begründung meiner Entlassung wußte, hatte mich vor der Verhandlung gewarnt und aufgefordert, nicht daran teilzunehmen. Auf keinen Fall aber dürfte ich auf den Vertrag zurückkommen, dessen Erfüllung mir eine weit größere

Summe gebracht hätte; in Geldsachen seien die Nazis unerbittlich. Da ich die eigentliche Begründung nicht kannte und nicht wußte, wie Diekmann unterrichtet war (ihm auch niemals zugetraut hätte, daß er sich eines solchen Wissens bedienen würde), blieb ich in der Verhandlung. Der Richter reagierte auf die Aussage des Beklagten mit keinem Wort. Das Zeugnis mußte ausgestellt werden.

Die Rache des Verlierers: Ich bekam fünf Zeilen; sie enthielten eine Arbeitsbescheinigung, kein Zeugnis. Fast drei Jahre blieb ich ohne Erwerb.

Solidarität

(1934)   An einem frühen Morgen kam die Kriminalpolizei. Der Beamte war höflich, kühl und schweigsam. Schreibtisch, Bücherschrank und was sonst etwas bergen konnte, interessierten ihn nicht übermäßig. Er fand die Restauflagen von drei Korrespondenzen, des „Kulturpolitischen Dienstes", der „Sozialpolitischen Information" und des „Wochenend-Dienstes", nahm je einige Stücke, holte aus den Bücherregalen ein paar Bände heraus, auf denen Namen wie Marx, Bebel und Liebknecht standen, prüfte nicht, ob sie pro oder contra waren, sagte ein Wort des Bedauerns, weil ich krank im Bett lag und ging. Ich habe nie etwas erfahren, was als Folge dieses „Besuches" angesehen werden konnte.

Anfang 1934 hatten wir, drei Freunde aus der gewerkschaftlichen Arbeit, ein „Pressebüro" gegründet: Heinrich Hoffmann, zuvor Redakteur im Reichsbund der Kriegsbeschädigten, Gustav Dahnke, vorher Redakteur des „Grundstein" (Gewerkschaft der Bauarbeiter) und ich. Die Auszahlung, die ich vom Preußischen Lehrerverein erhalten hatte, bildete die allzu schmale finanzielle Grundlage des „Unternehmens".

Wir hatten keine Illusionen, etwa die Presse bedienen zu können oder Einnahmen zu erreichen, von denen wir hätten leben können. Wir wollten Kontakte bewahren, Verbindungen ausbauen, Mut machen, die Gedanken zu Aufgaben hinlenken, alte Ziele nicht vergessen lassen. Die Nazis hatten aufgelöst, verboten, zerstört, verhaftet und gemordet. Die Angst saß vielen im Nacken, die sich verlassen fühlten und keinen Weg in die Zukunft sahen. In unserem „Büro" hatten wir einen Satz angebracht, den der einstige Chefredakteur der „Deutschen Allgemeinen Zeitung", spätere „Hauptschriftleiter" dieses Blattes, Dr. Karl Silex, am 23. Mai 1933 in Nr. 220/221 seiner Zeitung noch zu schreiben gewagt hatte: „Das wichtigste ist heute, daß der Schar der Bekümmerten und innerlich Bedrückten ein Beispiel männlichen Mutes und aufrechten Stolzes gegeben wird; das ist der größte Dienst, den man heute der Nation leisten kann." So gern mancher lächeln möchte, der dies heute liest: Damals war das ein Wagnis, dies zu schreiben, es zu drucken und auch, es zu plakatieren. Wir hefteten das Zitat an die Wand, damit unerwünschte Besucher (Polizei oder SA) wenigstens den Eindruck gewinnen könnten, daß wir in humaner Gesinnung tätig sein wollten. Es hätte wohl nichts genützt, aber auf was man damals alles kam!

Der „Kulturpolitische Dienst" wurde an die Mitglieder der Vorstände der Provinzialvereine des Preußischen und der Landesvereine des Deutschen Lehrervereins verschickt, die „Sozialpolitische Information" an eine große Zahl von ausgewählten Funktionären der inzwischen verbotenen ehemaligen Gewerkschaften des ADGB und der „Wochenend-Dienst" an solche Freunde und Bekannte, die uns als aktiv, wendig, tatkräftig in Erinnerung waren. Ob das wohl lange so fortgesetzt werden könnte? Wir fragten es uns an jedem Morgen, an dem wir wieder zusammentrafen.

Zuerst mußten wir den „Wochenend-Dienst" schließen, aus Geldmangel. Was mir der Lehrerverein noch gezahlt hatte, das war schnell verbraucht und Einnahmen gab es kaum in dem Umfang, daß auch nur das Papier bezahlt werden konnte.

Dann hatte ein „Großabnehmer", der in Berlin hoch angesehene Schneidermeister Cäsar Thierfelder, doch zu viele „Sozialpolitische Informationen" bestellt und verbreitet. Es war aufgefallen. Er hatte Kollegen aus dem Textilarbeiter-Verband zu einem „Zuschneider-Kursus" vereinigt, der wöchentlich stattfand, angeblich zur Fortbildung der künftigen Schneidermeister. Eines abends erschien die Geheime Staatspolizei, die Gestapo, wie sie kurz genannt wurde. Der Informationsdienst lag im Stapel auf dem Tisch. Von Schneiderei war keine Rede. Verhaftungen und Verurteilungen waren die Folge; Thierfelder erhielt zwei Jahre Zuchthaus. Ein längerer Besuch eines Kriminalbeamten bei uns, der fast lautlos verlief, endete mit einem freundlichen Gruß. Nicht einmal die Adressenkartei hatte ihn interessiert. Es gab noch Charaktere unter den altgedienten Kriminalisten.

Für die Herausgabe der „Sozialpolitischen Informationen" traten keine Folgen ein. Da wir aber Anlaß zu der Vermutung hatten, daß man uns nur weiterarbeiten ließ, um auf die Spur von aktiven Gegnern des Naziregimes zu kommen, stellten wir das Erscheinen ein. Verdient hatten wir damit ohnehin nichts.

Das Ende des „Kulturpolitischen Dienstes" war nun vorauszusehen. Er wurde auch ins Ausland verschickt. Die „National Union of Teachers" in London und andere nationale Lehrerorganisationen bezogen ihn, ebenso die Lehrer-Internationale in Paris, von woher die Kollegen Dumas und Lapierre manche Hilfe leisteten. Aber der Dienst konnte nur bis Mitte 1935 ausgegeben werden. Dann verlangte der Geschäftsführer des NS-Lehrerbundes in einem dreizeiligen Schreiben, daß der Dienst sofort an ihn „abgegeben" werden müsse. Ich weigerte mich und bot ihn einem journalistischen Kollegen an, Werner Kindt, der ihn weiterführte, um Freunde aus der Jugendbewegung in Verbindung zu halten. Das einmal eingeschossene Geld war verloren.

Dennoch hatte das Unternehmen einen Erfolg: Freunde wußten voneinander, Verbindungen waren neu geknüpft und viele rissen nun nicht

mehr ab, es sei denn, daß Verfolgung, Pechsträhnen oder Unvorsichtig-
keiten ein gewaltsames Ende herbeiführten. Es blieben Wege offen, die
uns zusammenführten.

Der Funkturm brannte

(1935)   „Orje" war Stenograph im Deutschen Nachrichtenbüro in
Berlin. Er hatte ein offenes Ohr und einen lauten Hals und war und
blieb ein Original, das nicht erst vom Podium her betonen mußte, daß
er Berliner sei. Goebbels hatte irgend einen Ausbruch von Orje zur
Kenntnis bekommen. Er ließ ihn kommen und kanzelte ihn ab. Orje
nannte das: er „sei zu Tisch gebeten" worden. Er kam zurück, sah die
betretenen Gesichter der Kollegen und polterte: „Wat kiekt Ihr so
doof? Habt Ihr schon mal eens mit'n Klummfuß in' Arsch jekriejt?"
Die Szene spielte sich im Stenographenraum des DNB in Berlin ab. Der
Stenographenverein Stolze-Schrey hatte mich als Aushilfe dorthin vermittelt. Es war Ende Juli 1935, und ich hatte angenommen, es konnte
die erste längere Verdienstmöglichkeit nach mehr als zwei Jahren werden. Dort waren Telefonate wörtlich aufzunehmen, Nachrichten, Informationen, Berichte. In den frühen Morgenstunden riefen die Korrespondenten aus dem Ausland an. Man nahm auf, schrieb den Text auf
der Schreibmaschine aus, nahm wieder auf und so im Tages- oder
Nachtdienst während sieben Stunden. Der Nachtdienst war besonders
interessant, weil mit den ersten Frühanrufen auch die Informationen
für den „Führer-Dienst" hergegeben wurden. Da gab es Informationen,
die sonst kaum jemand erfahren konnte, die nie veröffentlicht, nur für
den kleinsten Kreis der Nazipartei und der Reichsspitze weitergegeben
wurden. Aber es gab wohl nie eine sensationelle Information, die nicht
auch allen Mitarbeitern im Stenographenbüro bekannt wurde.
Die Stimmung in diesem kleinen Haufen mag noch an einem anderen
Beispiel zu kennzeichnen sein: An einem Sommerabend brannte der
Berliner Funkturm. Ich hatte Nachtdienst und war in später Stunde an
dem brennenden Stahlgerüst vorbeigefahren – mit dem Fahrrad, wie
damals üblich.
Im DNB fragte ich sofort die Kollegen, ob der Brand bekannt sei. Orje
brüllte mich an: „Wat sachste da, der Funkturm brennt? Du bis' woll
besoffen! Mensch! Da is 'ne Birne in' Jerät durchjebrannt. Dat is allens,
Du Döskopp!"
Natürlich, bei den Nazis konnte ja kein Funkturm brennen, das wäre
ja ein Zeichen der Unvollkommenheit gewesen.
So sah dann auch die Nachricht aus, die das DNB den deutschen Zeitungen übermittelte.
Nach einem Monat Aushilfsarbeit ließ mich der Leiter des DNB zu
sich rufen. Ob ich zufrieden sei und bleiben würde, wollte er wissen;
er würde es begrüßen.

Zehn Tage später saß ich vor der Tür. Man hatte „entdeckt", daß ich der Sozialdemokratie angehört hätte, lautete die Begründung, die Alfred Ingemar Berndt, der „Nazi-Politruk" im DNB, mir dazu gab. Das genügte damals.

Frankfurter Zeitung

(1935/1943)   Ein Bleistift und ein Blatt Papier lagen auf dem sonst leeren Schreibtisch, hinter dem Robert Drill saß, einer der großen Männer in der Redaktion der alten „Frankfurter Zeitung". Im Auftrage der Redaktion hatte er mich nach Frankfurt gebeten. Seit einigen Jahren waren einige Arbeiten von mir in dieser Zeitung erschienen, die als eines der angesehensten und bedeutendsten Blätter deutscher Sprache im Lande und vielleicht mehr noch jenseits der Grenzen geschätzt war. Wir wollten, so hatte er die Einladung begründet, weitere Zusammenarbeit besprechen.

Als der Nationalsozialismus in Deutschland in die Macht manipuliert wurde, schien die Zeitung besonders gefährdet zu sein. Hitler hatte in seiner „politischen Bibel", in dem Buch „Mein Kampf", gerade sie zum Ziel heftiger Angriffe gemacht. Redaktion und Verlag prüften noch vor dem 30. Januar 1933, dem Tag der „Machtübernahme" durch Hitler, ob eine Emigration der richtige Weg sein könnte oder ob man im Lande bleiben sollte und versuchen müßte, die Arbeit so weit wie irgend möglich unter eigener Verantwortung fortzusetzen und dabei Wesen und Aufgabe, Methode und Stil der journalistischen Leistung bewahren könne. Noch am 31. Januar erschien in der „Frankfurter Zeitung" ein Leitartikel unter der Überschrift „Der Zweifel" mit dem Tenor, der soeben vom Reichspräsidenten ernannte Reichskanzler Adolf Hitler sei „bisher der Nation den Beweis seiner menschlichen Qualitäten schuldig geblieben".

Wie war es zu diesem Entschluß gekommen, die Zeitung weiter herauszugeben, obwohl zu befürchten war, daß wesentliche Voraussetzungen für eine freie journalistische Tätigkeit nicht mehr gegeben sein würden, wenn nicht überhaupt sofort ein Verbot erfolgte?

Am 24. Januar 1933, noch eine Woche vor der Entscheidung, mit welcher der Reichspräsident dem Drängen und den Intrigen der vereinigten Konservativen, Alldeutschen, Deutschnationalen und Nationalsozialisten nachgab, befaßte sich die Redaktion der „Frankfurter Zeitung" mit der Frage, ob die Reichsverfassung nicht eine geschäftsführende Regierung zulasse oder gar vorsah, die als Notbehelf betrachtet wurde. Die Redaktion meinte, daß der Reichstag ein Mißtrauensvotum beschließen und die amtierende Regierung zum Rücktritt zwingen sollte und daß der Reichspräsident dann, nach Annahme des Rücktrittsgesuches „etwa folgende Kundgebung an das deutsche Volk" richten müßte:

„Auf Grund des Beschlusses, welcher der Regierung das Vertrauen des Reichstages entzieht, haben der Herr Reichskanzler und die Herren Reichsminister um ihre Entlassung gebeten, die ich ihnen nach Art. 54 der Reichsverfassung gewähren mußte.

Entsprechend dem Reichsministergesetz vom 27. März 1930 (§ 12) habe ich die zurückgetretene Reichsregierung gebeten, die Geschäfte bis zur Ernennung einer neuen Regierung weiterzuführen. Ich sehe jedoch vorläufig keine Aussicht, eine Regierung zu ernennen, die nicht alsbald Gefahr liefe, daß auch ihr der gegenwärtige Reichstag sein Vertrauen entzöge. Von neuen Versuchen dieser Art werde ich Abstand nehmen, bis eine veränderte politische Lage oder ein neuer Reichstag mir Aussicht bietet, eine Regierung zu finden, welche auf das Vertrauen des Reichstages rechnen kann.

Um jedoch im Interesse des deutschen Volkes der Geschäftsführenden Regierung eine ruhige Arbeit zu ermöglichen, habe ich dem Herrn Reichskanzler die Zusicherung gegeben, daß ich, soweit es an mir liegt und die parlamentarische Lage keine wesentliche Veränderung erfährt, nicht vor Ablauf eines Jahres an den Versuch der Neubildung einer Regierung, welche auf das Vertrauen des Reichstages rechnen könnte, herantreten werde."

Man mag diese Überlegung der Redaktion und die Tatsache einer vorformulierten wünschbaren Kundgebung des Reichspräsidenten beurteilen wie man will – die Redaktion sah die Gefahr, die mit diesem Vorschlag verfassungsrechtlich entstehen konnte (böswillige Ausschaltung des Artikels 54 der Reichsverfassung, der Regierungen vom Vertrauen des Reichstages abhängig machte), sie fragte aber zugleich auch: „Sind wir heute in der Lage, in der es überhaupt noch politische Schritte gibt, die keine Gefahren nach sich zögen?"

Die Notlage sollte „ohne Bruch der Verfassung überwunden werden", heißt es in einer Aufzeichnung über diese Erörterungen, von denen Robert Drill mir in jener Unterredung Kenntnis gab und die ich später nachlesen konnte. Der Vorschlag, so war dort zu lesen, wurde nicht als der einzige Weg betrachtet, „aus dem Labyrinth der parlamentarischen Sabotage durch große Reichstagsparteien herauszufinden". Man war sich klar, daß er Sensation machen könnte, aber man glaubte sich des zustimmenden Urteils eines so bedeutenden Staatsrechtlers wie Friedrich Giese sicher. Es schien offenbar unmöglich für diesen Kreis demokratisch und verfassungstreu gesinnter Männer, daß der Reichspräsident nachgeben, daß ein fait accompli entstehen werde, welches mit der Reichsverfassung unvereinbar sein könnte.

Es gab aber auch andere Ansichten in der Diskussion. Sie glaubten an Neuwahlen, in denen „die Sperrmehrheit KPD plus NSDAP auffliegt"; sie rechneten damit, daß der Präsident des Reichsgerichtes, Erwin Bumke, der dem Reichspräsidenten eine ausführliche Belehrung übermittelt hatte, bei diesem durchdringen werde. Es blieb schließlich bei der Absicht, „sich die Freiheit der sachlichen Kritik an dem neuen Regime vorbehalten und in einer gewissen Unabhängigkeit von der politischen Situation unsere politischen Grundüberzeugungen mehr programmatisch darstellen" zu wollen.

Die Zeitung setzte ihre Arbeit nach dem 30. Januar 1933 fort, und die regierenden Machthaber ließen sie unter ständiger Beobachtung, mit zahlreichen Ermahnungen, mit Rügen, mit Verhaftungen im Einzelfall und mit wiederholten grundsätzlichen Forderungen, die zu erfüllen waren, gewähren. Es war ein fortgesetzter Balanceakt auf dem Seil, den die Redaktion vollführen mußte, und es war kein schützendes Netz darunter. Die Machthaber kannten das Ansehen der Zeitung im Ausland und rechneten sich eine Chance aus, wenn gerade dieses Blatt weiter erscheinen würde.

Robert Drill sah die Situation in unserem Gespräch (1935) ohne Illusionen. Er betonte, daß die Redaktion die Tradition der Zeitung, Liberalität und Humanität als Prinzip des Zusammenlebens der Menschen, bewahren werde und daß, wer mitarbeiten wolle, sich darüber klar sein müßte. Mit den Nazis könne man wahrscheinlich nicht auskommen, aber man müsse wenigstens nach dem Sprichwort handeln: „Gehe nicht zu Deinem Fürst, wenn Du nicht gerufen wirst." Die Redaktion habe nicht die Absicht, sich als Werkzeug benutzen zu lassen. Daraus folge eine Konsequenz, der man nicht werde ausweichen können oder auch nur wollen, wenn sie eintrete. Dann kam – unerwartet für mich – die Frage: „Wollen Sie in dieser Redaktion mitmachen?"

Natürlich! Mir war durchaus klar, daß über eine lange Zeit hin eine Fülle von Kompromissen, von Ausweichmanövern, von gewagten Umwegen notwendig werden würde. Mich reizte die Chance, ein Gegenspiel gegen die Mächtigen mitspielen zu dürfen. Am 1. Oktober 1935 trat ich in die Redaktion der „Frankfurter Zeitung" in Berlin ein, wo zu der Zeit noch fast dreißig Redakteure tätig waren; die Zentralredaktion arbeitete in Frankfurt am Main.

Vierzig Jahre später habe ich in einer dokumentarisch belegten Darstellung über die tägliche Arbeit berichtet, über die Weisungen der Naziregierung an die Presse, über ihre Behandlung und Ausdeutung, über die Informationen, die auf heimlich beschrittenen Wegen zu bekommen waren. Aufzeichnungen, die ich mir jeweils gemacht habe, boten die Grundlage für das Buch*.

Die Redaktion konnte ihre Arbeit noch acht Jahre unter zunehmend erschwerten Umständen leisten; dann wurde die Zeitung auf Befehl Hitlers am 31. August 1943 geschlossen. Sie hatte seit 1856 bestanden und ist nach dem zweiten Weltkrieg nicht wieder erschienen.

Den Redakteuren der „Frankfurter Zeitung", so lautete 1943 die Anweisung, die Hitler persönlich gegeben haben soll, durfte „unter keinen Umständen Gelegenheit erteilt werden, in welcher Form auch immer, weiterhin auch nur in kleinen Gruppen zusammenzuarbeiten". Der engste Kreis der Redaktion verabredete, wie es in einem Bericht von Benno Reifenberg heißt, dem ich hier folge, „bis zum bitteren Ende nicht mehr miteinander zu korrespondieren. Würde jemals nach dem

---

* „Politik der Täuschungen, Mißbrauch der Presse im Dritten Reich, Weisungen, Informationen, Notizen, 1933–1939", Europa-Verlag, Wien 1975, 430 Seiten.

Kriege die FZ wieder auferstehen, so dürfe sie nur von Männern geführt werden, die seit 1933, seit dem ‚Tag der Machtergreifung‘ inner-
halb Deutschlands Grenzen gelebt und gelitten hatten. Niemand, so
war die Meinung, der nicht wußte, wie es war, konnte wissen, was
werden sollte in diesem Vaterland".

Für mich war mit dem Verbot zugleich die Redaktion des in Berlin erscheinenden „Angriff" als künftiger Arbeitsplatz angeordnet worden.
Das war das Blatt von Joseph Goebbels. Ich rief am 28. August, dem
Tage der offiziellen Mitteilung an die Redakteure, einen Freund, da-
mals Chefredakteur des „Neuen Wiener Tagblatts", Dr. Otto Haecker,
an und teilte ihm die Nachricht von dem Verbot mit. Seine sofortige
Reaktion zeigte, daß er verstanden hatte: „Dann kommst Du also jetzt
zu uns!" Ich mußte ihm von dem Befehl sagen, zum „Angriff" gehen
zu müssen, aber es gelang ihm dennoch, seinen Plan zu verwirklichen:
Ich konnte meine Arbeit in Berlin fortsetzen und hatte Redaktion und
Verlag des „Neuen Wiener Tagblattes" dort „zu vertreten", wie es im
Vertrag hieß. Was immer dann getan oder geschrieben wurde, das
diente dem, was „für alle Fälle" zu tun nötig schien. Ich glaube nicht,
daß ich heute etwas verleugnen müßte von dem, was ich geschrieben
habe. Nicht alles was gedruckt wurde, war auch geschrieben worden.
In verständigem Einvernehmen sorgte jeder damals dafür, daß er sich
nicht beschmutzte, aber auch, daß die Zeitung erhalten blieb und er
selbst. Der Tätige ist stets wichtiger als der Tote oder auch nur der
Gefesselte.

Die Jahre meiner Zugehörigkeit zur Redaktion der alten „Frankfurter
Zeitung" waren und blieben in Aufgabe, Engagement, Leistung, Gefahr
und Erfolg die reichsten meines beruflichen Lebens.

Auf meinem späteren Weg traf ich immer wieder auf eine Spur, die zu
jenen Jahren zurückführte. Am einducksvollsten belehrte mich 1956 ein
Empfang bei Papst Pius XII. darüber, wie Ruf und Bedeutung dieser
Zeitung die Zeit ihrer Existenz überdauern.

Es war ein kleiner Kreis von Besuchern im Vatikan. Der Protestant
stand allein unter den Knieenden. Der Papst trat von einem zum
anderen, wechselte einige Worte, segnete hier und dort und trat zum
anderen. Neben mir kniete der Pfarrer aus Friedland, wo das Ankunfts-
lager der Flüchtlinge und Heimkehrer ist.

Der Papst trat an mich heran, sah mich an, tippte mit dem Finger auf
mich und sagte ohne ein Wort vorher: „Frankfurter Zeitung". Dann
folgten die Fragen schnell hintereinander: Was ist aus Herrn Kircher
geworden? Wie geht es Herrn Reifenberg? Pius XII. war während der
Nazi-Jahre Nuntius in Berlin gewesen. Ich war ihm einmal vorgestellt
worden, hatte einmal wenige Minuten mit ihm gesprochen. Als er hin-
zutrat, hatte man ihm den Namen des Besuchers genannt, mehr nicht.
Die Zeitung war das Merkmal. Er fragte nach anderen Kollegen von
mir, nannte Namen. „Ich freue mich", so war sein Abschiedsgruß für
alle, die noch lebten.

Theodor Heuß, der erste Präsident der Bundesrepublik Deutschland, häufiger und in den Nazijahren heimlicher Mitarbeiter der „Frankfurter Zeitung", hat nach dem Kriege dringend gemahnt, die Geschichte dieser Zeitung aufzuschreiben. Es gibt eine Aufzeichnung über das erste halbe Jahrhundert (1856 bis 1906) ihres Bestehens und eine Erweiterung dieser Arbeit, die 1911 abgeschlossen wurde und als „Volksausgabe" auf 1143 Seiten „eigentlich eine Geschichte der deutschen Wirklichkeit im Spiegel einer kritischen Zeitung" darstellt. Diese Arbeit nun über die Jahrzehnte seit 1911 bis zum Verbot der Zeitung 1943 zu ergänzen wird nur unter Überwindung größter Schwierigkeiten möglich sein. Versuche von Außenstehenden, die nicht zum Mitarbeiterkreis der Zeitung gehört haben, sind unternommen worden, aber mißlungen. Benno Reifenberg hat eine umfassende Übersicht über die Jahre 1933 bis 1943 in der Zeitschrift „Die Gegenwart" (1956) veröffentlicht. Aber was immer geschrieben wurde oder geschrieben werden soll, es kann sich kaum noch auf wesentliches Originalmaterial stützen*. Denn als der Krieg sich 1945 seinem Ende zuneigte und amerikanische Truppen jenseits des Rheins vor Frankfurt standen, hat der von den Nazis mit der Leitung des Verlages der ehemaligen FZ beauftragte Unmensch namens G. Ziemba das unersetzliche Archiv der Zeitung auf den Hof schaffen, es mit Benzin übergießen und verbrennen lassen.

Nur Mittel zum Zweck

(1936/1943)   Wer von meinen Berufskollegen, den Journalisten, nicht über das hinaus unterrichtet war, was ihm in den Diensten des Deutschen Nachrichtenbüros (DNB), in den Weisungen der täglichen Pressekonferenz der Reichsregierung oder durch die Rundrufe des „Reichsministeriums für Volksaufklärung und Propaganda", die das Nachrichtenbüro verbreitete, bekannt wurde, der konnte in jenen Jahren des totalen Regimes in Deutschland kaum wesentliche journalistische Arbeit leisten. Es war nicht einmal besonders schwierig, sich zu Quellen Zugang zu verschaffen, die unkontrolliert sprudelten und das um so reichlicher, wenn Funktionäre der NSDAP zum Sprechen provoziert wurden, die mit ihrem Wissen glänzen, die auf jeden Fall angeben wollten oder die enttäuscht oder unzufrieden waren – und diese Zahl

---

* Soweit es erreichbar war, habe ich Material aus Erinnerungen ehemaliger Mitglieder der Redaktion der FZ zusammengetragen. Es kann Originaldokumente nicht ersetzen, aber es kann eine Hilfe bieten, wenn einmal Historiker die Geschichte einer Zeitung als die Geschichte einer ereignisträchtigen Zeit erzählen würden. Das Material ist in zwei Mappen gleichlautend dem Archiv der Friedrich-Ebert-Stiftung, Bonn-Bad Godesberg und dem Stadtarchiv Frankfurt übergeben worden. Ein drittes Exemplar ist noch in meiner Hand. Es soll nach meinem Tode dem Institut für Zeitgeschichte in München übereignet werden.

war nicht gering und wurde ständig größer. Hohe und höchste Funktionäre der Partei haben – oft mit betontem Hinweis auf ihre persönliche Bedeutung – immer wieder ihre eigene Meinung mitgeteilt. Sie handelten in der Regel nicht aus Opposition, sondern überwiegend aus persönlichen Gründen, aus menschlicher Schwäche oder aus eigennützigen Interessen, was sie kaum verbargen. Manche schwatzten ganz einfach, sie konnten, um einen Ausdruck zu gebrauchen, den Hans Fritzsche, der Sprecher der Reichsregierung vor der Presse, wiederholt verärgert über solche Typen, benutzte, „das Wasser nicht halten". Ein aufmerksamer Journalist lernte bald, wem gegenüber Vorsicht geboten war, ihm auch nur zuzuhören.

Unter besonderen Umständen und Voraussetzungen waren auch Informationsquellen zu erschließen, die ernsthaft daran interessiert waren, sich um einer Sache willen auszusprechen, Andeutungen „zu kanalisieren", im Gespräch zu geben, damit aber auch den Anspruch geltend zu machen, etwas zu erfahren, was auf dem Dienstweg nicht zu hören war. Sie wußten, welcher Journalist von welcher Zeitung kam und wer etwas zu bieten haben würde. Hier ist nicht von materiellen Dingen die Rede und auch nicht nur von Gegnern der Naziregierung, Ich konnte oft an frühere Begegnungen aus der Weimarer Zeit anknüpfen. Die „Frankfurter Zeitung" hatte zahlreiche Korrespondenten in anderen Ländern, wie man wußte, die unbeschwert berichteten, auch wenn sie wußten, daß ihre Informationen im Nazi-Deutschland nicht gedruckt werden konnten. Je sachlicher das Material war, das auf diese Weise zu unserer Kenntnis in der Redaktion gelangte, desto brauchbarer war es für unsere Arbeit und für den Austausch.

Aus dem Ausland kam auch noch während der Kriegsjahre Nachrichtenstoff herein, der nicht vom Deutschen Nachrichtenbüro (DNB) ausgegeben wurde. Befreundete ausländische Kollegen, die die deutschen Verhältnisse kannten und Emigranten fanden auch für solche Unterrichtungen einen Weg zu uns, die besonderer Geheimhaltung bedurften oder für den Empfänger gefährlich waren, wenn sie entdeckt worden wären.

Im Deutschen Nachrichtenbüro wurde das von den Telefonstenographen aufgenommene Informationsmaterial je nach dem Grad der angeblichen und von Nazi-Funktionären eingestuften Vertraulichkeit auf blauem oder auf rotem Papier herausgegeben, von dem auf weißem nicht zu reden, das nur für den engsten Führungskreis der Partei bestimmt war. Der „blaue Dienst" und – noch eindringlicher verwarnt – der „rote Dienst" durften nicht oder nicht unmittelbar verwendet werden. Allein die Kenntnis des Materials aber sorgte nicht nur für eine bessere Information der Journalisten, sondern beeinflußte auch die Haltung der so unterrichteten „Geheimnisträger", die dann kritischer war als die der anderen, die es nicht bekamen. Vertrauliche Behandlung und Aufbewahrung unterlagen strengen Vorschriften (die selten eingehalten wurden).

Als – ein Beispiel – am 22. August 1939, zehn Tage vor dem Beginn des zweiten Weltkrieges, in der Pressekonferenz in Berlin der Vertreter des Auswärtigen Amtes, Geheimrat Braun von Stumm, begann, über einen soeben in Moskau abgeschlossenen deutsch-sowjetischen Beistands- und Freundschaftspakt zu berichten, der unmittelbar vor der offiziellen Unterzeichnung stehe und diese Sensation mit der Behauptung einer Jahrhunderte bereits andauernden deutsch-sowjetischen Zusammenarbeit einleitete, als er von der „Freundschaft der beiden Völker" und gar von der „Waffenbrüderschaft" sprach, erhob sich in dem seit langer Zeit zum ersten Male wieder überfüllten Saale der Reichspressekonferenz eine unbändige Heiterkeit. Das war eine ungewöhnliche Reaktion der Teilnehmer dieser „Befehlsausgabe", wie man die Pressekonferenz zutreffender kennzeichnen kann. Der Sprecher des Auswärtigen Amtes, ein im Dienst ergrauter Karriere-Diplomat, erschrak über diese Reaktion und verteidigte sich: „Ich lese die Weisungen vor, die mir gegeben wurden". Dieser Bemerkung folgte schallende, geradezu stürmische Heiterkeit.

Der Leiter der sogenannten Konferenz, Hans Fritzsche, griff ein: „Ich sehe in dem Gefühlsausbruch nur den Ausdruck der Freude darüber, daß dieses Ergebnis erzielt werden konnte. Es war gewiß keine Kritik an den Worten des Herrn von Stumm, das möchte ich in Ihrem Namen doch ausdrücklich feststellen. Ich weiß ja, meine Herren, daß man Ihnen nichts vormachen kann."

Der Diplomat hatte auch – sich im Eifer widersprechend – einen „sensationellen Wendepunkt in der Geschichte der beiden Völker" erkannt, sprach davon, daß „die beiden Völker sich wiedergefunden" hätten, er hatte an die Völkerschlacht bei Leipzig erinnert, in der Deutsche und Russen gemeinsam gegen Napoleon gekämpft haben und gemeint, daß nun auch dieses aktuelle Ereignis „im deutschen Volke freudigen Widerhall" finden werde.

Das war im August 1939, und im Juni 1941 brachen deutsche Divisionen in eben dieses „seit Jahrhunderten befreundete" Land ein, das dann die größten Verluste des Krieges erlitt.

Der kritische Journalist hatte an diesem 22. August 1939 zwar noch in die Heiterkeit einstimmen können, aber es gab längst eine Reihe von Vorgängen, die mit einem ähnlichen Verlauf begonnen und tragisch geendet hatten. Man wird sich erinnern, daß im März 1938 nach dramatischen Ereignissen deutsche Truppen in Österreich einmarschiert waren, daß im Herbst des gleichen Jahres die Sudetenkrise „ausreifte" und Hitler das Sudentenland als „letzte Revisionsforderung" beanspruchte und am 1. Oktober militärisch besetzte, daß noch im gleichen Monat von Polen die Rückgabe Danzigs gefordert wurde und Judenprogrome in Deutschland die Welt erregten, daß sich die Spannung gegenüber der Tschechoslowakei bis zum Zerreißen steigerte. In dieser Situation geschah folgendes, bezeichnend für die Informations-Methoden der nationalsozialistischen Machthaber in Deutschland:

Am 17. Juli 1938 war der Presse in Deutschland ein „Rundruf" zugeleitet worden, eine über Telefon gegebene Mitteilung, die das Deutsche Nachrichtenbüro im Auftrage des Propagandaministeriums verbreitete:

> „Die Kommentare der ‚Montagspost' und des ‚Montag' in der tschechoslowakischen Angelegenheit, die von allen am Montag früh erscheinenden Zeitungen im Wortlaut abgedruckt werden sollen, dürfen auf keinen Fall verschärft werden".

Die Kommentare waren, wie man schnell erfahren konnte, vom Propagandaministerium mit den Verfassern der beiden Berliner Zeitungen genau abgestimmt worden. Sie sollten aber als „freie" Pressestimmen zitiert und durften nicht verschärft werden, weil noch eine Steigerung vorbehalten werden sollte. Es fehlte noch „der Reifegrad".

Am 16. September 1938 meldete DNB, die offiziöse Nachrichtenagentur, „tschechische Horden" hätten eine Mutter und ihre fünf Kinder erschossen. Die Nachricht erschien mittags. Gegen 23.30 Uhr des Abends verbreitete DNB einen Rundruf, der die Meldung vorläufig sperrte! Ein großer Teil der Zeitungen hatte sie aber bereits gedruckt. Der Rundruf begründete: „Es werden weitere Erkundigungen eingezogen." Die Meldung wurde nie wieder erwähnt. Sie war im Propagandaministerium frei erfunden worden! Sie sei, so sagte der „Herr vom Dienst" in Zimmer 24 des Propagandaministeriums später auf Anfrage doch „so plump" gewesen, daß sie unglaubwürdig erschienen sei. Veranlaßt sei sie von „Herrn Berndt", dem Manne, der als Vorgänger von Fritzsche die Abteilung Deutsche Presse im Reichsministerium für Volksaufklärung und Propaganda leitete. Ihm schien die Zeit „reif" geworden zu sein.

Das Zimmer 24 war eine tags und nachts besetzte offizielle „Verbindungsstelle" zwischen dem Reichsministerium, das die Presse lenkte und der Reichsregierung. Dort saßen zuweilen auch Männer mit Mut und Anstand. Sie rechneten freilich darauf, daß der Anrufer eine nicht „stubenreine" Antwort nicht benutzen, nicht veröffentlichen werde. Der Zwiespalt zwischen Pflicht und Gesinnung war die Konsequenz aus dem Gegensatz der Meinungen, aus der Kenntnis der persönlichen Animositäten, der unaufhörlichen Intrigen und der offen ausgetragenen Feindschaften, die zwischen den führenden Nazis bestanden und eine „innere Autorität", soweit davon überhaupt gesprochen werden konnte, unaufhaltsam zerstörten.

In einer anderen Weise hat vor allem Hans Fritzsche dazu beigetragen, Betrug und Lüge erkennbar werden zu lassen, mit denen die Presse und die öffentliche Meinung zu jener Zeit geführt und gelenkt wurden. Vor Beginn des Krieges, in den Monaten der „Reifung", wie er es einmal nannte, als die politischen Ereignisse den bevorstehenden Krieg zwar ahnen ließen aber nicht bestätigen sollten, haben Gebot und Verbot, Strenge und „Großzügigkeit" nahezu täglich gewechselt. Als dann die Kämpfe tobten und die deutsche Bevölkerung nicht mehr getäuscht werden konnte, wechselte die Methode. Es ist nicht einfach, diese Leistung des intelligentesten unter den Sprechern der Nazi-Regierungen zu analysieren und in ihrem Kern zu erkennen. Es ist ihm nach dem Kriege auch der Respekt der ehemaligen Gegner nicht unbekannt geblieben.

Am 6. März 1940 erläuterte Fritzsche in einem kleinen Kreis von Journalisten, warum „an höchster Stelle" ein in einer ausländischen Zeitung veröffentlichter „offener Brief" Anlaß zu grundsätzlichen Äußerungen über die deutschen Journalisten gegeben habe. Jene „höchste Stelle" habe gesagt, eine so glänzende Feder, wie dieser Brief zeige, sei in der deutschen Presse nicht vorhanden. Er aber, Fritzsche, frage sich, wie es komme, daß die deutsche Presse in der Tat im allgemeinen nicht glanzvoll schreibe, und er meine nun, es würden doch zu viele seiner Anregungen von allen Zeitungen gebracht und beachtet. Er wolle doch aber, daß jeder sich herausgreife, was ihm liege; jeder möge mit Überlegenheit in der Sache, mit Geist, eben glanzvoll schreiben. Freilich gebe es Dinge, die von allen gemacht werden müßten. Das hörte sich gut an.

In der allgemeinen Pressekonferenz der Reichsregierung kam es am 30. August 1940 erneut zu einer allgemeinen Auseinandersetzung über die Möglichkeiten und „Freiheiten" der Presse. Fritzsche sagte dazu (nach einer während der Ausführungen des Sprechers von mir stenographierten Notiz):

> „Er habe sich bemüht, die Presse mehr und mehr zu entfesseln. Bei Beginn des Krieges habe er befürchtet, die Presse werde stärker als je vorher geknebelt werden. Das sei erfreulicherweise nicht so schlimm geworden. Aber er müsse sagen, am schwierigsten arbeite es sich mit dem Auswärtigen Amt, dessen Tendenz es sei, lieber zu wenig als zuviel zu geben, in Zweifelsfällen nein zu sagen und unnötig zu verzögern ... Man müsse von der Auffassung abkommen, daß alles was in der deutschen Presse erscheint, offizielle Äußerung der Regierung sei. Die Presse müsse unabhängiger ihr Urteil abgeben können, unbeschadet der Richtlinien, die sie erhalte und in deren Rahmen sie sich frei bewegen müsse. Diese Richtlinien würden um so weniger eng sein, je größer die Selbstdisziplin der Presse sei. ...
> In den besetzten Gebieten exerziere man, was nach dem Kriege allgemein für die deutsche Presse System sein müsse. Es sei unmöglich, daß die deutschen Zeitungen nach dem Kriege weiter in der Gewalt örtlicher Aufsichtsorgane, der Reichspropagandaämter, blieben, sondern das System der Berliner Vertretungen müsse in einer ganz anderen Weise als bisher ausgebaut werden, so daß jede Zeitung unmittelbar und auch in ihren verschiedenen Ressorts in direkter Beziehung zu den verantwortlichen Stellen der Reichsregierung in Berlin stehe. Die Labilität und die Nuancierung sei dann weit eher möglich, die heute durch das System der Reichspropagandaämter notgedrungen in den Hintergrund gedrängt werde". (Vollständiger Wortlaut siehe Bundesarchiv, Sammlung Sänger, ZSg. 102 I/314/315.)

Diese so gut wie wortgetreu wiedergegebenen Ausführungen Fritzsches betonten, so liberal sie klingen mögen, die zentrale Führung der Presse durch die Reichsregierung und keinesfalls durch die einzelnen Reichsministerien. Denn diese konnten sich nur mit täglich sorgfältig im Propagandaministerium abgestimmten Formulierungen an die Presse wenden. Die damals noch möglichen Einwirkungen der Ministerien (vornehmlich des AA) in Berlin oder der Gauleiter auf die Gau-Propagandaämter wollte Hans Fritzsche total beseitigt wissen. Was er „Labilität" und „Nuancierung" nannte, sollten die Differenzierungen sein, die er selbst gab und die exakt zu beachten waren. Im Hintergrund jeder Äußerung dieser Art stand die auch wiederholt von ihm ausgesprochene Drohung, wenn die Presse sich nicht „richtig" benehme, könne man auch anders verfahren.

Wie artistisch dieser Sprecher der damaligen Reichsregierung auf dem ihm anvertrauten Instrument zu spielen vermochte, mag noch eine andere Notiz erweisen, die ich am 14. Oktober 1940 (es war Krieg) festgehalten habe. Fritzsche hatte sich über eine „Behörde" (es war wieder das Auswärtige Amt) geärgert, die ihm eine Nachricht gesperrt hatte. Er sagte dazu in der Pressekonferenz:

> „Wenn ich die Presse gebeten habe, in Zukunft mit besonderem psychologischem Verständnis für die Stimmung der Bevölkerung zu arbeiten, so gilt dieser Grundsatz auch für die Behörden, denen die Aufgabe gestellt ist, sich die Zurückhaltung aufzuerlegen, die im Interesse einer vernünftigen Pressepolitik im bevorstehenden Winter notwendig ist. Dazu gehört die Frage der Nachrichtenübermittlung an das deutsche Volk, dem nicht vorenthalten werden darf, was ohnehin in der Welt bekannt ist. Es wird immer Dinge geben, über die nicht gesprochen und nicht geschrieben werden kann. Aber Nachrichten, die in die Welt hinausgegeben werden, müssen mindestens zur gleichen Zeit auch in Deutschland bekannt werden.
> Die Presse wird gebeten, nicht lahm und müde zu werden, wenn sie durch Nachrichtensperren vielfach an der Arbeit gehindert wird. Es wird erwartet, daß sie bohrt und drängt, um die eine oder andere Meldung für die eine oder andere Zeitung frei zu bekommen und daß sie selbst an die Amtsstellen herantritt, um die Freigabe gesperrter Meldungen zu erwirken. Die Presse als Teil der Staatsfunktion muß eine selbständige Initiative erhalten. Diplomatische Rücksichten können für die Presse nicht soweit gelten, daß die Zeitungen selbst Instrument der Diplomatie werden. Die Zeitungen haben eine eigene Aufgabe, die besonders gelagert ist, und es ist nötig, journalistischen Ehrgeiz zu entfalten und sich nach eigenem Nachrichtenstoß umzuschauen." (Bundesarchiv, ZSg. 102/28/39)

Wer diese Ausführungen liest, wird wünschen, daß solche Grundsätze „auch heute" gelten. Aber damals waren sie nichts als Ausdruck einer tiefen Verärgerung eines Ministers (Goebbels) über einen anderen (Ribbentrop); der eine hatte eine Niederlage erlitten, der andere war im Wettstreit beim „Führer" Sieger geblieben. Ein anderes Mal war es umgekehrt. Ganz deutlich sagte es Hans Fritzsche am 24. Oktober 1940: „Die deutsche Presse habe eine Aufgabe, sie sei nicht Selbstzweck, sondern Mittel zum Zweck." Wie er sich die von ihm gewünschte „Selbstdisziplin" der Presse vorstellte, erläuterte er am 23. April 1941:

> „Sei sie (die Presse) dazu nicht mehr bereit, so müsse er Mittel anwenden, die er nicht gern gebrauche. Er könne die Zensur wieder einführen und zwar für alle Zeitungen."

Bei solchen Bemerkungen unterdrückten die Journalisten kaum je ein Raunen oder Rascheln, als ob es jene „anderen Mittel" nicht ständig gäbe, als ob keine Zensur geübt werde, als ob nicht auch dieser Sprecher der Reichsregierung selber vielfach Nachrichten gesperrt hatte und immer wieder sperrte, wenn es ihm nötig erschien. An diesem Tage, dem 23. April 1941, sperrte er zum Beispiel „mit sofortiger Wirkung den Informationsdienst des Büros ,Europapress'" für alle Zeitungen. Dieser Dienst hatte bis dahin erhebliche Erleichterungen zu selbständiger Arbeit geboten. Fritzsche erklärte zugleich auch, daß er nicht dekretieren wolle, „daß die Redaktionen das zu tun hätten, was die Berliner Vertretungen sagen. Aber er setze als selbstverständlich voraus, daß die Zeitungen als ihren Berliner Vertreter solche Leute benannt hätten, denen sie ein Höchstmaß von politischem Sinn, von Taktgefühl, Verantwortungsbewußtsein und Unabhängigkeit zutrauten".

Damit es denn auch jedermann recht verstehe, fügte Hans Fritzsche schließlich hinzu:

„Es gäbe eine Möglichkeit, den Heimatredaktionen eine Verpflichtung aufzuerlegen, um die nun einmal notwendige Disziplin zu erzwingen. Auch Telefonate liessen sich überwachen, und es sei durchaus möglich, daß denen, die sich auf eigene Informationsquellen stützten, diese Quellen verschüttet werden. Ihm sei das alles sehr zuwider, aber die Presse habe es selbst in der Hand, dafür zu sorgen, daß die Entwicklung vorwärts und nicht rückwärts gehe."

Genug der Beispiele, deren es noch viele gibt! Auch Ironie sei eine Waffe, sagte er am 19. Mai 1941 vor der Presse, deren kritische Hörer diese Bemerkung durchaus verstanden und anzuwenden wußten. Wer den Wert und die Absicht der Äußerungen dieses Mannes erkennen wollte, mußte sorgfältig aufmerksam sein, mit wachem Bewußtsein jedes Wort jederzeit verfolgen und in guter Erinnerung haben, um es mit der Wirklichkeit kritisch konfrontieren zu können. Er konnte nur dann erkennen, woran er sich zu halten hatte.

Für alle Fälle

(1937/1944)   Wie zu einem aktuellen Gespräch über eine geschäftliche Angelegenheit, so begann es. An einem Herbstabend 1937 kam Hermann Maaß zu mir. Er war vor 1933 Geschäftsführer des Reichsausschusses der deutschen Jugendverbände gewesen und war von den Nazis entlassen worden. Zur „Hitler-Jugend" hatte ein Mann seiner Art kein Verhältnis, ein Mann, der die persönliche Verantwortung des jungen Menschen, die Freiheit eigener Entscheidungen, die innere Wahrhaftigkeit der Lebensführung vorlebte. Wie hätte der nach außen und innen uniformiert leben, auf Befehl handeln, Untertan sein können! Er war ein souveräner Bürger. Nach seiner Entlassung hatte er noch die Gewerkschaftjugend zu betreuen versucht und war mit Wilhelm Leuschner vom Allgemeinen Deutschen Gewerkschaftsbund, mit Julius Leber, Carlo Mierendorff und anderen in ständiger Zusammenarbeit geblieben.

Ohne Umschweife ging er bei diesem Besuch auf sein Ziel los: Er wollte die Möglichkeit besprechen, daß – so sagte er – „dieser Rummel" nicht lange Bestand haben könne und daß dann ohne Unterbrechung die notwendige öffentliche Arbeit auf allen Gebieten wieder in anständiger Weise getan werden müsse. Also, so seine sofort folgende Frage: Können wir uns mal darüber unterhalten, wie denn das gemacht werden kann, in der Presse, von der Regierung her, von einem Presseamt aus, in der Nachrichtenzentrale (der Nachrichtenagentur). Nein, heute noch nicht, brach er dann ab. Erst einmal sollte ich nachdenken. Er käme wieder – und war schon weg.

Er kam wieder, mehrmals. Seine Fragen wurden genauer gestellt, systematisch, konstruktiv. Er wußte, wohin er wollte. Die Fragen betrafen die Organisation, die Aufgabe, die Methode der Arbeit, die Chancen und die Prinzipien. Das war kein Geschwätz, das war eine gut vorbereitete Diskussion mit erwartetem Ergebnis. Das nächste Mal folgte ein neues Kapitel.

Inzwischen lernte ich Wilhelm Leuschner näher kennen. Wir waren uns vorher kurz begegnet, und er hatte mich jetzt in seine Wohnung am Kaiserdamm in Berlin eingeladen. Leuschner bestätigte, daß er Maaß um die Unterhaltung mit mir und um die Planungen gebeten hatte. Er fragte nach Einzelheiten, einfach, klar, genau. Seine kühle Haltung war wohltuend und verbreitete ein Gefühl der Sicherheit. Wir sahen uns später in einem größeren Kreise wieder. Seine Wohnung am Kaiserdamm in Berlin betrat ich nach dem Kriege noch einmal, unvorbereitet und überrascht: Georg Dertinger wohnte dort, der später Außenminister der Deutschen Demokratischen Republik wurde, obwohl er vorher Kadett der kaiserlichen Armee, rechter Flügelmann der in Berlin tätigen Journalisten, einst Chefredakteur des „Stahlhelm", Organ des „Bundes der Frontsoldaten" und Mitglied des Herrenclubs war, einer konservativ-feudal gerichteten politisch aktiven Gesellschaft. Nazi war Dertinger nicht.

Der Kontakt mit Maaß blieb unberührt. Wir sahen uns zumeist bei Friediger, einem Café am Potsdamer Platz, dessen unvergessener Wiener Geschäftsführer die Gäste so überzeugend belehren konnte, daß „der beste Kaffee im Kuhstall gekocht" werde. Dort verkehrten viele Journalisten und Politiker. Es lagen Zeitungen aus, es wurde diskutiert, es war eine Informations-Börse, an der auch das Aufkommen der Nazis wenig geändert hat.

Dort war auch die erste Begegnung mit einem hohen SS-Führer. Er kam in Zivil. Seine kritische Haltung gegenüber dem Regime war bekannt. Wollte er horchen? Von ihm haben später manche, die in Gefahr gerieten, Hilfe erfahren. Sein Name blieb unbekannt, er nannte sich Wolff und betonte: zwei ff.

Im März 1942 erbat Maaß von mir eine eingehende Erörterung über eine wirkungsvolle Organisation der Öffentlichkeitsarbeit „im demokratischen Stil", die von den Gewerkschaften geleistet werden könnte, sobald sie wieder frei tätig sein würden. Solche und ähnliche Aufgaben stellte er dann völlig überraschend etwa wie ein Lehrer, der über den nächsten Klassenaufsatz spricht. Er entwickelte das Thema ohne jeden aktuellen Bezug, allein aus der Sache, die man doch einmal überdenken müsse. Es folgten die anderen, schon angekündigten Themen: Organisation und Methodik eines Nachrichtenbüros, einer offiziellen Pressestelle in einer Behörde, etwa auch der Reichskanzlei. Nur keine schriftlichen Aufzeichnungen! Allein Denkaufgaben und Informationen!

Am Zinsweilerweg in Berlin-Zehlendorf wohnte Dr. Theodor Bohner. Er war Oberschulrat in der preußischen Schulverwaltung gewesen und von den Nazis entlassen worden. Als Sohn eines deutschen Missionars an der Goldküste Afrikas geboren, hatte er deshalb neben dem deutschen auch einen britischen Paß. Er war, wie er mehrdeutig und erläuternd erklärte, „ein Kind des britischen Empire" und korrigierte vielsagend: „... besser, des Geistes des britischen Commonwealth". Politisch hat er zu den Deutsch-Demokraten gehört, den heutigen Freien Demokraten vergleichbar, und ist Mitglied des Preußischen Landtages gewesen. In seinem Hause traf ich Leuschner wieder, auch Julius Leber (beide nie gleichzeitig) Theodor Haubach, Carlo Mierendorff, Adolf Reichwein, Hermann Maaß, Ludwig Schwamb und andere, nicht viele, aber stets solche, die gleicher Gesinnung und Hoffnung waren.

Mit Julius Leber wurde der Kontakt am engsten. Es waren gute, offene Gespräche, die in Erinnerung geblieben sind. Je länger sich der Krieg hinzog, desto klarer wurde die Überzeugung, daß, wenn überhaupt noch etwas von der Substanz Deutschlands zu retten war, ein Frieden der Verständigung erstrebt werden müsse. Daß er mit einer Regierung der Nazis zu erreichen sei, glaubte niemand. Es gab Namen von Persönlichkeiten, die wohl an die Spitze treten könnten. Aber wie sollten sie dahin gelangen?

Niemals wurde von einer Aktion, geschweige denn von einem Attentat gesprochen. War das Gespräch bis zu diesem Punkt gediehen, dann galt, daß „für alle Fälle" – so Lebers in solchem Augenblick wiederholte Äußerung – alles bereit sein müsse, daß sorgfältig und gründlich jeder seine Sachkenntnis und Personenkenntnis vorzubereiten, einzusetzen und jederzeit sich bereitzuhalten habe.

Es hat nach dem Kriege immer wieder eine Rolle gespielt, wer daran „beteiligt" gewesen sein könnte, das Attentat auf Hitler zu planen und auszuführen und auch, für welchen Zeitpunkt es geplant gewesen und ob es am 20. Juli 1944 nicht vorzeitig ausgelöst worden sei. Mancher hat nach dem Kriege mehr „gewußt" als vor dem Ereignis, das Hitler „liquidieren" sollte, wie dieser die ungezählten Morde zu bezeichnen pflegte, die er zu verantworten hat. Wer aber wußte wirklich, ob es der Plan war, diesen Unmenschen umzubringen oder der Plan, ihn für eine Aburteilung gefangenzusetzen? In dem Kreise, in dem ich Kenntnis vom aktiven Widerstand erhielt, hat es niemals ein Gespräch über diese Frage gegeben, und es war klar erkennbare Absicht, niemals ein Wort hierzu auszusprechen. Jeder konnte sich seine eigenen Gedanken machen, die eines anderen kannte er nicht. Ein „Staatsstreich" war nötig. Wie würde er aussehen?

Bei dieser Tatsache fehlte die Voraussetzung dafür, ethische oder religiöse Gesichtspunkte zu erörtern. Für das Verhalten des völligen Schweigens über die Art einer Aktion gab und gibt es keine damals ausgesprochene Begründung. Es kann also nicht über sie berichtet werden. Es war zweckmäßig, so zu handeln. Das wurde begriffen.

In anderen Kreisen oder Gruppen kann es anders gewesen sein. Aus dem viel genannten Kreisauer Kreis wurde (später) berichtet, daß man die Frage einer Ermordung Hitlers leidenschaftlich erörtert und umkämpft habe, daß man gar einen Termin gekannt, daß das Stichwort „die Hochzeit" gegolten habe. Darüber kann nur Zeugnis ablegen, wer dabei war und es verantworten kann. Für die, welche in unserem kleinen Kreis helfen wollten, ein anderes Deutschland erstehen zu lassen, gab es reale Aufgaben, jeder hatte seine. Sie war zu unbekannter Zeit zu erfüllen und darauf hatte man sich vorzubereiten. Wir wußten, was wir wollten, welches unsere Aufgabe war, was wir zu tun hatten, sobald etwas aus eigener Verantwortung zu tun möglich war.

Nach dem Kriege war oft zu lesen oder zu hören, die Gegner Hitlers und des Nationalsozialismus seien sich zwar einig im „Nein" gewesen, aber sie hätten kein Konzept gehabt, was denn zu geschehen habe, wenn der Diktator nicht mehr regiere. Diese Annahme und Behauptung entstand wahrscheinlich aus der Tatsache, daß es kein geschriebenes, kein unterzeichnetes, kein offiziell gekennzeichnetes „Regierungsprogramm" des deutschen Widerstandes gab, das mit entsprechenden Dokumenten vergleichbar wäre, die in demokratischer Zeit oder unter völlig anderen Umständen entstehen. Es gab Aufzeichnungen einzelner und von Gruppen. Es ist wahrscheinlich, daß nicht alle, die schließlich im engsten Kreise um Karl Goerdeler die Aktion betrieben und kannten, gleicher Meinung über alle dann folgenden Maßnahmen waren. Ich erinnere mich mancher gelegentlichen Bemerkung von Julius Leber, das und dies müsse man „im einzelnen dann klären, wenn es soweit ist". Sicher gab es Differenzen in der sachlichen und zeitlichen Bewertung von Maßnahmen zur Wirtschaftsstruktur, zur Kulturpolitik, zur Pressepolitik, zu Verwaltungs- und Personalprinzipien, aber es gab ganz gewiß keine Meinungsverschiedenheit darüber, daß allein und überall der Grundsatz freiheitlicher Strukturen und Entscheidungen über alle Aufgaben anzuwenden sei. Aus meinen Gesprächen mit Adolf Reichwein (Schulfragen) und Julius Leber (Presse) habe ich keinen Zweifel, daß beide Männer, die zum Kern der ernsthaften Widerstandsarbeit gehörten, jemals ohne sorgfältige Überlegung ja oder nein sagten, wenn wir miteinander über künftige Arbeit gesprochen haben. Sie fühlten die Bindung und die Gemeinsamkeit der Verantwortung mit ihren Freunden.

In den Gesprächen zwischen Leber und mir spielten immer mehr Aufbau und Aufgabe einer Nachrichtenzentrale die entscheidende Rolle. Er unterschied deutlich zwischen einem Presseamt der Regierung und einer unabhängigen Agentur, die Nachrichten zu sammeln und zu verbreiten und so schnell und gründlich wie möglich internationale Verbindungen herzustellen und auszubauen haben würde. Nur einmal, im Juni 1944, sagte Leber beiläufig, er habe dies nun auch mit Goerdeler besprochen, und Leuschner sei ebenfalls unterrichtet; das sei die Aufgabe, wenn es soweit sei.

Keinen der Freunde habe ich nach dem Kriege wiedergesehen. Carlo Mierendorff war schon 1943 bei einem Luftangriff auf Leipzig umgekommen. Julius Leber, Theodor Haubach, Adolf Reichwein, Hermann Maaß wurden von Hitlers Schergen ermordet. Theodor Bohner schrieb zuletzt 1957 aus London. Ich bin nicht nur einmal gefragt worden, wie einem zumute sei, dem die Freunde fortgerissen wurden. Wer kann das beantworten?

Kloster Melk

(1937)   Zum ersten Male habe ich 1931 die Donau von Donauwörth bis Wien befahren, im Faltboot-Einer, durch den Regensburger Strudel, in der damals noch geheimnisvollen Einsamkeit des still rauschenden Flusses bis Passau und durch die Wachau. Es war unvergeßlich. 1937 fuhren wir im Zweier, meine Frau und ich und kamen wieder nach Melk. Dort hatte ich bei meiner ersten Fahrt das Kloster in der Abendsonne überraschend vor mir gesehen. Der westliche Donauarm bog seitlich ab und um die Spitze der Insel herum beherrschte plötzlich der großartige Bau Landschaft und Denken, überwältigte er alle Eindrücke, die der Tag geboten hatte.

Damals saßen zwei junge Mädchen am Donauufer. Sie halfen das Boot heraustragen, die Sachen ins Hotel bringen, das am Kai lag und sie kamen später wieder und führten mich um das Kloster und erzählten von der Entstehung und Geschichte, freundlich, froh und so als seien wir längst alte Bekannte. Am anderen Morgen kam eine von ihnen – „meine Schwester mußte zur Arbeit" – noch einmal ans Ufer. Ich räumte mein Boot wieder ein und mußte noch Platz haben für Brot und Wein; sie hatte es mitgebracht, Verzehr für die Fahrt nach Wien. Das war 1931.

Sechs Jahre danach – wie hatte sich die Welt verwandelt! Als wir, meine Frau und ich, 1937 in der österreichischen Grenzstation Engelhardtszell (nun aus unserem Zweier-Boot) an Land gingen, kamen wir aus Hitler-Deutschland in ein, wie wir meinten, freies Land. Aber beim Kaufmann fing es an: „Ihr kommt aus dem Reich? Was macht der Führer?" Als ob wir den persönlich kannten, täglich sahen. Wir waren froh, ihm und seinem Regime wenigstens für die Ferienzeit entwichen zu sein. Jetzt drängten sich die Fragen der kleinen Leute, die nichts vom Terror glaubten, nichts von der Not vieler Menschen in Deutschland, nichts von der Lautstärke einer verlogenen Propaganda, nichts von der drückenden Last der ständig drängenden Frage: Wann wird es losgehen? Was? Der Krieg! Was kann denn sonst nach dieser Politik kommen?

Wir hatten Furcht, daß man uns das Boot beschädigte, wenn wir nicht bald verschwinden würden. Wir fuhren weiter. Wir kamen nach Melk. Der Anblick des Klosterbaues überwältigte uns wie einst mich.

Es saßen keine jungen Mädchen am Ufer. Wir fragten nach ihnen. Sie hießen Schneider und wohnten nicht weit vom Gasthaus. Wen wir auch fragten – sie drehten sich weg. Ein Kind wies schließlich auf das Haus – dort! Wir fanden Menschen, die wie ein Rudel verängstigter Tiere beieinander waren, die uns ansahen als kämen wir aus einer anderen Welt, als hätten wir uns verirrt und müßten doch gleich wieder verschwinden. Paula Schneider, das fröhliche Mädchen, das mir vor sechs Jahren noch Brot und Wein an das Boot gebracht hatte, war bleich und still. Sie hatte geheiratet und erwartete ihr erstes Kind. Ihr Mann stand schweigend und mit dunklem Blick dabei. Die Schwester war in Wien. Die Eltern schienen zu bitten: Geht! Was war denn geschehen? Es kam keine hellere Minute auf, so herzlich die Eltern schließlich dankten. Wir gingen bedrückt, selbst verängstigt und ohne Erklärung. Von Wien aus schrieben wir ein Wort des Dankes.

Als wir wieder in Berlin waren, kam eine Anzeige: Das Baby war auf die Welt gekommen. Wir schickten Kleidung und was eine Mutter erfreuen kann und dann bestätigte es sich, was wir inzwischen vermutet hatten: Sie schrieben: „Wir können uns nicht freuen über das was geschieht, wir gehören nicht dazu."

Im Ort des Klosters Melk hatten wir Juden besucht, hatten wir angsterfüllte Menschen getroffen, hatten uns Christen die Auskunft verweigert, wo diese Menschen wohnten, hatten wir kein Zeichen von Nächstenliebe, von Menschlichkeit gefunden.

Künftige Briefe, die wir schrieben, blieben ohne Antwort.

Erst nach dem Kriege erfuhren wir auf Anfrage beim Bürgermeister, was geschehen war: Paula und ihr Kind wurden verschleppt und wohl vergast. Der Mann konnte entkommen. Wir suchten ihn später in Melk auf, einen verbitterten, stummen Menschen, der nichts mehr aus der Vergangenheit erörtern wollte. Er war dennoch zurückgekehrt. Wo Magda Schneider geblieben ist, die Schwester, konnten wir nirgendwo erfahren.

Das ist unsere Erinnerung an Kloster Melk, den Prachtbau eines christlichen Bekenntnisses. Das „liebe Deinen Nächsten wie Dich selbst" fanden wir dort nicht.

Kreise und Zirkel

(1938/1945)　　Die Bemühungen von 1934 als wir die Korrespondenzen herausgaben, brachten Früchte: Die Getrennten fanden sich wieder. Der eine wußte diese und dieser wußte jene neue Adresse, an der man den Freund, den Kollegen, den Bekannten treffen konnte. Es blieb kaum je beim „Wie geht es?", es folgte die Abrede: Wir treffen uns dort, bei diesem, bei jenem, regelmäßig, zuweilen, verabredet, an festem Termin. Der ehemalige Magdeburger Schulrat Loescher hatte einen lesenswerten Roman veröffentlicht: „Alles Getrennte findet sich wieder". Als die Gewalt in Deutschland regierte, als alles organisiert, befohlen, gelenkt wurde, bildeten sich ungezählte Zirkel und fanden sich zahlose Kreise zusammen, die sich näher waren als dem, was sich neuartig Volksgemeinschaft nannte und keine war.

Im Hause von Nina Tokumbet, der Bühnenbildnerin in Berlin, trafen wir uns. Bei Walter Menzel kamen wir zusammen. Er war Rechtsanwalt in Berlin, Sohn des ersten Sozialdemokraten in der höheren Beamtenschaft des preußischen Kultusministeriums und Schwiegersohn von Carl Severing, vormals preußischer und Reichs-Innenminister, den wir dort öfter trafen. Hugo Kamossa, Journalist, ein stiller Mann, hatte viele Freunde und zog zu sich, wer immer ein freies Wort sprechen oder hören und wer sich informieren wollte. Es gab viele Möglichkeiten der Begegnung und der Aussprache. Die Politik war nicht einmal überwiegend Gesprächsgegenstand. Man wollte alles an- und aussprechen können, man wollte es in richtiger deutscher Sprache tun, ohne Superlative, ohne Phrasen, ohne Formeln, ohne Geltungsbedürfnis. Die Nazis verhunzten Worte und Werte. Was uns zusammenführte, das war der normale menschliche Trieb, sich nicht zu verlieren, nicht allein zu sein, zu wissen, daß eine freie Gemeinsamkeit allem Muß, allen Befehlen, aller „Ordnung" zum Trotz dennoch bestand.

Das ist ein wichtiger Vorgang, so schwierig er vielleicht zu verstehen sein mag. Als ich, nach dem Kriege, nach den Tatsachen in jener Zeit gefragt, einmal in einem Gespräch mit einem sowjetischen Diplomaten in Bonn dies darzustellen versuchte, unterbrach er mich mit der Bemerkung: „Ja, ich verstehe das. Das ist die größte Gefahr für alle Regime, die Diktatur ausüben wollen." Er gab dann zu, daß diese „Gefahr" nur durch offene Information und freien Meinungsaustausch aufgelöst werden kann.

Was sich in dieser Weise überall in Deutschland in jenen Jahren des Naziregimes entwickelt hatte, war durch Lenkung der öffentlichen Meinung entstanden, durch einen zunehmend grotesken Mangel an Unterrichtung, also wegen bewußt gewordener Unkenntnis dessen, was jenseits des Herrschaftsraumes der NSDAP in Politik, Wirtschaft, Wissenschaft und Kultur Tatsache war.

Auch Industriekonzerne und wissenschaftliche Institute spürten den Mangel an Informationen. Sie brauchten die Kenntnis der internationalen Situation für ihre Dispositionen und Arbeiten. Ihnen Informationen zu geben, war bald ein lukratives Unternehmen, das mancher Journalist heimlich und mit sichtbarem Erfolg betrieb. Es entwickelten sich offen und heimlich Informationsdienste, die zum Teil auch nach dem Kriege weiter erschienen sind.

Daß auf diese Weise damals Geld zur Finanzierung illegaler Tätigkeit bereitstand, mag kaum jemand bemerkt haben, der diese Dienste benutzte. Eine Lebensmittelkarte für einen versteckt gehaltenen Verfolgten war in den kleinen Straßen hinter dem Berliner „Alex" von ausländischen Arbeitern, die aus Frankreich, Spanien und Italien nach Deutschland geholt worden waren und weitgehend aus ihrer Heimat versorgt wurden, für zuletzt 400 Mark zu haben. Die bessere Information befriedigt eben nicht nur die Neugier, sie kann auch den Hunger stillen. Sie hat damals manche Not gelindert, vielleicht manches Leben erhalten.

Der Krieg war keine Überraschung

(1939)   „Deutschland erwache!" schrien die Nazis auf den Straßen und in ihren Versammlungen und Kundgebungen. „Wählt Adolf Hitler – und Ihr wählt den Krieg!" antworteten die Demokraten in den Wochen des letzten noch relativ freien Wahlkampfes, der um einen neuen Reichstag geführt wurde. Die Wahl war am 5. März 1933. Die Nazis erhielten nicht die erhoffte absolute Mehrheit, sondern „nur" 44 Prozent der Stimmen. Jedoch zusammen mit den Parteien der „Harzburger Front" wurden es 52 Prozent, was in der damaligen politischen Wirklichkeit bedeutete, daß erst die Parteien der bürgerlichen Rechten die Nazis regierungsfähig gemacht haben, daß sie die Verderber Deutschlands an die Macht brachten, daß Hitler nur durch sie als Reichskanzler möglich wurde.

Am 11. Oktober 1931 hatten sich die Nazis unter Adolf Hitler, die Deutschnationale Volkspartei unter Alfred Hugenberg, der „Stahlhelm", Bund der Frontsoldaten des ersten Weltkrieges, unter Franz Seldte mit Teilen der Deutschen Volkspartei Stresemanns, mit Konservativen aller Richtungen, mit Alldeutschen und ungezählten Schwärmern und Phantasten, die sich Patrioten nennen wollten, zur „Harzburger Front" vereinigt. Es war eine „kaiserlich-treudeutsch-nationalistische", eine „schwarz-weiß-rote Front" gegen Demokratie und Menschlichkeit, gegen Fortschritt und Freiheit.

Sie begann am 30. Januar 1933 zu herrschen, weil der Reichspräsident, Generalfeldmarschall Paul von Hindenburg, Hitler zum Reichskanzler berief, der eine Reichsregierung mit nur drei Nazis, aber mit acht Konservativen führte. Diese Elf trägt die Verantwortung für Zerstörung von Freiheit und Recht in Deutschland, für Gleichschaltung und Willkür, für Verlogenheit der offiziellen Politik und für die Entmündigung der Staatsbürger.

In den zwölf Jahren des Regierens ohne Kontrolle eines Parlamentes und aus eigener angemaßter Machtvollkommenheit, als oberster Richter und Feldherr, als Diktator ohne Verantwortungsbereitschaft gegenüber dem Volke, hat er häufiger, eindringlicher und beschwörender vom Frieden geredet als je zuvor jemand in der deutschen Geschichte. Jede Rede Hitlers, des „Führers und Reichskanzler", wurde als „Friedensrede" angekündigt und gepriesen. Aber wer mit wachen Sinnen die Geschehnisse wahrnahm und verfolgte, der sah den Krieg kommen, unausweichlich und als Konsequenz der Handlungen und Unterlassungen, der Lügen und des Betruges.

Es begann mit der unter dieser Bezeichnung angekündigten „Friedensrede" vom 17. Mai 1933. Hitler versicherte in ihr, er denke nicht daran zu „germanisieren", aber er werde „keine Unterdrückung deutschen Volkstums dulden". Die Doppeldeutigkeit dieser Aussage war offenkundig. Was Volkstum sei, was Unterdrückung sei – er allein wollte es feststellen und dann handeln. Es folgte Schlag auf Schlag, noch nicht militärisch, wohl aber eindrucksvoll bildlich. Der Sinn des Geschehens konnte nur denen verschlossen bleiben, die vom Pathos des nationalistischen Trubels, von der Propaganda der Nationalsozialisten überwältigt wurden. Das waren freilich die meisten Menschen – und nicht nur in Deutschland hatte er Erfolg.

Ein Gesetz ermächtigte die Reichsregierung, ein totales Regiment zu führen. Es wurde im Reichstag verabschiedet, und nur die Sozialdemokraten stimmten dagegen. Was danach in Deutschland folgte, war, ob innen- oder außenpolitisch wirksam, ein fortgesetztes Unternehmen zur Verbreitung der Macht über die Grenzen des Deutschen Reiches hinaus. Durch Konzentration aller Kräfte im Innern führte der Weg zur Proklamation des Anspruches auf „Lebensraum", der nur auf Kosten anderer Völker erreicht werden konnte.

Wir hatten, politische Freunde, gemeinsam begonnen, eine Zeittafel aufzustellen, die ohne Polemik, nur mit Datum und kürzester Formulierung des Ereignisses für uns festhalten sollte, was geschah, damit Folge und Wirkung, Ursache und Anlaß jederzeit erkennbar blieben. Aus ihr folgt ein Auszug der Notizen, die damals aufgeschrieben wurden, damit eine Übersicht blieb, die durch den schnellen Ablauf der Ereignisse verlorenzugehen drohte. Wir waren bemüht, die Maßnahmen der Reichsregierung und die Reaktionen der ausländischen Mächte nebeneinander festzuhalten. Die Reihe der Eintragungen war erheblich länger als die hier folgende Wiedergabe einiger besonders wichtiger Vorgänge.

Deutsche Maßnahmen	*Reaktion im Ausland*
28. 2. 33: Reich ernennt Kommissare für Länder	
23. 3. 33: Reichstag beschließt Ermächtigungsgesetz	
2. 5. 33: Auflösung der Gewerkschaften	

Deutsche Maßnahmen	Reaktion im Ausland
17. 5. 33: Friedensrede, Hitler will nicht germanisieren, aber keine Unterdrückung deutschen Volkstums dulden	
14. 7. 33: NSDAP einzige Partei	
10. 10. 33: Deutschland verläßt Abrüstungskonferenz in Genf	
10. 10. 33: Regierung beschließt Austritt aus Völkerbund	
	16. 11. 33: UdSSR und USA nehmen diplomatische Beziehungen auf
26. 1. 34: Freundschaftsvertrag mit Polen, Nichtangriffspakt	
	27. 6. 34: Frankreich schlägt den osteuropäischen Staaten gemeinsame Garantie für Grenzen aller Länder und Nichtangriffspakte vor
	25. 7. 34: Putsch-Versuch der Nazis in Österreich, Bundeskanzler Dollfuß in Wien ermordet
9. 8. 34: Vizekanzler Papen in besonderer Mission nach Wien	
26. 8. 34: Hitler in Koblenz, Saarfrage einzige territoriale Trennung von Frankreich	
5. 9. 34: Reichsparteitag in Nürnberg, Hitler: Nächste tausend Jahre findet in Deutschland keine Revolution mehr statt.	
	11. 4. 35: England, Frankreich und Italien gegen einseitige Kündigung internationaler Verträge
	2. 5. 35: UdSSR und Frankreich schließen Beistandspakt gegen „eine Gefahr durch einen europäischen Staat"
21. 5. 35: „Friedensrede" Hitlers, scharfe Polemik gegen Stellungnahmen des Auslandes wegen Verlassen Abrüstungskonferenz, Völkerbund, Einführung Wehrpflicht	

Deutsche Maßnahmen	Reaktion im Ausland
	18. 9. 35: Sowjetunion tritt in Völkerbund ein
7. 3. 36: Deutschland bricht Vertrag von Locarno, Einmarsch deutscher Truppen in das entmilitarisierte Rheinland	
	19. 3. 36: Völkerbund verurteilt Bruch des international gültigen Vertrages von Locarno
28. 3. 36: Hitler richtet Appell an die Welt, Frieden zu wahren und kündigt Kampf gegen Juden und Kommunisten an	
23. 7. 36: Deutsche Kriegsschiffe laufen nach Spanien aus, dort Bürgerkrieg seit 18. 7.	
26. 7. 36: Hitler befiehlt Aufstellung Legion Condor für Teilnahme in Spanien	
24. 8. 36: Wehrpflicht wird auf zwei Jahre verlängert	
8. 9. 36: Erster Vierjahresplan für Rüstung, Leitung Göring	
25. 10. 36: Achse Rom–Berlin, deutsch-italienischer Vertrag	
25. 11. 36: Mit Japan Antikomintern-Pakt geschlossen	
30. 1. 37: Hitler im Reichstag, Zeit der sogenannten Überraschungen ist abgeschlossen	
19. 2. 37: Hitler zu Frontkämpfern aus 14 Nationen: Ein neuer Krieg würde katastrophale Folgen für alle Nationen haben	
27. 4. 37: Deutsche bombardieren spanische Stadt Guernica	
30. 5. 37: Deutsche Kriegsschiffe beschießen spanische Stadt Almeria	
9. 9. 37: Goebbels in Nürnberg scharfe Rede gegen UdSSR	
	10. 9. 37: Mittelmeermächte beraten in Nyon Möglichkeiten zur Bekämpfung des Piratentums im Mittelmeer

Deutsche Maßnahmen	Reaktion im Ausland

Deutsche Maßnahmen

Reaktion im Ausland

(Anlaß deutsche Schiffe in spanischen Gewässern)

5. 10. 37: USA-Präsident Roosevelt, Rede in Chicago, Aufruf gegen Terror und internationale Rechtlosigkeit

12. 2. 38: Hitler empfängt österr. Bundeskanzler Schuschnigg, starker Druck auf diesen

16. 2. 38: Schuschnigg bildet Kabinett um und nimmt Nazis als Minister auf

12. 3. 38: Einmarsch deutscher Truppen in Österreich

16. 9. 38: Engl. Premierminister Chamberlain in Berchtesgaden, Konflikt Deutschland Tschechoslowakei gefährdet allgemeinen Frieden

22. 9. 38: Fortsetzung des Gespräches mit Chamberlain in Godesberg

26. 9. 38: Hitler, Sportpalast: Das Sudetenland ist die letzte der Revisionsforderungen

28. 9. 38: Britische Regierung bittet Mussolini um Vermittlung zwischen Deutschland/Tschechoslowakei

29. 9. 38: Treffen in München mit Chamberlain, Daladier, Mussolini, Hitler, Versuch Sicherung des Friedens. Großmächte geben Sudetenland auf, garantieren aber die „Rest-Tschechoslowakei"

1. 10. 38: Einmarsch der deutschen Truppen in das Sudetenland

24. 10. 38: Reichsregierung verlangt von Polen Rückgabe Danzigs, exterritoriale Eisenbahn durch Korridor, bietet Garantie der Grenze

26. 12. 38: Polen und Sowjetunion erneuern bestehenden Nichtangriffspakt

13. 3. 39: Slowakische Politiker bitten Hitler um Anerkennung slowakischer Unabhängigkeit

Deutsche Maßnahmen	Reaktion im Ausland

Deutsche Maßnahmen

14. 3. 39: Einmarsch deutscher Truppen in die Rest-Tschechoslowakei (Böhmen und Mähren)

15. 3. 39: Reichsprotektorat Böhmen und Mähren wird errichtet

Reaktion im Ausland

27. 3. 39: England führt die allgemeine Wehrpflicht ein

31. 3. 39: Polen erhält von England und Frankreich Garantie für Grenzen

7. 4. 39: Italien fällt in Albanien ein („...nutzt die Lage aus" – Regierungssprecher in Berlin)

13. 4. 39: England und Frankreich garantieren Rumänien und Griechenland Sicherheit und Grenzen

15. 4. 39: USA schlägt allgemeine internationale Konferenz über alle Streitfragen vor

28. 4. 39: Hitler lehnt USA-Vorschlag ab, kündigt das deutsch-englische Flottenabkommen, das er am 18. 6. 35 geschlossen hatte

22. 5. 39: Abschluß eines deutsch-italienischen Militärbündnisses

31. 5. 39: Nichtangriffspakte mit Estland und Lettland von Reichsregierung vorgeschlagen sind abgeschlossen

7. 6. 39: Nichtangriffspakt mit Dänemark abgeschlossen. Andere Ostseeländer lehnen Vorschlag ab

23. 8. 39: In Moskau deutsch-russischer Nichtangriffs- und Konsultationsvertrag abgeschlossen. Japan protestiert in Berlin

25. 8. 39: England und Polen schließen Bündnisvertrag. Italien teilt in Berlin mit, es sei nicht kriegsbereit

26. 8. 39: Italien läßt in Berlin offiziell wissen, daß es neutral bleiben werde

28. 8. 39: Vollziehende Gewalt geht an die Wehrmacht über

30. 8. 39: Einmarsch deutscher Truppen in die Slowakei. Einrichtung der
Feldpost der Wehrmacht

31. 8. 39: Polnische Regierung erklärt Bereitschaft zu Verhandlungen,
Mussolini schlägt internationale Konferenz vor, ähnlich englische und
französische Anregungen und Vorschläge

1. 9. 39: Einmarsch der deutschen
Truppen in Polen.

Der Krieg hatte begonnen, die Katastrophe war nicht mehr aufzu-
halten.

Hätte der deutsche Zeitungsleser diese Entwicklung voraussehen müssen? Das wäre nur möglich gewesen, wenn er die einzelnen Schritte,
die Hitler mit teuflischer Sorgfalt vorbereitete und ausführte, hätte
verfolgen können. Die aber waren nur dann zu erkennen, wenn die
Masse des Volkes dem rauschenden Pathos, der verwirrenden Deklamation einer sich überstürzenden Propaganda mit kühler Distanz hätte
begegnen können. Das Trommelfeuer der Nazi-Methoden, das alle
Vorhaben verschleierte und in gekonnter Abstufung in Ton und Wort
alle Vorgänge begleitete, hat – und nicht nur in Deutschland, wie man
weiß – die Massen gelähmt. Das ist kein Versuch für eine Entschuldigung, die unmöglich ist, sondern eine Feststellung, die nur widerlegen
kann, wer damals im Lande und an einer Stelle tätig war, wo sich die
Kenntnis der Ereignisse und der Strom der Informationen und der
Lügen trafen.

Nach dem Kriege haben Journalisten, die in jener Zeit in Berlin gearbeitet haben, in ernsthaften nächtelangen Diskussionen versucht zu
erkennen, was sie denn in ihrem Beruf damals anders, besser, sauberer
hätten tun können und wie dies wohl zu tun möglich war. Wir fanden
keine gültige Antwort.

Die Nachbörse

(1939/1943)   Die Lenkung der öffentlichen Meinung durch Bevormundung der Presse brauchte im Kriege kaum geändert zu werden,
denn sie war von Beginn des Naziregimes an ausschließlich auf Propaganda abgestellt, sollte einen Zweck erfüllen und keinesfalls informieren, soweit die Information nicht den Absichten der Nazis diente, also
der Täuschung, der Lüge, dem Betrug. Es blieb deshalb auch zunächst
bei den täglichen „Pressekonferenzen", die um die Mittagsstunde stattfanden und in denen die Weisungen der Reichsregierung ausgegeben
wurden. Diskussionen waren nicht möglich, allenfalls Fragen. Die

Presse wurde angewiesen zu veröffentlichen, was das offizielle Nachrichtenbüro DNB (Deutsches Nachrichtenbüro) anbot und fortzulassen, was nicht erwünscht war, also nicht im Interesse der NSDAP lag.

Erst im Oktober 1939 begann Hans Fritzsche, damals Sprecher der Reichsregierung, damit, nach den für alle Zeitungen durch ihre beauftragten Redakteure zugänglichen „Befehlsausgaben" einen Kreis von Vertretern wichtiger, überregional erscheinender – es hieß offiziell „kommentarfähiger" – Zeitungen im Anschluß an die „Konferenz" in seinem Dienstzimmer um sich zu versammeln. Dieser Kreis, dem bis zu zwanzig Journalisten angehörten, blieb jeweils zehn bis zwanzig Minuten beieinander, selten länger, oft kürzer. Man stand während dieser Zeit. Notizen waren nicht erlaubt und wurden doch immer wieder gewagt. Diese „Nachbörse", wie der Jargon die Zusammenkunft sogleich nannte, durfte nach Fritzsches Darstellung „nicht als eine offizielle oder auch nur halboffizielle Veranstaltung gelten", sondern sei eine Einrichtung, durch die er persönlich informieren, die Arbeit der Journalisten erleichtern wolle, sagte er. Es wurde bald deutlich, daß auch hier nur Propaganda in verfeinerter oder raffinierter Methode unternommen wurde. Fritzsche benutzte diesen Kreis jedoch auch, um gelegentlich über Vorgänge zu sprechen oder sprechen zu lassen, über die ihm Kritik zu Ohren gekommen war. Er meinte dazu, die dort versammelten Journalisten seien „gewiß keine Dummköpfe, denen man etwas vormachen" könne; sie sollten deshalb „differenzierter informiert" werden. Die Folge solcher Bemerkungen war indessen nur, daß die Teilnehmer dieser „Nachbörse" um so zurückhaltender und kritischer hörten, wenigstens die, die nicht von vornherein der NS-Propaganda verfallen waren. Allen war klar, daß in diesem Kreise besonders galt, was an allen Plakatsäulen angeschlagen war: „Vorsicht! Feind hört mit!" Welcher Feind aber?

Vorsicht war besonders angebracht, als nach Fritzsches Abgang (1942) Erich Fischer die Leitung der Abteilung Deutsche Presse und damit der Reichspressekonferenz und auch dieser Zusammenkunft, die er beibehielt, übernahm. Er war ein Werkzeug seiner Obrigkeit, nichts mehr. Der Reichspressechef Dr. Dietrich kam einige Male selbst in diesen Kreis, wiederholt rief er an und ließ seine besonderen Wünsche und Weisungen mitteilen.

Die Teilnehmer waren zuweilen Zeugen dramatischer Vorgänge, die Einblick gewährten in die inneren Zwistigkeiten der Nazi-Oberen: Goebbels gegen Dietrich, Auswärtiges Amt gegen Propagandaministerium, dieses gegen alle anderen Ministerien usw. Berichte hierüber gaben wir in der Regel brieflich an die Zentralredaktionen, obwohl eine Berichterstattung, von Ausnahmen abgesehen, untersagt war.

Einer der ersten Berichte betraf (am 4. Dezember 1939) die Umsiedlung von etwa 200 000 Deutschen oder solchen Personen, die sich als Deutsche bezeichneten oder die als Deutsche bezeichnet wurden, aus den Ostgebieten (Estland und Lettland etwa 80 000, Polen und Ukraine etwa 120 000) in das Reichsgebiet und der in Polen lebenden Russen in die polnischen Ostgebiete, die von sowjetischen Streitkräften besetzt wurden. Eine „Volksdeutsche Mittelstelle" unter der Leitung der SS organisierte die in großer Eile getroffenen Maßnahmen. Eine Berichterstattung über Einzelheiten und die zahlreichen Schwierigkeiten, die sich dabei ergaben, war natürlich verboten. Es blieb nicht unbekannt, daß viele der Umsiedler nur gezwungen die Heimat verließen. Spätestens im Frühjahr 1940 sollten die Umgesiedelten bereits „voll eingesetzt werden", wie der SS-Oberführer Behrends berichtete, der vor den Journalisten sprach. Aus diesem Bericht:

> „Dieses Deutschtum kam erst im neuen polnischen Staat nach 1918 mit dem Deutschtum aus dem Reich in Verbindung und zwar durch Vermittlung der Deutschen in Lodz, die wiederum keinen Vergleich mit Reichsdeutschen aushalten".

Über diese Situation und erstaunliche Tatsachen, die sich dabei ergaben, wurde umfangreiches Material vorgelegt, dessen Kern Behrends in der Bemerkung zusammenfaßte:

> „Das Deutschtum steht in allen organisatorischen Fragen am Anfang der Entwicklung ... Die Presse muß den Vorgang unter dem Gesichtspunkt sehen, daß Vorposten in die Front zurückgenommen werden".

Mit den „organisatorischen" Fragen waren Sprache, Lesen, Schreiben und Rechnen und „alle kulturellen Selbstverständlichkeiten unseres Lebens" gemeint.
Ein anderer Bericht (12. Dezember 1939) teilt mit, daß Hans Fritzsche die Presse mahnte,

> „daß mit den Weihnachtartikeln keine Pannen passieren dürften. Artikel, die er bisher gesehen habe, seien durchweg verweichlichend. Die Gefahr, daß man allzu weich werde, sei natürlich groß, da an den Fronten nichts passiere. Es dürfe aber kein Einbruch in die Stimmung erfolgen, der nicht wieder korrigiert werden kann. Andererseits dürfe man Weihnachten nicht ignorieren, weil sonst das Volk gerade das Gegenteil tue und sich in einem Überschwang der Gefühle ergehen werde. Die Stimmung muß aufgefangen werden und kann etwa in die Bahn geleitet werden: Wir kämpfen für ein Weihnachten, das wir wieder im Frieden verleben können".

Das Auswärtige Amt vor allem benutzte die Nachbörse für Manipulationen in der Nachrichtengebung und Kommentierung. Am 28. Dezember 1939 kam es zu einer bezeichnenden Auseinandersetzung, die sich in ähnlicher Form später mehrfach wiederholte. Das Auswärtige Amt hatte dem „Berliner Lokal-Anzeiger" einen Artikel zugeschickt, dessen Veröffentlichung die Redaktion mit der Begründung abgelehnt hatte, sie wage „eine solche primitive Arbeit den Lesern nicht vorzusetzen". Der Sprecher des AA, Baron Braun von Stumm, beklagte sich in der Nachbörse darüber und verlangte, wie er sagte im Auftrage seines Ministers, eine Auflage für die Zeitung, d. h. eine Anordnung zur Veröffentlichung. Fritzsche lehnte das Ansinnen ab! Auflagen sollten „nur in sehr seltenen Fällen gegeben werden", sagte er und „diese Art der Pressebetreuung sei in hohem Maße unerwünscht". Hätte er, so fuhr Fritzsche fort, den Artikel vorher gekannt, so hätte er die Veröffentlichung „dieser schlechten Stilübung" untersagt. Daß die Journalisten solche Auseinandersetzungen mit besonderem Interesse verfolgten und daß diese die Möglichkeit boten, daraus einmal Konsequenzen zu ziehen, lag auf der Hand.

Am 9. Januar 1940 begründete Hans Fritzsche in der Nachbörse das bestehende Verbot, ausländische Sender abzuhören, auf folgende Weise:

> „Man hätte einen anderen Weg einschlagen können, nämlich den, das Abhören ausländischer Sender freizugeben, aber dann hätte sich die deutsche Propaganda das Gesetz ihres Handelns vom Gegner vorschreiben lassen, weil sie hinter jeder Lüge hätte herlaufen müssen. Das Verbot wurde deswegen von vornherein ausgesprochen, weil man auch in Zeiten wie den gegenwärtigen, in denen das Ausland keine besonderen Aktionen im Rundfunk unternehmen könne, das deutsche Volk daran gewöhnen müsse, auf den ausländischen Nachrichtendienst grundsätzlich zu verzichten. Eine Notwendigkeit, diesen Verzicht durchzusetzen, bestehe aber vor allem dann, wenn kritische Situationen eintreten, die im Verlaufe des Krieges nicht zu vermeiden sein würden oder wenn etwa ein Rückschlag eintreten würde. Dann würde eine Welle von Defaitismus vom Ausland hereinschlagen, die dann nicht mehr abgedämpft werden könne. Deshalb sei rechtzeitig das Verbot erlassen worden und müsse auch durchgesetzt werden. Man glaube, daß nach Veröffentlichung einer Reihe von Zuchthaus-Urteilen das Volk von sich aus ausländische Sender nicht mehr abhören werde. Die Zeitungen aber sollten gelegentlich einmal und nicht in besonderen Artikeln auf die Notwendigkeit deutlich hinweisen, im Interesse einer geschlossenen deutschen Front das Ohr den Einflüsterungen feindlicher Propaganda zu verschließen."

Im Verlaufe des Krieges war ungezählte Male Gelegenheit, außerordentliche und auch einander widersprechende oder ergänzende Äusserungen in der Nachbörse anzuhören und festzuhalten. Sie haben das für den kritischen Beobachter jener Zeit ohnehin klare Bild der Entwicklung bis hin zum bitteren Ende niemals verändert, wohl aber bestätigt und immer von neuem ergänzt.

Zwei Berichte liegen vor mir, die das deutlicher als andere zeigen; es sind nicht die einzigen.

Am 20. Januar 1940 sollte der Propagandaminister Dr. Goebbels in Posen sprechen. Die Rede wurde in der Nachbörse am 16. Januar mit folgenden Sätzen angekündigt:

> „Es wird der Zweck dieser Rede sein, darauf hinzuweisen, daß der lebenden Generation nichts an Opfern zugemutet werde, was nicht auch früheren Generationen zugemutet worden ist. Sie werden sich dieses Satzes des Führers erinnern, der wohl am 6. Oktober gesprochen wurde. Dr. Goebbels wird sich gegen die Meinung wenden, daß zwar damals, in der Kampfzeit, nur die Partei auf dem Spiele gestanden habe, jetzt aber Deutschland den Einsatz bildet. Er wird dabei den Versuch machen, die träge Anschauung zu beseitigen, die meint, daß das, was sich ereignet habe, ohne Anstrengungen erkämpft werden konnte, sozusagen ohne Angst, ohne

Einsatz. Er werde nicht darauf hinweisen können, daß z. B. kritisiert werde, die Maßnahmen in Polen, die wir jetzt träfen, müssen einmal bei einem unglücklichen Ausgang des Krieges von uns, unseren Kindern und Kindeskindern wieder gutgemacht werden, obwohl man dagegen sagen könne – und ähnlich werde der Minister auch argumentieren – daß es Entscheidungen im Leben gibt, nach denen die Brücken, die rückwärts führen, abgebrochen werden müssen. Es muß möglich sein, jede Rückzugslinie zu verbauen, um den ganzen Einsatz zu erreichen."

Wenige Tage nach Goebbels berichtete der „Gauleiter des Warthe-Gaues", Greiser, in Berlin vor geschlossenem Kreise über die grausamen Ereignisse, die während der Kriegshandlungen in Polen geschehen waren, bei denen fast die gesamte polnische Intelligenz den Tod fand und über die Maßnahmen, die nun von ihm und seinesgleichen in den besetzten Gebieten Polens getroffen wurden oder werden sollten. Ein Mitglied der Berliner Redaktion der „Frankfurter Zeitung" hatte als unmittelbarer Hörer über den Bericht Aufzeichnungen gemacht. Ich habe niemals vorher oder nachher gleich zynische, jeder menschlichen Regung total entbehrende Ausführungen gehört oder gelesen, verglichen mit diesem Bericht*. Die beiden letzten Absätze der Niederschrift über dieses Referat des Gauleiters Greiser lauten:

> „Um keine polnische Intelligenzschicht aufkommen zu lassen, wird man für die Polen Schulen einrichten, die Kinder nur bis zum 11. Lebensjahr besuchen dürfen. Im allgemeinen wird man die Polen stark verproletarisieren.
>
> In einigen Monaten wird die modernste und größte Judenaustreibung, die je stattgefunden hat, in Lodz in Szene gesetzt werden. Es gilt dort 350 000 Juden los zu werden."

Was immer in der Nachbörse vertraulich oder mit welcher Weisung sonst berichtet wurde – nichts blieb in der Berliner Redaktion hängen, jede Information wurde so getreu wie möglich und so schnell wir es ohne Benutzung der Post tun konnten, an die Hauptredaktion nach Frankfurt gegeben.

Tagesparolen

(1940/1943)   Vom 1. November 1940 an wurden in den Pressekonferenzen der Reichsregierung, die täglich in Berlin stattfanden, Tagesparolen ausgegeben. Die bis dahin mündlich gegebenen Weisungen, die der Presse sagen sollten, was sie zu veröffentlichen und was wegzulassen habe, wie zu kommentieren sei und wie stark Nachrichten oder Kommentare hervorgehoben werden sollten, genügten nicht mehr. Es wurde noch deutlicher kommandiert.
Die Einführung dieser aus dem Militärdienst entnommenen Methode

---

* Der volle Text des Berichtes über die Ausführungen des Gauleiters Greiser vom 9. Februar 1940 ist enthalten in der „Sammlung Sänger" des Bundesarchivs, ZSg. 102, Informationsbriefe, S. 164 bis 167.

wird kaum verständlich gemacht werden können ohne den Hinweis darauf, daß zwischen den für die Lenkung der öffentlichen Meinung angesetzten Nazi-Oberen nicht unerhebliche Gegensätze bestanden, die sich in der praktischen Arbeit immer wieder zeigten und auswirkten. Dabei wäre es müßig, die formalen Abgrenzungen der Aufgabengebiete nachzuzeichnen. Sie wurden ohnehin auf jede mögliche Weise ständig überschritten. Wichtig war für die Funktionäre das jeweilige wechselnde Verhältnis der leitenden Männer zu Hitler und nicht minder die Stimmung des „Führers" selbst zu kennen, um eine Zustimmung zu erlangen. Da Dr. Otto Dietrich (Schwiegersohn des Zeitungsverlegers Dr. Reismann-Grone in Essen, „Rheinisch-Westfälische Zeitung") als Pressechef der NSDAP und Reichspressechef sich ständig in Hitlers nächster Nähe aufhielt, war er gegenüber Joseph Goebbels im Vorteil. Im Verlaufe der Kriegsjahre verstärkte er seine Position vor allem dadurch, daß er im Hauptquartier verblieb und administrative Arbeit seinem Mitarbeiter Helmut Sündermann überließ, der im Juli 1942 dann auch offiziell „Stellvertreter des Reichspressechefs" wurde. Dietrich war alle Zeit ein subalterner Mensch, dem nur die schwarze Uniform der SS zu arrogantem Auftreten verhalf, der kein eigenes Gesicht hatte und stets „ein Klaqueur an der Schreibmaschine" blieb. Nicht anders sein Stellvertreter Sündermann, der die geringsten Voraussetzungen dafür besaß, Pressearbeit zu beurteilen oder gar anzuregen; dafür konnte und wollte er befehlen. Ob die Tagesparolen nach Idee und Form und dann in den oft unmöglichen, nicht selten auch offen kritisierten Formulierungen sein Werk gewesen sind oder das seines Herrn ist ziemlich unwichtig. Sie waren in Form und Inhalt kaum je die Bestätigung einer Qualifikation.
Auf jeden Fall entstand diese Parolenausgabe an die Presse, weil die bis dahin nicht vorformulierten, mündlich vorgetragenen Weisungen, mit denen Hans Fritzsche oft virtuos jonglierte, denen zu wenig Kontrolle erlaubten, die meinten, in Fritzsches Verhalten zuviel Selbständigkeit und manchmal gar Kritik erkennen zu können. Von „militärischem Drill", der gefehlt habe, sprach Fritzsches belangloser Nachfolger Erich Fischer, als er Sprecher der Reichsregierung geworden war (1942). Er kennzeichnete die ungeistige Haltung gegenüber psychologischen Anforderungen, wie sie Öffentlichkeitsarbeit nun einmal von jedem System verlangt.
Über die Absichten, die mit der nunmehr täglichen Parolenausgabe verfolgt wurden, sprach Hans Fritzsche am 1. November 1940 vor der Pressekonferenz. Die Weisungen für die Presse sollten in den Tagesparolen „auf die kürzeste Formel gebracht werden". Alle übrigen Mitteilungen aus der Pressekonferenz seien nur Anregungen, aber die Parolen verbindlich. Dann fuhr er fort:

> „Die politische Entwicklung, die in der letzten Zeit in rascher Folge neben die militärischen Ereignisse getreten ist und vielleicht noch in nächster Zeit ausgeweitet wird, erfordert ein besonderes Maß von Umsicht und Elastizität für die Presse."

Wer kritisch gehört hatte, wußte nun zusätzlich, daß hier ein Erfolg des einen und eine Niederlage des anderen dokumentiert worden war: Dietrich hatte über Goebbels gesiegt – wieder einmal, aber für welche Zeit?

Die Tagesparolen waren das Ergebnis angeblich sorgfältiger Prüfung der Tatsachen und des Materials. Sie sollen in der Regel von Helmut Sündermann entworfen worden sein, was aber von anderen Mitarbeitern bestritten wird, haben dann jeweils einer Besprechung mit Beauftragten der Reichsministerien und des Propagandaministeriums vorgelegen, wurden dort zuweilen geändert und schließlich dem Reichspressechef Dr. Dietrich zur endgültigen Genehmigung übermittelt. Ohne seine Zustimmung konnten selbst Wünsche des Auswärtigen Amtes nicht erfüllt werden, die nicht selten geltend gemacht wurden. Goebbels erhielt die Tagesparole abschriftlich zur Kenntnis. In der Reichspressekonferenz wurden sie so vorgetragen, daß man wörtlich mitschreiben konnte.

Die Journalisten hatten nun Gelegenheit, diese vorformulierten offiziellen Aussagen zu analysieren, wobei häufig weitere Mitteilungen, die in der Pressekonferenz von den Vertretern der Ministerien gemacht wurden, Anregung und Unterstützung zu Interpretationen boten. Das Auswärtige Amt allen voran hat auf diese Weise manche Tagesparole „vom Tisch gewischt". Es kam auf die Kunst der Interpretation an, die ein Mann wie der langjährige Sprecher des AA, Gesandter Dr. Paul Karl Schmidt („Presse-Schmidt") artistisch beherrschte.

Am 2. November 1940 lautete die erste Tagesparole:

> „Göring hat zu neuem Auftrag des Führers, den Vierjahresplan für weitere vier Jahre zu übernehmen, Erklärung abgegeben, deren Text in allen Blättern, die das Datum vom Sonntag, 3. November tragen, in guter Aufmachung abgedruckt werden soll."

Dazu Hans Fritzsche, nach Mitteilung anderer Informationen oder Weisungen wie beiläufig:

> „Der Aufruf Görings soll nicht zu groß aufgemacht werden, aber er soll nach Möglichkeit auf der ersten Seite stehen, etwa als Kasten."

Die Journalisten hatten verstanden: nicht zu groß, nur nach Möglichkeit erste Seite, etwa – nicht unbedingt – als Kasten. Die Zahl solcher Beispiele ist groß und viele darunter sind erheblich krasser.

Am 25. Januar 1941 sah der Sprecher der Reichsregierung zu folgenden Ausführungen Anlaß:

> „Entgegen der bindenden Weisung der Tagesparole hat eine Berliner Abendzeitung die DNB-Meldung über Lindberghs Erklärung mit einer anderen Überschrift als der vorgeschriebenen gebracht. Es wird nachdrücklich darauf aufmerksam gemacht, daß die Tagesparole absolut bindend ist und daß die größten Schwierigkeiten aus einer Nichtbeachtung der Tagesparole entstehen können, zumal in einem politisch so wichtigen Falle. Man hoffe, daß keine andere Zeitung ähnliches getan habe."

Die Berliner Abendzeitung war ausgerechnet der von Goebbels herausgegebene „Angriff", und die Überschrift hatte gelautet: „Debatte im Auswärtigen Ausschuß des Repräsentantenhauses" gegenüber der vorgeschriebenen: „Oberst Lindbergh sagt aus, der berühmte Flieger über den Krieg". Solche und ähnliche Vorgänge von lächerlicher Bedeutung gab es öfter, und so wiederholten sich auch die Verpflichtungen, „daß alle deutschen Zeitungen die Tagesparolen zu beachten hätten und zwar auf das schärfste; sie würden aus wohlüberlegten politischen Gründen gegeben und dürften niemals unberücksichtigt bleiben".

Der Zweck der Tagesparole, eine Auslegung mündlich gegebener Weisungen der Reichsregierung durch die Journalisten zu verhindern, wurde nicht erreicht. Dietrich hatte mit dieser Einrichtung „eine deutliche Scheidung zwischen Auflage und Empfehlung" vornehmen wollen, wie er gesagt hatte; nicht zuständige Stellen, so vor allem die Pressestellen der Ministerien, sollten daran gehindert sein, eigene verbindliche Weisungen zu geben, und er wollte seine Zuständigkeit deutlich betont haben. Aber weder er noch Goebbels, von Sündermann nicht zu reden, besaßen die fachliche Autorität, die allein Journalisten zu einer exakten Ausführung gegebener Anordnungen veranlaßt haben könnte. Wie hätte dies auch einem Manne gegenüber möglich sein können, der – ein Beispiel für viele – nach der Eroberung der russischen Stadt Orel am 8. Oktober 1941 bombastisch und uneingeschränkt am folgenden Tage offiziell erklärte, der Krieg im Osten sei nun beendet. Er dauerte noch länger als drei Jahre.

So konnte auch dies möglich werden:
Am 17. Oktober 1942 erließ Dietrich folgende Parole:

> „Die dokumentarische Feststellung des OKW-Berichtes zu den barbarischen und völkerrechtswidrigen Methoden der britischen Kriegsführung, die von den deutschen Zeitungen im Wortlaut oder in guten Meldungen gebracht werden, sind in eigenen Arbeiten und Ausarbeitungen zu einer flammenden Anklage gegen England zu machen. Dabei ist jede Vorwegnahme etwaiger Maßnahmen auf militärischem oder völkerrechtlichem Gebiet zu vermeiden."

Nach der Verlesung dieses Wortlautes sagte Hans Fritzsche in einer betonten Bemerkung, daß diese Tagesparole „Herr Dr. Dietrich ausgegeben" habe. Er verwies darauf, daß „die dokumentarische Feststellung des OKW-Berichtes" eine Drohung enthalte, die Kriegsgefangenen aller Gegner „als Einheit zu betrachten" und Verbrechen, die von den Sowjets begangen würden, auch an den Gefangenen anderer Nationen zu vergelten. Die Distanzierung, die er mit dieser Bemerkung vornahm, war nicht zu überhören.

Der Vorgang, der eines der folgenschwersten Geschehen im zweiten Weltkrieg ansprach, die Behandlung der Kriegsgefangenen außerhalb der völkerrechtlichen Verpflichtungen, hat die Journalisten in Berlin, die nicht nur einmal eine solche Kontroverse zu beobachten Gelegenheit hatten, tief erregt.

Brief eines Reichsministers

(1940)   Die Reichsregierung, der Adolf Hitler die Richtlinien seiner Politik diktierte, bestand 1933 zunächst nur aus drei Mitgliedern seiner NSDAP und acht Angehörigen der konservativen Parteien, die damals in Deutschland bestanden. Daß unter diesen auch ein Mann war, der sich oft genug und gern als ein Liberaler gekennzeichnet hatte, war nicht nur in der Redaktion der „Frankfurter Zeitung" nicht verstanden worden und konnte nur mit einem unbegreiflichen Ehrgeiz und Geltungsbedürfnis begründet werden.

Von 1924 bis 1930 war Dr. Hjalmar Schacht Präsident der Deutschen Reichsbank gewesen. Er hatte den Ruf erworben, die Stabilisierung der deutschen Währung wenn nicht erreicht, so doch maßgeblich betrieben zu haben. Im Archiv der alten „Frankfurter Zeitung", das beim Anmarsch der amerikanischen Truppen auf Frankfurt von den Nazis, die im Verlagshaus regierten, nachdem die Zeitung (1943) verboten worden war, auf dem Hofe des Hauses verbrannt wurde, waren Notizen zu lesen gewesen, die besagten, mit welcher Distanz die Person Schacht von den führenden Männern der Redaktion betrachtet wurde.

Schacht näherte sich mehr und mehr Hugenberg. Er ging in die Harzburger Front (1932) und gehörte alsbald zu den Männern, die mit finanziellen Hilfen deutscher Industrieller Hitler an die Macht brachten. Er unterschrieb den Brief führender Männer der Wirtschaft an Hindenburg, Hitler zur Führung eines Präsidialkabinetts zu berufen (November 1932). Das Gesetz, das nach Hindenburgs Tod das Amt des Reichspräsidenten mit dem des Reichskanzlers vereinigte, trägt auch Schachts Unterschrift. Dies alles zeigt, wie stark dieser Mann dem Regime verbunden war, wie lebhaft er es förderte und durchzusetzen half.

Als er von Hitler nicht nur wieder zum Präsidenten der Reichsbank berufen, sondern auch Mitglied des Reichskabinetts wurde, das Amt des Reichswirtschaftsministers zusammen mit dem Präsidentenamt versah, eine Zeit hindurch auch Reichsfinanzminister war, schien er den Gipfel seiner Möglichkeiten erreicht zu haben – und war mehr und mehr zum Kritiker seines Führers geworden. Aber nur auf dem engen Gebiet der Finanzwirtschaft war seine Kritik erkennbar. So groß die Spannung zwischen Schacht und Hermann Göring war, Schacht empfahl diesen Mann als Verantwortlichen für den Vierjahresplan, er kämpfte nicht gegen ihn, sondern gab immer mehr Macht an Göring ab, dessen hemmungslose Ausgabenwirtschaft er für verderblich hielt.

Wenn man dies alles wußte und die Position Schachts und seine „Verdienste" um die Machtübernahme durch Hitler kannte, bleibt ein einziger Brief aus jener Zeit einsamer Zeuge eines merkwürdigen Mutes, den ein so schwergewichtiger Mann aufzubringen gerade noch wagte. Am 26. März 1940 schrieb Dr. Hjalmar Schacht an die „Frankfurter Zeitung":

„Ich hatte bisher als einzige deutsche Zeitung die Frankfurter Zeitung gelesen, weil man wenigstens hier und da noch eine Spur von Selbständigkeit darin entdeckte. Nach dem Sie es für richtig gehalten haben, weder am Karfreitag noch zum Osterfest auch nur mit einem Wort der Bedeutung zu gedenken, die das Christentum für die Stellung Deutschlands in der Weltgeschichte bedeutet hat und in Zukunft bedeuten wird, sehe ich mich veranlaßt, auch die Frankfurter Zeitung abzubestellen."

Schacht schrieb diesen Brief zu einer Zeit als er Reichsminister war. Er blieb es (zuletzt ohne Portefeuille) bis 1944. Danach hielt er diesen Brief für ein Zeugnis dessen, was er Widerstand gegen Hitler nannte.

Da tat sich vieles

(1941)   Einer von denen, die – um einen Ausdruck von Hans Fritzsche zu wiederholen – „das Wasser nicht halten" konnten, war der Sprecher des Auswärtigen Amtes in der Pressekonferenz, Dr. Paul Karl Schmidt, nicht zu verwechseln mit dem Dr. Paul Schmidt im gleichen Amt, der dort als Dolmetscher tätig war. Beide hatten die Dienstbezeichnung Gesandter. In den Pressekonferenzen blieb der „Presse-Schmidt" offiziell, so oft man es ihm auch anmerkte, daß er vor einem Mitteilungsbedürfnis zu platzen schien. In der „Nachbörse" war er dann freimütiger und gab manche Andeutung preis. Im Gespräch aber oder gar an der Tafel hielt er kaum etwas zurück, was dazu beitragen konnte, seinem Geltungsbedürfnis Genüge zu tun.

Demnächst, so meinte er Anfang 1941 bei einem Essen, „würden Gerüchte über entscheidende Fragen in großer Zahl umlaufen". Er wiederholte den Satz fast wörtlich am 4. Juni 1941 im gleichen Kreise und fügte hinzu: „... so viele Gerüchte, daß sich scheinbar kein Mensch mehr auskennen" werde. Dieses Stadium sei „jetzt annähernd erreicht". Am 22. Juni bedurfte es dann keines Gerüchtes mehr: Die deutschen Truppen hatten die Grenze zu eben jener Sowjetunion überschritten, mit der weniger als zwei Jahre vorher „eine Jahrhunderte alte Freundschaft der beiden Völker" zu einem „sensationellen Wendepunkt in der Geschichte" geführt hatte, zu einem Nichtangriffs- und Konsultationspakt, den Hitler mit Stalin abgeschlossen hatte. Es begann abermals eine Wende: Sie führte die Sowjets bis an die Elbe und zur Zerstörung des Deutschen Reiches.

Aber Schmidt hatte richtig vorausgesagt: Gerüchte hatte es in großer Zahl gegeben und wer Ohren hatte, sie zu hören oder Augen, sie zu lesen, wer seinen Kopf zu kritischem Denken benutzte, mußte nicht überrascht sein, daß Hitler nun dazu ansetzte, den erstrebten „Lebensraum" im Osten zu erobern. Das deutsche Volk und die von deutschen Truppen angegriffenen Völker bezahlten dieses ohne Ankündigung begonnene „Unternehmen Barbarossa" der Naziregierung mit Millionen Menschenleben, mit unbeschreiblichen Schrecken und Deutschland dazu mit dem Verlust der deutschen Gebiete östlich der Oder und mit seiner Zerstückelung.

Der deutsch-sowjetische Vertrag von 1939 war noch kein Jahr alt, als der Reichspressechef Dr. Otto Dietrich am 10. August 1940 vor der Presse sagte,

> „das Verhältnis zu Rußland sei das zweier vernünftiger Menschen, die genau wüßten, daß ihre privaten Angelegenheiten dem anderen nicht paßten, aber von ihm respektiert würden."

Es hatte keinen erkennbaren Anlaß zu dieser Bemerkung gegeben, die deshalb mit großer Aufmerksamkeit angehört und als ein Hinweis bewertet wurde. Was sollte sie andeuten?

Am 15. Januar 1941 wurde ein Sprecher des Auswärtigen Amtes, Legationsrat Lohse, nicht minder bereit zu „Plaudereien", deutlicher. Bei einem von ihm gegebenen Essen sagte er:

> „Der Außenminister habe ausdrücklich erklärt, die Änderungen in der publizistischen Behandlung der Verträge mit der Sowjetunion seien in der Presse so vorzunehmen, daß es nicht auffalle."

Noch wußte die Presse nichts von einer Änderung, aber Lohse fügte hinzu, jederzeit könnten die Journalisten von dieser Stellungnahme unter Bezugnahme auf ihn Gebrauch machen. Erst am 17. Februar 1941 wurde streng vertraulich aber offiziell der Presse übermittelt:

> „Der Führer wünsche, daß die Berichterstattung über die Sowjetunion ganz abgestoppt werde bis auf DNB-Berichte. Die Berichterstatter in Moskau dürften von dieser Tatsache auch nicht andeutungsweise verständigt werden. Man soll ihre Meldungen nach wie vor entgegennehmen, sie aber nicht abdrucken."

Um die gewollte Verwirrung nicht zu versäumen, haben in jenen Monaten vom August 1940 bis zum Juni 1941 Schmidt und Lohse und andere eine Reihe von entgegengesetzten Parolen verbreitet:

Im Herbst 1940 werde der Friede wiederhergestellt sein, es werde keinen zweiten Kriegswinter geben – so Dr. Schmidt am 25. August 1940.

Man müsse sich klar darüber sein, daß der Krieg in diesem Jahre beendet sein müsse; wir hätten sechs Millionen Soldaten unter den Waffen, davon seien anderthalb Millionen für die besetzten Gebiete erforderlich – so ebenfalls Schmidt am 7. Januar 1941, immerhin bereits im zweiten Kriegswinter.

Dann jedoch tauchten aus unklaren Quellen Gerüchte auf, die von einer Zusammenkunft Hitlers mit Mussolini und Stalin wissen wollten. Im Mai 1941 übernahmen selbst ernsthafte Nachrichtenagenturen wie die amerikanische „Associated Press" sie mit dem Hinzufügen, die drei würden die Reorganisation der europäischen Wirtschaft erörtern und vielleicht auch einen Militärblock besprechen. Das Nachrichtenbüro „International News Service" in den USA fügte auch Japan in dieses Dreierkollegium ein, und die englische Zeitung „News Chronicle" –

alle diese Nachrichten erschienen am 12. Mai 1941 – meinte, den Sowjets werde dabei freie Hand in Asien gegeben.

Zwei Tage später meldete die „New York Times", die Anerkennung des Irak durch die Sowjetunion sei ein Beweis für die enge deutsch-sowjetische Zusammenarbeit und sprach von „weltbewegenden Entscheidungen", die sich vorbereiteten. Es mußte den Nazis wirklich gelungen sein, alle diese und andere „Nachrichten" gleicher Art in diese doch seriösen Publikationen lanciert zu haben.

In Moskau war man natürlich aufmerksam geworden. Am 31. Mai 1941 brachte der Rundfunk der Sowjetunion zum ersten Male seit langer Zeit kritische Meldungen über Deutschland. Er berichtete aber auch von einem bevorstehenden „hohen Besuch" in Berlin, und „man habe in Moskau ein Haar in der Suppe gefunden", wie es in (ungenauen) Zitaten hieß.

Das politische Barometer rückte auf Sturm. In Moskau war das Schweigen der deutschen Presse, das im Februar angeordnet worden war, aufgefallen. Nicht nur die Regierung, auch die Bevölkerung war beunruhigt. Die Korrespondenten meldeten es, die ausländischen wie die deutschen.

Am 8. Mai 1941 wurde der Kreml deutlich und wandte sich gegen Gerüchte, die Sowjetunion verstärke ihre Truppen an ihrer Westgrenze und treffe andere Maßnahmen militärischer Art. Sie versuchte, die Bevölkerung im Lande zu beruhigen und veröffentlichte schließlich am 13. Juni eine Erklärung, die freilich der deutschen Presse nicht bekannt wurde und über deren Inhalt dennoch damals zu erfahren war:

> „Die Regierung der Sowjetunion teilt mit, daß in der Presse des Auslandes Gerüchte über einen bevorstehenden Krieg zwischen dem Deutschen Reich und der Sowjetunion verbreitet werden, nach denen Deutschland wirtschaftliche und territoriale Forderungen an die Union der Sowjetrepubliken gestellt und ein Abkommen darüber gefordert habe. Angeblich habe die Sowjetunion aber die Forderungen abgelehnt. Deutschland soll mit einer Konzentration seiner Truppen an der Grenze geantwort haben und die Sowjetunion ziehe ebenfalls Truppen zusammen. Alle diese Gerüchte werden als unsinnig bezeichnet. Die TASS sei ermächtigt worden, diese Gerüchte als plumpe Propaganda zu bezeichnen, die von den Feinden Deutschlands und der Sowjetunion betrieben werde.
> Die TASS erklärte, Deutschland habe keine Forderungen gestellt, kein Abkommen vorgeschlagen und keine Verhandlungen verlangt. Es erfülle den Nichtangriffspakt ohne Einschränkung, wie dies auch die Sowjetunion tue. Die Gerüchte, Deutschland werde die Sowjetunion überfallen, seien unbegründet. Truppenverschiebungen in östliche und nordöstliche Gebiete Deutschlands hätten einen anderen Zusammenhang; sie hätten mit den deutsch-sowjetischen Beziehungen nichts zu tun.
> Auch die Sowjetunion erfülle den Vertrag und bereite keinen Krieg vor. Es fänden übliche Reserveübungen wie in jedem Sommer statt."

Wie in Berlin alsbald zu hören war, kamen deutsche Beobachter in Moskau damals zu dem Schluß, daß die Sowjetunion für einen Krieg „so gut wie unvorbereitet" war. Erst als die Gerüchte sich gehäuft hätten, habe man dort im Mai 1941 mit dem Bau von Luftschutzbunkern begonnen, so hieß es aus dem Auswärtigen Amt in Berlin. Man meinte, daß die Sowjetunion wohl unter allen Umständen bereit sei, bei Wahrung ihrer Souveränität eine Katastrophe zu verhindern. Das aber war nicht Hitlers Plan. Am 22. Juni 1941 begann der deutsche Angriff auf die Sowjetunion.

An der Guillotine vorbei

(1942) Wie schnell man, als die Nazis regierten, dem Henker ausgeliefert werden konnte, das kann eine Episode deutlich machen, die wohl einfach zu berichten sein mag, die aber dem, den es damals traf, noch heute an bitterste Stunden seines fast verlorenen Lebens erinnert.

Ein junger Mann, im Hause der „Frankfurter Zeitung" tätig, hatte die Nachricht bekommen, daß ein Freund erkrankt sei, daß er im Lazarett liege, daß er also „keine Gelegenheit hätte, dem Führer seine Tapferkeit an der Front zu beweisen" (Zitat), daß er deshalb verzweifelt sei. Der junge Mann tröstete den Freund: Er werde gesund werden, noch früh genug an die Front zurückkehren, er habe doch schon ein Opfer gebracht, viele verzichteten dann darauf, nochmals ihre Knochen hinzuhalten, mancher sei gar krumme Wege gegangen, um nicht nochmals hinaus zu müssen. Der Erkrankte übergab diesen Brief der Redaktion der Zeitung der SS, „Das Schwarze Korps", und teilte dies mit einer kräftigen Spritze Gift dem jungen Mann mit.

Was nun? Der junge Mann mußte mit seiner Verhaftung rechnen. Mindestens das Konzentrationslager war ihm gewiß. Wie konnte man das verhindern? Er kam zu mir nach Berlin in die Redaktion und berichtete. Es mußte alles versucht werden.

Ich rief den „Hauptschriftleiter" der SS-Zeitung an, Gunther d'Alquen. Ja, er kannte den Fall bereits, er habe den Brief bekommen.

Was er zu tun gedenke?

„Der Kerl", so meinte der Angerufene, gehöre in ein KZ.

Ich schilderte den jungen Mann als einen sensiblen, gutherzigen Menschen, der habe helfen und trösten wollen.

Wenn ich für ihn gut sagen wolle, so d'Alquen, möge er zu ihm kommen, er werde ihm dann „den Kopf waschen" und damit solle es genug sein.

Der junge Mann vertraute und entschloß sich hinzugehen.

Was dann geschah, schilderte er später selbst:

Die Redaktionssekretärin erklärte ihm, daß der Chef, d'Alquen, ins Führerhauptquartier abgereist sei und bestellte ihn für den nächsten Tag um 12 Uhr noch einmal, da angeblich erst der Schriftwechsel herausgesucht werden müsse. Dann geschah dies:

„An diesem Tage wurde ich sofort zu einem jungen Redakteur in SS-Uniform geführt, der mich in der wüstesten Weise beschimpfte und dann zwei Gestapo-Beamten übergab, die bereits im Nebenraum warteten und mich dann in einem Personenwagen zum Alexanderplatz fuhren. – Das Sondergericht verurteilte mich damals zu zweieinhalb Jahren Zuchthaus."

Über das, was in der Gestapohaft bis zur Gerichtsverhandlung geschah, hat der Betroffene schriftlich nichts berichtet. Er fuhr fort:

„Nachdem ich meine Strafe angetreten hatte, wurde ich plötzlich nach Leipzig geschleppt, wo man mir die Aufhebung des Urteils bekanntgab und nochmals den Prozeß vor dem Reichsgericht machte. Der Vorsitzende des Reichsgerichts, Reichsgerichtspräsident Bumke, hatte den ihm befreundeten Rechtsanwalt Nieland zu meinem Offizialverteidiger bestimmt. Am Vorabend des Termins rief ihn Bumke zu sich und eröffnete ihm, daß von einer bestimmten Stelle, seiner Meinung nach der SS, die Todesstrafe für mich gefordert worden sei.
Mein Prozeß fand am Dienstag, dem 30. Juni 1942, statt. Am 1. Juli sollte ich nach Dresden transportiert und hier am 2. Juli hingerichtet werden.
Zu meinem Glück leitete Bumke den Prozeß außerordentlich geschickt zu meinen Gunsten und fällte das salomonische Urteil von sechs Jahren Zuchthaus, um so dem Beschwerdeführer wenigstens entgegenzukommen. Um so tragischer hat es mich auch berührt, daß Bumke, dem ich mein Leben im Grunde zu verdanken habe, sich am Tage des Einmarsches der Amerikaner in Leipzig erhängt hat."

Der junge Mann wurde in das Elbe-Regulierungslager Coswig gesteckt, sollte aber seine sechs Jahre erst nach dem „Siege" verbüßen und bis dahin die schwere Arbeit im Eisenbahnbau, bei den Erdarbeiten für den Flughafen in Dessau und am längsten am Karbid-Hochofen leisten.

Der einstmals gesunde junge Mann kam mit Tuberkulose durch. Das Herzleid seiner Mutter, eine zerstörte Ehe, andere Schäden an der Gesundheit – wer rechnet das auf?

Er wurde nach dem Kriege vielen Deutschen und über Deutschland weit hinaus durch sein Wirken für das freie Wort bekannt, denn er gründete und leitete die „Kölner Bahnhofsgespräche", die über Jahre hinweg ein wirksames Forum freier Aussprache und eine Quelle fortschrittlicher Anregungen wurden. Dieser vom Schicksal hart getroffene und von den Nazis mitleidlos verfolgte Mann, Gerhard Ludwig, ist seit dem Ende des Krieges Inhaber der Internationalen Buchhandlung im Kölner Hauptbahnhof.

Von jenem, der ihm „den Kopf waschen" wollte, hörte man nach dem Kriege wenig. Man sah ihn aber auf Bildern zusammen mit einstigen Kameraden aus der SS in den Vereinigten Staaten, in Washington, aufgenommen vor dem Weißen Haus. Er, der ehemalige Chefredakteur der Zeitschrift der „Ehrengarde des Führers", „Das Schwarze Korps", war von der Militärregierung hinübergeholt worden, um dort in Prozessen gegen amerikanische Staatsbürger als Zeuge aufzutreten, die während des Krieges für Deutschland gearbeitet hatten. 1955 meldeten Zeitungen, er sei von der Spruchkammer in Berlin in Abwesenheit in einem Teilentscheid zu einem Sühnegeld von 60 000 DM und zum Entzug des aktiven und passiven Wahlrechts für drei Jahre verurteilt worden. Diese „Strafe" hat er überstanden.

Reise nach Finnland

(1942) „Ihr habt den Krieg verloren, Ihr wißt das bloß noch nicht", sagte Eero Vuori Anfang August 1942 zu mir in Helsinki. Er sagte es mit der Bestimmtheit eines wohlunterrichteten Berichterstatters, keinesfalls spekulierend. Für ihn war das klar. Die deutschen Truppen standen zu der Zeit tief in Rußland, stießen auf den Kaukasus vor, hatten die Ölfelder von Maikop und Pjatigorsk gerade erreicht; Stalingrad war das nächste Ziel. Im Norden der Sowjetunion war freilich eine Krise entstanden; der Winter war hart gewesen, und die Partisanen machten zunehmend von sich reden, wie selbst die offiziellen Informationen in Berlin zugaben.

„Im Westen nichts Neues" – die tägliche Formel der deutschen Heeresberichte des ersten Weltkrieges war wieder gültig. Der Schlag auf England war fehlgegangen. Nur Rommel war in Ägypten bis hundert Kilometer vor Alexandria gelangt, hatte die Wüste hinter sich und stand vor einer englischen Kampflinie. Aber das war in Nordafrika, weit weg. In Berlin machte sich die hörbare öffentliche Meinung kaum Sorge.

Aber in Finnland waren wir von Beginn der Reise an Zweifeln und offener Kritik begegnet. Ein Telegramm hatte mich aus einem kurzen Urlaub in Lubmin fortgerufen. Die Redaktion in Berlin berichtete, daß eine Gruppe deutscher Journalisten nach Finnland reise und daß man im Auswärtigen Amt auf die Idee verfallen sei, da müsse ein deutscher Sozialdemokrat mitfahren, denn in Finnland werde die Regierung von Väinö Tanner, einem Sozialdemokraten, geführt. Wenn die Nazis im Auswärtigen Amte glaubten, mich benutzen zu können, war das ihre Sache. Für mich bot sich die Gelegenheit zu neuen Kontakten, zu Informationen, zu Gesprächen. Ich habe sie genutzt.

Die Reise ging mit Aufenthalten und interessanten Erfahrungen und Informationen bereits in Malmö und Stockholm nach Helsinki und gleich weiter nach Viipuri (Wieborg) bis hin nach Ostkarelien, zurück über das Industriegebiet bei Imatra, wieder nach Helsinki. Die deutsche Gruppe wurde bei ihrer Ankunft von dem finnischen Offizier Kapitän Lehmus empfangen und dann ständig von ihm und anderen Persönlichkeiten der Armee und Diplomatie begleitet. Finnland stand mit der Sowjetunion im Kriege. Die Finnen nannten ihr Verhältnis zu Nazi-Deutschland, wenn sie es schon bezeichnen mußten, „Waffenbrüderschaft"; die Nazis sprachen aber von „Verbündeten". Lehmus war früher Chefredakteur der sozialdemokratischen Zeitung in Helsinki gewesen und jetzt Leiter der Nachrichtenabteilung im finnischen Generalstab, es hieß, ein Vertrauter des Generals Mannerheim, der das Oberkommando führte. Wir lernten uns sogleich auf der langen Eisenbahnfahrt nach Viipuri kennen und haben eine Nacht hindurch Informationen und Ansichten ausgetauscht.

Lehmus hielt es für unbedingt wichtig, daß ich bei der Rückkehr nach Helsinki den Ministerpräsidenten Tanner aufsuchen müßte und auch den Generalsekretär der Gewerkschaften, Eero Vuori sprechen sollte, einen der am besten informierten Politiker in Finnland, wie er hinzufügte. Ich habe das später bestätigt gefunden. Mit Väinö Tanner konnte ich nur wenige Minuten sprechen, da er, schon im Mantel, eine Reise antrat. Er sagte einige deutliche, betont deutliche Sätze, die sich in nichts von dem unterschieden, was wir, die deutsche Reisegruppe, dann immer wieder hören konnten.

Die Unterhaltung mit Vuori dauerte länger. Er war vor einiger Zeit in Washington gewesen und hatte in Stockholm auch englische politische Freunde aus der Arbeiterpartei gesprochen. Unvermittelt und ohne Umschweife sagte er zu mir: „Ihr habt den Krieg verloren!" Er war von der totalen Niederlage Deutschlands überzeugt, die nicht abzuwenden sei, sagte er, wenn wir nicht Frieden schließen würden und dazu den ersten Schritt täten. Aber, so fuhr er eilig fort: „Es gibt keinen Amerikaner, der sich mit der jetzigen deutschen Regierung an einen Tisch setzt. Und wenn in England die Regierung Churchill gestürzt wird, gibt es nur einen Nachfolger, das sind die Labour-Leute und die sprechen schon überhaupt nicht mit denen bei Euch". Ob ich mir vorstellen könne, fragte er, wer in Deutschland ein Gespräch mit Aussicht auf Erfolg für Deutschland führen könnte, wer autorisiert sei. Diese Frage konnte und wollte ich freilich nicht beantworten. Aber Vuori ließ sich nicht beirren: „Da ist doch der Zeppelin-Mann und der Bürgermeister von Leipzig, die haben doch schon etwas vorbereitet" sagte Vuori zu meiner größten Überraschung ohne jede Hemmung dem ins Gesicht, den er eben erst kennengelernt hatte. Er wartete keine Antwort ab und fuhr fort: „Dann kann man nur hoffen, daß Ihr dieses Mal vor dem 8. August 1918 zur Besinnung kommt."

Dazu sind einige Erklärungen nötig: Mit dem „Zeppelin-Mann" war Dr. Hugo Eckener gemeint und mit dem „Leipziger Bürgermeister" Dr. Carl Goerdeler. Beide waren in der Tat in Deutschland in der Opposition gegen Hitler nicht untätig. Aber wer wußte das schon im Reich? In Helsinki war es marktgängig, so schien es. Der 8. August 1918 war der Tag, an dem den Alliierten im ersten Weltkrieg der Durchbruch an der Westfront gelang, der den Krieg gegen Deutschland militärisch entschied.

Mir schien es längst ratsam, das Gespräch nicht fortzusetzen, so interessant die Einzelheiten der immer mitlaufenden Informationen über in Washington und anderswo gehörte Meinungen auch waren. Wenn er anderen gegenüber in gleicher Weise offenherzig sprach, war ein Besuch bei ihm für einen Deutschen nicht ohne Gefahr.

Aber dann erfuhren wir alle in der Reisegruppe, die Gespräche suchten und führten, daß Vuori und Tanner keine Einzelgänger waren. Wo immer finnische Partner sprachen, taten sie es offen, auch gegenüber solchen Deutschen, die schon äußerlich als Nazis erkennbar waren, weil sie auch im fremden Land Uniform und Abzeichen trugen.

Keiner der Finnen, mit denen wir gesprochen haben, hatte Illusionen über den Ausgang des Krieges und vor allem über die finnischen Interessen und Möglichkeiten, ob es Offiziere waren oder Politiker, Diplomaten oder die Industriellen in Imatra, die mit besonderer Rücksichtslosigkeit ihre Meinung sagten. Es waren vor allem wirtschaftliche Argumente, mit denen sie ihre übereinstimmende Meinung begründeten und die darauf hinausliefen, daß eine Zusammenarbeit mit der Sowjetunion, mit England und Amerika selbstverständlich zu erstreben sei. Wir gewannen den Eindruck, daß allen daran gelegen war, ihr Bedauern über den entstandenen englisch-finnischen Konflikt auszusprechen, daß alle das Bedürfnis hatten, realistische Gedanken zur Kriegführung zu äußern und die Notwendigkeit eines ausgeglichenen Ausganges des Krieges zu betonen. Einige Mitglieder der Reisegruppe waren empört und ließen das erkennen. Das führte zu dem Ausspruch eines finnischen Diplomaten: „Es gibt eben bei Ihnen immer noch Alldeutsche" *.

Bei Krebsen und Aquavit war die Stimmung zu weit fortgeschritten, als daß diese Bemerkung noch zu Folgen führte. Sie wurde von den anwesenden Nazis mit Aufmerksamkeit gehört. Der gleiche Mann wies uns später in Helsinki auf eine amerikanische Flagge hin, die über dem Gebäude der Gesandtschaft der USA wehte, für manche Deutsche unfaßbar. Aber die USA und Finnland waren nicht im Kriegszustand miteinander.

Dr. Paul Karl Schmidt, der „Presse-Schmidt", führte die deutsche Pressegruppe. Er hatte sich aber bei unserer Ankunft in Helsinki bereits wieder verabschiedet, er habe in Stockholm dienstlich zu tun, sagte er, und werde erst zum Schluß wieder dabei sein. Wir mußten es glauben, glaubten aber es anders zu wissen: Nach dem Kriege meldeten britische und amerikanische Blätter, er sei fest in den Händen einer Agentin der Alliierten gewesen. Ein Dementi ist nicht bekannt geworden.

Zur Abschiedsfeier war Schmidt in Helsinki zurück – wenigstens körperlich, wie er selbst meinte. Die Abschiedsreden der finnischen Gastgeber ließen an „kameradschaftlicher Offenheit", so betonten sie mehrmals, nichts zu wünschen übrig. Ein Satz sei zitiert: „Es ist unmöglich und man muß das auch hier sagen dürfen: Der englisch-amerikanische Block kann nicht überwunden werden". Das ist eine exakte wörtliche Wiedergabe dieses 1942 im August gesprochenen Satzes.

Eine deutlich hörbare Frage eines deutschen Teilnehmers blieb ohne Antwort: „Heißt das soll?" Schmidts Schlußwort war erstaunlich zurückhaltend, fast resigniert. Es schien, als habe man soeben eine kalte Dusche bekommen.

Dies geschah am 14. August 1942.

Stalingrad fiel erst am 2. Februar 1943.

---

* Der am 25. September 1942 datierte ausführliche Bericht über die Finnland-Reise befindet sich in der „Sammlung Sänger" im Bundesarchiv, ZSg. 102, Informationsbriefe.

Show im Sportpalast

(1943)   Im dichten Gewühl der Menge, die am späten Abend des 18. Februar 1943 aus dem Sportpalast in Berlin herausdrängte, fielen die Worte: „Wat ick dazu sage? Amen sage ick, weiter nischt." Der eine wollte die Meinung des anderen über die Kundgebung hören, die eben stattgefunden hatte. Goebbels hatte gesprochen, der Reichsminister für Volksaufklärung und Propaganda. Durch Jahre sind die Worte immer wieder zu hören und zu lesen, die er damals in die Menge geschrien hatte: „Ich frage Euch, wollt Ihr den totalen Krieg? Wollt Ihr ihn totaler und radikaler als wir ihn uns heute überhaupt nur vorstellen können?" Ein brüllendes Ja war das Echo – so schien es wenigstens.

Diese „Kundgebung" im Sportpalast ist immer wieder als Bestätigung der völlig einmütigen, begeisterten Zustimmung zu Hitlers Krieg bewertet und als Meinung, wenn nicht des gesamten deutschen Volkes, so doch seiner übergroßen Mehrheit gekennzeichnet worden. Wer aber genauer hinsehen konnte und wollte, wer besser unterrichtet war über Vorbereitung und Planung, wer sich nicht dem Zwang der brutalen Verführung durch Leidenschaft, Lüge, Betrug und Schauspielerei ergab, der wußte, daß auch diese Kundgebung nur eine theatralische Show des Chef-Propagandisten der Nationalsozialisten, des Joseph Goebbels war, daß sie einer „Volksaufklärung" dienen sollte, wie er sie für zweckmäßig hielt, um das Volk und die Welt zu täuschen. Jeder Versuch, jene Jahre und das Geschehen in ihnen in Schwarz-Weiß-Malerei um so deutlicher darstellen zu wollen, ist eine gefährliche Verfälschung der Tatsachen, gefährlich, weil sie das Erkennen der wirklich wirkenden Kräfte und der Methoden des Volksbetruges und damit das Erspüren einer beginnenden Wiederholung verhindert.

Schon im Dezember 1942, als die militärische Lage an der Ostfront zunehmend kritischer wurde, waren unter den Journalisten Gerüchte bekannt, daß Goebbels eine „Proklamation des totalen Krieges" vorbereite. Als dann am 2. Februar 1943 die Katastrophe von Stalingrad nicht mehr verheimlicht werden konnte, lag der Schritt zu einer öffentlichen Aktion nahe. Verschleiern war die Methode der Nazi-Regierung. Die Sportpalast-Kundgebung, die dann stattfand, erreichte nur durch Tricks Wirkung. Zum Betreten des Saales waren Karten an die Kader der NSDAP verteilt worden. Wer aus der Bevölkerung hineingekommen ist, hatte entweder eine solche Karte von einem der Funktionäre bekommen oder eine der gefälschten Einlaßkarten, die überraschend schnell unter das Volk gebracht worden waren. Das Funktionärkorps aller Ränge war in großer Zahl vertreten; man wollte sicher sein, daß an diesem Abend „nichts passierte", wie ein Mitarbeiter im Propagandaministerium den Journalisten voraussagte.

In die Beifallskundgebungen, die nach gezielt formulierten Goebbels-Sprüchen einsetzten, spielten aber auch bei früheren Ovationen aufgezeichnete Schallplatten in den Lärm hinein, die nicht nur die Lautstärke beträchtlich erhöhten, sondern auch die Dauer der Begeisterung verlängerten. Von den erhöhten Plätzen der Journalisten her konnten wir unschwer die Reihen in der Arena entlang sehen und – hier folge ich meinem am gleichen Abend geschriebenen vertraulichen Bericht an die Redaktion der „Frankfurter Zeitung":

> „... feststellen und beobachten, ob sich die Hände bewegten, wie die Menschen reagierten, wie die Gesichter aussahen. Es gab keine totale Einmütigkeit, keine euphorische Zustimmung. Wir waren erstaunt zu sehen, daß sich viele Hände niemals rührten, daß die Menschen zum Teil zögernd aufstanden, mag es Faulheit, Müdigkeit oder Mangel an Engagement gewesen sein. Sie standen mit gesenktem Kopf, so als ob sie etwas über sich ergehen lassen mußten. Alles in allem war die Stimmung gewiß erregend, aber einmütig oder überzeugend war sie nicht. Das war nicht nur mein Eindruck. Die Kollegen neben mir und hinter mir äußerten genau so ihre Verwunderung wie ich sie hatte."

Auf der Tribüne der etwa 70 oder 80 deutschen und ausländischen Journalisten, die das Geschehen verfolgten, herrschte bald beträchtliche Unruhe, und es fielen gedämpft Zwischenrufe einer Art, die sonst nur im kleinsten Kreise als Bemerkungen gewagt wurden. Eine Distanzierung in dieser Deutlichkeit und in diesem Ausmaß war vorher noch nie spürbar geworden. Goebbels hatte überzogen.

Nach dem Kriege interessierten sich amerikanische Befrager gerade auch für diese Kundgebung. Aber als ich ihnen meine Eindrücke und Wahrnehmungen darstellte, nannten sie mich einen „unverbesserlichen Nazi". Sie reagierten eben wie jene, die Berichte aus dem Nazi-Deutschland des Krieges und der Vorkriegszeit, in denen die Tatsachen der Verfolgung und Drangsalierung mitgeteilt wurden, als „unecht", als „verfälscht", als „Ergebnisse des Hasses und der Verzweiflung", als „Schreie aus dem Gefängnis" bezeichnet hatten und nicht glaubten, soweit sie sie überhaupt beachteten.

Es ist offenbar „normal", daß vom sicheren Port her ungewöhnliches Geschehen entweder als sensationell und dramatisch übertrieben oder als „doch nicht so schlimm" registriert wird. Ich wollte damals wie heute verhindern, daß ein unwahres oder trügerisches Bild gesehen wird. Es war damals vieles komplizierter, sogar differenzierter als es sich viele heute noch oder wieder vorstellen und es ist deshalb schwierig, neue Entwicklungen gleicher Art rechtzeitig und richtig zu erkennen.

Hitler hatte offenbar eine zuverlässigere Ahnung von der Stimmung im Volke, als er Goebbels die Propaganda für den totalen Krieg frühzeitig vorbereiten ließ. Eine Reihe von Äußerungen, wirklich oder angeblich aus seinem Munde, läßt das vermuten; sie wurden in jenen Monaten zahlreich in Gerüchten verbreitet. Bezeugt ist der im November 1943 vor den „alten Kämpfern" seiner Partei gesprochene Satz:

> „Wenn mein eigenes Volk in einer solchen Prüfung zerbrechen würde, könnte ich darüber keine Träne weinen."

Daß er diesem Volke, Warnungen sachverständiger Mitarbeiter aus Wirtschaft, Diplomatie und Militär zum Trotz, solche „Prüfungen" auferlegt hat, die es einer ganzen Welt zum Feinde werden ließen, war ihm und denen, die ihm folgten, nie eine Sache des Gewissens und der Verantwortung, sondern stets nur ihres eigenen Machtwillens. Was scherte sie schon dieses Volk und diese Nation!

Dem Ende zu

(1944)   Die Propaganda konnte noch so viel von den Wunderwaffen reden – in den „Pressekonferenzen" wurden von Tag zu Tag mehr nur noch spöttische Bemerkungen gemacht, wenn einer auch nur so tat als glaubte er daran. Nicht einmal die offiziellen Sprecher konnten Glaubwürdigkeit vermitteln. Die Zahl derer, die sich auf die Bank der Spötter setzten, wuchs ständig.

Im Spätsommer 1943 hatten wir es in der Familie für ratsam gehalten, an den Rand Berlins auszuweichen. In Charlottenburg, in der Nachbarschaft des Funkturms, fielen die Bomben zu oft und schienen immer näher zu uns heranzukommen. Dort war auch die erste Luftmine heruntergekommen. Im Februar 1944 war es dann geschehen: Die Wohnung und was noch darin war, das Haus und alle Wohnungen waren nur noch ein Trümmerhaufen. Vielleicht war das Geschirr noch erhalten, das wir in den Keller gebracht hatten. Aber als es 1961 so weit war, daß auch diese Trümmer geräumt wurden, kamen wir gerade dazu, als die Männer den Keller aufrissen. Wir baten sie, uns eine Karte zu schreiben, wenn sie etwas finden würden. Sie könnten alles behalten, wir wollten nur wissen, was geblieben war. Es kam nie eine Nachricht. Wir hatten die Bombennacht, in der es in Charlottenburg geschehen war, bereits in Kleinmachnow erlebt und hatten nun, wie es Goebbels in einer Rede als „Trost" für die Ausgebombten zynisch ausgesprochen hatte, „leichtes Gepäck": Kleidungsstücke, Betten, Wäsche und – merkwürdig – auch manches Bild oder kleine Notizbuch irgendwo darunter, Nähmaschine, Schreibmaschine und Rundfunkgerät. Das war alles. Es sollte noch eine Rolle spielen.

Als dann auch das Büro im Berliner Zeitungsviertel zerstört wurde und das nächste ebenfalls und das dritte auch – wir saßen längst mehrere Kollegen verschiedener Zeitungen in einem Raum – nahm ich den Fernschreiber mit hinaus in das kleine Einfamilienhaus, in dem wir in fremden Möbeln wohnten.

Andere Kollegen kamen zu mir, um ihre eigenen Fernschreiben an die Heimatzeitungen absetzen zu können, soweit diese überhaupt noch zu erreichen waren. Von geregelter Arbeit war allmählich keine Rede mehr. Akten, Bücher, Unterlagen für die Arbeit – wir besaßen nichts mehr. Irgendwoher ein Blatt Papier, ein Bleistift (es gab damals noch keine Kugelschreiber), das war unser Werkzeug. Das Telefon funktionierte noch, nicht immer, aber meist. Aus der Hektik der Nachrichtenarbeit war ein gemütlicher „Familienbetrieb" geworden. Was der eine schrieb, übernahm der andere, änderte dies und das, es kam nicht mehr darauf an. In der Redaktion machten sie ohnehin daraus, was ihnen zweckmäßig erschien. Jeder wollte und sollte überleben.

Für eine Zeit wurde es in unserem kleinen „Betrieb" interessant: Die Russen hatten Schlesien besetzt, und Breslau war eingeschlossen und wurde verteidigt. Merkwürdig, die Fernschreibverbindung zur Zeitung in Breslau klappte noch, als die Sowjettruppen schon in der Stadt waren: Wir konnten geben, und die Kollegen konnten antworten und berichten, was in der umkämpften Stadt geschah. Das war eine muntere und oft temperamentvolle Unterhaltung, vor allem nachts. Ob Journalisten oder Techniker, Angestellte oder Fremde den Fernschreiber bedienten, wer wußte das! Die Eingeschlossenen sparten nicht mit oft rüder Kritik an der eingetretenen Entwicklung. Sie baten, ihre Äußerungen „aber auch bestimmt" im Propagandaministerium mitzuteilen. Als das geschah, las sie der „Herr von Zimmer 24", der jeweils amtierende Informator, der „Chef vom Dienst". Der sagte kein Wort, zerknitterte das Papier und warf es in den Papierkorb. Auf die Anregung, es doch wohl besser zu zerreißen, antwortete er: „Nee, das lesen andere auch gern".

Auf dem Wege zu einer der uninteressant gewordenen „Pressekonferenzen" traf ich Dr. Otto Kriegk, damals Leitartikler der „Nachtausgabe" des Scherl-Verlages, einst ein deutschnationales Blatt, dann eines der treuesten Propagandawerkzeuge der Nazis. Kriegk hatte getan, was er konnte, um es dazu zu machen. Er sah mich und wartete, ging still nebenher, hatte nicht mit „Heil Hitler" gegrüßt, blieb plötzlich stehen und sagte: „Wer Sie sind, das weiß ich. Darum kann ich Ihnen sagen, wer immer nach diesem Krieg regiert, sie haben alle die Presse als Werkzeug schätzen gelernt und keiner wird darauf verzichten, sich ihrer zu bedienen. Das ist dann wie bei wilden Tieren, die Blut geleckt haben". Er holte tief Atem und sagte nur noch: „Ohne mich!" Otto Kriegk hat die Nachkriegszeit nicht mehr erlebt.

Wie dieser waren viele. Die Auflösung schritt schneller voran als die Russen, die allmählich um und dann auch bald in Berlin deutlich spürbar wurden.

Wenn man im stillen Kleinmachnow abends durch die einsamen Straßen ging, an denen nur Einfamilienhäuser standen, wurde die sich lockernde Sorgfalt und Vorsicht hörbar. Gegen 10 Uhr klang das viermalige Klopfen mit der Betonung des vierten Schlages, das Signal des deutschsprachigen englischen Rundfunks, aus vielen Häusern und nicht nur einmal war es nötig zu warnen, weil es allzu laut war. Man hörte abends und morgens und man wußte, daß die anderen es auch taten. Man wußte: Die Truppen der Alliierten hatten den Rhein überschritten, die Russen die Oder erreicht und überschritten. Im Westen war die Weser kein Hindernis mehr gewesen. Dann mußten die siegreichen Verbände doch wieder zurück und standen bald wieder am Ostufer und drangen vor. Da wir nichts mehr besaßen, schien es an der Zeit die verwüstete Stadt zu verlassen.

Unheimliche Reise

(1945)   Nachmittags tranken wir noch unseren Kaffee (oder was man damals so nannte) in Kleinmachnow. Dann beluden wir den kleinen Handwagen mit dem Reisekorb, ein paar Koffern, dem Bettsack und zuckelten zum Bahnhof Zehlendorf-West. Es war der 4. April 1945.

Der Rundfunk hatte mitgeteilt, daß die Amerikaner in schnellem Vormarsch diesseits der Weser seien. Abends fuhr noch ein Zug nach Westen, so hatte die Auskunft in Berlin gelautet. Die Uhrzeit stand nicht fest. Wir wollten unsere kleinen Kinder nicht im umkämpften Berlin lassen und sie zu Freunden in die Lüneburger Heide bringen, die uns Unterkunft angeboten hatten.

Der Zug, der Potsdam bei beginnender Dunkelheit verließ, war so überfüllt, daß die Menschen auf den Gepäckstücken in den Gängen lagen und weder vor noch rückwärts gehen oder gestoßen werden konnten. Als der Zug anruckte, blieben die Türen unseres Waggons noch offen, denn auf den Trittbrettern standen Menschen und drängten herein.

Dann ratterte der endlos lange unbeleuchtete Zug durch die Nacht. Die aber wurde plötzlich taghell, und das war als wir auf der Elbe-Brücke bei Magdeburg standen. Die Stadt in einiger Entfernung schien ein Flammenmeer zu sein. Der Himmel glühte von den Geschossen, den regnenden Leuchtkugeln, und links und rechts von uns klatschte das Wasser auf, wenn Eisenstücke fielen. Die Menschen stürzten aus dem Zug, aus Türen und Fenstern; sie rannten über die Brücke, sprangen die Böschungen hinab und ließen sich ins Gebüsch fallen als seien sie dort sicher vor dem Hagel, der prasselte. Nur weg von der Brücke! Weg von dem befürchteten Einsturz! Wir blieben eingekeilt, wir konnten und wir wollten nicht fort. Die Abteile waren voll von Gepäck, und nur wenige Menschen waren noch im Waggon.

Dann plötzlich tiefe Stille und fast im gleichen Augenblick ein scharfer Ruck und der Zug fuhr, fuhr, eilte, jagte davon. Wer nicht noch schnell aufgesprungen war, wird seine letzte Habe kaum je wiedergesehen haben. Man nahm es nicht tragisch. So war das eben. Auch das „leichte Gepäck" war dann fort. Wenn nur das Leben blieb.

Wieder eine brennende Stadt. Der Zug fuhr vorbei. Dann hielt er. Das war an der Frankfurter Straße in Braunschweig. Dort stand eine kleine Hütte. Wir kletterten hinaus. Es war etwa drei Uhr nachts, und es schneite an diesem nun 5. April 1945. Die Hütte war offen und leer. Kinder wurden zuerst hineingebracht und jeder half jedem. Wir waren ja nur noch wenige ehemalige Passagiere. Wahrscheinlich kam dann der Schlaf. Der Zug fuhr weiter. Wohin?

Als der Tag uns weckte, stand die Sonne am Himmel. Es stank nach Rauch. Der Qualm lag dick über Trümmern. In der Nähe war eine Fabrik und, welch' Wunder, das Telefon funktionierte. So konnten wir die Freunde im nahen Gifhorn erreichen und waren bald bei ihnen, gerettet wie uns schien oder gar errettet.

Die weißen Gesichter der Kinder kommen seither immer wieder in Erinnerung. Teilnahmslos saßen sie vor einem gedeckten Tisch, aber sie nahmen oben unterm Dach in ihrer Schlafkammer, die liebevoll für sie hergerichtet war, die Puppen in den Arm und schliefen mit ihnen über sechzehn Stunden den Tag und in die nächste Nacht hinein, in eine stille, friedvolle Nacht.

Die Familie Schwannecke hatte uns aufgenommen, damals selbst verfolgte Menschen. Der Bruder, evangelischer Pastor, hatte kein Pfarramt übernehmen dürfen und war als Angehöriger der Organisation Todt noch kurz vor Kriegsende in Düsseldorf gefallen. Drei andere Brüder durften nicht Soldat sein, es nicht bleiben, so sehr sie sich bewährt hatten. Im Hause lebte eine Tante, die sie vor der Verfolgung der Rassehetzer versteckt und vor der „Vernichtung" mutig bewahrt hatten.

Wer von denen, die heute in der geschützten Sicherheit des Rechtes und des Friedens, in einer überreichen, dem Materialismus wie einem Götzen huldigenden Zeit leben, kann, wer will auch nur ermessen, wie selbstlos und wie selbstverständlich damals die Menschen einander halfen? Diese Gastgeber verband mit uns nichts als die Freundschaft, die wir mit dem toten Bruder geteilt haben und die Gegnerschaft gegen dieses System der Unmenschlichkeit, das in Deutschland herrschte. Uns verband die Hoffnung und der Glaube an ein neues Leben in einer Gesellschaft, in der Gerechtigkeit, guter Wille und Toleranz Grundsätze und Wirklichkeit des Lebens sein müßten. Und niemand hat das je ausgesprochen. Sie haben nur das Gute getan.

Der Krieg war noch nicht beendet. „Die Partei" existierte noch in einer gespenstischen Sinnlosigkeit. In der kleinen Stadt, die nur wenig mehr als sechstausend Einwohner hatte, lebte noch der Ortsgruppenleiter der NSDAP. Wir seien uns begegnet, sagte er später, als die Besatzungsorgane ihn endlich gefunden hatten. Er wollte sich verteidigen, indem er darauf hinwies und fügte hinzu, er habe gewußt, wer ich sei und habe nichts unternommen. Er war nur noch ein kleiner Mensch, furchtsam, bescheiden, kriecherisch, er war nicht mehr der Mächtige. Er war wie die meisten und verschwand wie seine Partei verschwunden war, lautlos, und niemand hat ihn je vermißt.

Aussteigen! Schluß!

(1945) Es war ein Frühlingsabend Anfang April in Gifhorn in der Lüneburger Heide. Die Vögel wußten nichts vom Krieg und jubelten und zwitscherten seit dem hellen Morgen. Ein dumpfes Rollen kam näher. Hundert Meter weiter oder etwas mehr vom Hause entfernt kreuzten sich Straßen, und eine Brücke überspannte den schmalen Fluß. Dort schepperten die Panzer vorbei. Erst waren es mehrere hintereinander. Sie kamen aus der Richtung Hannover und fuhren auf Uelzen zu am Rande des Gifhorner Moores entlang. Dann wurde es stiller. Eine kleine Gruppe von Soldaten stand herum. Ein Panzer rollte heran. Er hielt. Ein Offizier sprang heraus, riß sich die Mütze vom Kopf und rief etwas, das wie ein Signal zum endgültigen Ende war: „Aussteigen! Schluß". Ein Mann kletterte heraus und der Feldwebel trat herzu, der seit dem frühen Morgen mit seinen Männern an der Brücke gestanden hatte.

Die beiden Soldaten, Kameraden in diesem Kriege, der Offizier und der Feldwebel, sprachen miteinander. Man hörte: „Kein Benzin mehr!" Man hörte: „Was soll denn das noch. Sie sind hinter uns. Nachher, vielleicht noch am Abend sind sie hier. Schluß!" Der Feldwebel zog eine Pistole und richtete sie auf den Offizier. Die Stimmen wurden lauter, aber man verstand weniger. Der Mann stieg ein, der Offizier folgte. Sie rollten weiter. Wie weit noch?

Dann kamen deutsche Soldaten in kleinen Gruppen. Schweigsam, müde, verdreckt, durstig. Irgendwo gingen sie in ein Haus. Sie wollten nur schlafen, nichts sonst. Die Nacht deckte alle Last und Fragen zu.

Am nächsten Morgen hingen die ersten Bettlaken aus den Fenstern. Es war sehr still in der Frühe dieses 11. April 1945, an dem für uns der zweite Weltkrieg zu Ende sein sollte. Ein Fuhrwerk kam noch die Torstraße entlang. Der Fahrer hörte wohl die nahenden Panzer, hielt plötzlich, schirrte ab, schob den Wagen in ein gerade offenes Tor, ließ in der Panik das Pferd draußen angebunden stehen.

Der erste amerikanische Panzer kam über die Brücke her um die Ecke, und an den Wänden der Häuser, das Gewehr im Anschlag, gingen die Soldaten. Sie hatten geschwärzte Gesichter, forschten jeweils nach der gegenüberliegenden Seite, ob sich Gegenwehr zeigte.

Ich hatte noch versucht, das Pferd von der Straße zu bringen. Ein Soldat hielt mich an, setzte mir die Pistole auf die Brust: „Wo sind deutsche Soldaten?". Was wußte ich, wo sie geblieben waren? Im Ort, so schien mir, war keiner mehr. Er ließ mich das Pferd wegbringen.

Sie eilten weiter und waren schnell durch die Straße hindurch. Andere folgten, verschwanden. Unaufhörlich floß ein Strom von Schwarzgesichtern vorüber. Kein Bürger war auf der Straße.

Es wurde auch am Nachmittag nicht ruhiger. Aber nun war offenbar die Einheit eingetroffen, die bleiben sollte. Jeeps ratterten, Lärm überall, aber keine Sensation. Sie kamen nun in die Häuser und suchten nach Soldaten. Nicht alle haben sich so benommen, wie sich auch ein Soldat zu verhalten hätte, obwohl es Krieg war, ein schlimmer Krieg.

Abends kam einer, der Deutsch sprach wie jeder von uns. Ich sollte mit ihm kommen. Er wußte meinen Vornamen, den Geburtstag und Geburtsort. Es stimmte alles.

Das Haus, in dem sie saßen und nun begannen mich zu verhören, lag neben dem meines Freundes Wilhelm Thomas. Der hatte seit Jahren meine Aufzeichnungen aus den Pressekonferenzen der Hitler-Regierung im Gifhorner Moor aufbewahrt, eine mit dem Tode bedrohte Handlung. Er war dort Leiter des Torfwerkes.

Ich kann nicht behaupten, daß der Empfang „zu einer Aussprache", wie der Soldat gesagt hatte, der mich abholte, auch nur den mindesten Üblichkeiten entsprach, die ein Gespräch einzuleiten pflegen.

Keine Anrede, ich bekam keinen Stuhl angeboten. In unverfälschtem Deutsch kam hart und barsch die erste Frage: „Sie waren nicht oft in der Taverne. Wenn Sie dort waren, wer war noch da?"

Er setzte voraus, daß ich sofort wüßte, was er meinte: Die „Taverne" in Berlin, ich glaube in der Nürnberger Straße, denn ich war wirklich nicht oft, sogar nur selten dort und war nicht sicher. Aber davon abgesehen hatte ich offenbar die Situation in keiner Weise richtig erfaßt. Ohne geringste Renitenz antwortete ich: „Wenn Sie so genau wissen, daß ich dort war, werden Sie doch auch wissen, wer da noch war."

Schließlich war ich doch eben gerade vom Hitlerismus und seinen Methoden befreit worden. Warum sollte ich nicht freimütig reden?

Der baumlange Offizier, der so begonnen hatte, brüllte mich an: Ich hätte einen anderen Ton anzuschlagen, wir seien keine Kameraden; sie kämen als die Sieger.

„Bums" – so hätte ich geantwortet. Einer der anwesenden amerikanischen Offiziere hat mir einen Tag später erzählt, daß er die Szene beobachtet und sich amüsiert habe. Er meinte, „der Lange" sei „total verdattert" gewesen. Das war ihm noch nicht passiert. Er aber, in Berlin geboren und aufgewachsen, habe sich „wie einst im Mai" gefühlt. Dann hätte ich nur noch hinzugefügt: „Also denn, wie gehabt!"

Und so sind wir dann auch verblieben, der lange Amerikaner und ich und die anderen, die allmählich hinzukamen, deutsche Emigranten und geborene Amerikaner.

Warum sollte ich verschweigen, wie es in den Pressekonferenzen bei Goebbels wirklich gewesen war? Warum sollte ich ihm nicht bestätigen, was er wußte, der Lange und was auch die anderen wußten, erstaunlich genau und zuverlässig wußten. Sie kannten nicht nur bekannte Tatsachen, und vielleicht habe ich in den folgenden Stunden von ihnen mehr Neuigkeiten erfahren als sie von mir.

Es gab keine Frage nach Personen. Aber wie es in Berlin aussehe, wollten sie wissen, genau, noch genauer, straßenweise, beinahe nach Hausnummern. Manchmal schien mir, daß die Stimmen nicht fest blieben, wenn sie fragten, wenn sie vom Schiller-Theater sprachen, von der Volksbühne, vom Alex und vom Bayerischen Viertel, wenn sie Heinrich George nannten und Alexander Moissi, Ernst Deutsch oder Werner Krauss.

Am Ende waren wir wie alte Bekannte, die einander Erinnerungen wachriefen. Der eine oder andere ging schon einmal weg und kam wieder und man sah, daß es ihn erfaßt hatte. Sie wollten so schnell wie möglich hin. Als ich ihnen sagte, daß ihre Waffenbrüder, die Russen, dort seien, wußte ich bald, wie unpassend das gewesen war, sie mit dieser Tatsache zu konfrontieren.

Schon lange war nicht mehr von Hitler und den Nazis die Rede gewesen. Das gemeinsame erlebte alte Deutschland erfüllte diese erste Begegnung ganz, und es war tiefe Nacht, als ich endlich heimgehen konnte. Ich hatte längst „Platz nehmen" müssen, längst einige Entschuldigungen gehört, längst einen Ton empfunden, der weit von Krieg, von Haß, von Kampf und Vernichtung entfernt war.

Ein Soldat brachte mich heim. Es durfte ja noch niemand von den Deutschen die Straße betreten, schon gar nicht nachts. Ehe ich den Jeep verlassen konnte, hatte der noch eine Frage:

„Wissen Sie einen Weg durch das Moor nach Wittingen?"

Nein, ich war ja nicht aus der Gegend und erst wenige Tage dort; er möge Wilhelm Thomas fragen, dessen Name in der Unterhaltung zuvor – das war ja dann doch aus dem „Verhör" geworden – öfter gefallen war; sie suchten einen Bürgermeister oder Landrat.

Was er in Wittingen wolle und warum durchs Moor?

„Na, die Brauerei! Das Bier! Das ist das beste Bier in Deutschland", antwortete er.

Er war auf deutschen Schiffen gefahren und hatte daheim bei der deutschen Botschaft oder im Generalkonsulat gearbeitet und dort habe es immer Wittinger Bier gegeben, behauptete er. So schnell wie möglich wolle er dahin. Die offizielle Straße kenne er, aber dort stünden noch deutsche Panzer, deshalb wollten er und mit ihm Kameraden durchs Moor hin.

Ich weiß nicht, wann sie zum ersten Male die Brauerei und ihren liebenswerten Braumeister Adam „überfallen" haben. Wäre es Nacht gewesen, ich meine, sie hätten ihn aus dem Bett geholt zum Anzapfen des ersten Fasses von vielen, die dann gefolgt sind.

Für die Kinder hatten die Amerikaner mir Apfelsinen mitgegeben, „Bälle" meinten die sieben- und fünfjährigen Mädchen am nächsten Morgen. Schokolade war in dem Beutel! Noch Tage vorher hatten sie der Mutter nicht geglaubt, daß man in einen Automaten zehn Pfennige stecken könne und dann käme Schokolade heraus. Nein! Wo denn?

Es kam doch so etwas wie Ahnung von Frieden auf.

In der Nacht fiel noch eine einzelne Bombe irgendwo.

Nicht nur Namen

(1933/1945)   Stürmisch drängen die Erinnerungen heran, die aus den ersten Wochen und Monaten der nach dem Zusammenbruch der Hitler-Macht angebrochenen neuen Zeit mitzuteilen wären. Und eine lange Reihe von Namen ist lebendig geworden, solange ich über die Jahre des Schreckens in Deutschland berichtet habe, Namen von Menschen, die in unserem kleinen Kreise einen besonderen Klang bekommen haben und die nicht vergessen werden können. Ich kann nur von einigen berichten, mit denen ich damals verbunden war.

★

An jedem Morgen fuhr Fritz Koerber auf seinem Fahrrad von der Berliner Geschäftsstelle der „Frankfurter Zeitung" in der Potsdamer- und später in der Kurfürstenstraße los, um die Zeitungen zu den Abonnenten zu bringen. Koerber war ein großer, kräftiger Mensch, ein Typ wie jene, deren sichtbare Kraft sich mit der Freundlichkeit ihres Wesens zu verschmelzen scheint. Er war von Beruf Postbeamter, Postschaffner war wohl die Amtsbezeichnung. Bevor die Nazis die Macht hatten, war er in Berlin Vorsitzender der Postgewerkschaft, der Beamten des einfachen Dienstes, der damals noch der untere Dienst hieß. Die Nazis jagten ihn aus Amt und Arbeit. Fritz Koerber ließ sich nicht unterkriegen. Seine frohe, immer zu Späßen und Possen bereite Berliner Natur ließ keine Klage zu. Er nahm eben eine neue Arbeit an, und er hätte sie nie als einen Job bezeichnet, weil er mehr tat als nur Geld zu verdienen. So fuhr er Zeitungen aus, natürlich keine Nazi-Zeitung, das war selbstverständlich. Er redete nicht über das Warum.

Als allmählich härter wurde, was man damals Leben nennen mußte, als die „Kristallnacht" mit der Zerstörung von Geschäften und Synagogen, mit der Verschleppung und Ermordung von Menschen das bisher heimliche Verbrechen jedem deutlich zeigte, als die Juden in organisierten Aktionen aus den Wohnungen geholt wurden und spurlos verschwanden, habe ich kein Wort der Wut aus Koerbers Mund gehört. Zu spüren war sie wohl.

Eines Abends kam er sehr spät noch in die Redaktion.

„Haste 'was Eßbares bei Dir?", fragte er mich und gleich danach: „. . . nicht für mich", wobei er zur Seite trat.

Hinter seiner breiten Figur stand ein junges Mädchen.

„Die Kleene hat Hunger; ick wollte unterwejens nich anhalten, weeßte, for 'ne Wurscht, det jing nich".

Nichts wußte ich. Aber es dauerte nur einen Augenblick, bis der bekannte Berliner „Jroschen" fiel. Er hatte sie „in Schutzhaft jenommen". Irgendwo. Sie war irgendwer. Man fragte nicht nach Namen.

Sie wurde satt, und sie fuhren in die Nacht hinaus, sie auf dem Lastenträger des Fahrrades, wo sonst die Zeitungen lagen.

Am anderen Tage fiel kein Wort, wurde keine Frage gestellt. Wer wenig wußte, konnte wenig sagen, wenn er hätte sprechen müssen. Es blieb nicht die einzige Überraschung dieser Art, die Koerber bereitete.

Draußen am Rande Berlins, ich glaube, es war in Falkensee bei Nauen oder auf dem Wege nach dort, hatten die Koerbers, die selbst keine Kinder hatten, ein Laubengrundstück. Viel später erfuhr ich, daß dort die Fluchtburg war. Kein Berliner „Laubenpieper" würde damals dort auf den Gedanken gekommen sein, nach dem Woher und später nach dem Wohin zu fragen, wenn ein Unbekannter auftauchte. Man sah sich, man dachte sich was, man hielt die Schnauze.

Und wenn's nötig wurde, dann tat man was, irgendwas, was Menschliches.

Verrückt der, der das korrekt bezeichnen wollte, der es vielleicht gar

Heldentum oder so nennen möchte: „Det jehört sich! Un nu kiek nich so dämlich!"

★

Das war damals eine verdammt nüchterne Sache. Denn die da versteckt wurden, dort oder anderswo, die mußten Essen bekommen. Kleidung war zu beschaffen. Woher die Karten für Brot, für Butter, für Fleisch, für Kleider und Schuhe? Wer hatte schon soviel, daß er noch abgeben konnte, wer von denen in dem großen Berlin.
Einer hieß Karl Meyer, der wußte, was man da tun konnte. Er war wirklich ein ganz reiner „Arier", was zu vermerken ist, weil sein Name den Verdacht erregen könnte..., nein, er war Arier. Nur seine Frau war es nicht und die Kinder – wie nannte man diese Situation noch? „Halbarier"?
Karl Meyer hatte es ausfindig gemacht, daß „Fremdarbeiter", die damals nach Deutschland geholt worden waren, zwangsweise oder durch leere Versprechungen oder auch, wenn sie Facharbeiter waren, weil sie für die Kriegsrüstung wichtig waren, daß diese Ausländer aus ihrer Heimat Pakete bekamen und so zu den Lebensmittelkarten in Deutschland zusätzlich genug zu essen hatten. Karl Meyer hatte herausgefunden, daß man bei ihnen Lebensmittelkarten kaufen konnte.
Er war von Beruf Pressefotograph, ein begabter, einfallsreicher Journalist. In der guten alten „Magdeburgischen Zeitung" hatte er als „Linse" gearbeitet, Bilder und Texte aus dem Leben in ungezählter Vielfalt und reichem Themengehalt veröffentlicht, einer, der dem wirklichen Leben hart auf den Fersen blieb und es auch denen sichtbar machte, die es zwar leben, aber nicht erkennen. Da standen die dicken Pferde vor dem Bierwagen, und der Dackel lag vor ihren massigen Füßen und schlief. Kinder spielten davor mit Murmeln im Rinnstein – ein Bild wie tausende, ein sinnvolles Bild des Lebens und des Friedens.
Ich weiß nicht mehr, wie die Preise für eine Lebensmittelkarte waren, die anfangs verlangt wurden; zuletzt waren es vierhundert Mark. Die Karte reichte jeweils für vier Wochen. Es kam immer genug Geld zusammen, es wurde gesammelt. Keiner sollte ja hungern, hatte der „Gröfaz", der „größte Führer aller Zeiten", proklamiert.
Für die eigene Familie fand der Vater weniger schnell eine Lösung. So gut es ging arbeitete er für die Publikationen, die der Verlag der Societätsdruckerei in Frankfurt herausgab, für die „Frankfurter Illustrierte" und die „Neueste Zeitung", denn die „Frankfurter Zeitung" brachte keine Bilder. Es ging so lange gut, bis die Nazis auch jene Journalisten aufs Korn nahmen, die „nichtarisch versippt" waren. Wohin nun mit der Mutter und den Kindern, wohin dann selbst? Die Familie kam nach Berlin, wohnte hier und dort, mußte wechseln, mußte sich verstecken und wohnte schließlich im Bürohaus der „Frankfurter Zeitung", ganz oben, wo niemand sie sah. Sie gingen nicht auf die Straße, sie wurden beschützt und dies nicht zuletzt von dem Berliner Geschäfts-

führer des Verlages, einem Manne, der als einziger im Hause das Abzeichen der NSDAP trug, deren Mitglied er wohl war – Mitglied, nicht Angehöriger im Geiste, Dr. F. W. Happ. Weiß heute jeder, was der damals riskierte?

Für die Lebensmittelkarten war gesorgt, für die Sicherheit nur bedingt. So mußten die Meyers weg. Sie wohnten ein paar Monate in Poberow an der Ostsee; sie zogen in die Alpen; sie fanden in Tirol Asyl, und sie überlebten.

Als Krieg und Terror vorüber waren, als die Alliierten als Sieger und nicht als Befreier gekommen waren, wie sie damals proklamierten, zogen die Meyers in die Nähe von Magdeburg, wo sie daheim waren. Dort waren zunächst die Amerikaner als Besatzung, dann kamen nach dem Tauschhandel um die Teilnahme aller vier Mächte an der Besatzung in Berlin, das von den Sowjets erobert worden war, die sowjetischen Truppen. Karl Meyer wurde Bürgermeister des kleinen Ortes, die SED berief ihn, der nie Kommunist war, weil er Ideen hatte, Energie und Phantasie und nüchternes Tun bewies. Aber daß er nun sein Können für seine Mitmenschen einsetzte, schadete ihm nur.

Er bekam das zu spüren als die Jungen aufgewachsen waren und unternehmungsfreudig in die Vereinigten Staaten strebten. Sie wurden aufgenommen, der Vater aber nicht: Weil er es „mit der SED gehalten" habe! Als dies aktuell wurde, waren sie schon lange nicht mehr in der sowjetisch besetzten Zone, in der die Amerikaner sie zurückgelassen hatten.

Karl Meyer und Frau blieben in der Bundesrepublik zurück. Er arbeitete in seinem Beruf so gut es ging, und es ging nicht immer gut. Als sie gestorben waren, die tapfere Mutter, der tüchtige Vater, war ihr Problem der Zusammenführung der Familie auf diese Weise gelöst.

Im Reichsarbeitsministerium saß zu Zeiten der Weimarer Republik der Ministerialrat Ludwig Münz. Er blieb auch 1933 im Amt. Wer immer von den damals in Berlin tätigen Journalisten Rat und Hilfe brauchte, wer Informationen recherchieren wollte, Ludwig Münz wußte vieles und war jederzeit hilfsbereit. Er hielt nicht hinter dem Berg, wie man so sagt, sondern besprach im Vertrauen, was zu sagen nötig war. Nein, er war kein Plauderer, keiner, der das Herz auf der Zunge trug. Zu seinen Obliegenheiten gehörte auch, für seinen Minister die Sitzungen des Reichskabinetts vorzubereiten. So erfuhr er weit mehr als nur was den Bereich der Sozialpolitik betraf. Er machte von seinem Wissen gern Gebrauch, ein Mann von untadeliger patriotischer Gesinnung, tätiger Katholik, Angehöriger der Zentrumspartei.

Wenn es ihm – ein Beispiel – aufgefallen war, daß es eine Anordnung gab, nach der Langhölzer in ungewöhnlicher Menge bis zum Beginn des Winters 1940 nach Ostpreußen transportiert werden mußten, daß also ausreichend viele Arbeitskräfte eingestellt werden sollten, um den Termin einhalten zu können, so verschwieg er das nicht. Warum auch?

Das eine solche Information jedoch ein Indiz mehr dafür war, daß sich da etwas gen Osten zusammenballte, lag auf der Hand. Im Juni 1941, als der Krieg gegen die Sowjets begann, mag es ihm deutlich geworden sein.

Die Behandlung der Juden hat ihn, den tätigen Christen, erregt, und Neuigkeiten zu diesem Thema gab er voller Empörung her. Er sprach darüber entsetzt und verantwortungsbewußt, ein in humaner Gesinnung lebender Bürger. Wo Ludwig Münz eine Chance sah, Hilfe zu leisten, dem Verbrechen zu begegnen, nutzte er sie und hatte keine Furcht. Viele Male hat er angerufen, viele Male gedrängt.

Eines Tages in jenen Terrorjahren war Ludwig Münz tot. Es gibt verschiedene Darstellungen darüber, wie und wo ihn der Tod traf.

Im Juli 1957 schrieb mir Max Kolmsperger, einer seiner Freunde, „Frau M. glaubt immer noch an die Rückkehr Ludwigs. Sie ist aber schon seit einiger Zeit im Besitz der von ihr (schon aus existenziellen Gründen) herbeigeführten Todeserklärung".

Unsichtbare Fäden

(1945)   Der Brief war ohne Absender. Ein amerikanischer Soldat lieferte ihn in Gifhorn, Torstraße 11, richtig ab. Die Anschrift stimmte. Mein Name stand darauf und „c/o Schwannecke" dazu. Ich öffnete und ein Geldschein fiel mir entgegen. Eine kurze Notiz bat, ihn an eine alte Dame abzuliefern, die zwar nicht in Gifhorn, aber im Kreisgebiet wohnte und die dem, der dies geschrieben hatte, einmal Hilfe gegeben habe.

Ich kannte die Dame nicht und erinnerte vom Absender nur den Namen. Es war Emlyn Williams, Engländer, wenn ich mich recht erinnere und vor dem Krieg Berliner Korrespondent der in Boston in den USA erscheinenden Zeitung „Christian Science Monitor".

Die Nachrichten aus dem geschlagenen Deutschland mögen draußen die besonders berührt haben, die Land und Menschen kannten und gute Erinnerungen hatten. Waren wir uns je begegnet? Hier bürgte die „Frankfurter Zeitung" für den Angeschriebenen. Woher aber wußte Williams diese Adresse, die doch erst wenige Tage, noch keine zwei Wochen, alt war?

Fragen dieser Art mußten immer wieder gestellt werden. Aus Ägypten kam nur wenige Tage später ein Brief. Wilhelm Rey hatte ihn geschrieben. Er war dort im Lager der in englischer Kriegsgefangenschaft lebenden Deutschen tätig, ein Kollege aus der Redaktion unserer alten FZ. Woher kannte er die Anschrift? Wie kam der Brief so schnell zu mir?

Die dritte Sendung kam von Unbekannt. Es war eine Frage und Bitte: Hat der Tierfotograf Fischer-Wahrenholz den Krieg überstanden? Lebt er? Lebt seine Familie? Grüßen Sie ihn! Der Name war nicht zu entziffern, eine Anschrift nicht vorhanden. Wer kannte Fischer-Wahrenholz jenseits der deutschen Grenzen? Als ich in Wahrenholz im Kreise Gifhorn war und die Grüße und Fragen weitergab, war die Freude groß. Man entzifferte den Namen, man wußte, daß Freunde sich erinnert, an Freunde gedacht hatten. Dort wurde ich nachdrücklich erinnert, wer dieser Fischer war, dessen Bilder auf Weltausstellungen, ich glaube zuletzt in Tokio, erste Preise und Sonderauszeichnungen erhalten hatten, der Fotograf der spielenden Jung-Füchse, die vor dem Bau in der Sonne tobten, der Fotograf der Meisen auf dem Birkenzweig, der Mann, der die Sonnenstrahlen im Waldesdunkel einfing und viele, viele andere Bilder für Tier- und Naturkalender hergegeben hat, die nie vergessen werden sollten. Nach dem Kriege war dieser Gruß aus fremdem Lande, der ihn so bald nach der völligen Isolierung erreichte, ein Zuruf für neue Arbeit. Wir haben noch viele unvergeßliche Fotos von ihm gesehen. Es gab wieder Fäden, die ins fernste Ausland gesponnen werden konnten.

Es kam ein Telegramm aus Munster in der Heide. Mein Sohn war dort im Munsterlager in britischer Kriegsgefangenschaft. Er sollte tags darauf nach England gebracht werden, um dort beim Wiederaufbau zu helfen. Wir fuhren nach Munster und fanden in der zentralen Verwaltung einen deutschen Marineoffizier, der hilfsbereit war, wenn er auch kaum helfen konnte, Rolf E. Stockmann.

„Hunderttausende sind hier", erwiderte er, „wo soll Ihr Sohn da zu finden sein? Nach England? Das Lager ist irgendwo draußen". Er beschrieb den Weg, wußte aber nicht genau, ob und wo es dort lag. Wir fuhren los, suchten hier, fragten dort und fanden schließlich eine Barakkenstadt. Den Eingang hütete eine deutsche Gruppe. Sie lachten uns aus. Den Sohn sehen? Vielleicht abholen? Sie hielten uns für weltfremd. Nicht einmal hineinlassen wollten sie mich.

Ein britischer Offizier stand abseits und hörte das allmählich doch lauter werdende Gespräch. Er kam heran: „Was gibt's?" Ich hatte eine Besucherkarte in der Hand, wie wir sie in der Redaktion der „Frankfurter Zeitung" bei Recherchebesuchen benutzten. Er nahm sie, las, sah mich an und sagte: „Bitte, kommen Sie!"

Im Hause, das Büro und Wohnung zugleich zu sein schien, kam die Frage:

„Haben Sie schon einmal für eine englische Zeitung geschrieben?"

„Ja, mehrmals."

„Auch nach dem Jahre 1933?"

„Ja, auch dann öfter."

„Über welche Themen?"

„Das erste Mal beschrieb ich die Änderungen oder die Probleme im deutschen Beamtenrecht, die sich durch die Hitler-Gesetze über die angebliche Wiederherstellung des Berufsbeamtentums ergeben hatten. Dann einmal ausführlich über Schulfragen ..."

Er unterbrach: „Ja, die habe ich übersetzt."

Auf der Besucherkarte hatte er gelesen, wo ich tätig gewesen war. Dann kam die Erinnerung und dann die menschliche Geste: Er drückte auf einen Knopf, eine Ordonnanz kam, ein kurzer Befehl, der Soldat ging. Wir unterhielten uns über die gegenwärtigen Möglichkeiten der internationalen Information für die Deutschen. Da schallte es aus dem Lautsprecher über das Lager hin und der Name Sänger fiel.

Dann ging alles viel schneller als es hier beschrieben werden kann: Der Junge kam, sah erstaunt, daß ich dort war, die Ordonnanz hatte Päckchen gebracht, der Junge bekam sie, ein kurzes Wort des Offiziers und ohne mir die Hand gegeben zu haben riß der Junge die Tür auf, stürzte hinaus, rannte zum Ausgang, durch das Holzgatter, kümmerte sich nicht um die rufenden deutschen Wächter und war draußen, draußen, frei!

Als ich hinzu kam, standen sie schon alle am Wagen, meine Frau, die Töchter und der Sohn, wohlgenährt dieser und unfaßbar froh.

Wieder war es die „Frankfurter Zeitung", die alle Schranken geöffnet, die den Weg geebnet hatte. Unsichtbare Fäden überspinnen alle Welt. Sie sollten immer wieder zu spüren sein.

Nur zufassen!

(1945)   Mein Freund Wilhelm Thomas wurde von den Besatzern beauftragt, die Verwaltung in Gifhorn zu führen. Es war nicht klar, ob es die in der Stadt sein sollte oder die des Kreises oder beides und es war auch dem amerikanischen Kommandanten nicht klar, wie weit sein eigener Befehlsbereich sich ausdehnte. Der Nordteil mit Wittingen blieb jedenfalls „vorbehalten".

Ich weiß nicht mehr, womit die nun gemeinsame Arbeit begann. Niemand hatte sie bezeichnet; niemand hatte von Kompetenzen gesprochen, die im Zweifel alle beim Militär-Befehlshaber lagen. Es wurde auch niemand berufen. Zu tun war, was sich am neuen Tag als vordringlich zeigte. Die Arbeit tat, wer jeweils für den Fall Kenntnis, Phantasie und Initiative zeigte. Es gab keine deutsche Obrigkeit, kein Gesetz, keine Verordnung, keinen Erlaß und keine Verfügung. Es gab aber die Notwendigkeit der Leistung.

Damals wanderten viele Zehntausende durch das westliche Deutschland. Sie kamen auf den Landstraßen und auf Feldwegen her und gingen weiter. Wohin? Sie gingen und sie rasteten am Straßenrand. Sie aßen, was sie gefunden oder bekommen hatten. Sie schliefen in den Wäldern, in Scheunen und Ställen, im Hausflur, im Garten zwischen den Sträuchern. Sie blieben in den Turnhallen, im Schützenhaus, in der leeren Fabrik, einen Tag oder zwei. Dann trieb die Unrast oder das Heimweh sie weiter. Sie kamen – heimatlos – aus den deutschen Ostprovinzen. Andere strebten in ihren einstigen Wohnort zurück, den sie wegen der Bomben verlassen hatten. Wenn sie ihn zerstört fanden, zogen sie weiter. Sie hungerten, dursteten, hatten kaum Kleidung, waren durchnäßt. Die Zahl der Frauen war überwiegend, und sie führten kleine und größere Kinder mit sich, solche, die ihnen gehörten und solche, die zugelaufen waren, die ihre Eltern nicht wiedergefunden oder keine mehr hatten und wußten es nicht. Männer suchten ihre Familien. Es waren kranke, verzweifelte, hoffende und auch starke Menschen.

Die Baracken in Gifhorn, in denen der weibliche Arbeitsdienst aus der Nazizeit Kleidung, Wäsche und andere Utensilien gestapelt hatte, waren schon „geräumt", zuerst von denen, die wußten, was dort lag, wohl auch von solchen die es brauchten, bis schließlich der Rest abtransportiert und verteilt wurde. Die Baracken boten erste Unterkünfte, viel zu wenig. Die Verwaltung hatte alle Hände voll zu tun und brauchte jede Hilfe.

In Steinhorst in der Heide stand ein großes Haus, wie ein Schloß schien es vielen, fast leer. Die wenigen Einwohner wurden ins Gartenhaus gebracht, ein Ärzteehepaar hatten wir schon aus der Schar der Heimatlosen gefunden. So entstand ein Kinderheim, und elternlose Jungen und Mädchen fanden eine erste Heimstatt.

Handwerker wurden durch große Transparente, die wir über die Straße spannten, kunstlos geschrieben, aufgefordert in der Stadt zu bleiben, sich zu melden, Arbeit aufzunehmen. Sie bekamen Unterkunft, Essen und Kleidung; sie fanden wieder Mut zum Leben. Die Kleidung sammelten wir auf den Dörfern. Dort gab es viele, denen die Furcht, nun für als Nazis begangene Ungesetzlichkeiten oder Schandtaten zur Rechenschaft gezogen zu werden, das Geben geradezu aufzwang. Die heimkehrenden Soldaten, deren Zahl täglich wuchs, brauchten vom Hemd bis zum Mantel alles. Wir nahmen auch Geld und legten es in notwendigen Käufen an, soweit sie allmählich möglich wurden.

An einem frühen Morgen kam eine kleine Gruppe Männer ins „Landratsamt", wie das Schild draußen sagte. Sie waren mit hochbepackten Wagen unterwegs, mit ihren Familien, mit großer Kinderschar, Glasbläser aus Weißwasser im Erzgebirge. Am Rande der Stadt war eine Glashütte. In friedlichen Zeiten wurden dort Parfumflacons, Tropfflaschen und ähnliches hergestellt. Sie lag still – jetzt aber nur noch für kürzeste Zeit. Dann hatte die in Jahrhunderten gepflegte Kunst des Glasblasens und der Glasherstellung in Gifhorn eine neue Heimat gefunden. Später zogen sie ins Ruhrgebiet.

Im Mittellandkanal, der zwischen Gifhorn und Braunschweig den Kreis durchschnitt, lagen seit Kriegsende viele Kähne. Die gesprengten Brücken hatten die Weiterfahrt verhindert. Die meisten Schiffer wohnten irgendwo. Ein Landpolizist kam ins Amt: Ihm war aufgefallen, daß Familien, die und deren Besitz er gut kannte, plötzlich einen Kühlschrank hatten, manche sogar nicht nur einen. Die ersten hätten noch Glück gehabt, meinte der Mann, die hätten noch Agregate im Kühlschrank „gefunden". Jetzt seien wohl nur noch Gehäuse dort. Strandgut des Krieges.

Die Verwaltung – war das noch ein Verwalten oder war es nicht längst mehr? – griff ein.

Am Straßenrand kauerte ein Arbeiter. Wir hielten, ob er Arbeit suche. Ja, aber die Ziegelei im Dorf stehe still, keine Kohlen.

Keine Kohlen? Und das riesige Braunkohlenbergwerk, das bei Harbke im Tagebau betrieben wurde, war so nahe! Wir fuhren vom Ort aus hin. Wo wir es erreichten, hatten die Sowjets das Sagen. Sie hörten uns an. Wir boten Lebensmittel aus dem Kreise und wollten tauschen. Abgemacht! Handschlag! Am nächsten Morgen rollten unsere Laster beladen hin und kamen mit Braunkohle voll zurück. Die Ziegelei brannte die ersten Steine zum Wiederaufbau.

Aber dazu fehlte noch das Eisen, Träger, Bandeisen, vielerlei. Ein Ingenieur der Kruppwerke, der mit seiner Familie im Kreis Unterschlupf gefunden und schon wiederholt geholfen hatte, wußte Rat: „Fahrt nach Essen, zu Krupp. Irgendwo werdet Ihr dort jemand finden, der Euch helfen kann".

Wir fuhren mit einem starken Laster, beladen mit Kartoffeln und Gemüse nach Westen.

Woher wir Treibstoff hatten? Wir fuhren Diesel, und das fanden wir im Kreise selbst. Dort standen die ersten primitiven „Öltürme", im Kriege hatte man im Moor mit Erfolg gebohrt. Was da aus der Erde heraufkam, das gossen die Männer durch einen doppelten Damenstrumpf. Das genügte. Nur wurden allmählich die Strümpfe knapp.

Die Autobahn Hannover/Köln war auf langen Strecken gesperrt. Panzer stand neben Panzern. Nebenstraßen waren von Militär viel befahren, so daß wir nur langsam vorankamen. Am frühen Nachmittag fanden wir bei Krupp in dem riesigen Trümmerhaufen nur eine Gruppe Arbeiter, die gerade eine Beratung beendet hatten. Sie halfen, und mit voller Ladung Eisenträger fuhren wir wenige Stunden danach zurück. Es war am 1. Juni 1945, als wir auf der Rückfahrt in Bielefeld vor dem Hause von Carl Severing hielten. Der frühere preußische und Reichsminister des Innern, hatte seinen 70. Geburtstag. Wir wollten ihn überraschen und trafen viele politische Freunde an, die ihren Carl Severing auch in den Nazijahren nicht allein gelassen hatten und die jetzt mit westfälischem Schinken, selbst gedrehten Zigarren und echtem Steinhäger gekommen waren. Nur wenige Kilometer von Bielefeld entfernt wird er in Steinhagen seit fünfhundert Jahren hergestellt. Es war genug davon für alle vorhanden.

In später Abendstunde war das Eisen und war auch ein Steinkrug Steinhäger, den Severing uns mitgegeben hatte, Anlaß, in Gifhorn den Erfolg der Fahrt zu feiern.

Es war noch kein Monat nach Kriegsende vergangen. In Westerbeck im Kreise Gifhorn begann der Wiederaufbau.

Befehle

(1945) Die Militärkommandeure hatten zu sagen, niemand sonst. Da herrschte „Ordnung". Und diese Kommandeure waren als Sieger gekommen, nicht als Helfer oder gar Befreier. Nur keine Illusionen!

Einer der ersten Befehle, die im Landkreis Gifhorn, wo der Spargel allerorten sprießt, zunächst nur Kopfschütteln und Unverständnis fanden, war das Verbot des Anbaues von Spargel. Die in langer Zeit und in großen Kulturen geschaffenen Spargelbeete mußten eingeebnet werden. Wenn das noch den Sinn hatte, an gleicher Stelle nahrhaftes Gemüse anzubauen – es wäre verstanden worden. Aber dann: Wer konnte es womit dahin befördern, wo es gebraucht wurde? Solch eine Wagenladung, wie wir sie nach Harpke mitgenommen hatten, war eine Ausnahme und wäre ein Hohn auf diesen Befehl gewesen.

Der Befehl wurde von der Bevölkerung als Anschlag auf die Vernunft hingenommen. Was blieb anderes übrig? Die kleinen Gemüsemengen, die auf ehemaligen Spargelbeeten schließlich anfielen, hätten die Bauern dieses Gebietes auch zusätzlich auf anderem Boden gezogen.

Davon abgesehen: Soldaten aller Ränge kamen, auch als das Verbot der „fraternisation", der Verbrüderung mit den ehemaligen Feinden, den Deutschen, für die Amerikaner noch nicht gelockert war, nur zu gern in die Familien, wo sie es „gemutlich" fanden und aßen Spargel mit Buttersauce und Wiener Schnitzel. Butter und Fleisch für alle brachten sie mit.

Die Zahl von Morgen landwirtschaftlichen Gebietes, die durch das amerikanische Spargelverbot betroffen wurden, stand in keinem errechenbaren Verhältnis zu den möglichen und von den deutschen Helfern auch sogleich vorgeschlagenen Maßnahmen, etwa Ackerboden nicht als Parkplatz für Transportfahrzeuge oder als Übungsgelände für Panzereinheiten zu benutzen, die längst den Krieg gewonnen hatten. In der Lüneburger Heide stand genug Raum zur Verfügung. Wir lernten also: Nicht nur eine preußische Militärverwaltung konnte Wunder von Unfug und Sturheit vollbringen.

Die Kreisbefehlshaber der amerikanischen Truppen wechselten häufig. Ihre Einheiten zogen plötzlich ab, und am nächsten Morgen war ein neuer Befehlshaber da. Einer von ihnen konnte keine Polen leiden. Eines späten Abends schickte er nach dem Landrat „und dem anderen Deutschen, der da immer bei ihm ist"; wir mußten sofort erscheinen. Kurz und ohne Diskussion befahl er:

„Morgen früh fahren zehn Lastwagen mit zwölf amerikanischen Soldaten ins Moor. Der Herr da fährt mit."

Das betraf mich. Wir sollten zu den Wohnstätten der polnischen Familien fahren, die im Moor lebten und arbeiteten, sollten sie „aufladen" und an die „Grenze" bringen, womit er die damalige Demarkationslinie meinte. Persönliche Habe konnte mitgenommen werden, „soweit möglich".

„Danke, meine Herren", Hand an die Mütze, wir waren entlassen.

Am anderen Morgen standen die Laster um 8 Uhr vor der Kirche auf dem Marktplatz. Die zwölf Soldaten und ein Sergant waren bereit. Wir fuhren ab. Unter den Soldaten war ein Amerikaner polnischer Abstammung, wahrscheinlich dazu bestimmt, seinen einstigen Landsleuten sagen zu können, was ihnen jetzt zugemutet werde. Er kam aber nicht lange zu Wort, dann brach ein Sturm der Entrüstung los. Es nutzte nichts. Wer gerade da war, mußte auf die Wagen. Die Männer fehlten fast alle; sie waren zur Arbeit gegangen. Das störte die Soldaten nicht, zumal wir ohnehin zu wenige Lastwagen zur Verfügung hatten. Allein die Menschen hätten sie überfüllt, von der Habe ganz abgesehen, die zum Teil schon aufgeladen war: Nähmaschinen, Kinderbetten, Koffer, Fahrräder und vieles mehr. Die Soldaten mußten das alles wieder hinunterwerfen, befahl der Sergant. Es war keine Zeit für ein ordentliches Abladen. Das Schreien der Menschen, ihr Schimpfen und Weinen war schrecklich. Ich konnte mich deshalb nicht wundern, daß der Amerikaner polnischer Herkunft zu mir kam und eine Handbewegung machte, die deutlich zeigte: Dir schneide ich bei passender Gelegenheit den Hals durch. Er meinte, ich sei der Urheber. Der Sergant griff ein. Es sah aus, als sollte eine Prügelei entstehen. Die Kameraden des Mannes nahmen für ihn Partei, aber der Sergant hatte seinen Befehl und versuchte, ihnen verständlich zu machen, er könne nicht anders.

Die Wagen fuhren ab; die Grenze war nahe. Unterwegs sprangen einige ab und waren sicher schon wieder auf dem Wege zurück. Die Wagen waren schnell ausgeladen. Die Menschen blieben am Zonenrand stehen bis wir abgefahren waren.

Was zu vermuten war, geschah: Abends waren sie alle wieder daheim im Moor. Sie blieben dort. Sie hatten doch seit Jahren und teilweise seit Jahrzehnten dort gewohnt. Die amerikanischen Kontingente wechselten schnell. Kein anderer Kommandant kam wieder auf diese Idee.

Dafür hinterließ ein abziehender Befehlshaber einen schriftlichen Befehl. Er hatte ihn dem Landrat unverschlossen übermittelt, ein kurzes, dreizeiliges Schreiben, das wir, als Wilhelm Thomas mich noch spät in der Nacht sofort nach Empfang des Schreibens unterrichtete, mit Empörung lasen: Das Elektrizitätswerk in Wolfsburg, so stand darin, sei zu sprengen. Das Schreiben war für die nächste Einheit der amerikanischen Besatzung bestimmt. Warum hinterließ der eine Befehlshaber dem anderen den Befehl nicht offiziell in dem Dienstzimmer, das die Besatzer hatten?

Einige Tage vor diesem Befehl hatte Thomas sich mit dem Befehlsgeber über Wolfsburg unterhalten. Man hatte über die Bedeutung des Werkes gesprochen, und der Offizier hatte seine Abneigung deutlich zu erkennen gegeben. Thomas hatte mir davon erzählt, und wir hatten die Vermutung, daß es möglicherweise ein amerikanischer Interessent aus einer der großen dortigen Automobilfabriken war, der vorausschauend die mögliche Konkurrenz erkannt haben könnte und sie vernichten wollte. Thomas hatte gerade auf das E-Werk hingewiesen, das erhalten geblieben war, während die meisten Hallen zerbombt waren. Das E-Werk war für die ganze Stadt wichtig, nicht nur für die Volkswagen-Fabrik.

Der Befehl mußte verhindert werden.

Als der neue Befehlshaber am anderen Morgen „zur Audienz bat", wie wir es nannten, haben sie, der deutsche Landrat und der amerikanische Offizier, nach Thomas' Darstellung über allerlei gesprochen, nur nicht über Wolfsburg. Erst einen Tag oder zwei danach seien sie wieder in ein Gespräch über Wolfsburg gekommen, und nun konnte bereits festgestellt werden, daß dieser Mann, der jetzt zu befehlen hatte, einen Ausbau des Werkes für zweckmäßig hielt, um dort eine große Reparaturwerkstatt für die militärischen Fahrzeuge zu haben. Jetzt erinnerte sich Thomas des „Zettels", den er, der die englische Sprache kaum beherrschte, noch in der Aktenmappe habe.

Der Offizier las, lächelte und zerriß das Stückchen Papier.

So etwas pflegten die amerikanischen Offiziellen nämlich selten formell aufzuschreiben. Auch wenn einer als „ok" und damit „entnazifiziert" anerkannt wurde, stand das, wie bei mir, auf dem Rand einer Zeitung, der dann abgerissen wurde, wobei etwas Gedrucktes noch dranblieb. Die Unterschrift mit allerlei Zeichen dazu genügte offenbar.

Wir machten wieder eine Zeitung

(1945/1946)   Die Besatzung des Gebietes hatte gewechselt; seit dem Juli stellten sie britische Truppen. Ein jüngerer Offizier kam in das Haus, in dem wir gerade eine Wohnung bezogen hatten. Es war noch in Gifhorn.

Sein Deutsch war so gut wie mein Englisch, aber beides zusammen reichte aus mir zu bedeuten, daß unten ein Auto warte, das mich nach Braunschweig bringen sollte. Dort werde eine „Besprechung in Pressefragen" sein.

Ich fuhr mit.

Die Brücke über dem Mittellandkanal lag noch im Wasser. Eine Notbrücke war vorhanden. Auf Umwegen kamen wir in das Verlagshaus der ehemaligen „Braunschweiger Landeszeitung", Hutfiltern 8. Die Fahrt war nur kurz; die Zeit hätte gereicht, um eine Erläuterung geben zu können. Das Schweigen aber war total.

Im besetzten Deutschland waren damals alle vorher erschienenen Zeitungen verboten worden. Bald nach ihrer Einsetzung verbreiteten die Militärbehörden kleine Nachrichtenblätter, damit die Bevölkerung erfahren sollte, was in der Welt geschieht und was in Deutschland zuvor geschehen war. Sie erschienen in längeren Abständen. Was aber sind Nachrichten denn wert, die nicht sofort mitteilen, was ist oder soeben geschah!

Der Zweck des Gespräches, das nun in Braunschweig geführt wurde, war in der Tat die Herausgabe einer richtigen Zeitung – aber als Organ der Militärregierung, wie der das Gespräch führende Offizier unzweideutig erklärte.

Es wurde ein faires Gespräch. Die englischen Beauftragten der Militärregierung zeigten Verständnis dafür, daß nach unserem deutschen Recht und unserer Auffassung von einer Zeitung, die ihre Bezeichnung verdient, der Journalist zwar arbeitsrechtlich ein Angestellter (eines Verlages) ist, daß aber Gesetz und Tradition ihm eine eigene Verantwortlichkeit zuweisen, die ihm niemand abnehmen kann.

Indessen: Es war der erste Oktobertag 1945, und da galt das Recht oder der Wille der Besatzer, die nach einem von uns verlorenen Kriege die Macht hatten.

Was immer Gesetz und Recht des einen oder anderen bestimmten, wir meinten, es sollte versucht werden, im Sinne und Geiste journalistischer Verantwortung unabhängige Arbeit zu leisten – und wir meinten dies, wie sich bald zeigte, gemeinsam. Wir wollten das Beste zur Information und Meinungsbildung tun.

Die Zeile im Kopf der künftigen Zeitung, auf der die Offiziere bestehen mußten, „Nachrichtenblatt der Alliierten Militärregierung", störte mich nach diesem Gespräch weniger. Sie wurde übrigens bereits nach zwei Monaten geändert in „Herausgegeben von der britischen Militärregierung".

Weder vorher noch nachher hatten wir als Redaktion – nach einigen anfänglichen Disputen – uns über eine Bevormundung oder über Einflußnahme auf Nachrichtenauswahl oder Meinungstexte zu beklagen. Ich wünschte, jede deutsche Redaktion hätte auch heute das gleiche Verhältnis zu ihrem Herausgeber wie wir es zu den britischen Offizieren hatten, die sich in unserem Verlagshause aufhielten und mit uns arbeiteten.

Die Zeitung bekam den Titel „Braunschweiger Neue Presse". So schnell ist wohl selten eine Redaktion zusammengestellt worden wie in diesem Falle. Die Kollegen der einstigen „Landeszeitung", die sich gegenüber dem Nationalsozialismus nichts vergeben hatten, waren bereit. Der feinsinnige Werner Schumann übernahm das Feuilleton, Dr. Pabst die Wirtschaft. Etwas später kam der Berliner Kollege und Freund Peter Raunau als politischer Redakteur zu uns, einst von den Nazis relegiert und im Bayerischen Wald „im Wartestand" geblieben. Setzer, Drucker und Redakteure waren eher da als ein Verleger. Der wurde aus Leipzig herbeigeholt, Hans Eckensberger, Sohn des letzten Eigentümers der „Landeszeitung". Eine frühere Angestellte hatte auf ihn hingewiesen und erinnerte sich, daß seine Gattin jüdischen Glaubens und er mithin „unbelastet" sei. (Kaum war Eckensberger dann im Hause, da wurde die junge Frau entlassen: Sie war in der Hitler-Organisation des Bundes deutscher Mädchen tätig gewesen!)

Die erste Ausgabe der Zeitung erschien am 12. Oktober 1945 mit vier Seiten Text ohne Anzeigen. Den Leitartikel ersetzte in dieser Ausgabe ein Geleitwort des Präsidenten des gerade von der Militärbehörde berufenen Braunschweigischen Staatsministeriums, Hubert Schlebusch, unter dem Titel „Für das Volk!"

Die englischen Beauftragten, unter ihnen vor allem ein Soldat, kaum mehr als zwanzig Jahre jung und mit viel Theorie belastet, waren tonangebend für die Auswahl der Texte gewesen und dabei hatte es Differenzen gegeben. Der Titel des Geleitwortes sollte besonders große Lettern haben und ein fettes Ausrufungszeichen mußte ihn betonen. Es wurde mehr ein Plakat als ein Zeitungsbeitrag. Auf der ersten Seite mußte auch eine Nachricht – und diese mit einem dicken schwarzen Punkt als Blickfang – stehen, in der mitgeteilt wurde, daß – „Hund gegen Minister" – der Premierminister in Neuseeland einen Hund begnadigt habe, der von einem aus japanischer Kriegsgefangenschaft heimgekehrten Soldaten mitgebracht, vom Landwirtschaftsminister aber deshalb „zum Tode verurteilt" worden sei, weil es keine Quarantänemöglichkeit für ihn gegeben habe. Dafür mußte auf der letzten Seite noch unter Weglassung anderer Nachrichten mitgeteilt werden, daß

> „der Oberbürgermeister von Köln, Dr. Adenauer, wie amtlich bekanntgegeben wird, von der Militärregierung seines Amtes enthoben worden sei".

Wer kannte damals diesen Namen? Dieser Mann habe, so die Nachricht,

> „bei der Verfolgung der Politik der Militärregierung nicht die genügende Energie gezeigt, insbesondere nicht im Zusammenhang mit dem Bau von Unterkünften für die Bevölkerung als Schutz vor dem kommenden Winter".

Aber schon in der zweiten Ausgabe der Zeitung konnten wir uns damit durchsetzen, daß wir vor allem politische und wirtschaftliche Informationen aus dem Ausland und Inland veröffentlichten. Hier standen auch die ersten kurzen Meinungsartikel.

Nicht immer stimmten unsere Meinungen mit denen der britischen Offiziere überein; dann diskutierten wir. Es gab jedoch keinen Meinungsunterschied darüber, daß Meinung und Nachricht unübersehbar deutlich und in jedem Falle voneinander zu trennen seien, daß jeder Leser jederzeit klar den Kommentar von der Information zu unterscheiden vermöchte – wie ich es nicht anders zwanzig Jahre vorher gelernt hatte. Zur Überraschung vieler Deutscher, vor allem der in den anderen Zonen wohnenden, meldeten wir am 16. Oktober 1945, daß im Frühjahr bereits Wahlen anständen, die „im Zuge der Maßnahmen zur Übertragung der Selbstverwaltung" für das Land Braunschweig zu den kommunalen und staatlichen Körperschaften geplant seien. Das Staatsministerium, so konnten wir berichten, sei mit der Wahlordnung befaßt und werde einen neuen Wahlmodus ausarbeiten, nach dem die Persönlichkeitswahl anstelle der früheren Listenwahl eingeführt werden soll. Die Zahl der Nachrichten, die wir nicht nur dem Nachrichtenmaterial des „German News Service", der damals noch von der Militärregierung geführten Nachrichtenagentur, entnahmen, wurde ständig größer, d. h. wir wurden selbständiger in der Nachrichtensammlung und Recherche, für jeden Journalisten eine befriedigende Voraussetzung unabhängiger Arbeit.

Es lohnt sich – ich habe es soeben beim Lesen der Zeitung aus jenen Tagen besonders empfunden –, die Nachrichten der ersten Monate und Jahre nach dem Zusammenbruch noch einmal zu lesen, die über die ersten Schritte berichten, die getan wurden, um den Schutt der Nazi-Vergangenheit fortzuräumen. Allzu vieles ist vergessen, und es scheint, als sei diese Vergangenheit nicht zu unserer Lebenszeit und nicht auf unserem Planeten Wirklichkeit gewesen, als hätte sie nie Wirklichkeit sein können. Sie war es aber und dies zu wissen und daran zu denken, könnte manche Frage von heute besser und ohne den peinlichen Widerspruch derer lösen, die es nicht wahr haben wollen, was die Ursache für die Schwierigkeiten ist, die in unserer Gegenwart bestehen.

Als erste Zeitung nach dem Kriege wurde in der britisch besetzten Zone Deutschlands die „Braunschweiger Neue Presse" am Jahresanfang 1946 in deutsche Hände übergeben. Sie hieß nun „Braunschweiger Zeitung", und die erste Ausgabe erschien am 8. Januar 1946. Träger der Lizenz wurde Hans Eckensberger, der auch bisher die Verlagsgeschäfte geführt hatte. Das war eine Sonderregelung, verglichen mit den Maßnahmen bei allen folgenden Lizenzvergaben, bei denen stets mehrere Personen verschiedener politischer Richtung das Herausgeberrecht erhielten. Die in Braunschweig getroffene Regelung entsprach im Prinzip der Auffassung der – allerdings nicht befragten und nicht vorher unterrichteten – Redaktion. Wir wollten im Interesse unabhängiger journalistischer Arbeit eine klare Trennung von kommerzieller und redaktioneller Verantwortung gesichert haben.

Die Leitung der Redaktion blieb bei mir. Meine Zugehörigkeit zur Sozialdemokratischen Partei Deutschlands war bekannt. Ich hätte die Leitung einer Zeitung abgelehnt, in der ich nicht diese meine politische Auffassung hätte vertreten können. Deshalb hatte ich dem Verleger einen Stichwortzettel in die Hand gegeben, in dem ich drei Punkte festgehalten hatte: „Grundsatz und Richtlinie der SPD, keine verpflichtende Bindung an die Partei, fair gegenüber allen Parteien und Ansichten." Bei der Überreichung der Lizenzurkunde hat dann Hans Eckensberger diese Sätze so ausgesprochen, als sagten sie auch seine Grundhaltung über die Tendenz der Zeitung aus. Die Militärregierung erhob keinen Widerspruch.

Leider fanden wir dann aber später so gut wie nie Gelegenheit zu einem wirklich grundsätzlichen Gespräch, mit dem Verleger, in dem wir uns zwar keine Direktiven holen, doch aber ein allgemeines gegenseitiges Verstehen anbahnen wollten. Eckensberger erschien uns als ein liberaler, politisch nicht festgelegter, auch wenig unterrichteter Mann ohne auffallende Prägung. Seine einzige und häufig wiederholte „Richtlinie" war: „Machen Sie mir keinen Ärger!" Alles andere war der Redaktion überlassen.

Erst allmählich erkannten wir, wann „Ärger" entstand, wann der Verleger also Anlaß sah, sich mit der von ihm herausgegebenen Zeitung und ihrer Redaktionsarbeit zu befassen. Das war immer dann der Fall, wenn ein Bekannter, ein Politiker, ein Geschäftsmann, ein Sportverein, ein Geistlicher oder wenn die Militärregierung an einer Nachricht oder einer Meinungsäußerung Anstoß genommen hatten.

Da der Verleger, wie er uns wiederholt versicherte, die Zeitung ständig und aufmerksam las, erhofften wir wenigstens dann eine nützliche Diskussion. Von wenigen kritischen Zwischenbemerkungen abgesehen, kam sie nicht einmal dann zustande, wenn der Verleger auf unseren Wunsch an einer Konferenz der Redaktion teilnahm, in der wir zu Kritik Stellung nahmen.

Eines Tages veröffentlichten wir eine Karikatur aus der Beilage des ehemaligen „Berliner Tageblattes" vom 3. Dezember 1931, die einst wöchentlich unter dem Titel „Ulk" erschien. SA-Männer errichteten, in der Darstellung eifrig arbeitend, Galgen und bauten eine Guillotine. Im Vordergrund standen, in Gehrock und Cutaway, zwei seriöse Männer. Der eine rieb sich bedenklich das Kinn, der andere beugte sich ergeben vor, und diesem, dem gemäßigt konservativen Abgeordneten der Deutschen Volkspartei im Reichstag, Dingeldey, waren die Worte unterlegt: „Man darf doch diese aufbauwilligen Kräfte der Nation nicht dauernd von der Regierung ausschließen." *

Sofort bekam die Redaktion Anrufe, Briefe und Besucher. So seien doch die Konservativen gar nicht gewesen, nur einzelne Ausnahmen, gewiß, aber für diese Entwicklung hätten sie keine Verantwortung zu tragen. So machte sich das „Reinigungsbedürfnis" bereits 1946 geltend.

In der Zeit der größten Trümmerhaufen und Wohnungsnot wurde eines anderen Tages in Braunschweig ein Baugerüst an einer Kirchenruine errichtet. Wieder Anrufe, Briefe, Besuche, Proteste, nicht gegen uns, die wir noch nichts berichtet hatten, sondern gegen die als Provokation empfundene sehr frühzeitige Aktion der Kirche. Wir berieten und brachten am 7. Juni 1946 eine Karikatur unter dem Stichwort „Probleme": Sie zeigte eine Kirchenruine mit dem Gerüst und Ruinen der Wohnhäuser ringsum, vorn eine Hütte, vor der eine Mutter mit Kind saß. Männer blickten zum Gerüst, und ihre Meinung lautete: „ . . . wenn sie erst mit der Kirche fertig sind, nachher, da können wir hineingehen und beten, daß uns der Herrgott auch beim Wohnungsbau hilft".

Ja, es war eine bittere Veröffentlichung, aber verglichen mit den Protesten aus der Bevölkerung war sie mild. Das zeigte auch die Reaktion. Unter den zahlreichen Zuschriften waren nur wenige Widersprüche, obwohl eine größere Zahl von Geistlichen sich geäußert hatte. Aus dem Brief eines später weithin bekannt gewordenen Geistlichen ein Zitat: „Christus sprach zu den Menschen, wo er sie fand; heute mehr denn

---

* „Braunschweiger Zeitung", 1. Juni 1946.

je muß Christus zu denen in den Hütten kommen; wir dürfen das Christentum nicht in die Kirchen einsperren wollen." Wir meinten, das „Problem", das wir zeigen wollten, sei doch erkennbar deutlich geworden. Die Entwicklung in den Jahrzehnten danach bis in unsere Tage hat jedenfalls das praktizierende Christentum gegenüber dem symbolisierenden als wirkungsvoller bestätigt.

In solchen zu grundsätzlichen Diskussionen anregenden Fällen nahm der Verleger keinen Anlaß, sich mit der Redaktion auszusprechen, eine Meinung zu äußern, teilzunehmen an der geistigen Arbeit, die zu leisten war. Er war und blieb der kommerziell Interessierte. Arbeit für die Zeitung ist aber bei aller subjektiven Leistung stets auf gemeinsames Tun im Einverständnis angewiesen, sowohl in der Redaktion wie in der Beziehung der Redaktion zum Herausgeber und Eigentümer der Zeitung, der vor allem eine kulturelle Aufgabe zu erfüllen hat.

Erst ein Jahrzehnt später wurde das Thema der Verantwortung von Redaktion und Verleger und des Verhältnisses beider zueinander unter dem Stichwort „innere Pressefreiheit" Gegenstand allgemeiner und öffentlicher Auseinandersetzungen. Sie waren schon einmal in der Weimarer Republik fast bis zu einem brauchbaren Ergebnis geführt worden. Dann kam der totale Staat und zerstörte die Entwicklung, die zu einer vernünftigen und freiwilligen Ordnung hätte führen können.

Ich bin gewiß, daß sich diese Frage nicht durch eine Formel, nicht durch Richtlinien oder Gesetze beantworten läßt. Stets wird es darauf ankommen, daß auf der journalistischen wie auf der Verlegerseite souveräne Charaktere miteinander einen fairen Ausgleich suchen und finden. Journalisten müssen notfalls bereit sein, ihren Hut zu nehmen, wenn sie die Unabhängigkeit ihrer Arbeit sichern wollen. Dieser Beruf verlangt wie kaum ein anderer den Mut zum Risiko. Darin liegt seine Chance und so gewinnt er seine effektive und verantwortliche Bedeutung. Aus einem wachen Bewußtsein, daß kritische Analyse wichtige Hilfe geben kann, und in einem mutigen Verhalten erreicht der Journalist, der redlich tätig ist, eine größere Wirkung als der tatsächlich oder dem Eindruck nach an Parteilehre gebundene Politiker.

Als wir damals erkannten, daß es in Braunschweig unter den obwaltenden Umständen nicht vorangehen könnte, haben Peter Raunau, Werner Schumann und ich uns entschlossen, gemeinsam eine andere Aufgabe zu erfüllen. Ende September 1946 schieden wir auf unseren Wunsch aus der Redaktion aus. Aber eine interessante und lehrreiche Erfahrung nahmen wir mit uns. Sie trug Früchte.

Die Sache mit den Kommunisten

(1946) Aufgeregt stürzte die Sekretärin ins Zimmer: „Herr Schumacher will Sie sprechen!" Es war am 6. Februar 1946 und noch in Braunschweig in der Redaktion der Zeitung.

„Na, bitte, dann verbinden Sie mal!"

„Nee, der ist hier, und ein anderer Mann ist auch dabei, die kommen..."

„Die sind schon hier..." sagte Herbert Kriedemann, in jener Zeit Kurt Schumachers ständiger Begleiter, sein Berater, sein Helfer und sein Chauffeur zugleich, ein politisch selbständig denkender, unabhängig urteilender Mann, deshalb nicht immer bequem, aber nützlich und notwendig. Beide Freunde waren überraschend von Hannover gekommen und wollten sich mit Otto Grotewohl und Gustav Dahrendorf treffen, zwei führenden Sozialdemokraten aus der sowjetisch besetzten Zone Deutschlands, die auch mir alte Bekannte waren. Grotewohl war ich in der Parteiarbeit und in meiner beruflichen Tätigkeit in den zwanziger Jahren wiederholt in Berlin begegnet. Mit Gustav Dahrendorf verband mich die Beziehung zu jenen politischen Freunden, die sich um die Überwindung der Diktatur in Deutschland bemüht hatten. Wir hatten uns nicht aus den Augen verloren.

Warum wollten die beiden Sozialdemokraten mit Schumacher sprechen? Der war in den westlichen Zonen, lange bevor politische Parteien erlaubt waren, aus der Kraft seiner Persönlichkeit der anerkannte Erste unter den freiheitlichen Sozialisten geworden, ohne Wahl, ohne Deklamation, allein aus dem Respekt vor seiner Energie, seiner Initiative, seiner politischen Leidenschaft und Urteilskraft. In allen Teilen Deutschlands hatten Sozialdemokraten nach dem Zusammenbruch der Diktatur die alte Partei wie selbstverständlich wieder erstehen lassen. Sie kamen einfach zusammen, weil sie sich zusammengehörig fühlten. Solidarität und politische Einsicht waren lebendig.

Hier und da wurde von Bestrebungen berichtet, einen anderen Namen für die gleiche Partei zu finden oder auch eine andere Organisationsform zu entwickeln. Aber das waren Überlegungen, die kaum irgendwo zu Maßnahmen geführt haben, geschweige denn, daß bleibende Einrichtungen entstanden. Die ehemaligen Mitglieder gingen von der Auffassung aus, die Partei habe sich niemals selbst aufgelöst – und sie allein wäre dafür zuständig gewesen, wenn es nach Recht und Gesetz gegangen wäre –, also sei sie bestehen geblieben und konnte nicht neu gegründet werden. In großer Zahl meldeten sich neue Mitglieder und dies, bevor die Parteien zugelassen waren.

Nennenswerte Schwierigkeiten entstanden nur in der französisch besetzten Zone, in der jede Regung, frühere Institutionen wieder aufleben zu lassen, von der Besatzungsbehörde mit Mißtrauen beobachtet, auch verfolgt und nicht selten abgelehnt wurde. Als sich die erste Chance zu einer Zusammenkunft über die Zonengrenzen hinweg bot, trafen sich

Sozialdemokraten aus allen Teilen des ehemaligen Reiches – erlaubt oder nicht – sie gehörten zueinander.

Allein das Gebiet der sowjetisch besetzten Zone Deutschlands machte eine Ausnahme. Auch dort hatten ehemalige Sozialdemokraten die alte Partei wieder gegründet, sie mit ihrem alten Namen benannt und begonnen, sie wieder aufzubauen. Einige Bezeichnungen für Gremien trugen Namen, die einen Einfluß von außen deutlich machten. Es war unschwer zu erkennen, woher er kam. Die entstehende Organisation durfte sich nicht der Zentrale der Sozialdemokraten unterstellen oder angliedern, die sich in Hannover herausgebildet hatte. Auch die Forderung der Sozialdemokraten der Ostzone und Berlins, wieder wie einst Berlin als Sitz einer Gesamtpartei zu bestimmen, war nur zum Teil eigenen Wünschen entsprungen. Es entwickelte sich in der Sowjetzone statt einer Gliederung der Sozialdemokratischen Partei Deutschlands eine „Bruderpartei", die für sich das Recht des Erstgeborenen beanspruchte. Herbert Kriedemann berichtete eine die Situation kennzeichnende Bemerkung Kurt Schumachers: „Kain und Abel waren auch Brüder."

Was immer in der sowjetisch besetzten Zone geschah oder geschehen mußte, es hatte, wie es in einer Beurteilung Herbert Kriedemann heißt,

> „... für die dort zuständige Besatzungsmacht nur dann Sinn, wenn es nicht nur auf ihren Anteil an der Beute beschränkt blieb. Die Idee von der Überwindung der alten Feindschaft – geboren in den Konzentrationslagern und Zuchthäusern – hatte natürlich auch hier viele Anhänger und daraus ergab sich für Grotewohl und seine Freunde genügend Anlaß, uns für ihre Auffassung zu gewinnen. Nur zu diesem Zweck kamen sie nach Braunschweig und das war das einzige Thema".

Die Stadt lag der trennenden Zonen-Grenze am nächsten und sollte über die Autobahn von Berlin her schnell zu erreichen sein. Aber wo sollte man sich dort unbeachtet treffen? Welches Hotel, welches Restaurant war noch heil? Welcher vertraute Freund hatte noch eine Wohnung? So war das in diesen ersten Jahren nach dem Kriege.

Die beiden Männer aus Ostberlin wollten über die für sie drängende Frage des Verhältnisses zu den in ihrem Lebensbereich allein herrschenden Kommunisten sprechen. Man brauchte einen Raum, in dem ein vertrauliches Gespräch möglich war. Vier Wände, ein Dach darüber, Fußboden darunter, heile oder wenigstens vernagelte Fenster, Tisch, vier Stühle – das konnte ich ihnen bieten, und mehr gab es damals ohnehin nicht, um ein „Sitzungszimmer" zu arrangieren. Doch: Eine schon etwas erleichterte Kiste Zigarren war noch vorhanden; mit ihr konnte ich gastgeberisch angeben (soweit ich mich erinnere, habe ich wirklich dann noch eine Zigarre darin gefunden, als die Freunde drei Tage später das Zimmer räumten).

Aber aus dem Treffen am 6. Februar wurde nichts. Schumacher und Kriedemann warteten vergebens bis in den Abend. Am nächsten Tage kamen meine Besucher wieder, und wieder kamen die Partner aus der Sowjetzone nicht. Es hatte am Grenzübergang Schwierigkeiten gegeben. So einfach konnten sich selbst wichtige Persönlichkeiten der sowjetischen Besatzungszone nicht bewegen, schon gar nicht aus ihr hinaus.

Am 8. Februar waren sie dann doch noch da. Zwei vergebliche Wartetage waren gewiß kein gutes Vorspiel für ein besonders kompliziertes politisches Gespräch. Wir haben nur mit einem geheizten Raum, mit etwas Tee, jenen Zigarren und sonst wohl nichts mehr helfen können, daß es gut verlaufen sollte.

Die Konferenz dauerte mehrere Stunden. Nein, es wurde nie laut, es kam niemand herausgestürzt; es gab auch keinen Ruf nach einer Sekretärin, die eine gemeinsame Erklärung hätte aufschreiben sollen. Sie hatten miteinander zu analysieren und zu klären versucht und waren auseinandergegangen, weil, wie die Dinge in der Zone lagen, nicht von Politik, Vernunft oder gar Recht und Gesetz bestimmt würde, sondern allein vom Willen der Besatzungsmacht.

Die Besucher aus der sowjetisch besetzten Zone suchten Rat und Hilfe, weil sie nicht mehr Herr in ihrer eigenen Partei waren.

Im Oktober 1945 hatte in Wennigsen bei Hannover eine Konferenz von Funktionären der SPD in den Westzonen stattgefunden, in der Schumacher in einem Überblick über die Lage im ehemaligen Reichsgebiet gesagt hatte:

> „Wir deutschen Sozialdemokraten sind nicht britisch, nicht russisch, nicht amerikanisch und nicht französisch. Wir sind die Vertreter des deutschen arbeitenden Volkes und damit der deutschen Nation".

Er sah die gesamte deutsche Partei vor sich. Die Konferenz diskutierte den Vortrag und regte an, auch zu jenem „Zentralausschuß" Fühlung zu halten, der an der Spitze der Sozialdemokraten in der Ostzone stand; sie hielt Kontakte und Hilfeleistung, soweit sie möglich waren, für erforderlich.

Am folgenden Tage fand ein Gespräch allein mit Grotewohl statt, der nach Hannover gefahren war. Dieser versprach, „daß er nichts tun werde im Alleingang und ohne Abstimmung mit uns", wie Herbert Kriedemann bezeugt hat.

Kurt Schumacher lag an dieser Verbindung. Er hatte ständig die Befürchtung, daß das nationale Argument, das auch in diesem Falle für ihn galt, in allen politischen Überlegungen und Entscheidungen nicht der deutschen Rechten überlassen bleiben dürfe. Er nannte die Sozialdemokraten wiederholt „europäische Sozialisten und deutsche Patrioten" und meinte, nationale Interessen seien nach der jüngsten deutschen Vergangenheit noch mehr als vorher bei den Sozialdemokraten besser aufgehoben als bei irgendwem sonst. Er war ein real denkender Politiker, für den die Idee Europa nach seiner Art, nüchtern zu denken und politische Ziele nur von gegebenen Tatsachen her zu verfolgen, nicht Träume sondern Konstruktion verlangte.

Für die Sozialdemokraten war die Idee Europa nicht neu. Seit den ersten Entwürfen für ein Programm der deutschen Arbeiterbewegung war sie ein Bestandteil ihrer Hoffnungen und Forderungen. Der erste offizielle und bisher am weitesten vorausschauende Begriff der Vereinigten Staaten von Europa findet sich im Heidelberger Programm der SPD von 1925:

> „Sie tritt ein für die aus wirtschaftlichen Ursachen zwingend gewordene Schaffung der europäischen Wirtschaftseinheit, für die Bildung der Vereinigten Staaten von Europa, um damit zur Interessen-Solidarität der Völker aller Kontinente zu gelangen."

So laut die Europa-Parole von anderen Parteien in Deutschland nach dem zweiten Weltkrieg dann auch gerufen wurde – die Idee und ihre programmatische Formulierung hatte sich bei den Sozialdemokraten befunden.

Schumacher wollte die Entwicklung in den Provinzen und Ländern des ehemaligen Reiches auch nach dem verlorenen Kriege nicht denen überlassen, welche die Verantwortung für die Entstehung des deutschen reaktionären Nationalismus trugen. Dazu rechnete er nicht nur die Kommunisten und die Nationalsozialisten, sondern vor allem die, welche als „Interessenvertreter des großen Geldes, der wirtschaftlichen und gesellschaftlichen Macht am Werke" waren – und die nach dem Kriege wieder Einfluß suchten und auch gewannen. Unter der Parole des Kampfes gegen den Kommunismus, den keiner härter und unversöhnlicher geführt hat als Schumacher, sah er einen sich erneut bildenden Widerstand gegen eine echte und wirkliche Demokratisierung des Lebens und der Wirklichkeit in Deutschland heraufkommen. Er wollte den Einfluß freiheitlicher und redlich auf friedliche Zusammenarbeit bedachter Kräfte von allen Seiten her sichern und nach allen Seiten hin abschirmen. Er wollte deshalb das Gespräch führen.

Die beiden Politiker aus der Sowjetzone gingen in dem Braunschweiger Gespräch davon aus, daß in der gesamten Ostzone Deutschlands viele (sie ergänzten zuweilen „sehr viele") Sozialdemokraten den Gedankengängen nicht folgten, die von einer organisatorischen Verbindung von SPD und KPD einen besser gesicherten sozialen Fortschritt und sozialen und politischen Frieden erwarteten. Sie seien auch nicht davon zu überzeugen, daß eine zweifellos vorhandene zahlenmäßige Überlegenheit der freiheitlich demokratischen Sozialisten in einer gemeinsamen Organisation den ihr zustehenden Einfluß ausüben könne. Alte Erfahrungen ließen sie solcher Entwicklung nicht trauen. Viele von ihnen haben später diesen beharrlichen Widerstand mit langen Zuchthausstrafen büßen müssen. Gegen die ablehnende Mehrheit konnten die führenden Sozialdemokraten, auch wenn sie unter dem Druck der Besatzungsmacht den Versuch dennoch unternehmen würden, keine Entscheidung erreichen, wie sie die Russen von ihnen verlangten. Ich folge hier einer Darstellung, die mir Gustav Dahrendorf später über das Gespräch und seine Hintergründe gegeben hat.

Kurt Schumacher meinte unmittelbar nach Beendigung der Braunschweiger Besprechung, er habe im Grunde nicht herausgefunden, was praktisch von ihm oder den westlichen Sozialdemokraten verlangt worden sei oder erwartet werden könne. Alle vorgebrachten Argumente seien bekannt gewesen, die Problematik insgesamt nicht minder und damit die Schwierigkeiten und die Möglichkeiten, die sich bieten könnten. Eine effektive Hilfsleistung sei ohne ein Mitwirken der westlichen Besatzungsmächte nicht möglich; dieser Gedanke sei unreal.

Allerdings glaube er, daß die Freunde aus dem Osten die Situation dort doch wohl nicht voll übersähen, was wenigstens für Grotewohl zutreffe. Dahrendorf habe ohnehin kaum gesprochen.

Warum sie dann aber gekommen seien? Vielleicht, um sich zu vergewissern, daß wir wirklich nicht mitmachen, wenn sie dort „vergewaltigt" werden, antwortete Schumacher. Das hätten sie aber auch schon vorher gewußt. Grotewohl habe immer wieder von der großen Mehrzahl gesprochen, welche die Sozialdemokraten den Kommunisten gegenüber auch drüben darstellten, und wenn es zu einer Vereinigung der beiden Parteien kommen müsse, dann sei die Mehrheit ganz deutlich.

Schumacher: „Du siehst, die haben nicht mehr die richtige Sicht, da ist alles Nebel, sie sehen gar nicht, daß es nicht auf die Zahl ankommt, sondern auf Macht und Willen und – wenn nötig – Gewalt."

Er war ungeduldig geworden. Es hatte ihn empört, daß von den grundsätzlichen Unterschieden zwischen den Parteien der Kommunisten und der Sozialdemokraten überhaupt keine Rede gewesen war, daß Grotewohl diese Frage von letzter und entscheidender Bedeutung überhaupt nicht angeschnitten hatte, und sagte schließlich: „Der denkt nur noch in Taktik und weiß nichts vom Grundsatz."

Für Schumacher war alles klar: „Ich mache unter keinem Druck, woher er auch kommen mag, Politik, und von dort kommt jede Menge Druck."

Sie könnten sich in der Zone schon jetzt nicht mehr frei entscheiden, meinte Schumacher: „Da ist doch alles schon in der Hand der Besatzung, die haben von unten her die Grundlagen gelegt. Unsere Leute können weder ja noch nein sagen, sie können sich ja nicht einmal mehr auflösen, sie müssen einfach antreten und das heißt abtreten."

Es war genügend Zeit, diese hingeworfenen Sätze zu notieren, die eine Skizze der stundenlangen Diskussion ergaben.

Grotewohl hatte in dem Gespräch einmal das Bild gebraucht: „Die Frage ist doch nur, ob wir der Pudel sein wollen, der über den vorgehaltenen Stock springt, oder ob wir uns des Stockes bemächtigen wollen." Kriedemann antwortete darauf: „Dabei ist nur zu bedenken, daß über Deinen Stock nicht ein Pudel, sondern der russische Bär springen soll."

Jahre später hat mir Gustav Dahrendorf in einem langen Gespräch über die Braunschweiger Begegnung gesagt, es sei von Beginn an bezeichnend gewesen und habe für ihn die Tage ausreichend beleuchtet, daß die Sowjets ihnen das Gespräch mit Schumacher und Kriedemann im Westen ausdrücklich haben „erlauben" müssen. Dahrendorf, der kurz nach der Begegnung in den Westen übergesiedelt war, fügte hinzu, daß die Verantwortlichen in der Zonen-Behörde der Sowjets das Gespräch keinesfalls gewünscht oder gar gefordert hätten (was damals in Kommentaren in der Bundesrepublik behauptet worden ist). Sie hätten Widerstand geleistet. Erst als Grotewohl angedeutet habe, man werde doch auch allgemeine politische Themen erörtern können, seien die Sowjets zugänglicher geworden und hätten sich wohl Informationen erhofft.

Im übrigen aber habe es bei den Sowjets damals durchaus unterschiedliche Meinungen darüber gegeben, ob mit dem aktivsten und wirkungsvollsten Politiker der westlichen Zonen, Kurt Schumacher, ein Gespräch sinnvoll sei. Es habe nicht wenige Russen gegeben, die erwartet hätten, mit den Sozialdemokraten eher als mit deutschen Kommunisten ein „praktisches politisches Konzept für eine vernünftige und für jeden selbständige Politik" erarbeiten zu können. Diese seien sich klar darüber gewesen, daß die Sozialdemokraten keine Zusammenarbeit mit den Kommunisten aufnehmen würden und hätten „ziemlich hart von Gesundbetern, politischen Seilkünstlern und gar Idioten" gesprochen, wenn sie die deutschen Kommunisten meinten.

In allen seinen Äußerungen über die Braunschweiger Begegnung vom 8. Februar 1946 ließ Dr. Kurt Schumacher nicht den geringsten Zweifel, daß er keine Möglichkeit und auch keinen Anreiz für eine konstruktive politische Zusammenarbeit mit den Kommunisten sah, ganz davon abgesehen, daß die Sowjets die von ihnen besetzte Zone Deutschlands als ihr eigenes Territorium behandelten und es für sie schon deshalb eine einheitliche Sozialdemokratische Partei Deutschlands, Bezirke der Zone eingeschlossen, nicht geben konnte. Eine Politik, wie sie Geschichte und Wirken der SPD dieser Partei vorschreiben, würde unmöglich fortgesetzt werden können. Zwischen Kommunismus und Sozialismus, zwischen kommunistischen Konzeptionen und sozialdemokratischem Wollen gab es keine verbindende Beziehung. Kurt Schumacher sah diese Situation um so mehr als gegeben an, als Abmachungen zwischen der UdSSR und den USA über politische Interessenzonen in Europa, die kurz vor Weihnachten 1945 in Moskau getroffen worden waren, „die eigentlichen Grenzen in Europa doch schon gezogen hatten", wie er sagte. Er hatte eben nicht wie Konrad Adenauer und andere Illusionen, und er machte sie, im Gegensatz zu seinem innenpolitischen Gegenpart, weder sich noch anderen.

In einem aufschlußreichen Gespräch, das sich 1957 in Moskau mit dem Vizepräsidenten der TASS über die Möglichkeiten einer Vereinigung der Kommunistischen und der Sozialdemokratischen Partei Deutschlands nach dem Kriege ergab, sagte dieser mir, das klare Nein Schumachers habe damals „viele sowjetische Träume zerstört" und habe eine andere Entwicklung eingeleitet.

Wer die Stellungnahmen der verantwortlichen deutschen Politik zu den erstaunlichen sowjetischen Vorschlägen von 1952 zur Lösung der Deutschlandfrage betrachtet, wird an Schumachers Argument nicht vorbeigehen dürfen, ohne sich an der Sache zu versündigen. Denn diese Vorschläge waren die Folge einer – objektiv oder nur von Moskau her gesehen – veränderten sowjetischen Lage, was aber weder Konrad Adenauer noch andere zugeben wollten und was sie nicht einmal zu einer sorgfältigen Analyse der Tatsachen und der Chancen veranlaßte. Die Regierungen in den befreundeten Ländern hatten das erkannt und handelten verantwortungsbewußter. Ohne ausreichende Kenntnis der wirklichen Lage, überheblich und unklug glaubten damals die führenden Unionspolitiker, das überraschende sowjetische Angebot sei ein Zeichen der Schwäche. Sie fühlten sich in ihrer Grundanschauung bestätigt, daß der Gegner durch militärische Stärke, die vorzuzeigen sei, veranlaßt werden könnte, in der Frage der deutschen Wiedervereinigung nachzugeben. Sie meinten, mit ihrer „Politik der Stärke" auf dem richtigen Wege zu sein und meinten es noch, als die Verbündeten längst begriffen hatten, daß die Entwicklung auf den Ausgleich, auf Entspannung zuging.

Schumacher hatte nicht auf eine Zusammenarbeit mit den Kommunisten „verzichtet", wie später zu lesen und zu hören war, er hatte Widerstand gegen eine sinnlose und – wie er sagte – „verderbliche" politische Überlegung geleistet und wollte durchsetzen, daß die Freunde in der sowjetisch besetzten Zone die Organisation einer Sozialdemokratischen Partei auflösten, wenn sie die Selbständigkeit, „aber eine wirkliche Unabhängigkeit", nicht durchhalten könnten. Eine sozialdemokratische Politik könne, so Schumacher, nur in eigener Verantwortung und in freien Entscheidungen geführt werden. Das war in den von den Sowjets besetzten Provinzen nicht möglich, jedenfalls nicht sichtbar.

Das Braunschweiger Gespräch ist nicht in die große Politik eingegangen, aber es hat sie beeinflußt. Zu wenig ist über das stundenlange Gespräch bekannt geworden. Herbert Kriedemann, bis vor wenigen Monaten der einzige noch lebende Zeuge des Gespräches vom 8. Februar 1946, schrieb mir am 17. Juli 1976 dazu:

> „Aus den daran sich anschließenden Gesprächen, die Schumacher und ich mit den politisch entscheidenden Repräsentanten der für uns zuständigen Siegermächte geführt haben, weiß ich, daß alles, aber auch wirklich alles ganz anders gekommen wäre, wenn wir uns damals anders entschieden hätten."

Dafür gebe es, so meinte er, „zweifellos auf beiden Seiten sehr unterschiedliche Motive". Es gehört nicht viel Phantasie dazu, diese Meinung bestätigt zu finden.

Wegen seiner beharrlichen und eindeutigen Haltung gegenüber allen politischen Kräften und Aktionen, die eine freie Selbstbestimmung der Deutschen über ihr künftiges Schicksal einzuengen oder zu beseitigen drohten, gegenüber Reaktionären, Kommunisten und Besatzungsmächten, ist dieser erste, starke Vorsitzende der Sozialdemokratischen Partei Deutschlands in dem neuen Deutschland nach dem zweiten Weltkrieg als ein „nationaler Held" (Zitat) betrachtet und gefeiert worden, so als sei er als Person und im Geiste ein Nachfahr der alldeutschen Natio-

nalisten der Vergangenheit. Kurt Schumacher aber hat als Sozialdemokrat patriotisch gedacht, als Sozialdemokrat konzipiert, entschieden
und gehandelt.

Am 20. April 1947 wählten die Bürger des neu gebildeten Landes
Niedersachsen zum ersten Male in freier und geheimer Entscheidung
einen Landtag. Von den 145 Mitgliedern, die er hatte, gehörten 65 zur
SPD, 30 zur Christlich-Demokratischen Union, 27 zur Niedersächsischen Landespartei, 13 zur Freien Demokratischen Partei, acht zur
Kommunistischen Partei Deutschlands und sechs zur Deutschen Zentrumspartei. Es gab also keine SPD-Mehrheit im Landtag. Am 13. Mai
1947 konstituierte er sich. In der ersten allgemeinen Aussprache sollte
ich – es war Schumachers Wunsch – sprechen. Aus dieser Rede (meiner
ersten in einem freien Parlament), wurde in einem Gedenkbeitrag in
der „Braunschweiger Zeitung" dreißig Jahre später folgender Abschnitt zitierte:

„Wir haben einen Kompromiß versucht. Wir haben eine Reihe von Richtlinien aufgestellt . . ., von denen wir der Auffassung sein konnten, daß
alle politischen Parteien, vielleicht mit Ausnahme der äußersten Rechten –
aber auf deren Mitarbeit darf mit Rücksicht auf die Zukunft des deutschen Volkes nicht unbedingt Wert gelegt werden – ihnen zustimmen
könnten. Wir mußten der Auffassung sein, daß die Möglichkeit bestehen
würde, gemeinsame Maßnahmen auf dem Wege zur Sozialisierung der
deutschen Grundstoff-Industrien zu treffen . . . Wir sind der Meinung,
daß es das Wohl des deutschen Volkes, nicht das Wohl unserer Partei,
erfordert, daß wir sozialisieren.
Dieses deutsche Volk lebt, wenn wir sozialisieren. Aber wir werden keine
Zukunft haben, wenn es uns nicht gelingt, unsere Wirtschaft auf eine neue,
vernünftige Basis zu stellen.
Wir wünschen Zusammenarbeit mit allen politischen Parteien, aber keineswegs unter allen Umständen, sondern nur unter den Voraussetzungen,
von denen wir glauben, daß sie für die Zukunft des deutschen Volkes allein
notwendig sind. Wir sind überzeugt, daß dieses neue Deutschland ein
sozialisiertes Deutschland sein wird, und nur unter dieser Voraussetzung
beteiligen wir uns an der demokratischen Arbeit in Deutschland überhaupt."

Diese Rede und dieser Grundsatzfragen der Politik der SPD ansprechende
Absatz war mit Kurt Schumacher eingehend vorbesprochen worden. Es sollte ein Ziel gesetzt werden, so weit der Weg zu ihm auch
noch sein möge und es sollte deutlich gemacht werden, daß die Sozialdemokraten ihre Vergangenheit nicht Lüge strafen würden.

Das geschah zu einer Zeit, in der in allen politischen Parteien der Gedanke der Gemeinwirtschaft breiten Boden gefunden hatte, auch in
weiten Teilen der Unionsparteien – weil die Zusammenhänge zwischen
dem politischen Einfluß der Kapital-Wirtschaft und dem Aufkommen
des totalen Nationalismus allzu eindringlich erkannt wurden. Es war
die Zeit der Entstehung des Ahlener Programms der CDU (Februar
1947), das mit dem Satz begann: „Das kapitalistische Wirtschafts-
system ist den staatlichen und sozialen Lebensinteressen des deutschen

Volkes nicht gerecht geworden" und das „nur eine Neuordnung von Grund aus" für sinnvoll hielt. „Inhalt und Ziel dieser sozialen und wirtschaftlichen Neuordnung", so sagte der Beschluß des Zonenausschusses der CDU in der britisch besetzten Zone Deutschlands, „kann nicht mehr das kapitalistische Gewinn- und Machtstreben" sein, sondern nur das Wohlergehen des Volkes. Das Programm scheute nicht vor dem Begriff der Sozialisierung zurück und zielte auf die Monopolbetriebe und den Bergbau vor allem ab. Es war die Zeit, in der die CDU noch unabhängig von Interessengruppen ausschließlich nach ihrer Einsicht in die Ansprüche und Bedürfnisse aller Schichten des Volkes entscheiden konnte. Die Zeiten haben sich geändert, Politik ist ganz gewiß nicht Verwirklichung eines Dogmas. Sie sucht zu jeder Zeit den Fortschritt, sie sollte ihn suchen und muß ihn auf den erfolgreichsten Wegen zu erreichen trachten. Politik aber kann nur in Freiheit sinnvoll sein und aus der Verantwortung des Einzelnen dem Ganzen dienen. In dem Braunschweiger Gespräch haben die beiden Sozialdemokraten am 8. Februar 1946 die freiheitliche demokratische Wirklichkeit in der Bundesrepublik mit klarer Entscheidung genau so gesichert wie es später die Sozialdemokratische Partei in ihrem Beschluß über das Godesberger Programm getan hat, das den gangbaren Weg zu dem unverrückbaren Ziel vorzeichnete.

Kleinmachnow

(1946)   Ein mir bis dahin unbekannter britischer Offizier war in die Redaktion in Braunschweig gekommen. Wir sprachen über aktuelle Zeitungsfragen. Dann wollte er wissen, ob es „wirklich wahr" sei, daß ich der Redaktion der „Frankfurter Zeitung" angehört habe. Ich mußte erzählen, wie es in den letzten Tagen in Berlin war. Dabei kam ich auf unsere Wohnung in Kleinmachnow zu sprechen, in der ich bis zum 4. April 1945 gewohnt und gearbeitet hatte und in der einige mir wichtige Gegenstände, die uns gehörten, zurückgeblieben waren. Ich erwähnte es beiläufig.
Der Offizier, ein Schotte, überlegte einen Moment. Dann fragte er, ob ich am nächsten Tage etwas dringendes zu tun hätte.
„Nein, wieso?"
„Dann sind Sie um 8 Uhr an der Tankstelle", die er näher beschrieb.
„Warum?"
„Das später!" Das Gespräch ging weiter.
Am anderen Morgen war ich dort. Er kam mit einem Jeep, der größer als andere war. Ich stieg ein. Er fuhr auf die Autobahn Richtung Berlin. Es war im Frühjahr 1946. Wir fuhren nach Zehlendorf und nach Kleinmachnow. Er fragte nicht, ob es mir recht sei. Wir waren in der Zone der Sowjets.
Das Haus, in dem wir einst Unterschlupf gefunden hatten, war heil; auch die Nachbarhäuser waren unversehrt. Wir klingelten. Ein altes

Ehepaar öffnete. Sie standen beide in der Tür und waren ängstlich. Das mochte die Uniform bewirkt haben.

Ich sagte, wer ich sei, und sie begrüßten mich erleichtert und offensichtlich erfreut. Man habe wiederholt nach mir gefragt, berichteten sie. Ich sei wohl gekommen, um nun mein „Amt" anzutreten.

„Welches Amt?" Das wußten sie nicht. Sie hätten es „nur so gehört".

Der britische Offizier drängte. Wir luden meine Gegenstände auf, eine Nähmaschine, ein Rundfunkgerät, eine Schreibmaschine und auch ein Fahrrad, das andere fehlte, aber an dem Damenrad hing ein Zettel: „Herrenfahrrad ist im Bürgermeisteramt". Anderes, was uns noch gehörte, blieb zurück.

Wir fuhren nach Zehlendorf und hielten gleich hinter der Zonengrenze. Mir ließ die Information über das „Amt" und das Herrenrad keine Ruhe, und vor allem, daß mein alter Freund Ernst Lemmer, wie ich erfahren hatte, Bürgermeister von Kleinmachnow sei. So schwang ich mich auf das Rad meiner Frau und fuhr zum Bürgermeisteramt. Der britische Offizier wartete.

Man empfing mich betont respektvoll. Ja, das Herrenrad könnte ich bekommen, aber nicht gleich, es sei unterwegs. Der Bürgermeister wolle mich unbedingt sprechen, sei aber nicht anwesend. Ich erfuhr, daß er die Hand über dem Haus in der kleinen Straße am Bahnhof Düppel gehalten hatte, weil er wußte, daß wir dort gewohnt hatten. Er hat gewußt, daß ich die Familie in die Heide bringen und zurückkehren wollte. Als ich nicht sofort kam, habe man sich gedacht, wie es auch gewesen war, daß die amerikanischen Truppen schneller vorangekommen seien als berechnet und mir den Weg abgeschnitten hatten. Er rechne aber darauf, daß ich kommen und bleiben würde.

Inzwischen war Ernst Lemmer eingetroffen. Wir waren Duzfreunde seit 1924 und hatten in den Jahren der Naziherrschaft manche Stunde miteinander gebangt und manches getan, was die damalige Öffentlichkeit zu scheuen hatte.

Ernst Lemmer forderte mich sofort auf, an seiner Stelle Bürgermeister in Kleinmachnow zu werden. Er habe das schon mit Jakob Kaiser und mit meinen politischen Freunden besprochen; er sollte eine Aufgabe in Berlin übernehmen.

Ich lehnte ab; ich wollte kein Verwaltungsamt, ich wollte bleiben was ich war und inzwischen auch in Braunschweig wieder sein konnte: Journalist, endlich wieder freier Journalist. Lemmer verstand. Er hatte im April 1945 dem sowjetischen Offizier, der ihn zum Bürgermeister machen wollte, die gleiche Antwort gegeben, mußte dann aber nachgeben. Die Methoden seines Gesprächspartners waren anders: „Bürgermeister oder tot", erzählte er, so habe der Sowjetmann ihm die „Wahl" gestellt.

Der kurze Aufenthalt in Kleinmachnow zeigte erschreckende Bilder, die lange in Erinnerung blieben. Die wenigen Menschen, die noch aus der Zeit vor dem Kriege in der Straße waren, sahen mich. Sie standen am Gartenzaun und baten um etwas zum Essen. Man sah, daß sie hungerten. Die Grenze zwischen Ost und West war allzu deutlich in den grauen Gesichtern der Menschen nachgezeichnet.

Englisch-deutscher Disput

(1946)   Winston Churchill, im Kriege britischer Premierminister, jetzt Führer der konservativen Opposition im Unterhaus, der mithin keine Regierungsverantwortung trug, hatte in zwei grundsätzlichen Reden, die er in den Vereinigten Staaten gehalten hatte, die sowjetische Politik gegenüber den Ländern des Balkan und gegenüber Polen äußerst scharf angegriffen. Joseph Stalin hatte darauf, wie Reuters, die britische Nachrichtenagentur, meldete, geantwortet:

> „Ist es erstaunlich, daß die Sowjetunion in ihrem Bestreben nach Sicherung für die Zukunft alles tut, um in diesen Ländern Regierungen zu schaffen, die sich zur Sowjetunion loyal verhalten?"

Eine schon seit einiger Zeit deutlich erkennbare Spannung verschärfte sich gefährlich.

Was immer der eine gesagt und der andere geantwortet hatte – deutsche Interessen waren berührt. Jeder neue Konflikt mußte für Deutschland die Katastrophe bedeuten.

Am 19. März 1946 schrieb ich einen Leitartikel in der „Braunschweiger Zeitung", stellte nach vorliegenden Meldungen fest, „daß die amtlichen Äußerungen aus beiden Ländern eine weit friedlichere Note tragen als die Reden" und fügte hinzu, daß wir „vom deutschen Standpunkt her gesehen ... kein größeres Interesse als das anzumelden hätten, daß jegliches Problem, wie immer es sich auch stellen möge, in friedlicher Art gelöst werde". Dabei verwies ich auch auf den Sicherheitsrat der damals noch jungen Organisation der Vereinten Nationen. Es war noch kein Jahr seit Kriegsende vergangen.

Das war für die Militärregierung zuviel an Freiheit der Meinungsäußerung, zumal es in dieser Tendenz nicht der einzige Meinungsbeitrag in der „Braunschweiger Zeitung" war, der die deutsche Position für die kommenden Jahre darin sah, mitzuhelfen, den Frieden zu festigen und zu erhalten. Am 5. März 1946 hatte ich bereits einen Leitartikel mit dem Satz geschlossen: „Eine organische Verknüpfung von Ost und West allein wäre geeignet, die Spannungen in Europa auf allen Gebieten seines Daseins, die wirtschaftlichen, kulturellen und politischen, zu mildern und schließlich aufzulösen."

Die zu erwartende Reaktion der Militärregierung kam am 29. März. Der Brief war an den Herausgeber und Lizenzträger der Zeitung Hans Eckensberger, gerichtet und hatte in der Übersetzung folgenden Wortlaut:

> „1. Wir erheben schärfsten Einwand gegen die kürzliche Einmischung in die Auslandspolitik plus der anti-russischen Einstellung einiger Redakteure der ‚Braunschweiger Zeitung'. Überschriften wie ‚Das Duell' in

einem Leitartikel der BZ vom 19. März 1946 und ein Satz in dem Artikel ,Die Hintergründe' in der Ausgabe vom 26. März, (, ... der im politischen Spiel ...') werden nicht geduldet. Der Probedruck von ,Dresden heute' ist in Zeiten, wie wir sie jetzt haben, unbegreiflich.

2. Die Verantwortung für die BZ ruht auf dem Lizenzinhaber, Hans Eckensberger, und jedes Wort, das in dieser Zeitung erscheint, steht unter seiner Verantwortung und könnte den Verlust der Lizenz kosten. Die Redakteure schreiben nur, was er von ihnen will, und wenn sie anti-russische Fraktionen bilden, werden sie entfernt werden.

3. Deutschland ist heute in der einzigartigen Lage keine Regierung zu haben. Die einzige Behörde ist der Kontrollrat; Kommentare zur Außenpolitik der Vereinten Nationen scheinen schlecht geraten.

4. Es wird nur zu gern zugegeben, daß die Deutschen über Ereignisse draußen in der Welt unterrichtet werden müssen; wir schlagen vor, daß dies durch Benutzung des DPD oder DANA getan werden soll, ohne Kommentar.

5. Wir müssen Ihre Aufmerksamkeit ziemlich scharf auf diese Sache lenken und darauf hinweisen, daß Herr Eckensberger und nicht Herr Sänger dafür verantwortlich ist, was in die BZ kommt und was nicht und daß Sie völlige Freiheit darüber haben, Schriftleiter zu engagieren und zu entlassen. Dies bezieht sich natürlich auf Herrn Sänger ebenso wie auf jeden, der ,deutschnational' ist oder Sachen gegen die Russen schreiben will.

6. Wir sind sicher, daß Sie diese Tatsachen zur Kenntnis nehmen werden und daß eine Wiederholung von deutschen redaktionellen Kommentaren über die Vereinten Nationen nicht vorkommen wird."

Die Redaktion nahm eine so ungewöhnlich unsachliche Äußerung mit Erstaunen zur Kenntnis. Die darin behaupteten „Tatsachen" (Angriff auf die Sowjetunion) gab es nicht. Der Brief war im Auftrage einer Dienststelle der britischen Militärregierung geschrieben worden. Die Redaktion fragte: Hatte der Briefschreiber die Artikel in der Zeitung wirklich gelesen? Die Erwartung, nur Agentur-Beiträge als Meinungsäußerungen einer Redaktion zu veröffentlichen, konnte auf keinen Fall britischen Anschauungen entsprechen. Die absonderliche Meinung über die Verantwortlichkeit des Lizenzträgers widersprach in bezug auf die Position eines Chefredakteurs sowohl britischer wie auch deutscher Wirklichkeit.

Nach einer langen und gründlichen Aussprache in der Redaktion, die völlig übereinstimmte, beantwortete ich das Schreiben (am 3. April 1946). Ich wies darauf hin, „daß der Lizenzträger die Verantwortung für das geschäftliche Unternehmen und für die Haltung der Zeitung insoweit übernimmt, als hierüber Bestimmungen in der Lizenzanweisung enthalten sind". Ich erklärte für meine Person, „daß ich an diesem Posten nicht klebe und jederzeit bereit bin ihn aufzugeben". Dann hieß es weiter:

„Ich möchte mich entschieden dagegen verwahren, daß ich irgendwie ,gegen die Russen' geschrieben habe oder daß ich es zugelassen hätte, daß gegen Rußland und die russische Politik geschrieben wird. Ich weiß auch nicht, aus welcher unserer Veröffentlichungen Sie eine solche Tendenz entnehmen wollen. Der von Ihnen zitierte Artikel ‚Das Duell‘ ist nicht gegen, sondern für die russische Auffassung geschrieben worden."

Es sei seit langem meine Meinung, „daß Deutschland die Brücke zwischen dem Westen und Osten zu bilden hat und daß wir die Politik zu verfolgen haben, uns nach der einen und nach der anderen Seite in gleicher Weise anzulehnen". Ich glaubte, so schrieb ich, daß diese meine Auffassung auf beiden Seiten Verständnis finden werde. Im übrigen hatte in dem Artikel ausdrücklich gestanden, daß er „vom deutschen Standpunkt" aus geschrieben worden war.

Mein Brief erwiderte auch auf den unbegreiflichen Satz, daß Kommentare zur Außenpolitik der Vereinten Nationen nicht angebracht seien, denn wir hielten sie für unbedingt nötig und für nützlich. Wir wollten durch unsere Berichterstattung und Meinungsbildung deutlich machen,

> „daß Meinungsverschiedenheiten und sogar Konflikte nicht, wie es in der deutschen Außenpolitik üblich war, zum Krieg führen müssen, sondern Gegenstand der Aussprache sind und schließlich eine Einigung nicht verhindern."

Die Lizenzanweisung enthalte zudem »keinen Anhaltspunkt dafür, auf außenpolitische Artikel verzichten zu müssen".

Eine gereizte und nun an mich gerichtete Antwort war die Folge. Sie unterschied sich in ihrem Sachgehalt nicht von dem ersten Brief: Hier schrieb ein Sieger einem Besiegten. Ich konnte mich nicht anders verhalten als ein Journalist es zu tun hat, der seine Unabhängigkeit gegen jedermann bewahren will. Dieser Engländer hat seinem Lande keinen Dienst erwiesen, wie sich dann zeigte.

Der Briefwechsel, der in den Dienststellen der britischen Militärregierung offenbar mit besonderem Interesse gelesen wurde, hatte über eine längere Zeit hin Folgen. Zuerst rief aus Bünde, dem Sitz der Pressebehörde der Militärregierung der britischen Zone, ein englischer Offizier an, stellte sich mit Namen und Rang vor und wetterte in durchaus verständlichem Deutsch gegen seinen Kameraden oder Kollegen mit Ausdrücken, die es mir angezeigt erscheinen ließen, ihn zu dämpfen. Einige Tage darauf kam ein Anruf aus Herford, wo die Militärregierung oder Teile von ihr ihren Sitz hatten. Dieses Gespräch war ruhiger aber durch die mir gestellten Fragen für den Offizier, der die Briefe geschrieben hatte, peinlich. Es folgten Briefe aus London, auch von Mitgliedern des Unterhauses. Am 10. Mai befaßte sich die Londoner „Tribune" mit dem Vorgang.

Noch Jahre danach wurde ich auf diesen Disput angesprochen, auf der Hundert-Jahr-Feier der Reuter-Agentur (1951), bei einem Besuch im Unterhaus in London (1961) und im Deutschen Bundestag von britischen Journalisten, die dort (1968) einen Besuch machten. Die törichte Haltung eines mit der Atmosphäre und den ungeschriebenen Gesetzen einer freien Presse nicht vertrauten Offiziers hatte beträchtliche Beachtung gefunden – ein wertvolles Zeugnis für ein wirklich freies, demokratisches Land und Volk.

Politik in der Praxis

(1946/1947)   Journalisten und Politiker haben gemeinsam, daß sie
die Geschehnisse des Tages und die Wirklichkeit kritisch beobachten
und bedenken sollen. Dann trennen sich die Aufgaben: Der Journalist
soll mitteilen und darstellen, was er weiß, der Politiker soll zu bessern
versuchen, was er unzureichend findet. Was er überlegt, welchen Weg er
einschlagen will, wie der Plan aussieht, den er verfolgt, das sind wieder
Tatsachen, die der Journalist mitzuteilen hat, wenn sie wichtig sind.
Und wenn ein Politiker viele Male hintereinander interessante Vorschläge zu machen hat, so muß über ihn viele Male hintereinander berichtet werden. Ausgewogenheit in der Berichterstattung, die so oft
gefordert wird, besteht nicht darin, über den einen sowohl wie über den
anderen und noch dazu in gleicher Zeilenzahl zu berichten – auch wenn
der eine etwas Wichtiges, der andere nur Plattheiten zu sagen weiß,
der eine fleißig ist, Einfälle hat und deshalb immer wieder interessante
Informationen bietet, der andere aber träge ist, ohne Phantasie und
unproduktiv. Deshalb muß die verantwortliche und redlich getroffene
Entscheidung allein dem Journalisten überlassen bleiben. In der Wirklichkeit wird der eine dies, der andere jenes für wichtig und interessant
halten, ohne daß beide eine andere Absicht leitet als die, nach eigener
Überzeugung korrekt nach den Regeln eines verantwortlichen Journalismus gehandelt zu haben. Die Subjektivität der journalistischen
Arbeit, die in Verantwortung getan wird, ist Voraussetzung und Garantie seiner Leistung. Die Chance, verschiedene Meinungen und Berichte
lesen und hören zu können, ist in der freiheitlichen Ordnung einer
Gesellschaft deshalb unentbehrlich.
In unserem Lande wird allzu viel theoretisiert, wenn dieses Thema
behandelt wird. Die Praxis zeigt jedoch eine größere Ausgewogenheit
als von den engagierten Kritikern der Journalisten zugegeben wird.
Nur zu oft, fast in der Regel, sind diese Kritiker enger gebunden als die
Kritisierten. In länger als einem halben Jahrhundert Berufstätigkeit
hat mich die Erfahrung gelehrt, daß Einseitigkeit, gewollt oder aus
Blindheit eingenommen, weder zu Ansehen, noch zu Wirkung führt,
daß sie aber den Leser abstößt und den Journalisten und seine Publikation in Mißachtung bringt.
Nicht wenige Journalisten sind wegen einer respektablen Leistung, die
sie boten, in wichtige Positionen der Wirtschaft, der Verwaltung, der
Diplomatie, der Politik, in Regierungen, Gewerkschaften, Verbände
und Unternehmen berufen worden und dort tätig. Nicht wenige aber
auch sind wieder zurückgekehrt in den Beruf, der mehr als jeder andere
persönliche und geistige Unabhängigkeit gewährt und verlangt, um den
ständigen Erfolg zu sichern. In den ersten Jahren nach dem Kriege war
der Wechsel besonders häufig, und damals wurde besonders deutlich,
wie nützlich er sein kann.
Anfang Juli 1945 hatten englische Truppen den Kreis Gifhorn übernommen, der zur Provinz Hannover gehörte. Die Amerikaner zogen

nach Süden ab. Mit den Briten zogen Ruhe und Beständigkeit ein. Die letzten Plakate verschwanden, auf denen proklamiert worden war, daß die Besatzer als Sieger gekommen seien.

Schließlich: Die Briten kamen in ihr einstmals eigenes Land zurück – meinten wenigstens einige von ihnen und teilten uns diese Meinung umgehend mit. Als wir in engere Berührung miteinander kamen, erwiesen sich vor allem junge britische Soldaten als besonders geschichtsbewußt: Bis 1866 sei Hannover britischer Kronbesitz gewesen, lautete die These, und dann hätten die Preußen das Land durch eine militärische Aktion (sie sprachen auch von Überfall) okkupiert und annektiert.

Das war zwar nur „ungefähr richtig", aber es war auch für uns nützlich, denn im sozusagen wiedergewonnenen Lande und zum eigentlich eigenen Volke kommt man nicht als Sieger, sondern verhält sich als Befreier . . .!

Die Politik sprach den Journalisten mehr und mehr an, die Praxis drängte sich auf. Kaum waren die Briten im Lande, so begannen sie auch Gespräche über die Folgen der historischen Bindung, die doch wohl „eigentlich" bestand. Sie erweiterten sich mehr und mehr zu Überlegungen, in denen eine gemeinsame Zukunft eine Rolle zu spielen schien.

Es blieb nicht beim Meinungsaustausch. Der von der Besatzung zunächst als „Oberpräsident der Provinz Hannover" bestellte Sozialdemokrat Hinrich Wilhelm Kopf war gewiß der am besten geeignete Partner für Diskussionen dieses Inhaltes. Manch langer Abend dehnte sich bis in den nächsten Tag aus, wenn wir in Kopfs Wohnung beieinander waren, Engländer, Schotten, Iren, Deutsche. Diese Aufteilung ist aus Gründen der Genauigkeit nötig, denn aus der Differenzierung ergab sich manches interessante Argument. Die bäuerliche Pfiffigkeit des Niedersachsen Kopf aus dem Hadelner Land (bei Cuxhaven) ließ ihn dann nicht selten und immer neu abgewandelt das Argument benutzen, man könne und man müsse dies und das tun, um in diesem Lande zu zeigen, daß eine verworrene Vergangenheit am besten und so bald wie möglich durch offene Zusammenarbeit überwunden werden könne.

Im Kreise Gifhorn wurden bereits am 2. Januar 1946 Gemeinderäte gebildet. Wenig mehr als einen Monat später entstand der Kreistag. In beide Gremien wurde ich berufen, später gewählt. Am 23. August 1946 trat der Landtag des nun wieder selbständigen „Staates Hannover" zusammen, der durch Verordnung der Militärregierung entstanden war (was für den Staat wie für das „Parlament" galt) und am 9. Dezember immer noch des gleichen Jahres 1946 ein „Landtag" des neuen Landes Niedersachsen, das, ebenfalls durch Verordnung der Militärregierung, aus den bis dahin selbständigen Ländern, die auch Staaten genannt wurden und eigene Staatsregierungen hatten, Braunschweig, Hannover, Oldenburg und Schaumburg-Lippe, gebildet wurde.

Man mußte sich beeilen, um das Tempo mithalten zu können, das bei dieser Staatengründung, Staatenvereinigung und Konstituierung von Parlamenten, die ernannt wurden, vorgelegt wurde.

In allen den genannten Gremien wurde ich Mitglied, gehörte den Fraktionsvorständen an und habe parlamentarische Arbeit als „Abgeordneter" praktisch kennengelernt. Von der Tribüne des beobachtenden, wertenden und berichtenden Journalisten aus und im ständigen Umgang mit frei gewählten Abgeordneten brachte ich aus dem Deutschen Reichstag, dem Preußischen Landtag und Landtagen deutscher Länder und aus Parlamenten im Ausland Erfahrungen mit, die nützlich waren. Allzu vielen Neulingen war jeglicher Parlamentarismus fremd, und es ergaben sich zuweilen lustige Szenen. Von den einst tätig gewesenen Sozialdemokraten waren viele nicht mehr am Leben; vom Terror ermordet worden, im Kriege gefallen oder vermißt. Der Ausfall fast einer ganzen Generation konnte lange Zeit nicht ersetzt werden. Das galt nicht in gleichem Umfang für die anderen Parteien, ausgenommen wieder die Kommunisten, deren Verluste groß waren.

Im Lande Niedersachsen ging am 20. April 1947 zum ersten Male ein Parlament aus freien, geheimen und direkten Wahlen hervor. Ich hatte im Wahlkreis Wietze kandidiert und wurde entgegen allen Voraussagen, weil es ein traditionell „welfischer" Kreis war, wohl vor allem von meinen pommerschen Landsleuten gewählt, die dort nach der Flucht bei Kriegsende in großer Zahl Unterkunft gefunden hatten. Später haben mir manche gestanden, daß sie nie zuvor in Pommern einen Sozialdemokraten gewählt hätten. Jetzt trug auch das Gefühl der Verbundenheit zur Entscheidung bei. Der benachbarte und traditionell sozialdemokratisch orientierte Wahlkreis Burgdorf aber schickte einen rechts stehenden Politiker ins Parlament, einen Mann der Kirche.

Die Arbeit in den Gremien, in Gemeinderat, Kreistag und Landtagen, unterschied sich wesentlich von der, die ich fünfzehn Jahre später als Mitglied des Deutschen Bundestages kennenlernte. Sie war damals weit mehr unmittelbar dem aktuell Notwendigen zugewandt. Man sah gleichsam, was man gewollt und erreicht hatte. Man konnte aber noch den einen und wieder einen anderen aus der Front der politisch Andersdenkenden durch Gespräch und Argument überzeugen und gewinnen. Die Starre der politischen Fronten, das gefährlichste Hindernis für eine fruchtbare parlamentarische Arbeit, war noch nicht so stark wie heute. Im Speisesaal setzte man sich noch an den Tisch der Kollegen der anderen Fraktion. Man verabredete noch eine andere Form des Beschlusses, und es geschah mit bleibendem Erfolg. In allen Fraktionen verzichteten sie auf die Wiederholung nationalistischer Phrasen oder gar Parolen aus der Zeit, in der das Unheil über Deutschland hereingebrochen war. In der Landesregierung von Niedersachsen war der Kommunist Karl Abel als Minister für Volksgesundheit und Wohlfahrt vom November 1946 bis zum Februar 1948 (zuletzt ohne Geschäftsbereich) neben Unions-Christen, Sozialdemokraten, Freien Demokraten, neben den Bauern der Niedersächsischen Landespartei und neben den Vertretern der Flüchtlinge im Bund der Heimatvertriebenen unbeanstandet und hilfreich tätig. Eine demokratische Wirklichkeit schien sich in echter Liberalität zu entwickeln.

Diese wenigen Monate erster parlamentarischer Arbeit, die in einem Klima des gemeinsamen guten Willens begonnen hatte und geleistet werden konnte, sind mir in bester Erinnerung geblieben. Um so erregender war es, daß mich Mitte Mai 1947 die Zeitungsverleger in der britisch besetzten Zone fragten, ob ich bereit sei, Geschäftsführer und Chefredakteur der Nachrichtenagentur zu werden, die in Hamburg aufgebaut worden war, noch aber unter britischer Leitung stand. Die Annahme einer möglichen Wahl bedeutete Abschied von der praktischen Politik.

Freunde, mit denen ich die notwendige Entscheidung besprach, rieten zu, andere ab, aber die Einstimmigkeit der dann erfolgten Wahl, die von Journalisten und Verlegern gemeinsam getragen wurde, bewog mich zur Zustimmung.

Am eindringlichsten hatte ich mit Walter Zechlin gesprochen. Er war damals Pressechef der Regierung unter Ministerpräsident Hinrich Wilhelm Kopf und war in gleicher Eigenschaft schon viele Jahre hindurch bei den Reichspräsidenten Friedrich Ebert und Paul von Hindenburg tätig gewesen. Wir kannten uns aus jener Berliner Zeit und hatten auch während der Nazijahre Kontakt gehalten. Nach dem Kriege verband uns, was ich dankbar eine Freundschaft nennen möchte.

Zechlin war im Zweifel, was er raten sollte. So wie dieses erste Parlament sei, werde schon das nächste nicht mehr sein können, meinte er. Die menschliche Nähe werde abkühlen, man werde wieder „Gegner" sein, vielleicht gar „Feind", wenn erst ein paar Jahre ins Land gegangen sein würden. In Deutschland sei das nun einmal so. Wer zum Ausgleich bereit sei, der sei deshalb nötig, zumal, wenn Standhaftigkeit in der Sache in verbindlicher Form und vermittelnd vertreten werde. Dies wollte er für ein Verbleiben in der praktischen politischen Arbeit geltend machen.

Auf der anderen Seite sah er für die kommenden Jahre die Notwendigkeit voraus, die Unabhängigkeit einer deutschen Nachrichtenagentur „mit aller Festigkeit und gegen jedermann, auch gegen die Zeitungsverleger" zu verteidigen. Zechlin berief sich dabei auf Edgar Stern-Rubarth, den letzten Chefredakteur des „Wolff'schen Telegraphenbüros" (WTB), das bis zur Hitler-Regierung die hauptsächliche Nachrichtenquelle im Deutschen Reich war, und es war nicht überraschend für mich, als Stern-Rubarth bei unserer ersten Wiederbegegnung nach dem Kriege mit dem gleichen Rat warnte. Zechlin glaubte an die Möglichkeit „von der Position des Chefredakteurs der Nachrichtenagentur her die künftig zu entwickelnde innere und äußere Pressefreiheit wirkungsvoller als jeder andere erreichen" zu können.

In der kleinen Abschiedsfeier, welche die Kollegen bei meinem Ausscheiden aus dem Landtag in Hannover veranstalteten, trug Walter Zechlin seine Überlegungen in einem Gleichnis vor, das eigentlich schon eine Ahnung dessen enthielt, was einige Jahre später Wirklichkeit wurde:

„Es war einmal, da wanderte Christus, der Herr, durch das niedersächsische Land. Er sah am Ufer eines Sees einen Mann trauernd sitzen und fragte ihn nach der Ursache seines Schmerzes. Der antwortete: Herr, in dieser Nacht brannte mein Haus ab; ich bin ein armer Mensch; was soll ich tun? Der Herr sagte ihm: Gehe hin und arbeite, Du wirst Dein Haus wiederfinden.

Und der Herr sah eine Frau weinend am Waldesrand. Sie hatte ihr Kind verloren und war tief betrübt. Er tröstete sie und verhieß ihr, der Segen des Himmels werde ihr Kinder schenken; sie möge glauben. Sie ging und ihr wurde geholfen.

Und ein drittes Mal sah der Herr einen Menschen einsam sein, der weinte bitterlich. Er fragte auch ihn nach seiner Not. Herr, sagte dieser, mich hat man gestern zum Chefredakteur des Deutschen Pressedienstes gemacht.

Da setzte sich Christus zu ihm und weinte mit ihm."

Sozialdemokratischer Pressedienst

(1946/1947) Wo Zeitungen auf Rotationsmaschinen gedruckt werden, fällt Papier ab. Das war auch in der Zeit so, in der Papier seltener war „als die Maikäfer im Winter", wie einer der Drucker im Hause der „Braunschweiger Zeitung" meinte. Die Männer an den Maschinen sorgten mit Aufmerksamkeit dafür, daß kein Blatt vernichtet wurde; sie hoben den Abfall auf. Er wurde zu Briefbogen geschnitten und zu Manuskript-Papier, und es war genug vorhanden.

Die Zeitung erschien zunächst nur zweimal in der Woche. Es war viel Zeit sie vorzubereiten, Zeit genug, Informationen hereinzuholen, Recherchen auch dann vorzunehmen, wenn wir interessante Nachrichten nicht veröffentlichen, wichtige Meinungen zwar aufschreiben aber nicht drucken konnten. Denn die Militärregierung schrieb dem Verlag vor, welche Zahl von Seiten herausgebracht, welcher Raum für Texte und welcher für Anzeigen zu verwenden war.

Auf welchen anderen Gedanken konnten Journalisten in solcher Situation wohl kommen als den, eine Chance zu nutzen und die Informationen durch eine neue Quelle zu verbreiten. Peter Raunau, Werner Schumann und ich entschlossen uns, eine Korrespondenz zu entwickeln und steuerten auf die Wiederbelebung des ehemaligen „Sozialdemokratischen Pressedienstes" zu. Er war von den Nazis verboten worden. Kurt Schumacher, der als Vorsitzender der SPD auch bereits vor dem ersten Parteitag anerkannte Erste der aktiven Sozialdemokraten, gab seine Zustimmung, die wegen des Namens nötig war, und seine Unterstützung, weil wir eine Lizenz der Militärregierung brauchten.

Das Abfallpapier gab der Verlag her. Eine Maschine zum Vervielfältigen war schon schwerer zu bekommen, noch schwerer aber laufend die Briefumschläge für den Versand. Schreibmaschinen besaßen wir Journalisten, das nötigste Gerät für unsere berufliche Arbeit. Die Suche nach der Druckfarbe war zeitraubender als die Redaktionsarbeit.

Das Porto und andere Kosten, die entstanden, brachten wir zunächst gemeinsam auf. Am 1. Mai 1946 waren wir startbereit. Der erste Parteitag der Sozialdemokratischen Partei Deutschlands stand bevor, der erste nach langen Jahren des Verbots und der illegalen Arbeit, die vom Ausland her und in kleinen Kreisen geheim und gefahrvoll im Innern die Verbindungen aufrechterhalten hatte.

An jedem Verhandlungstage konnten wir vom 9. bis 11. Mai 1946 den Delegierten des Parteitages die neuesten Nachrichten aus dem Material der Nachrichtenagenturen und der abgehörten Rundfunksender vorlegen. Wir kommentierten das Geschehen auf dem Parteitag und informierten Journalisten und Besucher über Details und Hintergründe, über die Beschlüsse und über Personalien. Damit hatte die Korrespondenz ihre Chancen gut genutzt, wie sich bald herausstellen sollte.

Ende September 1946 schieden wir drei Sozialdemokraten aus der Redaktion der „Braunschweiger Zeitung" aus und siedelten nun mit diesem Dienst nach Hannover über. Dort war die Zentrale der SPD.

Aber wie sah diese Stadt aus! Sie hatte mit am schwersten von allen deutschen Städten unter den Bomben gelitten. In der Georgstraße stand die Ruine eines ehemaligen Zeitungshauses. Sie hatte zwar ein Dach, die Mauern standen, aber das war eigentlich alles, was dazu berechtigte, von einem Haus zu sprechen. Wenn es regnete, kam das Wasser nicht nur über durchlöcherte und schief hängende Dachrinnen ins Hausinnere, sondern auch auf direktem Wege von Etage zu Etage. Die Wände waren kahl, ohne Putz und Fenster- und Türhöhlen ohne Holz; das Haus war ausgebrannt und zwar gründlich. Dennoch!

Irgendwo hatte es Bretter gegeben. Wir richteten uns in einem großen total leeren Raum ein. Eine Kellertür ersetzte eine einst feste Wohnungstür. Nicht unbedingt nötige Fensterhöhlen wurden verschalt. Dann gab es auch ein paar Fensterscheiben – gegen Torf aus dem Gifhorner Moor. Es werden sich manche erinnern, daß jener Winter, der heraufzog, der längste und kälteste war, der seit vielen Jahren geherrscht hat. Gelegentlich funktionierte die Heizung und versuchte, einen Hauch von Wärme vorzutäuschen.

Aber wir kamen voran! Neben dem Kommentardienst, den wir seit dem Mai 1946 wöchentlich und dann zweimal in der Woche herausgebracht hatten, erschien nun auch die „Volks-Wirtschaft", beide Wörter absichtlich und beziehungsvoll getrennt, und auch ein Dienst für das Feuilleton.

Jetzt konnten wir die in den drei Westzonen sofort lebhaft interessierten Redaktionen der Zeitungen und des Rundfunks und eine schnell wachsende Zahl von persönlich eingenommenen Politikern und Wirtschaftlern, Journalisten und Dienststellen mit Informationen und Hintergrundmaterial bedienen, das, weil es unabhängig von den Beiträgen der noch von den Militärregierungen geleiteten Agenturen und Zeitungen gegeben wurde, gesucht und bewertet war.

In einer geordnet geführten Buchhaltung wurden die einst rot geschriebenen Ziffern sehr bald durch schwarze ersetzt. Wir machten Gewinne und konnten uns eine Hilfskraft leisten und gar daran denken, Mitarbeitern Honorare zu zahlen und uns selbst Gehälter.

Wer sich da alles als Mitarbeiter bewarb! Lassen wir die Verirrten und Belasteten im Dunkel der Vergangenheit! Die meisten haben längst zu den Gegnern der sozialdemokratischen Politik zurückgefunden, zu denen sie immer gehört haben. Mögen sie wenigstens erröten, wenn sie sich erinnern!

Der „Sozialdemokratische Pressedienst" war selbständig. Er war aber seit seiner Gründung ein Glied der SPD gewesen, war einmal als „Sozialdemokratischer Parlamentsdienst" entstanden, 1921 in eine GmbH überführt worden und trug seinen Namen seit 1924. Damals hatte Erich Alfringhaus die Leitung des Dienstes übernommen, der ihn bis 1933 führte. Ich habe ihm manchen Beitrag aus meinen damaligen Arbeitsbereichen geben können. Alfringhaus mußte in die Emigration nach Dänemark ausweichen und starb dennoch in einem deutschen Gefängnis (1940), weil er zu lange geholfen hatte, seine in dem überfüllten Lande untergeschlüpften Freunde vor der hereindringenden Gestapo in Sicherheit zu bringen.

Der von uns neu gegründete SPD-Pressedienst wurde durch formellen Akt am 7. Januar 1947 dann einer Gesellschaft mit beschränkter Haftung übergeben und damit an die Partei. Geschäftsführung und Chefredaktion oblagen weiter mir – aber nur noch für kurze Zeit.

Anfang Juli 1947 schied ich aus und folgte einem Ruf zu einer anderen Aufgabe. Peter Raunau hat den Pressedienst viele Jahre weitergeführt und ihm als offiziöse Stimme der Führung der damaligen Oppositionspartei in der Bundesrepublik Deutschland zu großem Ansehen und nachhaltiger politischer Wirkung verholfen.

Neuwerk

(1947)   Das Telefon hatte geklingelt. Ich saß in Hamburg, in der Redaktion des Deutschen Pressedienstes, dessen Chefredakteur ich geworden war.

„Morgen früh um 8 Uhr pünktlich: Alte Liebe, Zahnbürste und Nachthemd mitbringen. Adolf Grimme ist auch da."

Kein Wort mehr.

„Was soll ich denn da?"

„Das wirst Du sehen, staatswichtig!"

Aufgelegt. Kein Gruß am Anfang, keiner am Schluß.

Das war Hinrich Wilhelm Kopf, Ministerpräsident in Niedersachsen.

Es war so seine Art.

Am anderen Morgen standen wir wirklich am Kai in Cuxhaven, den viele Menschen in aller Welt mit dem Namen „Alte Liebe" kennen, Kopfs Frau, Adolf Grimme, zu der Zeit Kultusminister in Niedersachsen, und ich. Keiner wußte, was sich denn nun ereignen müßte.

Ein Boot des Seenot-Rettungsdienstes legte an. Wir ahnten, es habe auch mit uns zu tun. Der Kapitän bat uns an Bord, aber auch er wußte nur: „Wir geh'n jetzt in See, ostwärts Neuwerk und sollen Sie mitnehmen."

Ein wolkenloser Himmel breitete sich an diesem Juli-Morgen über Land und Meer. Das schnelle Boot glitt ruhig durch die kaum bewegte See. Ein anderer Rettungskreuzer kam uns entgegen. Die massige Gestalt von Kopf war von weither zu sehen; er stand auf der kleinen Brücke des Schiffes am Ruder.

Fröhliche Begrüßung, übersteigen, mitgebrachte Körbe und Kisten hin- und hergereicht. Dann gings mit dem größeren Boot Richtung Trischen, zur Vogelinsel. Dort war Verpflegung für die Wärter hinzubringen, und wir bekamen Gelegenheit, uns diese kleine von vielen tausend Vögeln bewohnte Insel für eine kurze Zeit anzusehen. Sie hatte genügt, ausreichend bekleckert zu werden. Kopf, der das vorausgesehen hatte, meinte; „Ich habe Euch nicht zum Vergnügen hergeholt. Die Sachen werden nachher gesäubert, wenn Ihr Eure Arbeit macht".

„Welche Arbeit?"

„Abwarten! Etwas extra Gutes!"

Wir gingen wieder in See, weit hinaus. Die Dunkelheit zog herauf, eine leise, geheimnisvolle Nacht. Wir saßen in der Kabine und aßen, diskutierten, versuchten Kopf auszupressen, damit wir endlich wußten, was wir denn tun sollten.

Da kam der Kapitän: „Solch eine Nacht habe auch ich noch nie gesehen, soviel Meeresleuchten."

Alles ging an Deck, und aus dem Wasser stieg – es ist kein Seemannsgarn! – eine silbrige Meerfrau. Kopfs Sekretärin hatte sich hineingestürzt und kam, von dem Silber der Meeresfauna über und über bedeckt, herauf. Der Mond allein blieb ungerührt.

War es das?

Der junge Tag zog herauf. Das Boot glitt durch einen Priel auf Neuwerk zu. Wir gingen an Land und hinüber zum Leuchtturm. Das war damals niedersächsisches Gebiet, diese kaum drei Quadratkilometer mit dem Leuchtfeuer darauf und mit nur wenigen Bewohnern, zu denen der Niedersachse Kopf gehörte, wie die Insel zu ihm. Als wir die runde Treppe hinaufkletterten, müde, abgespannt und erfüllt von Sonne, Seeluft und Korn, riß Kopf im Vorbeigehen eine Türe auf:

„Rein hier, Ihr beiden! Jetzt habt Ihr Zeit und macht einen Entwurf für die Verfassung von Niedersachsen fertig – bis morgen mittag." Sprach's und stapfte weiter hinauf.

Grimme und ich haben erst einmal geschlafen und dann gearbeitet. Die Unterlagen waren vorhanden. Wenn ich mich recht erinnere, ist dieser Entwurf nur zum Teil, kaum zu einem sehr großen Teil in die Verfassung übernommen worden, die schließlich am 3. April 1951 vom Landtag beschlossen wurde. In vier Jahren war genug Zeit genutzt worden, unsere kühnen Gedanken und Konzepte juristisch und politisch zu „modifizieren", wie man das so nennen könnte. Es ist aber kein

Blumenpflücken in fremden Gärten, wenn ich in aller geziemenden Bescheidenheit meine, daß in den beschlossenen Texten nicht ganz selten auch Formulierungen und Gedanken zu finden sind, die wir damals – nicht ganz unvorbereitet – mit weitem Blick (vom Leuchtturm über's Meer) zusammengetragen haben.

Alle in den Gebieten der einstigen Länder Braunschweig, Oldenburg und Schaumburg-Lippe gewählten Abgeordneten stimmten im Landtag mit den Hannoveranern gemeinsam mit einem klaren Ja. Mindestens das hatten auch wir an jenem frühen Morgen von unserem Entwurf erhofft.

Inzwischen gehört Neuwerk wieder zu Hamburg, wie seit dem dreizehnten Jahrhundert. Kein Ministerpräsident von Niedersachsen kann dort heute eine Verfassung ausarbeiten lassen. Das Leuchtfeuer aber ruft wie je die Schiffer: Hier bin ich, nun findet Euren Weg nur selber! Verfassungen meinen das auch so.

Nachrichten . . . Nachrichten . . .

(1947/1959)   „Wollen Sie nicht nach Hamburg kommen und mit mir den German News Service machen?" Sefton Delmer, ein damals und wohl noch heute bekannter englischer Journalist, im Kriege Chef des „Soldatensenders Calais", stellte mir Anfang November 1945 diese Frage. Die Militärregierung in der britisch besetzten Zone Deutschlands hatte ihm den Aufbau und die Leitung einer Zentrale für Presse-Nachrichten übertragen. Es sei, so erläuterte er mir (nach eigenen oder offiziellen Überlegungen, das war nicht zu erkennen) die Absicht der britischen Politik in Deutschland, so bald wie möglich die Sammlung und Verbreitung von Nachrichten in deutsche Hände zu übergeben. Aber soweit sei es noch nicht. Er werde noch einige Zeit in Hamburg bleiben, und ich sollte erst einmal sein Stellvertreter in der Redaktion werden.

Ich lehnte mit der Begründung ab, daß ich zwar eine solche Aufgabe nur zu gern übernehmen würde, daß ich jedoch erst zur Verfügung stünde, wenn mindestens die redaktionelle Verantwortung voll den Deutschen zustehe. Diese Freiheit wolle ich mir unter allen Umständen gerade für die Nachrichtenarbeit vorbehalten.

Schon zu der Zeit hatten, wie ich später erfuhr, inoffizielle oder auch nur persönlich unternommene Kontakte zwischen britischen Offizieren und deutschen Zeitungsverlegern stattgefunden, in denen auch das Thema Nachrichtenagentur behandelt worden sein soll. Im Sommer 1946 wurden die Gespräche offiziell geführt, und die Verleger der ersten deutschen Zeitungen, die damals lizensiert worden waren, wurden von dem Direktor der Presseabteilung der britischen Militärregierung angeregt, eine Organisationsform zu suchen, die Träger einer Nachrichtenagentur werden könnte. Bereits vor dem ersten Weltkrieg und bis in die Diktaturzeit hinein war in Berlin ein „Nachrichtenbüro deutscher Zeitungsverleger" erfolgreich tätig gewesen. Die Verleger kannten mithin die Aufgabe und wußten, worauf sie sich einlassen würden. Sie übernahmen nach gründlichen Beratungen die Chance, eine allein an den Sachbedarf gebundene Institution zu schaffen, die von Einflüssen jeder Art freigehalten werden könnte und deren Unabhängigkeit entscheidende Voraussetzung für ihr Ansehen in der Welt und den Erfolg ihrer Arbeit sein würde.

In langen Aussprachen versuchten Verleger und Journalisten, getrennt und gemeinsam, diese Grundsatzfragen zu klären. Es war auch die bis dahin unerprobte Möglichkeit zu erörtern, daß handels- oder bürgerlich-rechtlich verfaßte Zeitungsverlage und Anstalten des öffentlichen Rechtes (Rundfunk und Fernsehen) gemeinsam Teilhaber eines Unternehmens werden müßten, für das sie zugleich die mindestens für eine lange Zeit alleinigen Abnehmer der von dem Unternehmen erstellten Produktion werden würden. Sie hätten also zu bestimmen, welche Preise für die Leistungen ihrer Agentur von ihnen zu zahlen sein würden, welchen Umfang das Nachrichtenangebot haben müsse oder dürfe, welcher Ausbau zu fördern oder zu unterlassen sei u. a. m. Mit anderen Worten: Die Abgrenzung der Interessen, Investitionsforderungen und Investitionsbereitschaft des einzelnen Anteilseigners gegenüber dem Gesamtunternehmen, so erkannten es vorausschauende Teilnehmer dieser Gespräche, könnten nicht nur, sondern müßten angesichts der unterschiedlichen Interessen großer und kleiner Zeitungen und des Rundfunks mit Sicherheit zu Spannungen und gewiß auch zu Auseinandersetzungen führen.

Die Aufgaben eines Zeitungsverlages und die einer Nachrichtenagentur sind verschieden, auf keinen Fall identisch, von Sonderansprüchen des Rundfunks und des Fernsehens abgesehen. Die Interessen würden besonders dann in unterschiedlicher Richtung verlaufen, wenn die Agentur nicht nur für den Bedarf der Zeitungen im eigenen Lande Material sammelte, auswählte, formulierte und meldete, sondern auch bemüht sein müßte, die Wünsche ausländischer Redaktionen und anderer Nachrichten-Interessenten zu befriedigen, wenn sie sich, was sofort zu erstreben sein würde, an den Strom der Nachrichten anschließen sollte, der ständig die Welt umkreist.

Es kann nicht behauptet werden, daß die Satzung, die das Ergebnis solcher Beratungen schließlich zusammenfaßte, eine befriedigende Lösung brachte; sie überließ den Ausgleich künftiger Spannungen weitgehend einer Geschäftsführung, für deren Zuständigkeiten Vorstand und Aufsichtsrat enge Grenzen zogen. Dies gilt in besonderem Maße für die Satzung der aus den Agenturen der drei Westzonen 1949 gebildeten „Deutsche Presseagentur GmbH" (dpa).

Ende Mai 1947 waren die Beratungen in der britisch besetzten Zone abgeschlossen. Die Verleger der Zeitungen und die Rundfunkanstalten gründeten eine Genossenschaft unter dem Namen „Deutscher Pressedienst eGmbH" (dpd) und diese nahm am 5. Juli die Lizenz entgegen, die zur Errichtung und zum Betrieb eines Unternehmens zur Sammlung, Bearbeitung und Verbreitung von Nachrichten für Presse und Rundfunk berechtigte.

Sehr viel schneller verständigten sich die neuen Eigentümer der Nachrichtenagentur über personelle Fragen. Einem Aufsichtsrat gehörten Mitglieder aus allen parteipolitischen Richtungen an, die kommunistische eingeschlossen. Den Vorstand bildeten drei Verleger. Die Geschäftsführung, die vom Aufsichtsrat (einstimmig) gewählt wurde, bestand aus zwei Personen, wobei mir als einem der beiden die Leitung der Redaktion übertragen wurde.

Die neue Aufgabe war mir in ihrem Wesen und in den Details vertraut. Besonderheiten entsprangen der Tatsche, daß noch immer Militärregierungen in den vier Zonen herrschten, daß die Voraussetzungen der praktischen Arbeit (Verkehr, Telefon, Fernschreibnetz, Postbeförderung) im Nachkriegsdeutschland höchst mangelhaft waren, daß Kontakte zum Ausland nur zur Agentur Reuters in London bestanden und daß die Unterbringung unserer Agentur in einem ehemaligen Wohnhaus ein beschwerliches Provisorium darstellte. Ungewöhnlich als Ausstattung war eine eigene Stromquelle, die auch dann die Arbeit ermöglichte, wenn, was nicht selten vorkam, die allgemeine Stromzufuhr ausfiel. Die kümmerliche Ernährung der Mitarbeiter konnte auch durch manchen Zuschuß aus britischen Vorräten nicht spürbar verbessert werden. Keine Autofahrt verlief ohne Reifenpanne. Das vorhandene Aufnahme-, Fernschreib- und Funkgerät aus den Beständen der Hitler-Wehrmacht und -Marine, war abgenutzt. Neues gab es noch lange Zeit nicht, auch nicht mit Hilfe unseres Pförtners, bei dem sonst vom Damenstrumpf bis zum Klavier alles zu haben war, wohl wenn nötig, auch ein Darlehen, falls am Monatsende die Gehälter nicht hätten gezahlt werden können; die Zeit des „Schwarzen Marktes" machte fast alles möglich.

Nach Ablauf des ersten Vierteljahres unserer Arbeit im dpd konnte ich den Abnehmern der Nachrichtendienste in einem Rundschreiben einen Überblick über unsere Möglichkeiten und Absichten geben und behaupten, daß der bis Ende Juni 1947 unter ausschließlich britischer Leitung geführte Pressedienst „sich in den etwa zwei Jahren seines Bestehens in Deutschland und auch außerhalb der deutschen Grenzen bereits einen Namen gemacht" habe. Ich konnte feststellen, daß

> „ein Stab von ausgewählten und leistungsfähigen Journalisten in der Zentralredaktion in Hamburg und in den verschiedenen Außenstellen in der britischen Zone und in Berlin zur Verfügung"

stehe, alles deutsche Journalisten, die berufen seien, „an der Entwicklung einer freien deutschen Pressepolitik mitzuwirken", daß wir nicht danach fragten,

> „ob die Kolleginnen und Kollegen einer der heute zugelassenen politischen Parteien angehören oder gar welcher, wenn nur die Bedingung erfüllt wird, daß sie ohne Einschränkung der Verbreitung der Wahrheit dienen".

Die Satzung der Genossenschaft schrieb vor was selbstverständlich war, daß Unparteilichkeit, Objektivität und Unabhängigkeit von jeder Einflußnahme von außen her Voraussetzungen für die Arbeit sein und bleiben müßten.

Wir bauten auf dem Fundament weiter, das ein so hervorragender Journalist wie der Brite Sefton Delmer und das mit ihm – und dann als Direktor der britisch geführten Agentur alleinverantwortlich – der sachlich wie menschlich überaus hilfreiche Hans Berman, ein einstmals deutscher Emigrant, in mühsamer, selbstloser Arbeit errichtet hatten.

Wir mußten uns den sich schnell erweiternden Bedürfnissen der deutschen Presse anpassen „und zugleich den Weg betreten, auf dem der Deutsche Pressedienst in möglichst kurzer Frist zu einem ernsthaften Glied des Ringes der Weltnachrichtenbüros werden kann", wie es in dem Rundschreiben etwas großzügig hieß.

So schnell und so erfolgreich diese ersten Schritte möglich waren, für die Nachrichtenarbeit waren sie nur ein höchst bescheidener Anfang.

Ein Dampfer kommt

(1947)   Abends waren wir bei einem Kollegen eingeladen, meine Frau und ich. Wir waren noch nicht aus dem Mantel, da drängte der Gastgeber:

„Ich soll Sie sofort ans Telefon bringen; Herr Berman möchte Sie sprechen."

Hans Berman war der britische Offizier, der noch allein im Hause des Deutschen Pressedienstes geblieben war, als die Verantwortung und Leitung nun bei den Deutschen lagen. Er war kein „Kontrolleur" in des Wortes übler Bedeutung, er war Beobachter und Helfer. Vom 7. Juli 1947 an, als ich die Leitung der Redaktion der Nachrichtenagentur übernahm, hatte es nicht eine einzige Kontroverse zwischen uns gegeben. Jetzt war es Anfang Dezember 1947.

Ich meldete mich am Telefon, wie er gebeten hatte. Dieses Mal war er erregt. Da liege eine Nachricht vor ihm, die bereits über den Funk an alle Zeitungen gegangen sei und in der stehe, daß ein Dampfer aus Boston in den USA ausgelaufen sei, der die neue deutsche Währung an Bord habe. Diese Meldung sei – mindestens zu diesem frühen Zeitpunkt – unmöglich und müsse sofort zurückgezogen werden.

Die Meldung war mir bekannt. Sie war vormittags aus amerikanischer Quelle eingegangen, wurde von der Redaktion sorgfältig recherchiert (Name des Schiffes, Auslaufzeit, Möglichkeit der richtigen Warenbezeichnung), hatte eine bekannte und zuverlässige Quelle, war von großem Interesse und erheblicher Bedeutung – sie enthielt eine Tatsache und: „Tatsachen sind heilig". Also wurde sie verbreitet.

Diese Erwiderung ließ Berman nicht gelten. Er forderte sofortige Zurückziehung der Nachricht, die, wie er sagte, aus politischen Gründen gefährlich sei.

Noch einmal versuchte ich, ausschließlich von der Sache her für meine Entscheidung Verständnis zu gewinnen: Wir könnten uns nicht um mögliche politische Folgen kümmern, da wir als Nachrichtenagentur unbestreitbare Tatsachen von Bedeutung und allgemeinem Interesse mitzuteilen hätten. Und überdies habe eine amerikanische Agentur ja bereits berichtet.

Es nützte nichts, Berman verlangte die sofortige Streichung der Nachricht und zwar ohne weitere Begründung.

Meine Antwort: „Nein, das lehne ich ab! Und wenn, wie ich den Eindruck habe, Sie jetzt die Rücknahme der Nachricht anordnen wollen, bin ich von sofort an nicht mehr Chefredakteur des dpd."

Einen Augenblick Stille.

Dann Berman: „Lassen Sie uns morgen darüber sprechen, bitte."

Dieser wirklich mutige und faire Mann – er hatte ja eine Verantwortung vor seinen Vorgesetzten – hatte verstanden. Am nächsten Tage begann das Gespräch, das nur kurz war, mit der Erklärung, er habe begriffen, daß nur einer die Verantwortung haben könne; dann fügte er hinzu: „Es ist also Tatsache, Sie wissen was Unabhängigkeit bedeutet. Darüber freue ich mich", gab mir die Hand und sagte still, fast wehmütig: „Von morgen an können Sie über mein Zimmer verfügen."

Die kollegiale und für beide Seiten unabhängige britisch-deutsche Zusammenarbeit hatte sich bewährt. Mit vollem Recht stellte später Ernst Riggert, Mitglied des Aufsichtsrates der dpd-Genossenschaft, in einer Schrift über die Geschichte des Deutschen Pressedienstes fest: „Niemand brauchte besatzungshörig zu werden; wer sich so fühlte, war selber daran schuld" *.

Gesamtdeutscher Anlauf

(1948)   Es waren Journalisten und Verleger der Lizenzpresse, die sehr bald nach dem verlorenen Kriege durch eine konkrete Entscheidung einen wichtigen Beitrag zur notwendigen politischen Entwicklung der deutschen Frage leisteten. Jede Besatzungsmacht hatte, als sie in dem viergeteilten Deutschland zu regieren begann, eine eigene Nachrichtenagentur errichtet. Vier höchst kostspielige Institute waren tätig geworden und bauten sich aus. Die Erfahrung mit der Diktatur in Deutschland hatte aber gelehrt, daß nicht einmal zwei Nachrichtenagenturen wirtschaftlich selbständig bleiben konnten, um ihre Unabhängigkeit zu bewahren. Jetzt aber war die Zahl der Abnehmer der Nachrichten, der selbständigen Redaktionen, wesentlich kleiner. Wer sollte die Kosten aufbringen? Eine Zusammenfassung der Zonen-Agenturen oder wenig-

* „dpd, Deutscher Pressedienst eGmbH, Werden und Wert", Pressedruck GmbH, Bielefeld, 1953.

stens zunächst eine kostensparende Zusammenarbeit war unumgänglich.

Die politischen Voraussetzungen für eine Verwirklichung dieses Planes aber waren denkbar schlecht. Eine Konferenz der Ministerpräsidenten aller inzwischen entstandenen deutschen Länder, auch der aus der sowjetisch besetzten Zone, war Anfang Juni 1947 in München gescheitert. Sie sollte einen Schritt zur Wiederherstellung der deutschen Einheit, zunächst wenigstens für die Verwaltung, ermöglichen und erbrachte eine klare Trennung zwischen Ost und West.

Sehr bald nach diesem unglücklichen Ereignis haben deutsche Journalisten und Zeitungsverleger Gespräche darüber geführt, teils untereinander, teils miteinander, ob und wie es dennoch ermöglicht werden könnte, daß die Agenturen kooperativ tätig würden. Schließlich sind Nachrichten nicht an gesellschaftspolitische oder ökonomische Prinzipien gebunden, so meinten sie wie selbstverständlich, sondern müßten international austauschbar sein. Es lag nahe, daß die drei in den Westzonen arbeitenden Agenturen, Dena (Deutsche Nachrichten-Agentur, Bad Nauheim, amerikanische Zone), Südena (Südwestdeutsche Nachrichten-Agentur in Baden-Baden, französische Zone) und dpd (Deutscher Pressedienst in Hamburg, britische Zone), die bisher nur in einem losen Kontakt miteinander standen, dennoch versuchten, auch die Agentur ADN (Allgemeiner Deutscher Nachrichtendienst in Ostberlin, sowjetisch besetzte Zone) für eine Verbindung zu gewinnen.

Am 10. Januar 1948 fand in Berlin ein gemeinsames Gespräch statt, das zwar die Hoffnung entstehen ließ, es werde eine Zusammenarbeit und ein Austausch von Korrespondenten und die Eröffnung von Büros diesseits und jenseits der Ost-West-Demarkation möglich werden, aber bei dem Versuch der Verwirklichung zeigte sich, daß ohne eine Lösung der gesamtdeutschen Frage keine wirkliche Verbindung entstehen könne. Auch eine kollegiale Aussprache, die ich danach mit der verständnisvollen Direktorin des ADN, Frau Deba Wieland, hatte, brachte keine Fortschritte in der Sache.

Bemerkenswert früh bekundeten amerikanische Dienststellen Interesse für eine mögliche Fusionierung der Nachrichtenagenturen. Im Dezember 1947 erhielt ich eine persönliche Information über eine angeblich offizielle Stellungnahme der verantwortlichen amerikanischen ICD (Information Control Division). Dort habe man „grundsätzlich keine Bedenken" und betrachte diese Frage als „eine rein deutsche Angelegenheit". Ein Unterschied zwischen Ost und West wurde zwar nicht erwähnenswert, weil er unrealistisch war. Es wurden Einwände mitgeteilt: Auf keinen Fall würde man an der Spitze einer vereinigten Agentur jemand „anerkennen", der der NSDAP angehört habe; man habe „Bedenken wegen der politischen Kontrolle, die bei dpd viel weniger weitgehend sei als bei Dena"; man empfände es als störend, „daß dpd von den Parteizeitungen der britischen Zone kontrolliert werde", während man selbst Parteiorgane bei der Kontrolle nur sehr ungern zulassen möchte.

Diese Stellungnahme einer amerikanischen Dienststelle erschien aus deutscher Sicht wenig sachgerecht. Sie ließ den Schluß zu, daß die Amerikaner den Faden aufnehmen und führen wollten.

Nur wenige Wochen danach erschien überraschend ein Amerikaner bei mir, bat um ein „persönliches Gespräch", stellte sich als der amerikanische Verbindungsoffizier zur Dena vor und „erklärte" – wirklich, es wurde kein Gespräch, sondern seine präzisen, kurzen Darlegungen Punkt für Punkt hatten den Charakter einer mindestens offiziösen Information, die zur Kenntnis zu nehmen war.

Er begann mit der überraschenden Aussage, daß nach amerikanischer „und britischer" Meinung die Leitung der Nachrichtenagentur, die aus einer Fusion entstehen könnte, mir zu „übertragen" sei, da ich ja der Nazi-Partei nicht angehört hätte.

Er wollte wissen, wie ich mich als Chefredakteur zu etwaigen Versuchen stellen würde, die von Verlegern oder auch von politischen Parteien oder anderen Interessenten unternommen werden könnten, um auf die Nachrichtengebung Einfluß zu gewinnen. Er blickte auf als ich antwortete, ich würde solche Versuche genau so zurückweisen wie entsprechende Versuche der Besatzungsmächte.

Auch der Sitz der vereinigten Agentur schien für diesen Besucher (und seine vermuteten Auftraggeber) bereits festzustehen – als ob nicht die deutschen Eigentümer zu entscheiden haben würden. Frankfurt werde es sein, meinte er, alles schien schon geregelt und vorbedacht zu sein: Ich sollte „möglichst bald" nach Bad Nauheim umziehen. Die britischen Entnazifizierungsbescheide für die Journalisten des dpd würden akzeptiert werden. Außerdem: Ein Verbindungsoffizier werde natürlich tätig bleiben. Der Name der neuen Agentur werde lauten: „Westdeutscher Pressedienst" (wdp) oder „Westdeutscher Nachrichtendienst" (wnd). Da war alles geordnet, alles bestimmt – so schien es.

Das Gespräch fand am 7. April 1948 in Hamburg statt. Es war meine Pflicht, es allen Beteiligten sofort zur Kenntnis zu bringen. Die Überraschung beim dpd war nicht gering. Der Vorgang erschien als eine Lektion über den Wettbewerb der Militärregierungen, die in jener Zeit der Erste und immer auch der Fortschrittlichste zu sein wünschten. Wir lernten dabei auch die Praxis der nützlichen Regel, die stets für journalistische Arbeit gegolten hat und für jede gelten sollte: „Be first, but first be right."

Einiges von dem, was nun bevorstand, machte ein zweiter amerikanischer Besucher in einem offenherzigen Gespräch unfreiwillig deutlich, das Mitte Mai 1948 geführt wurde.

Er komme „völlig privat", erklärte er, ohne Namen oder Rang oder Position zu nennen, fröhlichen Gesichtes und sofort in den zerschlissenen „Sessel" fallend, der eigentlich nur zum Ausfüllen in dem kahlen großen Zimmer stand. Auffallend häufig wiederholte er, er sei „ganz persönlich interessiert", er habe „keinen Auftrag" und wolle „eigentlich" nur den „umstrittenen Chefredakteur" des Deutschen Pressedienstes kennenlernen.

„Warum umstritten?"

„Na, Sie sind doch Sozialdemokrat."

„Ja, das ist kaum neu, seit 1920 – Und nun?"

„Das hat es aber doch noch nie gegeben in Deutschland, an dieser Stelle ein Sozialdemokrat."

„Was ist denn daran besonders?"

Und mit der folgenden Antwort kam heraus, was von Beginn an zu erwarten war:

„Meinen Sie denn", sagte er, „das lassen sich die einflußreichen Kreise der Wirtschaft und der Politik, wenn sie erst selbst wieder in Deutschland zu bestimmen haben, bieten, an solcher Stelle, wo Sie doch so gut wie alles erfahren und vieles verhindern können?"

Ich hatte ihn schon unterbrochen als er von allein zur Frage umstellte. Ich wollte wissen, warum ihn das interessiere. Aber er wiederholte nur den Hinweis auf vorauszusehende politische Auseinandersetzungen.

Das Gespräch ging weiter:

„Also dann jetzt klarer Text", sagte ich ihm: „Was wollen Sie eigentlich sagen? Wollen Sie meinen Kollegen und mir oder nur einem von uns Manipulation unterstellen? Denken Sie an Verfälschung? Meinen Sie tendenziöse Nachrichten? Das alles, weil ich Sozialdemokrat bin? Denken Sie dies übrigens allein oder Ihre Kameraden auch?"

Nein, das meine er natürlich nicht, aber ja, er wisse, daß dies behauptet werde.

„Von wem?"

„Man hört das so bei uns."

„Sie müssen mir schon sagen, wo man das hört und wer das sagt und auch mit welcher Begründung das gesagt wird."

Er wehrte ab. In Amerika sei man eben immer gegen „sozialistische Experimente".

Ich erwiderte, daß ich wüßte, wie wenig objektiv man in den Vereinigten Staaten über Sozialdemokraten und Sozialismus unterrichtet sei, daß ich von in Deutschland tätigen Offizieren aber mehr Kenntnis und größere Sachlichkeit erwartet hätte, im übrigen:

„Was sind nach Ihrer Meinung in diesem Zusammenhang sozialistische Experimente? Sie sind seit langer Zeit in Deutschland, also sagen Sie mir ruhig, wer Ihnen dies hier zugeflüstert hat."

An dieser Stelle brach er das Gespräch ab, stand so abrupt auf wie er sich hingesetzt hatte und versuchte sich mit der Bemerkung zu erklären, die angestrebte Vereinigung der Nachrichtenagenturen sei doch „ein hochpolitischer Vorgang", und da müsse „man" doch über alles informiert sein.

Der von diesem kaum geschickten, aber sicher beauftragten Manne geäußerten Meinung bin ich in ziemlich gleichem Text später immer wieder begegnet, dann vor allem aus deutschem Munde. Daß ein Sozialdemokrat immer „schlimm", stets parteiisch, auf jeden Fall einseitig und unobjektiv sei, das ist im Lager der Gegner der Sozialdemokraten in Deutschland nun einmal so verbreitet wie die Meinung, daß man selbst stets sachkundig, immer korrekt und selbstverständlich objektiv sei. Daß solche verbohrten wie gefährlichen Ansichten auch in den Kreisen von Zeitungsverlegern Boden finden konnten, erfuhr ich dann mit Überraschung. Ich muß aber gleich hier festhalten: Von den Aufsichtsorganen der Agenturen dpd und dpa ist mir der Vorwurf parteilicher Nachrichtenarbeit zu keiner Zeit und in keinem Einzelfalle gemacht worden. Solche Verhaltensweise blieb stets eine Eigenheit einzelner, selbst parteipolitisch gebundener Eiferer.

Der unverkennbare Versuch der amerikanischen Militärregierung, Einfluß auf eine deutschen Nachrichtenagentur so lange und so intensiv wie möglich zu erhalten und ihn auch jetzt bei den Verhandlungen über eine Fusion geltend zu machen, wurde immer deutlicher. Die Zusammensetzung der Leitung der vereinigten Agentur fand das besondere Interesse.

Der damals als ständiger Vertreter des Parteivorstandes der Sozialdemokratischen Partei Deutschlands in Berlin tätige Willy Brandt, der spätere Bundeskanzler, hatte Anfang April 1949 eine Aussprache mit dem Beamten der amerikanischen Militärregierung, Micki Boerner, zur Sache. Dieser war politischer Berater des Chefs der amerikanischen Nachrichtenkontrolle, Oberst Textor. Im Verlaufe der Unterhaltung regte Brandt, wie ein damals verfaßter Bericht mitteilt, an:

> „Entscheidungen über die künftige Zusammensetzung der Redaktion und der geschäftlichen und technischen Leitung in einer neuen Nachrichtenagentur ausschließlich der Geschäftsleitung dieser Agentur und ausschließlich dem Nachweis der Fähigkeiten zu überlassen."

Boerner bestand aber darauf, daß die personelle Zusammensetzung der neuen Agentur ausschließlich paritätisch sein müsse, also gleich viele Personen aus der Agentur in der amerikanischen Zone wie aus der in der britischen müßten herangezogen werden. Jeder Parteieinfluß müsse abgelehnt werden, was Brandt nach dem vorliegenden Bericht zu der Entgegnung veranlaßte, solche Forderungen würden allzu leicht nur deswegen erhoben, um einer anderen Partei Einfluß zu gewähren oder vorhandenen Einfluß abzudecken.

Auch nach einem eindeutigen Beschluß der Generalversammlung der Dena, der keinesfalls alle amerikanischen Bedingungen deckte, blieben die Amerikaner bei ihren Forderungen und begründeten sie immer wieder mit der Befürchtung angeblich einseitiger politischer Einflüsse in der britisch besetzten Zone.

Im März 1949 befaßte sich sogar der offizielle Monatsbericht, den General Clay nach Washington erstattete, mit der Fusion der deutschen Nachrichtenagenturen. Dort wurde erklärt,

> „daß der Zusammenschluß nur gebilligt werden würde, wenn die vereinigte Agentur in Übereinstimmung entsprechend den bei der Dena vorhandenen Voraussetzungen freier demokratischer und unabhängiger Art organisiert sein würde"

und

> „daß die endgültigen Bestimmungen zum Zusammenschluß-Abkommen von der Militärregierung gebilligt sein müßten, bevor irgendwelche gemeinsame Tätigkeit beginnen könne oder bevor ein endgültiges Datum für das Inkrafttreten irgendwelcher Fusionsabkommen festgesetzt würde".

Dem Sinne nach wiederholte der Monatsbericht auch im April 1949 diese Grundsätze, wobei gesagt wurde, es gebe die Meinung, »daß jede Verschmelzung das Fundament der Dena als unabhängige Nachrichtenagentur zerstören würde".

Nicht nur deutsche Juristen bezweifelten die Rechtmäßigkeit solcher Einflußversuche unter Hinweis auf das Grundgesetz, das im Entwurf fertiggestellt und den Militärgouverneuren vorgelegt worden war, die am 12. Mai 1949 die Genehmigung gaben, es den Volksvertretungen der Länder zur Abstimmung zuzuleiten, es also akzeptiert hatten.

Aber erst nach den Beschlüssen der beiden Generalversammlungen der Dena und des Deutschen Pressedienstes, die am 18. August 1949 in Goslar getrennt getagt und dann gemeinsam die Fusion beschlossen hatten, meinte der folgende offizielle Monatsbericht, auf diesem Treffen

> „war die heftige Opposition, die vorher von einigen der 53 us-lizensierten Verleger der Dena gegen die Fusionsbedingungen von dpd erhoben worden war, offensichtlich wegen wirtschaftlicher Überlegungen und der Bedrohung der Auflagen und Anzeigeneinnahmen durch die wie Pilze aus dem Boden schießenden Nach-Lizenz-Blätter fallen gelassen".

Es war eine fast peinliche Begründung für einen Rückzug aus einer nicht immer exakten Berichterstattung. Der ehemalige Pressechef des Koordinationsamtes beim süddeutschen Länderrat und spätere Gouverneur von Schwäbisch-Hall, Mr. Lions, hatte am 23. März 1948 in der Anfangszeit der Fusions-Gespräche aufschlußreich gemeint, „es sei wichtiger, amerikanisches Kapital in eine deutsche Nachrichtenagentur als in die deutsche Industrie zu stecken". Das war deutlich. Dieses Gespräch hatte er mit einem Angehörigen des Deutschen Pressedienstes geführt.

Die Bemühungen der amerikanischen Militärregierung, die Personalien der neuen Agentur für die leitenden Posten insgesamt überprüfen zu wollen, fanden ihren Abschluß nach einem Ersuchen der britischen Militärregierung an dpd, keine Liste bereits von den britischen Dienststellen geprüfter Personen an die amerikanische Militärregierung zu übergeben: „Es ist nicht statthaft, daß von deutscher Seite einer Besatzungsmacht das Recht zugewiesen wird, Entscheidungen einer anderen Besatzungsmacht zu überprüfen."

Die Haltung der britischen Militärregierung zur Entwicklung einer einzigen deutschen Nachrichtenagentur war von Beginn an positiv und hilfreich. Als sie am 5. Juli 1947 die Lizenz für den Betrieb des Deutschen Pressedienstes an die deutschen Verleger ihrer Zone übergeben ließ, hatte ihr Sprecher bereits auf das Ziel der Vereinigung der Agenturen hingewiesen:

> „Die Verleger in der britischen Zone werden sicher auch erwägen, ob

dpd sich zum Zwecke der gegenseitigen Stärkung und Verbesserung der Dienste mit der Agentur Dena in der US-Zone und mit anderen Agenturen in Deutschland vereinigen kann und will."

Vorstand, Aufsichtsrat und Geschäftsführung hatten dieses Ziel um der größeren Leistungsfähigkeit einer unabhängigen deutschen Nachrichtenagentur willen nie aus den Augen gelassen, so schwierig die Anfangsaufgaben nach der Übernahme des Instituts zunächst auch waren.

Im Deutschen Pressedienst waren wir daran gewöhnt, daß die Militärbehörden und ihre Beauftragten, soweit wir überhaupt noch mit ihnen zu tun hatten, „sehr viel mehr an einer guten Zusammenarbeit und am Fortschritt der Presse interessiert (waren) als an der zu genauen Befolgung von Anweisungen und Anordnungen und an der Kontrolle der Militärregierung". Lance Pope, zu der Zeit Leiter der Presseabteilung in der Informationsabteilung bei der britischen Hohen Kommission, stellte dies am 26. März 1953 bei der Abschiedszusammenkunft der einstigen dpd-Eigentümer fest. Dieser weltoffene Mann, später – für seine Art und sein Ansehen bezeichnend – zum Ritter des „Ordens wider den tierischen Ernst" geschlagen, war durch alle Jahre einer der intensivsten Förderer einer wirklich freien Presse in Deutschland, jederzeit hilfsbereit und reich an Anregungen.

Daß die französische Militärregierung die Beteiligung der in ihrer Zone aufgebauten Agentur an einem Zusammenschluß begrüßte, wurde durch die Tatsache bezeugt, daß sich die Südena bereits vor dem verbindlichen Beschluß über eine Vereinigung in den Deutschen Pressedienst eingliederte und ihre eigene Tätigkeit aufgab.

Die zur Fusion der westlichen Nachrichtenagenturen bereiten deutschen Zeitungsverleger – sie wurden seit etwa einem Jahre Lizenzträger – trafen sich am 14. April 1948 in Frankfurt. Sie beauftragten zwei Arbeitsgruppen, sich über Möglichkeiten und Wege der Zusammenführung zu besprechen und Pläne vorzulegen. Damit begann ein Kapitel der deutschen Pressegeschichte, das zwar ein gutes Ende hatte, in dem aber viel Streit und Mißverstehen, manches Vorurteil und mancher Provinzialismus überwunden werden mußten.

Unerfreuliche Auseinandersetzungen zwischen den Beteiligten gaben schließlich zu der Feststellung Anlaß, daß es sich doch allein darum handele,

> „daß die Zeitungsverleger beider Zonen zu einer vernünftigen Regelung in der Frage der Nachrichtenbeschaffung gelangen. Die Verleger haben daran – nur daran – ein vordringliches Interesse und holen damit nur nach, was bisher durch die Zonenaufteilung – und nicht aus ihrem Willen – verhindert wurde".

Ich schrieb es einem der eifrigsten Verfechter vermeintlich unterschiedlicher Interessen am 25. Mai 1948.

In den zahlreichen oft langen und nicht selten temperamentvollen Diskussionen um die Fusion der in Westdeutschland tätigen Nachrichtenagenturen mußten Gegensätze zwischen Altverlegern (denen die Besatzungsmächte zunächst die Lizenz versagt hatten) und den neuen Herausgebern und Eigentümern lizensierter Zeitungen ausgeglichen werden. Mißtrauen über die Entwicklung einer beherrschenden großen Agentur stand gegen die Auffassung, daß Konkurrenz förderlich sei. Politische Vorurteile und sachliche Voreingenommenheit gegenüber den technischen Einrichtungen der Bundespost, der Überwachungs- oder gar Zensurabsichten unterstellt wurden, erschwerten schnelle Lösungen. Unverkennbar war auch, daß Interessen und Praktiken der einen Besatzungsmacht nicht denen der anderen entsprachen.

Es muß wissenschaftlichen Arbeiten überlassen bleiben, die Sachverhalte darzustellen, deren Kenntnis aber nur noch historischen Wert haben kann. In einer seit 1959 vorliegenden Dissertation über „Gründung und Entwicklung der westdeutschen Nachrichtenagenturen nach dem zweiten Weltkrieg" hat Dr. Gertrud Murmann-Steinhausen diese Bilanz gezogen:

> „Aufgrund des darüber vorhandenen Aktenmaterials ergibt sich der Schluß, daß die Dena fusionieren mußte, der dpd aber gern fusionieren wollte, da es für ihn vorteilhafter war. Mit anderen Worten, die Dena war auf die Fusion angewiesen – zumindest erweckt es diesen Eindruck. Der dpd aber nicht."

Diese Schlußfolgerung stimmt mit den Auffassungen überein, die wiederholt von Angehörigen der Geschäftsführungen und informierten Persönlichkeiten beider Seiten geäußert worden waren. Auf jeden Fall war eine Vereinigung für die deutsche Presse nützlich, und sie würde unausweichlich geworden sein, wäre sie nicht jetzt erfolgt (1949).

Die Zwistigkeiten und Meinungsverschiedenheiten wurden mit gutem Willen überwunden. Es wurde auch Einigkeit über den künftigen Namen erzielt, in dem jede der bisherigen drei Agenturen doch noch mit erkennbar bleiben wollte: „Deutsche Presseagentur."

Die besonders schwierige Frage des Sitzes der Zentrale entschied sich aus praktischen Gegebenheiten fast von selbst: In Hamburg war dpd in einem inzwischen ausbaufähigen Gebäude tätig (in dem übrigens zur Nazizeit die Gestapo gesessen hatte). Die Mitarbeiter hatten Unterkünfte in der schwer zerbombten Stadt gefunden, und der Senat der Freien und Hansestadt war weitschauend genug, durch Bereitstellung einer ausreichenden Zahl von Wohnungen auch noch den Zuzug der zusätzlich benötigten Journalisten und anderen Mitarbeiter zu ermöglichen. Ungezählte kleine und größere Schwierigkeiten konnten ohne Störung des Nachrichtenbetriebes gelöst werden.

Die Leitung der neuen Agentur sollte nach dem Vorbild des dpd aus einer mindestens zweiköpfigen Geschäftsführung bestehen, deren eines Mitglied für die Redaktion verantwortlich war. Ich blieb damit in meiner Aufgabe und Position und wurde Geschäftsführer und Chefredakteur der ersten freien vereinigten Nachrichtenagentur in der Bundesrepublik Deutschland.

Am 1. September 1949 funkte um 6 Uhr morgens die neue Deutsche

Presseagentur unter dem Zeichen dpa, daß sie den Dienst aufgenommen habe:

> „Die Pflege der objektiven Nachricht und die Unabhängigkeit von jeder staatlichen, parteipolitischen und wirtschaftlichen Interessengruppe werden das Merkmal der neuen Agentur sein."

Diese erste Sendung betonte, die Agentur werde

> „eine besondere Aufgabe darin sehen, auch das Ausland mit deutschen Nachrichten zu versorgen. Das Kennzeichen dpa muß vom ersten Tage an das Vertrauen der deutschen Zeitungen, der deutschen Öffentlichkeit und der Welt haben".

Am Prinzip der Eigentumsregelung hatte sich nichts geändert: Nur Zeitungs- und Zeitschriftenverleger und die Rundfunkanstalten konnten Anteile erwerben, kein einzelner mehr als ein Prozent, die Rundfunkanstalten zusammen bis zu zehn Prozent des Stammkapitals, das 1,2 Millionen DM betrug. Die Möglichkeit einer Zusammenfassung der Anteile durch einen einzigen Eigner oder durch eine Gruppe, die Gefahr der Beherrschung der Agentur durch Sonderinteressen war damit ausgeschlossen worden. Auch Altverleger, die keine Lizenz erhalten hatten, aber nun nach und nach wieder Zeitungen herausgeben konnten, wurden Anteilseigner.

Die bereits bewährte Struktur sicherte die Unabhängigkeit der Arbeit der Deutschen Presseagentur; sie erwies sich später gegenüber Versuchen, direkt oder indirekt Einfluß nehmen zu wollen, als ausreichend fest. Eine Nachrichtenagentur ist zu jeder Zeit und in jedem Lande für politisch, wirtschaftlich oder gesellschaftlich Interessierte stets ein Ziel von Manipulationen und Lenkungswünschen gewesen.

Noch gab es keine Bundesrepublik Deutschland, als der erste Ruf der dpa in die Welt gefunkt wurde, es gab noch keinen Bundestag und keine Bundesregierung. Deshalb, so zeigte das Echo, erschien die dpa für das Ausland als erste kompetente Stimme aus dem geschlagenen und zerbrochenen Deutschland, die den Willen zu neuem, selbständigem Leben weltweit bekundete.

Kontakte zur Welt

(1948/1959) Für das durch den Nationalsozialismus und den Krieg fast zwölf Jahre von allen engeren und vor allem vertrauensvollen Beziehungen zu den wichtigsten Staaten der Welt abgeschnittene Deutschland gab es zur Entwicklung einer Nachrichtenagentur keine dringendere Aufgabe als die, Verbindungen mit dem Ausland herzustellen. Dafür mußten nicht einmal politische Gründe entscheidend sein, wirtschaftliche, kulturelle und wissenschaftliche waren mindestens so wichtig und auch menschliche Beziehungen waren wiederherzustellen. Wer es nicht erlebt hat, wird es sich kaum vorstellen können, wie zäh und eiskalt nach dem Kriege erste Begegnungen begannen und manchmal verliefen, fast gleichgültig, ob es Treffen mit Persönlichkeiten aus ehemaligen Feindländern oder mit solchen aus neutralen Staaten waren. Wer das damals erfahren hat, kann sich heute nicht genug über manche Arroganz wundern, mit der geistige und politische Nachkommen des deutschen Nationalismus und Konservativismus über internationale Beziehungen und Freundschaften sprechen.

Mein Beruf und die neue Position führten mich vor allem mit solchen Persönlichkeiten zusammen, die in öffentlicher, also politisch akzentuierter Arbeit standen. Dabei war nicht selten zu erfahren, wie gut man draußen unterrichtet war, wie man dort wußte, mit wem man sprach und wie man mit diesem sprechen konnte. Persönliches Vertrauen war zunächst die einzige sichere Brücke, über die hinweg man sich mit Sinn und Ergebnis begegnete. Es liegt im Wesen und in der Aufgabe des Berufes der Journalisten, kontaktbereit zu sein und Grenzen jeder Art schnell zu überwinden. Tatsachen sind wichtiger als Emotionen, und Interessen liegen ferner als Wissen und Informationen. Ihr Arbeitsfeld ist die Weite der unübersehbar buntscheckigen Welt und nicht die Enge dogmatischer Gesellschaftsordnungen, bürokratischer Verwaltungen oder politischer Prinzipien. Es war kein Wunder, daß die ersten in Politik und Wirtschaft real verwertbaren und allgemeinen Kontakte jenseits der deutschen Grenzen nach dem Kriege durch den Deutschen Pressedienst ermöglicht wurden, indem Nachrichten hereingeholt und Nachrichten in andere Länder geleitet wurden. Die deutsche Wirtschaft nahm die Chancen schnell zur Kenntnis.

Mit der in London tätigen weltweit engagierten Agentur Reuters bestand eine Vereinbarung noch aus der Zeit, in der die britische Militärregierung die Agentur geleitet hatte. So wertvoll diese Verbindung jederzeit war, so objektiv und zuverlässig Reuters berichtete, wir wußten aus Berufserfahrung, daß es unentbehrlich sei, die Geschehnisse in der Welt stets mit eigenen Sinnen zu erkennen. Wir mußten uns eigene Quellen erschließen. Selbst ein Welt-Nachrichtenbüro zu werden, lag nicht in unserer Absicht. Dafür gab es auch keine Voraussetzungen. Der deutsche Nationalismus hatte sie gründlich zerstört.

Es erregte Aufsehen genug, daß bereits im November 1947 der erste deutsche Journalist im Auftrage des Deutschen Pressedienstes seine ständige Position im Ausland beziehen konnte: Frau Brigitte Krüger, bis dahin Leiterin des Büros des dpd in Düsseldorf. In London wurde sie, wie eine englische Kennzeichnung ihrer tatsächlichen Leistung es beschrieb, „eigentlich die erste deutsche Konsulin" nach dem Kriege.

Eine deutsche offizielle Vertretung gab es noch nicht; der Krieg war erst wenig mehr als zwei Jahre vorüber, und es gab noch keinen deutschen Staat. Zu Brigitte Krüger kamen nun die, welche Rat und Hilfe aus oder Kontakte nach Deutschland suchten. Der britische Polizist an der Straßenecke wußte bald, wo das Büro der ersten einsamen und mutigen Deutschen war, nach dem gefragt wurde. In den Zeitungen hatte gestanden, daß „eine deutsche Zentrale" (so ein Briefschreiber) in London aufgemacht worden sei.

Ich habe nie gehört oder gelesen, daß eine verantwortliche deutsche Stelle in Bonn jemals öffentlich für diese Frau ein Wort der Anerkennung gefunden und ausgesprochen hat. Sehr spät erst wurde der selbstlosen und umfangreichen, taktvollen Leistung durch ein Verdienstkreuz gedacht, in aller Stille.

Ende 1947 gab es noch keine Bundesrepublik Deutschland und keine Regierung für Deutschland. Erst die Revision des Besatzungsstatutes vom 6. März 1951 ermöglichte eine, wenn auch nur beschränkte, außenpolitische Tätigkeit der seit anderthalb Jahren bestehenden Bundesregierung. Ein Bundesministerium für auswärtige Angelegenheiten, das Auswärtige Amt, begann seine Arbeit am 15. März 1951.

Zu der Zeit waren bereits elf ständig besetzte Auslandsvertretungen der inzwischen zur Deutschen Presseagentur vereinigten Nachrichtenbüros der westlichen deutschen Zonen tätig. Sie lieferten eigenes Nachrichtenmaterial, das für Politik, Wirtschaft, Kultur und Sport von steigendem Interesse und Nutzen war. Es hatten sich jenseits der deutschen Grenzen lebende Journalisten gemeldet und ihre Mitarbeit zur Verfügung gestellt. Sie haben lange ohne Entgelt geholfen, denn Devisen für Honorare oder auch nur für den Ersatz barer Auslagen für Telefonate und Telegramme oder Postsendungen, gab es für die Presse erst vom Juni 1949 an.

Auch dann sind über mehrere Jahre hin die deutschen Zeitungsverleger noch für die nicht geringen, ständig steigenden Kosten dieser Auslandsverbindungen allein aufgekommen. Den größeren Gewinn an den so entstandenen Kontakten und an den Informationen, die hereinkamen und hinausgingen, die ständig an Zahl und Intensität zunahmen, hatten die lebhaft interessierte Wirtschaft und nicht zuletzt die administrative und politische Staatsführung, hatten die Politiker und Institute vieler Arbeitsgebiete. Für die Entwicklung neuer Verbindungen und die Wiederaufnahme früherer Beziehungen, für das wachsende Ansehen eines neuen Deutschlands hat die deutsche Presse, haben Journalisten und Verleger einen erheblichen materiellen und ideellen Vorschuß geleistet. Wurde er je anerkannt?

In einer ausführlichen Übersicht, die ich am 2. Mai 1948 zur Vorbereitung künftiger Beratungen über Absichten und Pläne der Redaktion des dpd zusammenstellte, ist auch die Entstehung eines selbständigen Wirtschaftsdienstes (in Verbindung mit Reuters) und die Möglichkeit eines ersten selbständigen Dienstes deutscher Nachrichten für das Ausland, „Europa-Dienst" genannt, behandelt worden.

Im Blick auf einen notwendig erscheinenden Funkdienst für Nachrichten zunächst in Europa hatten wir frühzeitig einen Kurzwellen-Sender beantragt und erhielten auch alsbald die Genehmigung zum Betrieb. Sie wurde uns aber sehr schnell noch einmal gesperrt. Auf die Frage, warum dies geschehe, hörten wir nur die Bitte, doch nicht auf eine Antwort zu drängen. Wir wußten, es gab auch andere Interessenten, die einen solchen Dienst herausgeben wollten.

Natürlich verfolgten wir unsere Absicht weiter. Wir waren uns klar darüber, daß eine Verwirklichung unseres Planes neue Belastungen für die Zeitungsverleger bringen würde und auch darüber, daß, wie ich in einem Memorandum festhielt, nur „eine wirtschaftlich gesunde Presse eine entscheidende Voraussetzung für ihre Unabhängigkeit und für die Unabhängigkeit der von den Zeitungen getragenen Nachrichtenagentur ist". Auf keinen Fall konnten und wollten wir diese Voraussetzung auch nur indirekt zerstören helfen. Wir wußten auch, daß einer Verwirklichung unserer Pläne zu jener Zeit noch rechtlich-politische Grenzen gezogen waren und schließlich, daß unter keinen Umständen staatliche Mittel oder solche in Anspruch genommen werden konnten, die nicht aus der Zeitungswirtschaft kamen. Wir wären im anderen Falle vor allem im Ausland sofort in Verruf gekommen, Subventionen anzunehmen und gar eine offizielle oder auch nur offiziöse Einrichtung zu sein. Dieser Gefahr wollten wir uns niemals aussetzen, weil die Unabhängigkeit der Agentur die erste, fast die einzige Voraussetzung glaubwürdiger Arbeit im Ausland war, ist und bleiben wird.

Dennoch mußte eine Lösung gefunden werden. Denn direkte Nachrichten aus einem Deutschland, das sich langsam aber spürbar wieder zu erholen begann, waren gefragt. Nach und nach war es gelungen, einen Nachrichtendienst aus Deutschland zu entwickeln, den wir in ständigem Aufbau in deutscher, englischer, portugiesischer und spanischer Sprache über Luftpost in das überseeische Ausland, über den Funk an einen Teil der süd- und westeuropäischen Länder und über eine Fernschreiblinie nach Skandinavien übermittelten. Das waren noch sehr primitive Verbindungswege, aber Kontrollen der Zeitungen ergaben, daß die Nachrichten gedruckt wurden.

Nach der Konstituierung der Bundesrepublik wurde im November 1949 der erste ständige Leiter des Presse- und Informationsamtes der Regierung der Bundesrepublik Deutschland berufen, Paul Bourdin. Wir waren in der alten „Frankfurter Zeitung" Redaktionskollegen gewesen. Er verstand, wie wichtig es für die noch in ersten Arbeitsanfängen stehende Bundesregierung war, zu wissen, daß es einen Weg für Nachrichten aus Deutschland in die Welt gab und eine Quelle, aus der zuverlässige Informationen aus anderen Ländern zu schöpfen waren. Das Bundeskanzleramt hatte alsbald das Material der Deutschen Presseagentur erbeten und erhalten, das laufend an die Zeitungen ging, und auch einige Ministerien, vor allem Dienststellen, die mit Wirtschaftsfragen zu tun hatten, interessierten sich. Nur dachte niemand daran, die laufenden Lieferungen auch zu bezahlen. Es schien, als betrachteten die zuständigen Beamten die Agentur wie in vergangener Zeit als eine staatliche Einrichtung, bei der man Material „anfordern" konnte. Eine Regelung nach dem Grundsatz Entgelt für Leistung – und keine andere! – war nötig. Paul Bourdin aber schied nach wenig mehr als dreimonatiger Tätigkeit zu früh wieder aus dem Amte, als daß die notwendige Regelung mit seiner verständnisvollen Hilfe hätte erreicht werden können.

„Die Anteilnahme der Bundesregierung an der Arbeit der einzigen deutschen Nachrichtenagentur beschränkte sich bis dahin im wesentlichen darauf, sich mit Personalfragen des dpd und dann der dpa zu befassen, indem man parteipolitische Beleuchtungsversuche anstellte" – dieser Satz stand in einem Bericht, den ich über die Situation unseres Auslandsdienstes Anfang 1950 den Gremien der Agentur vorlegte, und ich schrieb damals:

> „Es hätte nützlichere Aufgaben im Interesse Deutschlands gegeben. Wenn man, wie es mir ergeht, vom Ausland her buchstäblich aus allen Teilen der Welt, von Deutschen und von Freunden Deutschlands immer wieder angeschrieben wird, wann denn nun ein deutscher Dienst im Ausland auf dem Funkwege herausgegeben wird, wann wieder die deutsche Stimme täglich und täglich mehrmals zu hören ist, wenn man aus Deutschland Fragen bekommt, warum diese oder jene Nachricht aus einem fremden Lande in der britischen oder amerikanischen oder französischen Auffassung gegeben werde, während doch der Tatbestand so oder anders sei – dann wächst der Wunsch, nicht abzubauen, sondern aufzubauen und die Aufgaben in Angriff zu nehmen, die im Interesse einer objektiven und ausreichenden Information der Deutschen über das Ausland und der Menschen jenseits der deutschen Grenzen über Deutschland zu erfüllen sind, dringend erfüllt werden müssen."

Die deutschen Zeitungsverleger hatten völlig berechtigt die Frage gestellt, wie lange noch alle Last der Entwicklung der so wichtigen Auslandsbeziehungen allein von ihnen getragen werden müsse. Was konnte man antworten? Ich schloß meinen Bericht:

> „Die deutsche Wirtschaft ruft nach Informationen, die unabhängig und ausreichend sind; die deutsche Politik wünscht sich verständlich zu machen; der deutsche Leser will und soll sich informieren. Es ist dringend nötig, daß wir uns rühren und daß wir uns rühren können."

Aber bis zu der Stunde Anfang 1950 hatten wir weder die Genehmigung zum Betrieb des Kurzwellen-Senders zurückbekommen, noch die erforderlichen freien wirtschaftlichen Voraussetzungen, die Arbeit zu erweitern.

Am 17. Januar 1950 schrieb mir der Korrespondent der ehemaligen „Frankfurter Zeitung", Dr. Fritz Wertheimer aus Porto Alegre in Brasilien, wo er wohnte. Er war einer der angesehensten Kenner Südamerikas und hatte, als im Auswärtigen Amt der Weimarer Zeit noch Sachkenntnis geschätzt und erwünscht war, auf Anforderung diesem Amte in vielen Denkschriften und Memoranden Hilfe geleistet. Aus seinem Brief zitiere ich:

> „Deutschland ist heute noch nicht souverän. Es hat keine diplomatischen Auslandsvertretungen. Es wird jetzt Handelsvertretungen bekommen, die aber nur dem Namen nach Konsulate sein werden. Deutschland braucht aber gerade schon jetzt und zur Beurteilung seiner eigenen Stellung in kommenden Friedensverhandlungen eine eigene Meinung über das Ausland und Berichterstattung, wie das Ausland über Deutschland denkt. ... Die Lektüre der Zeitungen gibt kein Bild von den wirklichen Zuständen oder ausschlaggebenden Persönlichkeiten. Hat man daran gedacht, sich ein

solches Bild zu verschaffen, das wichtig werden wird, wenn man mit diesen Persönlichkeiten einmal verhandeln und mit den Tatsachen rechnen muß?"

Diesem erfahrenen Manne, dessen Wissen dann auch dem Wiederaufbau der deutschen Wirtschaft noch vielfach nützlich geworden ist, schwebte vor,

> „daß die Vertreter der dpa einstweilen eine vertrauliche und nicht zum Druck bestimmte Sachlagen-Beurteilung übernehmen"

sollten und er drängte zu dieser vermehrten Arbeit, die er auch selbst übernehmen wollte, obwohl er noch einen Monat vorher bewegte – und berechtigte! – Klage darüber geführt hatte, daß wir so gut wie überhaupt keine Zahlung an ihn leisten konnten.

Obwohl frühzeitig und wiederholt auf die Notwendigkeit deutscher Nachrichten aus deutscher Quelle hingewiesen worden war, weil solche Informationen gewünscht wurden, haben weder die Hohe Kommission der Besatzungsmächte noch auch die Bundesregierung genügend Verständnis für diese Aufgabe gezeigt. Noch im Juli 1950 antwortete die Bundesregierung auf eine Anfrage der FDP im Deutschen Bundestag, sie selbst beliefere

> „seit ihrem Bestehen die Auslandspresse und die ausländischen Rundfunkstationen, soweit sie in der Bundesrepublik vertreten sind, durch das Presse- und Informationsamt und die Pressestellen der einzelnen Bundesministerien in wachsendem Maße mit deutschem Nachrichtenmaterial. Durch die Errichtung deutscher Konsulate im Ausland wird es in Zukunft möglich sein, die Auslandspresse und die Rundfunkstationen im Ausland unmittelbar mit Material über Deutschland zu versorgen".

Abgesehen davon, daß dieses deutsche Nachrichtenmaterial im wesentlichen aus dpa-Nachrichten bestand – welche Illusionen, welch ein Mangel an Kenntnis der Wirklichkeit wurde aus dieser Antwort offenbar! Als ob die in Deutschland damals (und heute) akkreditierten Korrespondenten von Zeitungen und Rundfunkstationen offiziell angebotenes Regierungsmaterial anders denn als wohlbedachte Zweckinformation bewerten, als ob von Konsulaten hergegebenes Material jenseits der Grenzen nicht in gleicher Weise behandelt wird! Es hat damals einige gute Gespräche zwischen uns und Beamten der Bundesregierung, Abgeordneten und Beratern des Kanzlers gegeben, in denen kaum Meinungsverschiedenheiten erkennbar wurden, die aber so gut wie fruchtlos blieben.

Noch Jahre danach ereignete sich jener viel belachte Vorgang, daß das Auswärtige Amt begann, Nachrichten und Informationen an die deutschen Vertretungen „laufend über den Funk auszugeben" – nur hatten die Botschaften und Generalkonsulate der Bundesrepublik draußen keine Empfangsgeräte. Die folgten erst geraume Zeit später und nach und nach. In der deutschen Presse war Alarm geschlagen worden. Der „Funk ins Blaue" hatte sinnlos Millionen vergeudet. Man erfuhr, daß

er „für ausländische Regierungen eine oft peinliche Naivität" dargestellt habe.

In drei ausführlichen Memoranden hatte ich 1948 und 1949 die allgemeinen Gründe darzulegen versucht, die für einen Auslandsdienst sprachen und eine Reihe von Details für die Verwirklichung dieser Pläne
mitgeteilt. Ich habe dabei auch auf die allgemeinen und die wirtschaftlichen Konsequenzen für die Agentur Deutscher Pressedienst, der damals allein die Initiative verfolgte, hingewiesen und über die Entwicklung berichtet. Da auch die Hohe Kommission der alliierten Mächte
in Deutschland und die damaligen Parteivorsitzenden die Memoranden bekamen, lag mir an einer grundsätzlichen Bewertung der Notwendigkeit:

> „Die Abschnürung von den Nachrichtenquellen hat nicht nur eine prak-
> tische, sondern auch eine psychologisch-politische Folge. Von allen Aus-
> wirkungen des Kriegsausganges hat die Sperrung der Grenzen am nach-
> haltigsten das Gefühl ausgelöst, daß das deutsche Volk als Gesamtheit
> zu einer langjährigen Haft verurteilt sei. Diese Ausschließung aus dem
> internationalen Leben ist auf den Gebieten besonders spürbar, die ihrer
> Natur nach ohne ständig fließenden Verkehr mit der Außenwelt nicht
> fruchtbar sein können. Dazu gehört die Presse."

Die Memoranden wiesen auf die Pflicht zu internationaler Berichterstattung hin und darauf, daß bei einer Quellenangabe deutlich werden müßte, daß die Zeitungen bei dem gegebenen Stand der Auslands-
informationen nur englisches, französisches und amerikanisches Material
benutzen könnten und daß dies ständig an die Mauer erinnere, die
Deutschland wegen der Besatzung noch umgab.

> „Unvermeidbar sind (bei dem Zustand der Aussperrung) politische Kurz-
> schlüsse, die sich aus einer falschen Wertung politischer Ereignisse er-
> geben. .... Das Vertrauen des Lesers in die Berichterstattung ist unver-
> hältnismäßig stärker, wenn in den Zeitungen zum Ausdruck kommt, daß
> die politische Entwicklung im Ausland mit eigenen Augen beobachtet und
> selbst gedeutet wird. Es genügt nicht, diesen Eindruck nur zu erwecken.
> Vielmehr muß er durch die betonte Einstellung auf das eigene Unter-
> richtsbedürfnis und die eigenen Probleme täglich von neuem bestätigt
> werden."

Die an eine größere Zahl von Empfängern ausgegebenen Memoranden
regten zwar zu Rückfragen und Gesprächen mit wichtigen Persönlichkeiten an, führten auch zu Anfragen und anderen Tätigkeiten im Bundestag, der damals entstand, aber sie zeitigten einstweilen keine praktischen Folgen.

Erst die Berufung des Gesandten Dr. Fritz von Twardowski zum Leiter
des Bundes-Presse- und -Informationsamtes führte Ende 1950 zu
grundsätzlichen und realistischen Kontakten. Twardowski war aus früherer Tätigkeit mit Informationsaufgaben einer Regierung vertraut
und behandelte sie mit einem deutlichen Respekt vor der Unabhängigkeit der Nachrichtenagentur. Er schrieb, daß „auch bei einem völlig

unbegründeten, also falschen Eindruck, der bei korrespondierenden Agenturen des Auslandes entstehen würde, die Glaubwürdigkeit der deutschen Nachrichtenquelle ebenso in Gefahr gerät wie die der Bundesregierung und daß die Agentur als ein Instrument der offiziellen Politik doch nur ein Werkzeug der Propaganda" sein könnte, also unbrauchbar sei.

Bei unseren folgenden Gesprächen ist in diesem Sinne ein vertretbarer Vertrag zwischen der Agentur und der Bundesregierung erreicht worden. Er wurde am 10. April 1951 abgeschlossen. Die Bundesregierung hatte danach Anspruch auf den Empfang der Dienste der dpa, und sie bezahlte sie in Anpassung an die Tarife, die für die Tageszeitung galten. Von irgendwelchen Sonderabmachungen war keine Rede, war auch in diesen fairen Verhandlungen niemals die Rede gewesen. Die Agentur hatte einen zahlenden Kunden mehr gewonnen.

Aber noch war der notwendige Kurzwellen-Betrieb für die Abgabe der Nachrichten ins Ausland nicht möglich, obwohl eine grundsätzliche Zusage der Hohen Kommission der Alliierten vom 5. September 1950 abermals mitgeteilt hatte, „daß sie bereit ist, die dpa zur Ausgabe dieser Nachrichtendienste in spanischer Sprache zu ermächtigen". Erst fast sieben Jahre später, am 4. März 1957, konnte endlich ein täglich mehrmals gefunkter Kurzwellen-Dienst mit Richtstrahlern nach Übersee beginnen, und am 1. Mai 1957 nahm die dpa offiziell mit täglich sechzehnstündigen Nachrichtensendungen einen vollen Nachrichtendienst aus Deutschland für das Ausland auf. Das Ziel war im wesentlichen erreicht.

Am Tage nach der Unterzeichnung des Vertrages mit der Bundesregierung habe ich seinen ungekürzten Text allen ausländischen Nachrichtenagenturen und wichtigen Persönlichkeiten in der Bundesrepublik zur Kenntnis zugeschickt. Sie sollten selbst prüfen können, daß die Deutsche Presseagentur sich in keiner Weise in Abhängigkeit begeben hatte, daß sie keine Subventionen annahm, daß ein kommerziell klarer Vertrag allein Form und Inhalt der Beziehungen regelte. Eine solche gewiß nicht übliche Information war, mindestens in jener Zeit und unter den herrschenden Umständen, die vielleicht einzige, auf jeden Fall am besten überzeugende Dokumentation einer freien Handlung einer unabhängigen Institution, die um ihre ungeschmälerte internationale Anerkennung ringen mußte.

Es blieb noch manches zu tun, bis alle Voraussetzungen für die Erfüllung der Aufgabe gegeben waren, die wir uns selbst gestellt hatten. Noch waren bedeutende Auslandsposten nicht mit eigenen Korrespondenten besetzt. Noch hatten wir nicht die im Ausland an zentralen Punkten zu errichtenden Empfangsstellen, von denen die von dpa gegebenen Nachrichten aufgenommen und verteilt werden konnten. Immer wieder verfielen wichtige Vorschläge überwiegend aus finanziellen Gründen der Ablehnung durch den Aufsichtsrat. Mit Mühe konnte ein Vorhaben sämtliche Auslandskorrespondenten zurückzurufen, wieder verworfen werden. Allein bestimmend blieb der Grundsatz, daß nichts geschehen dürfe, was die Unabhängigkeit der Agentur gefährden könne. Jede Finanzierung mußte auf eine lange Zeit hin gesichert sein und durfte für die ohnehin bereits erheblich engagierten Zeitungsverleger keine untragbare Belastung bringen. Das war die gemeinsame Überzeugung aller Beteiligten.

Dann gelang es in vorsichtigen Gesprächen und Verhandlungen mit führenden Persönlichkeiten der Wirtschaft, einen neuen Käuferkreis zu gewinnen. Ein Vertrag sicherte, daß auch in diesem Falle alle Beziehungen allein durch kommerzielle Vereinbarungen geregelt wurden. Formulierungen, die auch nur andeutungsweise die Möglichkeit geschaffen hätten, in ein Gespräch über Form und Inhalt einer Nachricht eintreten zu können, waren herausgehalten worden.

Endlich finanziell abgesichert, konnte der Ausbau des Nachrichtendienstes für und aus Deutschland mit Nachdruck fortgesetzt werden. Die von Beginn an bestehenden und ständig verbesserten Beziehungen zu den Nachrichtenagenturen der westlichen Staaten erfuhren (vor allem seit 1957) eine unentbehrliche Ergänzung durch vertragliche Verbindungen der dpa mit den Nachrichtenagenturen der osteuropäischen Länder. Auch in dieser Tätigkeit ging die deutsche Nachrichtenagentur den politischen Entwicklungen um Jahre voraus. Berufliche und menschliche Kontakte, die aus früheren Begegnungen bestanden und beiderseitiges Wissen um die Haltung des anderen in dem vergangenen Zeitabschnitt haben ohne Worte Wege zueinander finden lassen. Ich bekenne gern, daß es mir eine tiefe Genugtuung geworden ist, daß ich an den erfolgreichen Verhandlungen in Prag, Budapest, Bukarest und dann in Moskau habe teilnehmen können. Vorhandene Beziehungen zur polnischen Agentur wurden erweitert. Mit der jugoslawischen Agentur Tanjug waren wir bereits seit 1951 in Verbindung und im Nachrichtenaustausch. Die Gespräche mit den Journalisten in den Staaten des Ostblocks waren wenig unterschieden von denen, die wir im Westen geführt haben. Die Eindrücke von Menschen und Umständen im Osten waren nicht selten überraschend und stets lehrreich.

Am 16. Mai 1956 besuchte der damalige Informationsminister der ägyptischen Regierung die dpa in Hamburg, Anwar Sadat. Seitdem er als Staatspräsident (seit 1970) die Geschicke seines Landes maßgebend bestimmt, erinnert mich manche seiner Reden und Entscheidungen an das Gespräch, das wir damals geführt haben und in dem er seine Ansichten völlig übereinstimmend mit seinem späteren Tun geäußert hatte. Es hat mich mehr als einmal gereizt, meine damalige Aufzeichnung über Sadats Meinungen zur Lösung der Nahost-Frage zu publizieren. Sie hätte gegenüber dem tatsächlichen Verhalten nach dem letzten Kriege kaum Überraschendes mitgeteilt. Seine Art, spielerisch leise zu sprechen und darzulegen, was ihm scheinbar gerade so einfällt, hat mich beeindruckt.

Von Beginn der Arbeit des Deutschen Pressedienstes an (1947) und dann auch in der Deutschen Presseagentur (seit 1949) hatten wir vor allem auch durch persönliche Verbindungen eine gute Zusammenarbeit mit Israel eingeleitet und gepflegt. Im späten Herbst 1956 konnte ich auf Einladung das Land besuchen, in dem ich einstige Kollegen aus der Redaktion der alten „Frankfurter Zeitung" in hohen Positionen vorfand und viele nützliche Informationen erhalten habe.

Die Eindrücke in diesem Lande, in dem soviel Elend der Emigranten und einstmals Verfolgten und soviel großartiger Pioniergeist eng beieinander um eine Zukunft in friedlicher Gemeinsamkeit rangen, waren überwältigend. Vom folgenden Jahre an hat ein ständiger Korrespondent der dpa, Rudolf Küstermeier, wohl der beste Kenner und objektiver Beobachter der Problematik im Nahen Osten, aus Israel für deutsche Leser und Hörer berichtet.

Ein Rückblick auf diesen Teil meiner Arbeit in jenen Jahren, die ich zusammen mit meinen Kollegen in der Redaktion habe leisten können, bestätigt, was ich bei meinem Ausscheiden (1959) schrieb:

> „Der Ausbau des Auslandsdienstes blieb für die dpa die kostspieligste und personell und politisch schwierigste Aufgabe, sie hat sich aber auch als die fruchtbarste erwiesen und dies nicht nur für die Agentur. Die deutlichen Erfolge der dpa zur korrekten Information der deutschen Öffentlichkeit über das Geschehen in der Welt und zur Unterrichtung der Menschen in anderen Ländern über Deutschland sind in den folgenden Jahren jedermann sichtbar geworden."

Der Kanzler Konrad Adenauer

(1950/1959)   Das erste Mal war er müde, unwirsch, schlecht gelaunt. Das war 1927 in Berlin, als ich ihm als ständiger Verbindungsmann des Deutschen Beamtenbundes vorgestellt wurde. In der folgenden Zeit sah ich ihn, den Präsidenten des Preußischen Staatsrates, nur amtierend oder als Gastgeber bei offiziellen Anlässen.

Das zweite Mal war er liebenswürdig, aufgeschlossen, freimütig in einem lockeren Gespräch; er hatte einen Wunsch, den der Chefredakteur der Deutschen Presseagentur ihm erfüllen sollte. Das war 1950.

Danach war er – von wenigen Ausnahmen abgesehen – kühl, ablehnend, oft unnahbar. Dieser Chefredakteur der wichtigsten deutschen Nachrichtenagentur war (wie schon beim ersten Male und beim zweiten) Sozialdemokrat. Das paßte ihm nicht; er ließ es sich merken.

Aber ich war für diese Aufgabe gewählt worden; die deutschen Zeitungsverleger aller politischen Richtungen hatten als Eigentümer der Agentur diese Wahl getroffen. Noch hatte ich meine Tätigkeit nicht aufgenommen, als mir die ablehnende Stellungnahme des Vorsitzenden der sich neu bildenden Christlich-Demokratischen Union, Dr. Konrad Adenauer, von einem seiner früheren politischen Freunde mitgeteilt wurde. Es war keine Indiskretion; es sollte eine Hilfeleistung sein. Wir waren gut miteinander bekannt, der ehemalige Zentrumspolitiker Dr. Carl Spiecker und ich. Er hatte Deutschland 1933 verlassen, und wir hatten uns in gleicher Gesinnung wiedergefunden, als er heimgekehrt war. Er meinte, es müsse für beide nützlich sein, nicht minder aber auch für die Arbeit, die zu tun war, wenn ich wüßte, woran ich „bei diesem ungewöhnlich eigenwilligen Mann" sei, denn wir würden uns nicht ausweichen können. Spiecker war ein in Pressefragen erfahrener Mann, war journalistisch und publizistisch tätig gewesen, hatte in der Nachrichtenabteilung des Auswärtigen Amtes gearbeitet und war Leiter der Presseabteilung der Reichsregierung.

Zu der Zeit, als Adenauer dann Präsident des Parlamentarischen Rates wurde (1948) und ein Jahr später Bundeskanzler, hatte ich die „Braunschweiger Zeitung" geleitet, den „Sozialdemokratischen Pressedienst" gegründet und geführt und war Landtagsabgeordneter in der SPD-Fraktion in Niedersachsen gewesen. Meine Reden und Veröffentlichungen hatten ihm nicht gefallen. Völlig harmlos und unverhohlen sagte er mir am 12. Mai 1950 dazu: „Das sind aber gar nicht meine Meinungen". So einfach nahm er die Demokratie. Als ich ihn darauf hinwies, daß ich wüßte, daß er nicht nur einmal von der Notwendigkeit gesprochen habe, auf diesem Platz des Chefredakteurs müsse ein anderer sitzen, erwiderte er zwar schlicht: „Das sind alles Lügen, das müssen Sie nie glauben". Aber er war sich in diesem Augenblick gewiß so sicher wie ich, daß diese Antwort nur von der Situation bedingt gültig war. Es dauerte auch nicht lange, bis er – wieder in anderer Situation – seine bekannte Meinung bestätigte.

Im Mai 1950 hatte er erfahren, daß ich nach Paris zu reisen beabsichtigte. Er habe mich zu sich gebeten, weil er Informationen brauche, sagte er. Aber es wurde in dem nicht ganz kurzen Gespräch nicht deutlich, welche Informationen er suchte. Er nannte weder Personen noch Sachgebiete, an denen er interessiert war. Mir schien als tappe er im Nebel und suche nach Kontakten oder – er wollte mich auf die Probe stellen und sehen, welche Möglichkeiten der Unterrichtung ich hätte.

Warum sollte ich einen guten Dienst verweigern?

Er bekam von mir nach meiner Rückkehr einen ausführlichen Bericht – ich hoffe, daß er ihn bekommen hat. Französischen Gesprächspartnern, die gelegentlich nach seiner Reaktion fragten, konnte ich keine Auskunft geben. Bedankt hatte er sich auch nicht, und Carl Spiecker meinte dazu: „Na eben, so ist er."

Adenauer hatte – es war nicht nur mein Eindruck – unüberwindliches Mißtrauen gegenüber Presse und Rundfunk. Schon in den Jahren 1947 und 1948 und vor allem während des ersten Wahlkampfes 1949 wurde mehrmals berichtet, er habe behauptet, die britische Regierung habe in ihrer Besatzungszone in Deutschland die Partei gefördert, die der regierenden Labour-Party in Großbritannien verwandt sei, also die SPD. Dies sei vor allem in Presse und Rundfunk festzustellen. Diese Behauptung war gewiß so unbeweisbar wie das Gegenteil. Gemessen an der politischen Haltung der im Pressewesen in der Zone tätigen Offiziere war sie ganz gewiß falsch. Ich habe wahrscheinlich eine weit größere Zahl dieser Männer in der praktischen Arbeit kennengelernt als viele andere. Sie verhielten sich durchweg korrekt, und nur ganz selten konnte man erkennen, ob der eine konservativ oder der andere sozialistisch, der dritte liberal war.

Im Juli 1949 behauptete Adenauer in einer öffentlichen Versammlung in Hamburg, daß der Deutsche Pressedienst mit Hilfe der britischen Besatzungspolitik „von den Sozialdemokraten übernommen" worden sei, daß

> „von den 18 verantwortlichen Direktoren und Redakteuren 11 der SPD (angehören), zwei stehen ihr nahe, drei sind Mitglieder der FDP und zwei sind parteilos. Der CDU gehört keiner an".

Alle diese Zahlen waren völlig aus der Luft gegriffen. Die Behauptung war unverantwortlich und schadete im Inland und Ausland der Bundesrepublik und der dpd. Sie war nicht nur von dem Parteivorsitzenden der CDU, sondern von dem Präsidenten des Parlamentarischen Rates aufgestellt worden, der soeben noch die Beratungen der Verfassung der künftigen Bundesrepublik Deutschland leitete.

Adenauer fügte seiner sinnlosen Behauptung noch hinzu:

> „Ich muß der britischen Regierung sagen: Eine Besatzungsmacht hat nach meiner Auffassung vor Gott und der Welt die Pflicht, objektiv zu sein und sich nicht für eine bestimmte Partei einzusetzen."

Man tat damals gut daran, sich diesen unbegreiflichen Mißgriff als Maßstab für die Handlungen des künftigen Bundeskanzlers zu merken. Obwohl Adenauer im eigenen Hause sofort darauf hingewiesen wurde, daß er falsche Behauptungen aufgestellt habe, ließ er sich weder dadurch, noch durch den Rat politischer Freunde, sich nicht unnötig mit der Presse anzulegen, daran hindern, die gleichen Behauptungen in den folgenden Tagen mehrfach zu wiederholen, so am 1. August 1949 in Osnabrück, am 5. August in einer Pressekonferenz in Nürnberg und am 7. August wieder in öffentlicher Versammlung in Bonn. In Nürnberg nahm er überraschend den Chefredakteur des dpd aus seinen Behauptungen heraus, warf aber dafür der Nachrichtenagentur in der amerikanisch besetzten Zone, Dena, vor, sie lasse „eine ausgesprochen sozialistische Meinung" erkennen, und in ihrer Redaktion seien auch Kommunisten tätig.

Wenn Konrad Adenauer erst einmal eine Überzeugung habe, sagte damals einer der erstaunten amerikanischen Offiziere zu dieser „Leistung", so scheine er sie „auch nach Bedarf zu benutzen".

Gegen die falschen Behauptungen über den Deutschen Presse-Dienst protestierten Aufsichtsrat und Vorstand der Genossenschaft vergeblich, obwohl der Vorsitzende des Vorstandes ein Parteifreund des Vorsitzenden der CDU war. Ich hatte Zeitungen, die um Auskunft gebeten hatten, mitgeteilt, daß dpd nur einen Direktor habe und der sei kein Mitglied der SPD, vielleicht dürfe ich sagen „im Gegenteil", aber das wußte ich nicht. Mit zwei Ausnahmen sei auch nicht bekannt, welcher politischen Partei führende oder an verantwortlicher Stelle stehende Mitarbeiter in der Verwaltung oder Redaktion angehörten oder mit welcher sie sympathisierten. Es interessiere uns im dpd nicht, welche religiöse, weltanschauliche oder politische Meinung jemand habe, wir seien an korrekter Arbeit interessiert. Auf gute Leistung waren wir angewiesen, wenn wir gegenüber der uns genau beobachtenden Konkurrenz der weltweit tätigen Nachrichtenagenturen bestehen wollten.

Am 12. August 1949 antwortete Adenauer auf den Protest des Aufsichtsrates des dpd schriftlich, er habe

> „noch zu keinem Zeitpunkt irgend ein Zeichen dafür erblickt, daß die personelle Zusammensetzung des dpd sich geändert hat".

Daß sie sich nicht zu ändern brauchte, ignorierte er ohne Bedenken. Wieder erwähnte er die niemals geheim gewesene Tatsache, daß „der verantwortliche Chefredakteur als eingeschriebenes Mitglied der SPD" angehöre und behauptete, daß „bis heute kein Mitglied der CDU" in der Leitung der Agentur tätig sei. Das war nun aber zu dieser Zeit genau so wenig wie vorher oder nachher festzustellen. Erst danach haben dann mehrere Angehörige des von Adenauer gezogenen Kreises der „Verantwortlichen" von sich aus mündlich und schriftlich (in einem der Briefe: „zur Beruhigung des Alten") erklärt, daß sie der CDU „mindestens nahestehen". Adenauer erfuhr davon; er nahm nichts zurück.

Konrad Adenauer hat seine Behauptung, obwohl dazu aufgefordert und von einigen seiner Berater gedrängt, zu keiner Zeit wirklich zu belegen versucht; er blieb bei willkürlichen „Feststellungen", nannte neue Namen, die nichts besagten oder gar bewiesen und führte in keinem Einzelfall, der nachprüfbar gewesen wäre, Beschwerde. Er hat sich nie zu rechtfertigen versucht und nie entschuldigt.

Auch als Bundeskanzler, in welches Amt er am 20. September 1949 mit nur einer Stimme Mehrheit, der seinigen, gewählt wurde, änderte er seine unverständlich starre Haltung nicht, im Gegenteil, er verschärfte sie, so als glaubte er, nun die Macht zu besitzen, die ihn zu „Feststellungen" oder „Erklärungen" je nach eigener Ansicht legitimiere. Wer mit der Agentur arbeitete, die er für bekämpfenswert hielt, wurde sein Gegner – wie diese selbst es angeblich war.

In einer Rede in Königswinter Anfang 1950 schleuderte er seinen Verruf gleich auch gegen die britische wegen ihrer zuverlässigen Berichterstattung in aller Welt angesehene Agentur Reuters, die ihren Sitz in London hatte. Er warf ihr vor, „durch die englische Brille gesehen" zu berichten, also nicht objektiv zu sein. Ob richtig oder nicht – für den (wie unter Journalisten bekannt, nur wenig informierten) Chef einer soeben erst in einem Lande gebildeten Regierung, das fast zwei Jahrzehnte von der Außenwelt so gut wie ausgeschlossen war, erschien diese Haltung töricht, und sie war weder sachlich noch politisch zu verantworten. Nur drei Monate später aber bat er den immer wieder von ihm angegriffenen Sozialdemokraten um eine persönliche Informationshilfe wenn dieser, wie berichtet, nun nach Paris fahren werde. Man kann nur verständnislos wiederholen: „Na eben, so ist er."

In jener Rede in Königswinter (25. Februar 1950) sprach Adenauer zum ersten Male öffentlich von der Absicht, eine zweite Nachrichtenagentur zu errichten und behauptete auch in diesem Zusammenhang etwas, das zumindest nur „teilweise richtig" war, nämlich, daß solche Bestrebungen von Vertretern der „freien Presse" ausgingen. Tatsächlich gingen sie von ihm und einigen seiner Mitarbeiter aus, und die sogenannte „freie Presse", die er meinte, bot dafür nur einen Rahmen.

Für den deutschen Bundeskanzler gab es in der Bundesrepublik damals also eine freie und eine unfreie Presse! Die letztere sollte die „Lizenz-Presse" sein, die erstere jene Blätter umfassen, deren Verleger wegen ihres Verhaltens in den Nazijahren – berechtigt oder nicht – zunächst keine Erlaubnis zur Herausgabe einer Zeitung erhalten hatten und die jetzt in großer Zahl auf den Markt kamen. Daß die Mehrzahl der Lizenzzeitungen von seinen politischen Freunden (überwiegend allein oder – in wenigen Fällen – gemeinsam mit anderen) herausgegeben wurde, kümmerte Adenauer wenig: Wo die CDU nicht allein herrschte, wo sie nicht in seinem Sinne handelte, war für ihn mindestens „die Lage ernst", sah er Gefahr gleich für ganz Deutschland. Seine Selbstgefälligkeit war bedrohlich.

Der Plan der Errichtung einer zweiten Nachrichtenagentur war gegen den Deutschen Pressedienst und dann gegen die 1949 durch Fusion gegründete Deutsche Presseagentur gerichtet. Er hat die Pressearbeit und Pressepolitik in der jungen Bundesrepublik lange belastet, so unreal er jederzeit war. Er führte dann auch nur zu einer Fülle peinlicher Machenschaften, zur Offenbarung beträchtlicher Unkenntnis in der Sache und zu Ausgaben öffentlicher Mittel, die keinem irgendwie nützlichen Zweck gedient haben.

Was wollte Adenauer mit der zweiten Agentur? Einer seiner engsten Mitarbeiter in Sachen Presse, Dr. Otto Lenz, von 1951 bis 1953 Staatssekretär im Bundeskanzleramt, antwortete mir auf diese Frage in einer Unterhaltung offenherzig: „Ordnung in die Nachrichtengebung bringen." Er meinte damit, daß Nachrichten nach politischen Zweckbestimmungen auszuwählen, zu formulieren und zu verbreiten seien und daß „die Richtlinien hierzu die jeweilige Regierungspolitik" gebe. Nicht „Tatsachen sind heilig" und müssen nach ihrer Bedeutung und Informationskraft der mündigen Öffentlichkeit zur Kenntnis gebracht werden, sondern der politische Zweck allein habe über den Nachrichtenwert zu bestimmen – so etwa müßte, nach Lenz, das journalistische Grundgesetz lauten. Es bleibt noch zu berichten, wie dieser Mann in hohem Amte sich das praktisch vorstellte.

Unter einer solchen Devise der Regierenden kam es wie von selbst immer wieder zu Kontroversen über Aufgaben und Verhalten einer unabhängigen Nachrichtenagentur. Dabei schien Adenauer nicht zu beeindrucken, daß wichtige deutsche offizielle Äußerungen und Vorgänge vom Ausland als Propaganda der Bonner Bundesregierung bewertet wurden. Das führte zu nicht unerheblichen Belastungen selbst des deutsch-französischen Verhältnisses, die bis zu einem in der Pariser

Presse erschienenen Vergleich der Politik Adenauers mit der Wilhelms II. und gar Adolf Hitlers zugespitzt wurden.

Am 4. Februar 1952 hatte der Bundeskanzler vor der Fraktion der CDU/CSU-Parteien im Bundestag eine sensationelle Erklärung abgegeben, in der er wesentliche Vorbehalte der deutschen Regierung für die Beteiligung an der Integration Europas anmeldete. Am folgenden Tage berichtete dpa, was geschehen war. Im westlichen Ausland entstand allgemeine Entrüstung. Die Schuld für diese Reaktion wurde der Nachrichtenagentur angelastet. Zwar war die Nachricht richtig, was von Beginn an nur von Adenauer allein bestritten wurde, nicht auch von anderen Teilnehmern der Sitzung, aber sie war dem Kanzler jetzt unangenehm geworden.

Ein „Dementi" des Auswärtigen Amtes machte für den, der amtliche Texte kritisch zu lesen gelernt hatte, deutlich, daß ein Unterschied zwischen der Auffassung des Amtes und der des Amtschefs bestand, denn Adenauer leitete damals das AA noch selbst. Die Verlautbarung des AA bestätigte, daß die beanstandete Nachricht „aus CDU-Kreisen über den Verlauf der Sitzung" gegeben worden war und wies „Berichte" zurück, nicht aber den Tatbestand. Adenauer hatte den Unterschied erkannt, war damit nicht zufrieden und ließ der offiziellen Bekundung seines Amtes, die auch von dpa verbreitet worden war, noch eine eigene folgen – ein ungewöhnlicher Vorgang, der große Beachtung fand. Sie hatte diesen Wortlaut:

> „Der Bericht der deutschen Agentur von gestern abend ist völlig unwahr. Es ist kein Wunder, daß er Befremden in Frankreich ausgelöst hat."

Adenauer übergab diesen Text der amerikanischen Nachrichtenagentur Associated Press, die in Deutschland konkurrierend zu dpa tätig war. Das führte abermals zu peinlichem Erstaunen, denn der Kanzler untergrub damit die Glaubwürdigkeit der deutschen Agentur.

Er hatte sich in der Tendenz des auf seine Erklärung erwarteten Echos jedoch geirrt, wie sich sogleich und dann vor allem nach einer Rede Adenauers zeigte, die er am 7. Februar 1952 im Bundestag hielt und in der er den Vorgang unverändert unrichtig darstellte und auch noch – ohne Rücksicht auf die von ihm der AP gegebene Äußerung – hinzufügte: „Ich habe jede Erklärung über das, was ich gesagt habe, abgelehnt."

In dieser öffentlichen Bundestagssitzung nannte er die Meldung der dpa „unwahr" und „unzutreffend". Das offizielle Bulletin der Bundesregierung, das die Rede im Wortlaut wiedergab, ließ am nächsten Tage diese beiden Behauptungen indessen weg; im gedruckten Bundestagsprotokoll blieben sie aber stehen, obwohl die von Adenauer beanstandete Meldung der dpa nicht nur von der Agentur, sondern von vielen deutschen und ausländischen Zeitungen und Agenturen gleichlautend und zum Teil sogar vor dpa gebracht worden war, richtete Adenauer auch vor dem Bundestag seinen Angriff nur auf dpa.

Diesen öffentlich erhobenen unglaublichen Vorwurf konnte und durfte die Agentur nicht auf sich sitzen lassen. Die Nachricht der dpa vom 5. Februar 1952 war in jeder Hinsicht korrekt. Sie stammte von dem Pressereferenten der Fraktion der CDU/CSU, Dr. Pfeiffer, wie damals sogleich in Bonn bekannt wurde, und war nach dem Beginn der öffentlichen Auseinandersetzungen von mehreren Mitgliedern der Fraktion unaufgefordert als „zuverlässig", als „völlig in Ordnung" und „ganz einfach richtig" bestätigt worden. Später bestätigte auch der neue Chef des Presse- und Informationsamtes der Bundesregierung, Felix von Eckardt, in einem Telefongespräch mit mir, es habe sich doch

> „um nichts anderes als um die Tatsache (gehandelt), daß man vor Beginn einer Konferenz den Konferenzteilnehmern nicht durch eine Agentur ein Ultimatum schickt".

Das war verständlich, aber das hätte eben der Kanzler bedenken müssen, als er vor fast zweihundert politisch interessierten Zuhörern sprach, zumal er ein besonders aktuelles Thema berührte. Die Agentur hatte eine fundierte Nachricht von großer Bedeutung aus zuverlässiger Quelle erhalten; nach aller inneren Gesetzlichkeit journalistischer Arbeit konnte und durfte sie diese nicht verschweigen. Es ging immerhin um Vorgänge im Zusammenhang mit dem Eintritt der Bundesrepublik in die NATO.

Den Trumpf in diesem Vorgang setzte dann der Staatssekretär im Bundeskanzleramt, Dr. Otto Lenz, am Nachmittag des 7. Februar nach der Kanzler-Rede im Bundestag. Nach Kenntnisnahme der erneuten Angriffe Adenauers auf die Arbeit der Redaktion der dpa hatte ich das Büro des Staatssekretärs angerufen und ihm, der nicht selbst zu erreichen war, mitteilen lassen, daß wir diesen abermaligen Vorwurf als „außerordentlich massiv" empfänden, daß wir die Nachricht unverändert aufrechterhielten und öffentlich auf die Äußerung des Bundeskanzlers antworten müßten, wenn wir nicht am gleichen Tage noch eine zufriedenstellende Erklärung erhielten.

Lenz rief alsbald zurück. Er bestätigte und sagte: „ausdrücklich", – daß die Nachricht der dpa „richtig" gewesen sei, aber das sei nicht die Frage, sondern „nationale Disziplin" verlange, daß wir einsähen, daß sie die Gefahr heraufbeschwöre, politisches Porzellan zu zerschlagen, und das sei nicht die Aufgabe der Nachrichtenagentur. Er verlangte, daß wir „in irgend einer Form nachgeben, und wenn ich dazu nicht bereit sei, die Meldung zurückzuziehen, die bereits den Zeitungsredaktionen vorlag, so schloß er kurz und klar: „ . . . dann Krieg bis aufs Messer".

Ich glaube nicht, daß eine solche Situation im Verhältnis einer Regierung zu einer unabhängigen Nachrichtenagentur irgendwo und irgendwann schon einmal bestanden hat.

Sofort nach dem Gespräch wurde ich von der Redaktion eines Informationsdienstes in Bonn angerufen: Mehrere Journalisten hätten soeben mit angehört, was Staatssekretär Dr. Lenz gesagt habe. Man wollte wissen, was wir tun wollten. Ich verwies auf die vorliegende Nachricht, die korrekt sei.

In der Redaktion waren wir uns unserer Haltung zur Sache und zum Vorgang völlig sicher; Wir konnten uns auf das Vertrauen verlassen, das dpa im Inland und Ausland genoß und verzichteten auf die Fortsetzung der Diskussion. Selbstverständlich waren wir zu keinem Nachgeben bereit. Ich informierte meine Kollegen in allen Büros im Inland und Ausland über die Tatsachen, und im Informationsdienst der dpa teilten wir mit:

> „Wir bemerken zu den Ausführungen des Bundeskanzlers, daß die von uns verbreitete und von Dr. Adenauer als unwahr bezeichnete Nachricht auf ordnungsgemäß überprüften Quellen beruht, unter anderem auf Einsicht in ein Protokoll, das als Verhandlungsniederschrift von beteiligten, in der Sitzung anwesend gewesenen Abgeordneten angefertigt worden war."

Später wurde entgegnet, es sei niemals ein „Protokoll" angefertigt worden, und jene Niederschrift sei eine „Privatarbeit" gewesen. Uns genügten die Zeugnisse, wie ich sie hier mitgeteilt habe.

Vier Tage nach der Bundestagsrede empfing Konrad Adenauer drei Mitglieder des Aufsichtsrates der dpa, die er zu sich gebeten hatte. Ratgeber des Kanzlers hatten ihm nahegelegt, mich auf jeden Fall hinzuzuladen. Ich wurde davon unterrichtet, damit ich mich zur Verfügung halten könnte. Aber der Kanzler ließ mich nicht zu. Er hatte, wie die Presse in Bonn feststellte, „drei Parteifreunde gebeten". Erst Jahre danach, als ich nicht mehr in meiner Position war, in der Adenauer einen anderen zu sehen wünschte, hat mich einer der drei Teilnehmer über diese offenbar aufschlußreiche Zusammenkunft eingehend unterrichtet. Eine Möglichkeit der Nachprüfung dessen, was ich erfuhr, hatte ich nicht. Eine Genugtuung aber, die nur von Dr. Konrad Adenauer selbst hätte kommen können, hat die Redaktion der dpa und habe ich in dieser Sache niemals erfahren.

Wertvoller als jede doch wohl mögliche und nötige Zustimmung zu der Arbeit einer wirklich mit größter Sorgfalt tätigen Redaktion war meinen Kollegen und mir, daß wir in unseren Entscheidungen übereinstimmen, und dann, daß in einer ungewöhnlich großen Zahl von Briefen, Telefonanrufen, Fernschreiben und öffentlichen Stellungnahmen aus allen politischen Lagern ausschließlich bestätigt wurde, daß man uns verstanden und unser Tun gebilligt habe. Es braucht dabei nicht verschwiegen zu werden, daß unter diesen Zusprüchen auch solche von Mitgliedern der Bundesregierung aus der Partei Konrad Adenauers waren. Sie wußten „zwischen Tatsache und Interpretation" zu unterscheiden.

Dieser Vorgang war nicht der letzte seiner Art und Tendenz, aber vielleicht der eindrucksvollste zur Kennzeichnung des Verhaltens Konrad Adenauers und des Verhältnisses, das er zu der Arbeit einer nicht offiziellen und nicht offiziösen, wohl aber einer unabhängigen Nachrichtengebung hatte, die den souveränen Bürger zu informieren und nicht einer Regierung zu dienen hat.

Hundert Jahre Reuters

(1951) Wenn der Pferdewagen uns vom Kai in Norderney abholte, war Bärchen, unser Zwergschnauzer, schon unruhig. Sobald die Häuser des kleinen Ortes hinter uns geblieben waren und die Dünen in Sicht kamen, hielt es ihn nicht mehr. Ein Sprung vom Wagen machte ihn frei; seine Ferien hatten begonnen wie die unsrigen. Dann jagte er davon, und die wilden Kaninchen flitzten nach allen Richtungen auseinander. Er hat nie eines eingeholt. Welches sollte er denn auch verfolgen von den vielen, die da so aufregend durch das Gras sausten?

In unserem Quartier bei Harm Harms weit hinten auf der Insel, wo der Leuchtturm steht, und ringsherum waren unsere Wirtsleute, wir und die Kaninchen die einzigen Lebewesen in einer herrlichen Einsamkeit. Die Möven nicht zu vergessen, deren Schreie uns im Dämmerschlaf an warmen Sommertagen zuweilen störten. In jenen ersten Jahren nach dem Kriege kamen die Menschen noch nicht in hellen Scharen auf die stille Insel, wenigstens nicht dorthin, wo die einzige Straße sich im Sand der Dünen verlief.

Nur einen Nachbarn hatten wir am Strand. Er hieß für uns Othello, weil er so braun war. Wir haben nie feststellen können, ob er wirklich ein Rumänien-Deutscher war, wie er einmal beiläufig bemerkte. Man konnte ihn für einen Arzt halten, denn er wußte oft Rat, wenn jemand ein Wehwehchen hatte; er brachte allerlei Salben und Öle mit zum Strand und erklärte uns auch, daß der Schlaf vor Mitternacht der gesundeste sei. Aber er blieb stets zurückhaltend, las viel und war kein störender Plauderer, ein gut trainierter, schlanker Mann. Es konnte stimmen, was er behauptete, daß er im Kriege Flieger gewesen sei. Wenn wir zum Baden in die See gingen – das war ein weiter Weg über den breiten Strand – blieb er in der Düne und bewachte, was wir zurückließen. Unsere Töchter, dreizehn und elf Jahre jung, mochten ihn gern, und er betreute sie sorgsam wie ein Vater.

Wir mußten auch diesen Urlaub unterbrechen. Dieses Mal war es eine schöne Pflicht. Reuters, die älteste der großen Nachrichtenagenturen der Welt, die von London aus in allen Erdteilen tätig ist, bestand seit einem Jahrhundert und hatte ihre Partner und Freunde zur seltenen Feier eingeladen. Meine Frau und ich gehörten zu den glücklichen Teilnehmern. Aus fast allen Ländern der Erde trafen sich die Frauen und die Männer in London, die den Strom der Nachrichten um die weite Welt fließen ließen. Sie alle waren für eine Woche Gäste von Reuters. Wir fuhren in froher Erwartung; die Töchter blieben am Strand unter Othellos Obhut; die Wohnung war nahe.

Niemals vorher und niemals danach haben wir eine Feier gleicher Art miterlebt oder auch nur von ihr gehört. Die britisch-unterkühlte und wohl auch deshalb in besonderer Eindringlichkeit selbstverständliche Gastfreundschaft hatte alles bedacht, alles vorbereitet und doch jedem seine Freiheit belassen, ihn aber wieder eingefangen in die Atmosphäre und in den Geist der weltweiten Gemeinschaft, in der Reuters zu arbeiten gewohnt waren und die sich nun dort ohne Regie als eine natürliche Gegebenheit darstellte. Menschen aller Hautfarben, vieler Sprachen, unterschiedlicher Gewohnheiten und Kleidung waren bei Empfang oder Besichtigung, bei Festakt oder Bankett eine gleichgestimmte Vereinigung, so unterschiedlich die staatlichen Ordnungen und so gegensätzlich politische und gesellschaftliche Prinzipien waren, aus denen sie kamen und an denen sie hingen. Die allen gleicherweise aufgegebene Verpflichtung auf die Objektivität des Tatsächlichen mag wohl die Menschen in diesem Beruf formen, wenn sie ihm ernsthaft und als Berufene verbunden sind. Nie kam der Gedanke auf, es könne eine Spannung – und wo hat sie je in dieser Welt und nach dem letzten Kriege gefehlt? – zu einer Entladung führen. Wirklich, es war eine starke und großartige Gemeinsamkeit.

In dem weiten Saale des Grosvenor-House waren über zweitausend Menschen beieinander als das Bankett stattfand. Zwei Gruppen unterschieden sich äußerlich sichtbar von den anderen, eine große, die Gäste aus den Vereinigten Staaten, und eine kleine, fast die kleinste, die aus der Bundesrepublik Deutschland: Die Angehörigen beider trugen den Frack ohne Orden. Ich gestehe, ich war stolz auf diese Nachbarschaft. An unserem Tisch traf ich einen sozusagen alten Bekannten wieder, den ich viele Jahre nicht gesehen hatte. Das letzte Mal, an dem wir uns persönlich begegnet waren – später hatte ich ihn im Reichstag oder bei offiziellen Anlässen nur von weitem gesehen – war dreißig Jahre vorher gewesen. Da hatte er auf einem Abendspaziergang durch seinen Besitz überraschend Zelte und Boote von Stettiner Ruderern gefunden, die dort auf den Oderwiesen nächtigen wollten. Er war ungnädig, und wir mußten räumen. Das war 1921. Der Gutsherr und jetzige Tischnachbar war Hans Schlange-Schöningen, einst als Abgeordneter der Deutschnationalen Volkspartei im Reichstag auf der äußersten Rechten, dann gewandelter Politiker der Mitte, tätig im Widerstand gegen die Diktatur und jetzt erster Vertreter der Bundesrepublik Deutschland in London in der Pflicht eines Botschafters. Wir hatten uns, obwohl nicht „vom Fach", viel zu erzählen, und es war von Beginn an ein fröhliches „Wiedersehen".

Das war eine der wertvollsten Festgaben, die wir, die Gäste, erhielten und mitnehmen konnten, die Möglichkeit der Begegnung mit vielen wichtigen Persönlichkeiten aus dem Beruf, aus der Politik, aus Wirtschaft und Kultur, und sie kamen aus vielen Ländern, zu denen Kontakt zu bekommen gerade für einen Deutschen in jener Zeit unersetzlich wertvoll war. Die Veranstaltungen boten reichlich Gelegenheit zu Gesprächen; das Programm der Festwoche war nie so überfüllt, daß es nicht Stunden für persönliche Initiative gab. Bis zur Gegenwart wurden aus vielen dieser ersten Begegnungen die Fäden fortgesponnen, die damals geknüpft worden sind. Nicht zuletzt hat der Garten-Empfang in Dan-End, dem Wohnsitz des Reuter-Direktors Sir Christopher Chancellor, dazu beigetragen, das aus Bekanntschaften engere und politisch und fachlich nützliche Beziehungen entstanden.

Jener Abend fand für uns, meine Frau und mich, einen besonderen und bezeichnenden Abschluß. Es war spät geworden. Noch war kein Ende abzusehen. Am nächsten Morgen mußten wir abreisen und frühzeitig bereit sein. Die vorbereiteten Heimfahrten der Gäste, die nach London zurückgebracht werden wollten, waren noch nicht geplant. So stahlen wir uns heimlich zum Parkplatz, sahen auch bald zwei alte Herren, die ihren Wagen fertig zu machen schienen. Wenn ich berichten würde, daß es ein Auto war, in das sie zu klettern begannen, würde ich übertreiben. Immerhin, das Gefährt hatte einen Motor, vier Räder und ringsherum war es auch noch ziemlich geschlossen. Sie luden uns ein, und wir hatten Mut. Es begann eine der fröhlichsten Fahrten, die ich je mitgemacht habe.

Die beiden Alten waren Reuters Angestellte gewesen, irgendwo in der Druckerei oder im Versand. Sie waren im Ruhestand, aber sie hatten einmal dazugehört und deshalb gehörten sie auch beim Gartenfest dazu. Sie erzählten und schwatzten und lachten; sie fuhren langsam und schnell, machten Umwege, weil sie ihren deutschen Fahrgästen in der sternenhellen Sommernacht noch dies und das um und in London zeigen wollten, und luden uns dann mit vielen Beteuerungen der Freude vor dem Grosvenor-House, unserem Hotel, ab.

Die Fahrt war eine besondere Art eines Beweises der Zusammengehörigkeit aller der Menschen unseres durch keine Grenze zu trennenden Berufes, gleichgültig, wo wir in der notwendigen Arbeit unseren Platz haben.

In Norderney fanden wir alles in guter Ordnung. Jahre später lasen wir in einer Hamburger Zeitung, daß es der Polizei in Norderney endlich gelungen sei, einen lange gesuchten Einbrecher zu fassen, der seit Jahren Lebensmittel und allerlei Gebrauchsgegenstände des täglichen Bedarfs gestohlen habe. Die Beschreibung des Mannes und seines Lebenslaufes ließ keinen Zweifel: Das war Othello, der Moor vom Strand in Norderney, unser Nachbar und Betreuer der Kinder und Wertsachen, wenn wir im Wasser waren. Uns hat nie etwas gefehlt. Er hieß Leo mit Vornamen.

Gruß an Dänemark

(1951)   Ein Jahr oder zwei später hat mir Hans Hedtoft bei einem Treffen in Flensburg den Hintergrund des Geschehens erzählt, das in seinem Lande so freundliche Zustimmung gefunden und in den Amtsstuben des deutschen Bundeskanzlers in Bonn unverständlich geblieben ist. Hedtoft – wir kannten uns aus der sozialistischen Jugendbewegung der Weimarer Zeit – war Vorsitzender der Sozialdemokratischen Partei seines Landes und vorher und nachher bis zu seinem Tode (1955) Ministerpräsident im Königreich Dänemark. Zur Zeit des Geschehens war er Vorsitzender des Ausschusses für Außenpolitik im dänischen Reichstag.

Die dänische Regierung hatte deutsche Journalisten zu einem Besuch des Landes eingeladen. Das war 1951, sechs Jahre nach Kriegsende, und es war die erste offizielle Einladung, die die Regierung Deutschen aussprach. Dänemark war im Kriege von deutschen Truppen besetzt worden, ohne daß die Dänen dazu Anlaß gegeben hätten. Dänische Bürger waren von der Besatzungsmacht verfolgt worden, und waren sie jüdischen Glaubens, so wurden sie außer Landes gebracht, in Konzentrationslager verschleppt und nicht wenige erlitten alle Schrecken der Verbrechen des Hitlerregimes. Kein Wunder also, daß in der öffentlichen Meinung des Landes noch Widerstand gegen eine Einladung zu vermuten war, wenn Deutsche offizielle Gäste sein sollten. Die Anregung habe, so berichtete mir Hedtoft, der Chef der Presseabteilung des dänischen auswärtigen Amtes, Sigvald Kristensen, gegeben. Andere Politiker hätten gewarnt, es sei noch zu früh für diese Geste. Ole Björn Kraft, der Außenminister, habe Bedenken gehabt. Wenn das dreiste Vorhaben ein Erfolg werde, dann war es des Ministers Idee, doch wenn es schief laufe, dann müsse der Initiator, der Pressechef, den Kopf hinhalten.

Das Risiko wurde gewagt – und gewonnen.

Zwölf deutsche Journalisten, Chefredakteure der noch jungen Presse der gerade zwei Jahre alten Bundesrepublik und ein Vertreter des Nordwestdeutschen Rundfunks in Hamburg trafen am Abend des 30. September 1951 in Kopenhagen ein. Unterwegs hatten die Kollegen mich zu ihrem Sprecher bestimmt, soweit überhaupt etwas zu sprechen sei. Wir wollten so unauffällig wie möglich auftreten, wußten allerdings nichts von der möglichen Spannung, die unser Besuch erzeugen könnte. Einer ungewöhnlichen Situation waren wir so bewußt wie der Auszeichnung, als erste Deutsche offiziell im einst besetzten Dänemark sein zu können.

Am folgenden Morgen war eine Pressekonferenz angesetzt. Das Interesse der dänischen Kollegen war lebhaft und wurde nicht nur durch die Zahl der Teilnehmer bekundet. Es war meine Aufgabe, einen Dank für die Einladung und für die Möglichkeit zu sagen, erste Kontakte wieder aufzunehmen. Ich möchte das Echo berichten lassen, das in dänischen Zeitungen tags darauf zu lesen war:

„Sänger sagte einleitend im Namen seiner deutschen Kollegen, die Journalistengruppe wolle dem dänischen König, dem dänischen Volk und seiner Regierung ihre Hochachtung zum Ausdruck bringen. Wir wissen, erklärte Sänger, daß wir die ersten Deutschen sind, die nach dem Kriege offiziell von der dänischen Regierung eingeladen sind. Es ist viel geschehen, auch in unserem Namen, im Namen des Volkes und Landes. Als Mensch muß ich für alle die Übergriffe und Rechtsbrüche, die während des letzten Krieges geschehen sind, um Verzeihung bitten. Wir verachten jeden Rechtsbruch, von wem er auch geschah. Dänemark hat gleich nach dem Kriege durch eine vorbildliche Behandlung der deutschen Vertriebenen viel getan, um eine Bresche in die Mauer der Feindschaft zu schlagen, die der Krieg aufgerichtet hat. Wenn wir

Sie bitten, uns als Weggenossen zusammen mit den anderen europäischen Völkern anzunehmen, dann tun wir es, weil wir wissen, daß uns ein gemeinsames Schicksal verbindet. Daraus müssen wir die politischen Konsequenzen ziehen und gemeinsam den Weg wandern, der zu einem freien, friedliebenden und glücklichen Europa führt."

Die deutschsprachige, dänische „Südschleswigsche Heimatzeitung", deren Ausgabe vom 3. Oktober 1951 dieser Auszug entnommen ist, unterschied sich in der Berichterstattung nicht von den weitaus meisten dänischen Zeitungen, den großen und den kleineren. „Er bat um Verzeihung", wurde in Überschriften hervorgehoben und hinzugefügt: „Der Mann, der hier in aller Bescheidenheit einige menschliche Worte fand, bewies damit jedoch nach unserer Ansicht eine gewisse Größe. Er zeigte mit seiner Erklärung, daß er die Zusammenhänge der Dinge erkannt hatte. Auch mit seinem eigenen Volk fühlt er sich im Guten wie im Bösen verbunden. Deshalb war seine Bitte um Verzeihung wohltuend. Seine Worte ließen Gediegenheit und innere Stärke erkennen. Und sie rufen etwas hervor, was außerordentlich bedeutungsvoll für die Deutschen selbst ist, nämlich Vertrauen... Durch einen solchen Appell an das Verzeihen wird es aber eher wachgerufen als durch tausend Erklärungen dafür, weshalb man das Böse gegen seinen Willen getan hätte oder als durch die Behauptung, es wäre durch die Schuld anderer getan worden".

Dieses Echo war in der nicht gerade durch deutsch-freundliche Haltung bekannt gewordenen Zeitung „Sönderjyden" am 4. Oktober 1951 in einem Leitartikel zu lesen.

Die konservative und wohl bedeutendste dänische Zeitung „Berlingske Tidende" hatte bereits am 2. Oktober in gleicher Tendenz berichtet und meinen Appell wörtlich wiedergegeben: „Was fremde Hände und böser Wille in Szene gesetzt haben, wollen dänische und und deutsche Hände und ein guter Wille wieder aus dem Wege räumen. Unser gemeinsames Ziel ist ein freies und glückliches Europa."

Auf dem Programm, das für uns aufgestellt worden war, stand auch – mit dem Vorbehalt der möglichen Behinderung des Gastgebers durch dringende Termine – ein Essen, das der Außenminister Ole Björn Kraft gab. Als Hans Hedtoft mir später berichtete, daß gerade dieser Programmpunkt zu vielfachen Überlegungen Anlaß gegeben habe, konnte ich manches begreifen: Wäre unser Besuch nicht so verlaufen, wie das Echo der dänischen Presse zeigte, hätte der Minister seine Begrüßungsansprache in dänischer Sprache gehalten. Noch unmittelbar vor dem Beginn des Essens wurde mir bedeutet, daß man nicht wisse, wie der Minister sich verhalten werde; spräche er uns in seiner Landessprache an, werde der deutsche Botschafter zu antworten haben, damals Dr. Nöldecke, im anderen Falle fiele diese Aufgabe mir zu.

„Wir sehen in Ihrem Besuch einen Ausdruck dafür, daß die Bindeglieder zwischen unseren Ländern sich in gesunder Entwicklung befinden" – mit diesen Worten in deutscher Sprache begann der Minister, ein Zeichen, daß unser guter Wille erkannt worden war. Diese Stunde

166

im Schloß Christiansborg, an der auch Hedtoft teilnahm, auch der deutsche Botschafter, auch Karl Raloff, ein deutscher Journalist und Emigrant, unermüdlicher Helfer der deutschen Flüchtlinge, die aus Ostpreußen und Danzig gekommen waren und im noch kurz zuvor besetzten Dänemark menschlich warmherzige Aufnahme gefunden hatten.

Das positive Echo blieb nicht auf die Zeitungen und auf offizielle Ansprachen beschränkt. Wir hatten einen Spaziergang gemacht, ein deutscher Kollege und ich, und kamen über eine der schönen breiten Straßen Kopenhagens. Zwei Fahrbahnen waren zu überqueren. Als wir die eine fast hinter uns gebracht hatten und dem Mittelstreifen zustrebten, kam in schneller Fahrt ein Motorrad mit einem Polizisten angebraust. Wir mußten uns schneller bewegen. Als wir auf der anderen Seite des Mittelstreifens ankamen und die zweite Fahrbahn überqueren wollten, war der Polizist schon dort. Er stieg vom Rad und kam auf uns zu. Wir erwarteten eine Belehrung. Er grüßte, sagte etwas in seiner Sprache, begriff, daß wir Deutsche waren und bat in gutem Deutsch um Entschuldigung wegen seines Tempos, das uns zur Beschleunigung veranlaßt oder bedroht habe.

Die Dänen, die das sahen, nahmen kaum Notiz davon. Wir Deutschen aber waren verblüfft. Am anderen Tage stand die Szene in den Zeitungen. Der kleine, unbedeutende Vorgang hatte Publizität bekommen, und ob wir später in Aarhus oder in Nästved oder anderswo waren – man hatte es gelesen und man freute sich darüber. Eine kleine Ursache hatte eine große Wirkung.

In Bonn war sie umgekehrt, blieb aber erfreulicherweise zunächst vertraulich. Erst einige Zeit danach erfuhr ich in einem Gespräch mit einem der engeren Mitarbeiter des Bundeskanzlers (Adenauer war zugleich auch Außenminister, und das Auswärtige Amt, das erst am 15. März 1951 gegründet worden war, wurde von ihm mit betreut), daß dieser „von dem ganzen wenig erfreut" gewesen sei. Die Frage nach dem Warum blieb, weil sichtlich peinlich empfunden, ohne Antwort. Es war besser so.

Länger als ein Vierteljahrhundert später meldete der Europa-Dienst der Deutschen Presseagentur (am 18. Februar 1977), daß ein um die dänisch-deutschen Beziehungen vielfach besonders verdienter deutscher Journalist, Horst Fuchs, mit dem Dannebrog-Orden ausgezeichnet worden sei, den die dänische Königin ihm verliehen habe. Fuchs war mehrere Jahre Korrespondent der dpa in Kopenhagen. Mag sein, daß diese Tatsache die Erinnerung weckte: Der Bericht, den dpa über die kleine Feier in Hamburg ausgab, teilte mit, daß der Generalkonsul Dänemarks die Würdigung für die Verdienste von Fuchs als Journalist in Kopenhagen und später als Pressesprecher der Industrie- und Handelskammer Lübeck und als Verfasser von Reisebüchern über Dänemark zugleich zu einer „Laudatio für den ersten dpa-Chefredakteur" werden ließ: „Sänger habe bei den Bemühungen um die Wiederaufnahme der Pressebeziehungen zwischen beiden Ländern ein günstiges Klima für das Wiedererwachen freundschaftlicher Bande geschaffen."

Der Generalkonsul, der diese Erinnerung nach so vielen Jahren mit sich trug und lebendig werden ließ, war jener mutige Mann, der es gewagt hatte, frühzeitig das Eis zu brechen, zu dem die nachbarlichen Beziehungen beider Länder erstarrt waren, der den ersten Schritt getan hatte, sie wieder zu neuem Leben und zu fruchtbarer Entfaltung zu wecken: Botschafter Sigvald Kristensen. Die Entwicklung hat seinen Mut belohnt.

Aus Verantwortung

(1955)   Die deutschen Zeitungsverleger, die am 23. und 24. März 1947 in Wiedenbrück die Gründung einer Genossenschaft als Träger einer Nachrichtenagentur (des späteren Deutschen Pressedienstes dpd) beschlossen, hatten einen wichtigen Schritt zu einer freiheitlichen, demokratischen Struktur in der Presse getan: Sie stellten durch formellen Beschluß den Chefredakteur neben die Geschäftsführung, ihr gleichgeordnet und von ihr unabhängig. Das hätte ein Vorbild für das Verhältnis von Redaktion und Verlag für alle Zeitungen werden können und müssen, und die noch immer und seit länger als einem halben Jahrhundert in Deutschland umstrittene Frage nach der Sicherung der inneren Freiheit der Pressearbeit wäre einen entscheidenden Schritt der Lösung nähergekommen. Aber dann ging die Entwicklung leider einen anderen Weg.

Die künftige Genossenschaft sollte nach den Beschlüssen in Wiedenbrück mindestens zwei Geschäftsführer haben. In einem nächsten Paragraphen bestimmte die dann beschlossene Satzung, daß die Gesellschaft einen Chefredakteur habe. Es wurde nichts darüber gesagt, daß diese Aufgaben getrennt bleiben müßten, aber auch nichts darüber, daß beide Aufgabengebiete, das journalistische und das kommerzielle, von einer Person, einem Geschäftsführer als Chefredakteur zu verantworten seien. Tatsächlich wählten die Verleger dann zwei Personen zu Geschäftsführern und bestellten einen von ihnen zum Chefredakteur, der mithin beide Funktionen auszuüben berechtigt und verpflichtet war. So wurde es später ins Handelsregister eingetragen.

Das war in der Geschichte des Pressewesens in Deutschland neu, nicht aber in der Pressewirklichkeit anderer europäischer Länder, wo man vielfach auch die geschäftliche Leitung einer Nachrichtenagentur überwiegend Journalisten zu übertragen pflegt, wie immer die Funktionsbezeichnungen lauten. Das Prinzip wurde übrigens 1949 bei der Fusion und 1955 bei dem von mir erbetenen Ausscheiden aus der Funktion als Geschäftsführer, zweimal bestätigt; es wurde auch für meine Nachfolger später beibehalten.

Über die Gründe, aus denen die Verleger 1947 diese fortschrittlichen Beschlüsse so gut wie einmütig, die meisten einstimmig, faßten, gab es unterschiedliche Informationen. Darin stimmten sie aber überein, daß das Prinzip der Gleichstellung von Redaktion und Geschäftsführung bewußt und überlegt gewählt worden sei. Wäre es nicht zu dieser Struktur gekommen, so hätte ich die mir dann angebotene Position des Chefredakteurs auch nicht übernommen. Ich wollte nicht einer ständig akuten Gefahr für die Unabhängigkeit der Arbeit der Redaktion ausgesetzt sein, „einer Gefahr, welche das gesamte Unternehmen unnötig belastet", wie ich zuvor einem beteiligten Freunde geschrieben hatte.

Ich habe es nie verstanden, warum die Zeitungsverleger, die in Wiedenbrück gerade diesen Grundsatz ausdrücklich so besonders beachtet und respektiert haben, für die Leitung und Aufteilung der Verantwortung in ihren eigenen Häusern fast ausschließlich die unzeitgemäß konservative und unpraktische Haltung der Unterordnung der Redaktion unter die Geschäftsführung beibehielten und noch heute zäh verteidigen. Ich verstehe es um so weniger, als eine ganze Reihe von ihnen, bekannte und z. T. führende Männer, in persönlichen Unterhaltungen das in Wiedenbrück beschlossene Prinzip als gut und brauchbar bezeichnet haben. Ist es Mangel an Mut oder welche anderen Gründe sind es, die es verhindern, daß bei Wahrung des Privateigentums eine sachgemäß sinnvolle klare Trennung der Verantwortlichkeiten endlich vorgenommen wird? Auf eine auch nur längere Dauer kann und wird der gegenwärtige Zustand der Überordnung der kommerziellen Führung eines Zeitungsverlages über die journalistische Verantwortung nicht beibehalten werden können. Es wäre ratsam, daß Verleger und Journalisten in gemeinsamer Arbeit selbst eine Ordnung finden, bevor sie – aus der besonderen Aufgabe und Position der Zeitung im Grundgesetz und unter den in der Bundesrepublik geltenden Grundrechten – wegen staats- und gesellschaftspolitischer Erfordernisse auferlegt wird. Es ist nicht zu übersehen, daß die Zahl der Staatsrechtler ständig zunimmt und daß ihre Argumente stärkeres Gewicht erhalten, die eine gesicherte Unabhängigkeit der Redaktionen verlangen und eine andere als die bisherige Form der Zuständigkeiten in den Verlagshäusern für unentbehrlich halten. Die Frage des Eigentums wird dabei nicht behandelt werden müssen.

Unabhängige Verantwortlichkeit der Presse für Nachrichten- und Meinungssammlung und deren Verbreitung ist einer der wichtigsten Faktoren in der demokratischen Verfassungswirklichkeit und dies in Deutschland noch mehr als in anderen europäischen Ländern. Die zwölf Jahre der Diktatur haben die lebensbedrohenden Gefahren der Manipulation und der Interessenbindung allzu deutlich gezeigt.

Hier steht nicht eine Entscheidung darüber zur Diskussion, wem die Zeitung gehören solle oder kann, einem Privateigentümer, einer Stiftung oder einer öffentlich-rechtlichen (und das ist keine staatliche!) Anstalt oder wem sonst, sondern es ist festzustellen, wie die absolut notwendige Unabhängigkeit der journalistischen Arbeit am besten zu erreichen oder zu erhalten ist. Auf diese Arbeit allein kommt es an und sie macht den Sinn der Existenz einer Zeitung, einer Rundfunkanstalt oder einer Nachrichtenagentur aus. Das Grundgesetz der Bundesrepublik Deutschland hat mit dem Artikel 5 kein Vorrecht für einen Beruf, weder für Verleger noch für Journalisten, geschaffen; es hat dort aber ein Grundrecht des Bürgers unveräußerlich festgelegt, unabhängig informiert zu werden und seine Meinung frei aussprechen und schreiben zu können. Die Presse hat diesen grundrechtlichen Anspruch des Staatsbürgers zu erfüllen, und dafür ist die bestmögliche Voraussetzung zu schaffen.

Die Auseinandersetzung über diese Aufgabe wird seit länger als einem halben Jahrhundert geführt und wird wohl noch lange fortgesetzt werden, wenn, wie leider bisher festzustellen ist, ausnahmslos alle Bundesregierungen ungeachtet stets gegebener Zusagen weder den Mut, noch die Kraft gefunden haben, eine im Grundgesetz vorgezeichnete Ordnung des Pressewesens in einem Rahmengesetz zu ermöglichen. Die moralische Position der Presse in der Demokratie ist die eines Helfers für den Staatsbürger. Sie soll zu diesem Zweck Regierung, Parlament und das öffentliche Leben in allen Bereichen kontrollieren. Wissenswertes aus Heimat und Welt berichten und so dem Bürger die Kenntnis vermitteln, die er benötigt, um sich zu orientieren, selbst eine Meinung zu gewinnen und danach eine Entscheidung zu finden. So will es die Verfassung, die den Bürger als Quelle der Staatsgewalt bezeichnet.

Daraus ergibt sich zugleich für Presse und Rundfunk, für das, was heute „die Medien" genannt wird, ein hohes Maß von Verantwortung, das zu erfüllen Staat und Gesellschaft ebenso ein Anrecht haben. Die Medien sind zu Sorgfalt und Objektivität verpflichtet. Kein berufliches oder gewerbliches Interesse kann sie vor der Erfüllung ihrer Pflichten bewahren oder sie entbinden.

Die Pflicht zur rücksichtslosen Kontrolle und die Pflicht zur vollen und ungeteilten Verantwortung für Wort und Beispiel sind unlöslich miteinander verknüpft und gehören zur Institution der Medien wie ihr Recht, sich zu informieren, die Vertraulichkeit der Quellen zu wahren und auch, in Verantwortung zu schweigen.

So gewiß der unabhängig arbeitende und entscheidende Journalist seine Pflichten materiellen Interessen überzuordnen hat, so wenig kann er die Voraussetzungen unbeachtet lassen, die die Herausgabe einer Zeitung, den Bestand des Mediums jeder Art, bedingen. Niemand sollte im Bereich der Presse- und Informationsarbeit aus der Stellung des Mächtigen entscheiden können.

Diese Überlegungen waren für mich bestimmend, dem Aufsichtsrat der Gesellschaft der Deutschen Presseagentur 1955 die Bitte zu unterbreiten, mich als Geschäftsführer abzulösen. Es ist fälschlich behauptet worden, der Aufsichtsrat habe diese Lösung von sich aus verlangt.

Gewiß gab es Meinungsverschiedenheiten und auch Auseinandersetzungen zwischen den Gremien der Gesellschaft und mir. Es gab auch Vorstöße aus dem Kreise der Zeitungsverleger und aus politischen Kreisen gegen mich. Sie kamen stets von der gleichen Seite, und sie wurden fast immer auch in der Öffentlichkeit berichtet und erörtert, meist sogar dort unternommen. Nachdem Bundeskanzler Adenauer in einer Rede die Ablösung des Chefredakteurs der Deutschen Presseagentur gefordert hatte, war es kein Wunder, daß, als 1952 ein Antrag im Aufsichtsrat die Trennung der Ämter (Geschäftsführer und Chefredakteur) forderte, diese Absicht übertreibend als Forderung nach Entlassung des Chefredakteurs gemeldet wurde. Der Antrag fand nur zwei von zwölf Stimmen, wie für jedermann zu lesen war. Aber zu lesen war auch die reichlich hochgespielte Meinung, daß mit einem solchen Antrag „allgemeine Restaurationsbestrebungen im öffentlichen Leben der Bundesrepublik" bezeugt würden und daß „die Unterhöhlungspolitik der Altverleger ... sich mehr und mehr steigern wird". In eine sachlich sinnvolle und zweckmäßige Diskussion über die Trennung der Kompetenzen in der Führung der Nachrichtenagentur wurde so in den Kommentaren mancher Zeitungen und Informationsdienste eine Politisierung hineingedeutet, die zu weiteren unsachlichen Spekulationen führte.

Im August 1952 war ein Brief eines führenden Altverlegers, Dr. Walther Jänecke, an einen ihm befreundeten Verleger bekannt geworden, in dem die „Durchführung der vom Aufsichtsrat gefaßten Beschlüsse über die Kaltstellung von Herrn Sänger in seiner bisherigen Eigenschaft als Geschäftsführer von dpa" und eine Sicherung der Entscheidungen durch die Geschäftsführung „in allen Fällen, die die Redaktion betreffen", verlangt wurde. Dieses Verlangen zielte auf den Kern der in der Satzung geordneten Positionen des Chefredakteurs und betraf vertraglich vereinbarte Zuständigkeiten. Der Aufsichtsrat hatte tatsächlich keinen solchen Beschluß gefaßt, den Dr. Jänecke offenbar gern gesehen hätte, und er hatte auch, wie sich zeigte, eine andere Auffassung über Zuständigkeit und Arbeitsleistung des Chefredakteurs als der Briefschreiber. Ein solcher Brief eines an besonders verantwortlicher Stelle stehenden Verlegers, der dann auch noch – wohl durch Unvorsichtigkeit des Absenders – in die Öffentlichkeit gelangte, war für alle Beteiligten unerträglich und für das Unternehmen und sein Ansehen grob schädlich.

Ich blieb – ungeachtet der von außen in die Gesellschaft hineingetragenen Anwürfe – bei meinem Wunsch, daß eine Trennung der Aufgaben so bald wie möglich vorgenommen werde, freilich unter der Voraussetzung, daß die Position des Chefredakteurs grundsätzlich unverändert bleibt: Unabhängig von der Geschäftsführung und ihren Kompetenzen, wie auch das 1949 bei der Fusion der westdeutschen Agenturen errichtete Statut es vorschrieb. Ich hatte für meinen Wunsch mehrere Gründe.

Die Nachrichtenagentur entwickelte sich erfreulich. Fortgesetzt mußte investiert werden. Besonders der Ruf nach Nachrichten aus dem Ausland, die in deutscher Sicht und Kenntnis gesammelt und gegeben wurden, und der Gegenruf, aus Deutschland Nachrichten ins Ausland zu geben, forderten Aufwendungen, die nicht mehr von den Zeitungsverlegern allein aufgebracht werden konnten. Neue Abnehmerkreise

171

konnten in der Bundesrepublik nur noch in geringem Umfange erschlossen werden. Als endlich die Bundesregierung für den Bezug der Nachrichten der dpa ein Entgelt bezahlte, als Industrie und Handel für laufende Abonnements interessiert werden konnten, schien mir der Augenblick gekommen, mich weit mehr als es bis dahin möglich war, allein der Redaktionsarbeit zuzuwenden. Ich war mir klar, daß interessierte Kunden auch besondere Wünsche haben und äußern würden. Ich wollte als Geschäftsführer nicht kommerzielle Entscheidungen treffen müssen, die mich als Chefredakteur beeinflussen könnten – und umgekehrt. Es schien jetzt besonders geboten, den Grundsatz der sauberen Teilung der Verantwortung uneingeschränkt zu verwirklichen.

Zu lange war ich auch unter fast unerträglichen Behelfsregelungen Geschäftsführer. Die Satzung bestimmte „mindestens zwei" Personen als Geschäftsführer der Gesellschaft. Nicht weniger als acht Namen wären zu nennen, deren Inhaber zwischen 1949 und 1955 den anderen Platz in der Leitung einnahmen und wieder abgelöst wurden oder zurücktraten. Was immer damals vom Aufsichtsrat unternommen wurde, um „für die Zeit des Interregnums" oder wie die verschiedenen Situationen jeweils gekennzeichnet wurden, eine handlungsfähige Geschäftsführung zu haben, wer auch immer „als Berater der Geschäftsführung", „als Beauftragter des Aufsichtsrates", als „Sachverständiger" usw. eingeschaltet wurde – ohne den aus der Redaktion hervorgegangenen kenntnisreichen, fleißigen und energischen H. D. Müller, der schließlich Prokurist wurde, wäre in jenen Jahren des Auf- und des Ausbaues die kommerzielle, finanzielle und verwaltungsmäßige Leistung des sich ständig erweiternden Unternehmens mit seinen in der Zentrale in Hamburg, in den Vertretungen und in vielen Ländern der Erde etwa eintausend und mehr Beschäftigten nicht möglich gewesen.

Am 1. Oktober 1955 trat Dr. Wolfgang Weynen in die Geschäftsführung der dpa ein. Ihm folgte alsbald Dr. Thilo Pohlert. So waren zwei Geschäftsführer vorhanden, wie das Statut verlangte, und meine handelsgerichtliche Eintragung konnte nunmehr gelöscht werden. Ich nahm zur Kenntnis, daß vom Vorsitzenden des Aufsichtsrates anerkannt wurde, daß man mir „in den vergangenen Jahren wirklich sehr viel zugemutet (habe), manchmal zuviel" und daß ich „mit solcher Geduld und mit solchem Langmut alles das auf (mich) genommen habe" und blieb in meiner Position als Chefredakteur der dpa, unabhängig und nur dem Aufsichtsrat verantwortlich.

Über diesen Vorgang und seine Vorgeschichte ist mehr veröffentlicht worden als der Bedeutung des Einzelfalles entsprach und vieles davon trug nicht zur Förderung des Ansehens der dpa bei, weil Motive unterstellt und im Blick auf die vorangegangenen Meinungsverschiedenheiten Vorgänge behauptet wurden, die mit Tatsachen nichts zu tun hatten.

Zwei Jahre nach der Klärung der Zuständigkeiten und der in Satzung und Vertretung erneut getroffenen Feststellung der Unabhängigkeit der Redaktion konnte ich einem besonders intensiv nach den „wirklichen Hintergründen" und den „tatsächlichen Motiven" bohrenden Fragesteller schreiben:

> „Mit der erfreulichen Erweiterung der Aufgaben der Nachrichtenagentur mußten die seit Gründung des Unternehmens festgelegten Positionen endlich einmal endgültig besetzt werden. Ich habe das stets betrieben, angeregt und gefordert. Es war mein Wunsch, daß dies 1955 geschah. Ich wußte was ich tue, als ich im Blick auf die Entwicklung meinen Weg als Journalist ging, nicht einen Weg als Geschäftsführer. Unter dem Zwang des notwendigen sachlichen Ausbaues muß das Unternehmen auf einem Gebiet arbeiten, auf dem es sich erst noch bewegen lernen muß. Ich will in der Zeit wie stets vorher die Freiheit der redaktionellen Arbeit sichern, so gut ich es kann. Ich glaube mir einbilden zu dürfen, daß ich die Interessierten und die Interessen, die auf eine Nachrichtenagentur gerichtet sind, die insbesondere sich der dpa zugewendet haben, besser kenne als viele andere. Es besteht keine Gefahr einer Einflußnahme, wenn alles so bleibt, wie es sich bisher entwickelt hat. Es kann aber auch eintreten, daß die Agentur den von Ihnen gezeichneten ‚Weg allen Fleisches' geht, daß Kapital einfließt, um andere als die uns bisher vorschwebenden Aufgaben zu erfüllen. Dann möchte ich nicht mitschuldig werden; in der Redaktion würde ich wissen was zu tun ist. Bewährt sich die dpa aber, wie ich glaube, dann bin ich noch weniger in der Geschäftsführung nötig, die mir nicht liegt."

Der Fragesteller war Dr. Gustav Heinemann, und die Antwort hat ihn befriedigt.

Man sollte es mir erlauben zu sagen, daß ich froh bin, auch zwanzig Jahre später feststellen zu können, daß ich damals vielleicht zu vorsichtig und pessimistisch war. Meinen Nachfolgern in meinem Amte als Chefredakteur und meinen Kollegen in der Redaktion ist die Kontinuität der Entwicklung vor allem zu danken.

Konkretes Ziel

(1955)   Im Herbst 1955 konnte ich einer jener Einladungen folgen, die damals von der amerikanischen Regierung zum Zweck der „Begegnung mit der lebendigen Demokratie" dankenswerterweise in großer Zahl an solche Deutschen ergingen die als „Multiplikatoren" galten, von denen man also erwartete, daß Erfahrungen und Eindrücke direkt oder indirekt weitergegeben wurden. Für mich ergab sich die Chance, nun nach den mehrfachen Besuchen bei Reuters in London auch die großen amerikanischen Nachrichtenagenturen in ihrer Arbeit zu sehen und in Gesprächen mit Persönlichkeiten des öffentlichen Lebens Meinungen zu hören und Informationen zu gewinnen. Die Reise hat reiche Frucht getragen – sie hat mir auch beträchtliche Anfeindungen eingebracht.

Über die Vereinigten Staaten ist, vor allem in jenen ersten Jahrzehnten nach dem Kriege, viel berichtet worden, überwiegend von begeisterten

Reisenden, aber auch von kühlen und nüchtern-kritischen Beobachtern. Dieses Amerika ist vielschichtig, so farbig, so differenziert und weithin so wenig bekannt, daß wohl eine lange Zeit gründlichen Mitlebens nötig ist, um ein gültiges Urteil über Land und Menschen, über Vorzüge und Nachteile des wirklichen Lebens abgeben zu können. Ich habe vieles großartig, manches bedenklich und einiges unerfreulich gefunden. Das waren subjektive Eindrücke, Momentaufnahmen, für ein Gesamtbild also nur als Farbflecke brauchbar.

Die interessanteste und wohl wichtigste Information fiel in Washington in einem gründlichen Gespräch an, zu dem der Korrespondent der Deutschen Presseagentur, Oscar Reschke in seine Wohnung eingeladen hatte. Wir trafen uns in Arlington, einem der bekanntesten Vororte der Hauptstadt. „Es hat uns daran gelegen Sie zu sprechen", sagte einer der amerikanischen Gäste, sechs Beamte aus dem State Department, die mit sieben Deutschen an einem langen Abend „ein Gespräch unter Kollegen" führten, ein offenes, freimütiges, unbeschwertes Gespräch „rund um die Welt". Das war am 14. Oktober 1955, und von den Deutschen waren einige Angehörige der Botschaft der Bundesrepublik und die anderen Journalisten.

In allen Gesprächen, die ich in den USA führte, spielte das Deutschland-Problem eine zentrale Rolle. Auch wenn ich vermied es von mir aus anzuschneiden, kamen die Gesprächspartner in jedem Falle sehr bald zu diesem Thema. Ich habe regelmäßig Notizen gemacht.

Der Pressesprecher Eisenhowers, Hagerty, blieb noch bei einer allgemeinen allerdings inhaltreichen Bemerkung: Deutschland sei „a most important mechanism" in der amerikanischen Politik.

Deutlicher befaßte sich Dr. Kellermann mit der Frage. Er bearbeitete damals im State Department Deutschland-Angelegenheiten und war außerordentlich informiert und freimütig in der Behandlung der Probleme, wie sie sich vor allem in der Konferenz der Außenminister in Genf ergeben hatte, die gerade tagte. Mir wurde gesagt, Kellermann sei der wesentliche Berater des Außenministers Dulles in den Deutschland-Fragen. Wenn nun, so Kellermann, in Genf keine Lösung gefunden werde, sei die deutsche Regierung wohl bereit, dann eigene Kontakte mit der Regierung in Pankow zu suchen? Es seien dann gewisse technische Themen zu erörtern, die kaum noch Aufschub erlaubten, und er nannte Verkehr, Post, Straßen- und Flußregulierungen und ähnliches, fügte aber hinzu, daß „ein politisches Gespräch eine ernste Gefahr für das amerikanisch-bundesdeutsche Verhältnis bedeute".

Auf meine Frage, was unter dem Begriff „ernste Gefahr" gemeint sei, ob ein Rückzug der USA aus Europa, ob ein Verzicht auf die NATO darunter verstanden werden müsse, erwiderte er: „Die NATO ist nicht unbedingt unantastbar" und erläuterte, „daß also die Zugehörigkeit der Bundesrepublik zur NATO (nach seiner Auffassung) nicht eine Vorbedingung für ein geordnetes oder brauchbares oder befriedigendes Verhältnis Deutschlands zu den USA sei". Als ich ihm diese meine Notiz wiederholte, bestätigte er: „Ja, das ist unsere Auffassung."

174

Das Abendgespräch in Arlington machte die amerikanische Überlegung zur Deutschland-Frage vollends klar. Obwohl in diesem Kreise die weltweiten Interessen der Vereinigten Staaten für mich wie noch nie zuvor sichtbar wurden, kamen wir doch immer wieder auf deutsche Meinung, Hoffnungen und Maßnahmen zurück. Es war nicht überraschend, aber mir ist noch zu keiner Zeit eindringlicher klar gewesen als in diesen Stunden, wie unzweideutig amerikanische Interessen alle anderen und damit auch die deutschen politischen Wünsche und Erwägungen überlagerten. Die amerikanischen Beamten, sachverständig und realistisch, sahen eine beginnende Selbständigkeit, eine eigene deutsche Konzeption entstehen, und das war ihnen offensichtlich nicht unangenehm. Sie sahen auch eine Chance für eine ihnen erwünschte deutsche Hilfeleistung. Das Wort Entspannung fiel erst später, aber es geisterte von vornherein in diesem weit über Mitternacht hinaus geführten Gespräch.
Ich habe an jenem Abend notiert:

> „Die Amerikaner wollen von uns wissen, ob wir denn wirklich die Wiedervereinigung Deutschlands wollen, was wir konkret tun werden, wenn Genf keinen Erfolg bringt, ob wir mit Pankow sprechen werden, wie stark die deutsche Bereitschaft ist, NATO der Wiedervereinigung vorzuziehen."

Die Amerikaner diskutierten, sie deklamierten nicht – und das war ein erfreulicher Vorgang!
Er möchte einmal das sagen dürfen was er denke, wenn er sich als deutscher Staatsmann fühle und in Bonn und nicht in Washington säße, sagte einer der führenden Männern aus ihrer Reihe. Er würde dann sagen: Jetzt muß mit Pankow gesprochen werden! Nicht gleich von Minister zu Minister, aber von Ministerialrat zu Ministerialrat oder so ähnlich, dann von Direktor zu Direktor, und dann sollten sich auch einmal die Minister treffen. Mit betonter Klarheit und langsam Wort für Wort sprechend sagte dieser Mann: „Ihr kommt darum ja doch nicht herum, und je länger das dauert, desto höher wird der Preis sein."
In ruhiger freundschaftlicher Art kleidete er diese zu jener Zeit – 1955 – gewiß außerordentliche Aussage in den Mantel des eben nur unter verständnisvollem Mitdenken willkommenen Helfers: „Wir müssen einen Weg finden: So bleibt es nicht wie wir dieses Europa heute sehen."
Ich notierte noch seinen Satz: „Wir sind hier alle Freunde; wir haben jetzt alle kein Amt; wir denken nur an eine Zukunft im Frieden." Und dann bat er: „Wer das nicht versteht – vergeßt es wieder!"
Der so sprach blieb nicht allein. Andere nahmen den Faden auf. Sicher könne eine klug geführte Regierung vorsichtig und selbstbewußt den Alliierten eine Hilfe leisten, sagte einer. Es sei ein schwieriges Hindernis aus dem Wege zu räumen und eigentlich könnten das die Deutschen doch nur unter sich allein tun. Ich notierte: „Das kann Euch Deutschen auch mal eine zeitlang die amerikanische Verdammnis kosten; das dauert nicht lange, Ihr seid jetzt viel zu wichtig."

Daß alle diese Äußerungen nicht Schlag auf Schlag fielen, daß viele Argumente benutzt und Beziehungen zur Geschichte hergestellt wurden, braucht kaum erwähnt zu werden. Der Vertrag von Rapallo spielte eine Rolle, der die Aufnahme der offiziellen deutsch-russischen Verbindung nach dem ersten Weltkrieg besiegelte. Stets aber wurde der Kurs gehalten: Entspannung ist das Ziel, und dieses Wort kam nun auch immer häufiger vor.

Es wurde in später folgenden Gesprächen von anderen Amerikanern und weit mehr benutzt, als es zu jener Zeit in Deutschland zu hören war. „Wenn Sie in Deutschland wirklich unsere Freunde sind" – ein Mann am Nebentisch sagte es, als wir in San Francisco in einem Restaurant aßen, er hatte ein Gespräch mit angehört und drehte sich zu uns – „dann müssen Sie auch zur Entspannung beitragen, Sie müssen selber mit ihren Landsleuten in Ostberlin reden und alles in Ordnung bringen". Der Kellner, der uns bediente, erklärte uns, dies sei „ein angesehener Mann der Stadt" gewesen, der uns ansprochen habe. Dieser Mann sagte nur, was andere mehr und auch weniger zugespitzt ausgedrückt, vorher und nachher auch gesagt haben.

Es war völlig eindeutig: Mit aller Vorsicht, aber auch mit dem betonten Willen zur konkreten Information hatten die amerikanischen Gesprächspartner in Arlington in jenen Abendstunden des 14. Oktober 1955 ein Ziel gezeigt, auf das hin sich die politische Arbeit in den USA zu orientieren begonnen hatte, das von der öffentlichen Meinung getragen wurde und das die politischen Freunde in anderen Ländern auch rechtzeitig erkennen und verfolgen sollten.

Bei der Art des offen und vertraut geführten Gespräches und bei der Zusammensetzung des Kreises in Arlington erschien mir eine nachrichtliche Berichterstattung unfair. Die Häufigkeit, mit der die gleiche Auffassung immer wieder von den Amerikanern vertreten wurde, gebot jedoch, daß ich nach meiner Rückkehr in Deutschland dort – ebenfalls vertraulich – informierte, wo die Kenntnis von Nutzen für eigene deutsche Überlegungen sein konnte. Ich habe damals den Bundesminister für Auswärtiges, Heinrich von Brentano, den Vorsitzenden des Ausschusses des Bundestages für auswärtige Politik, Kurt-Georg Kiesinger (beide CDU), den Vorsitzenden der SPD, Erich Ollenhauer, ferner Prof. Dr. Carlo Schmid, vielfach Sprecher der SPD in Sachen der Außenpolitik und Begleiter Konrad Adenauers auf dessen Reise nach Moskau (1955), und Dr. Thomas Dehler, Vorsitzender der Fraktion der FDP im Bundestag, in direkten Gesprächen über diese Erfahrung unterrichtet. Am wenigsten überrascht war Bundesminister von Brentano: Er habe auch von anderer Seite bereits solche Informationen erhalten. Kiesinger kommentierte die Information mit der Bemerkung, dies werde doch wohl der Weg sein, der künftig beschritten werden müsse. Das Gespräch war am 20. November 1955 und dauerte etwa eine Stunde. Als ich ihn später darauf ansprach, erinnerte er sich nicht mehr. Es war in einer Situation, welche die Information von einst nun als Wirklichkeit bestätigte.

Sie war eingetreten, weil seit 1966 die Außenpolitik der Bundesregierung nicht mehr von den Unionsparteien, sondern in einer Großen Koalition von dem der SPD angehörenden Bundesminister Willy Brandt initiiert und praktiziert wurde. Die Unionsparteien waren über Weg und Tempo und sogar über das Ziel allzu sehr zerstritten. Wohl hatten weitschauende Politiker in ihren Reihen „Politik der Vernunft" vorgezeichnet, aber es fehlte nach so vielen Jahren einer oft hemmungslosen „Politik der Stärke" die Kraft und die Fähigkeit zu einer konstruktiven Wandlung, zusammen mit den Verbündeten die notwendige politische Entspannung in der Welt zu verwirklichen.

In der Tat war die so konkret formulierte These von der Notwendigkeit des unmittelbaren Kontaktes zwischen der Bundesrepublik und der Deutschen Demokratischen Republik keinesfalls so sensationell wie sie nach den zugespitzten Äußerungen erscheinen konnte. Berufskollegen in der Zentrale der Nachrichtenagentur Associated Press, denen gegenüber ich das Thema ohne Erwähnung des Arlington-Gespräches aufgriff, haben mir eine Reihe von Vorgängen in den USA genannt, bei denen nach ihrer Meinung „ganz unzweideutig von der Regierung inspirierte Appelle" an die Freunde der Vereinigten Staaten ausgesprochen worden seien, sich dem beginnenden Wandel der weltpolitischen Beziehungen, der Entspannung, anzuschließen. Es fiel dabei der Vorwurf, europäische und vor allem deutsche Politiker warteten immer erst „auf eine amtliche Posaune" und hätten wenig Sinn für unsichtbare Fäden, die frühzeitig und nicht zuerst zu Offiziellen, sondern zu denen gesponnen würden, die „im Vorfeld der diplomatischen Arbeit sprechen und schreiben und die neue Schritte vorzubereiten" verstünden.

Diese grundsätzliche politische Tendenz und realistische Zielsetzung bestätigte meine eigene Überzeugung über die notwendige Konzeption einer sinnvollen deutschen Politik. In Vorträgen und Diskussionen und in (meist unter einem Pseudonym geschriebenen) Artikeln hatte ich seit Jahren bereits versucht, für diese Linie zu werben. Korrespondenten deutscher Zeitungen, die in den USA tätig waren, hatten seit einigen Monaten entsprechend berichtet und kommentiert. Ein positives Echo aus der Regierung der Bundesrepublik oder auch nur in gelegentlichen Reden führender Politiker der Regierungsparteien war jedoch nicht zu hören gewesen. Sie folgten stumm und gehorsam den Intentionen des Bundeskanzlers, der jeden Versuch einer Auflockerung der starren Haltung seiner „Politik der Stärke" ablehnte und darin auch von seinem Nachfolger Ludwig Erhard später bestätigt wurde.

Der amerikanische Gesandte Bohlen, Berater des Weißen Hauses, der frühere Berater des Präsidenten Truman, George F. Kennan, die renommierten amerikanischen Journalisten und Brüder Alsop, Walter Lippmann, führender Kolumnist der Republikaner und andere hatten wiederholt durch konkrete Darlegungen Gelegenheit gegeben, Meinungen und Informationen dieses Inhaltes nach Deutschland zu berichten und das war auch geschehen, von brieflichen Unterrichtungen an befreundete deutsche Politiker abgesehen. Dr. Herbert von Borch hatte in der

„Frankfurter Allgemeine" eindrucksvoll darüber berichtet. Im Juli 1955 befaßte sich die der CDU nahestehende „Rheinische Post" mehrfach in Nachrichten und Kommentaren mit der „Russisch-Amerikanischen Entspannung" (20. Juli). Der Herausgeber der „Nürnberger Nachrichten", Dr. Joseph Drexel, schrieb, solche Meinungsäußerungen aus den USA seien

> „nicht darauf abgestellt, die öffentliche Meinung Amerikas mißtrauisch gegen die Deutschen zu machen, sondern es ist das Bemühen unverkennbar, den Deutschen sympathisierend und konstruktiv bei der eigenen Verarbeitung ihres Hauptproblems beizustehen".

Nachdem die Konferenz der Außenminister, die in Genf am 16. November 1955 abgeschlossen worden war, keine Lösung der Deutschlandfrage erbracht hatte, schrieb der „News Chronicle" (22. Dezember 1955):

> „Wenn es wahr ist, daß die Russen nur noch ein kommunistisches Deutschland akzeptieren wollen, während wir es ablehnen, über eine Wiedervereinigung Deutschlands außerhalb der NATO zu reden, dann steht man völlig auf dem toten Punkt. Irgend jemand irgendwo muß anfangen, über neue Wege nachzudenken. Die NATO muß bleiben, aber nicht als das einzige und als das Endziel der Politik Europas."

Die Reaktion der Sachkundigen und Verantwortlichen in Deutschland ließ nicht sichtbar werden, daß die beginnende Entspannungspolitik ihrer Bedeutung gemäß erkannt und aufgenommen worden war. Als die von mir vermittelte Information dann aber in die Hände politischer Dilettanten und Intriganten geriet, wurde daraus eine Sensation gemacht und der von ihr berichtet hatte, wurde als „Agent der Sowjets" bezeichnet.

Das geschah, nachdem ich auf Drängen von Kollegen im Hamburger Presseklub in kleinem Kreise über den Kern des politischen Gespräches in Arlington unter der Zusage vertraulicher Behandlung berichtet hatte. Ein an dem Essen teilnehmender amerikanischer Beamter, Mr. Dubin, hatte entweder nicht verstanden oder mißdeutet, was dort berichtet worden war. Als Angehöriger der Pressestelle des Generalkonsulats der USA in Hamburg gab er eine grobe Verfälschung dessen wieder, was ich dort berichtet hatte, und zwar in einem offiziellen Dokument, das der Bundesregierung, dem Aufsichtsrat der Deutschen Presseagentur und bestimmten Journalisten in Bonn zugespielt wurde. Es kursierte schnell und war kaum zufällig, daß die anderen Teilnehmer an dem Essen es zu lesen bekamen. Ihre Reaktion war ausnahmslos Empörung. Niemand hatte das gehört, was der amerikanische Berichterstatter mitgeteilt hatte, auch solche nicht, auf die er sich mit Namensangabe ausdrücklich bezog. Das Dokument wurde als eine „Auftragsarbeit" angesehen und bewertet.

Dann jedoch veröffentlichte die Hamburger Zeitung „Die Welt" eine Nachricht über meine Mitteilungen bei dem Essen und gab damit dem Thema Entspannung überraschend beträchtliche Originalität. Am 9. Dezember 1955 berichtete die Zeitung, es bestehe in den USA „ein auffallender Wunsch nach Entspannung der politischen Atmosphäre" – so hätte ich berichtet. Es war so, aber es war offensichtlich nicht im Sinne des Herausgebers und der redaktionellen Führung der Zeitung, die damals bei Hans Zehrer lag, und es war gewiß nicht im Sinne der Bundesregierung. Die Tatsache paßte nicht in die politische Landschaft, die unter Konrad Adenauer in der Bundesrepublik sorgfältig und mit allen Künsten politischer Gärtnerei gepflegt wurde.

Hans Zehrer hatte die Indiskretion, die in der Berichterstattung durch diese Nachricht lag, verlangt. Er leitete damit eine Aktion ein. Am Tage nach der Nachricht (10. Dezember 1955) veröffentlichte er auf der ersten Seite unmittelbar unter dem Kopf der Zeitung eine Glosse mit der Überschrift „Weicher?". Sie stand einspaltig unter den mehrspaltigen in fetten Lettern gesetzten Hauptzeilen „Eindeutige Erklärung der Bundesregierung, Bonn lehnt Beziehungen zu den Ostblockstaaten ab". Neben dieser Glosse wurde jedoch ein Bericht aus New York veröffentlicht, in dem der dortige Korrespondent der „Welt" mitteilte, daß in den USA „Mehr Bewegungsfreiheit für Bonn" überlegt und „von einer Lockerung der NATO-Bindung" gesprochen werde. Schon vier Tage vorher hatte die „Welt" aus London gemeldet, daß der britische Premierminister, Antony Eden, im Januar 1956 in die USA reisen, daß der Außenminister MacMillan ihn begleiten werde und daß beide

> „mit dem amerikanischen Präsidenten über die internationale Lage nach dem Scheitern der Genfer Außenminister-Konferenz beraten"

wollten. Es werde

> „mit der Möglichkeit gerechnet, daß Eden eine neue Initiative des Westens im Ost-West-Konflikt in Erwägung zieht, die sich auch auf die deutsche Frage erstrecken könnte".

Die Meldung endete mit dem Hinweis, Eden werde dann auch mit den russischen Führern reden und mit dem Satz:

> „Eine derartige Taktik bietet sich zur Zeit geradezu an, weil die Genfer Außenministerkonferenz gezeigt hat, daß auf einem anderen Wege im Augenblick nicht weiterzukommen ist."

Auch wenn der Chefredakteur der „Welt" Mißtrauen gegenüber den eigenen Korrespondenten gehabt haben sollte, hätte er zwei Tage vor diesem 9. Dezember lesen können, daß der Korrespondent der „Frankfurter Allgemeinen", Dr. Jan Reifenberg, aus Washington über „Neue Frontlinien in der Weltpolitik" berichtet und geschrieben hatte:

> „Deshalb ist seit einiger Zeit in der amerikanischen Öffentlichkeit ein Fragen nach den Auswegen aus dieser Situation im Gang, das nicht nur mit der Wirkung von ersten Schatten der Wahlkampagne von 1956 zu tun hat."

Was immer seit Monaten zunehmend häufig berichtet und kommentiert worden war, was immer die jüngsten und neuesten Nachrichten mitgeteilt hatten – meine aus dem Arlington-Gespräch wiedergegebene Information bestätigte nur den vorhandenen Trend. Die Glosse Zehrers ließ aber diese Tatsachen unbeachtet. Ihr Verfasser glaubte noch immer fragen zu müssen, ob „diese Dinge hinter der festen Politik von Dulles dort drüben weicher" würden und hinzufügen zu müssen: „Oder hat Herr Sänger sich zu einseitig zum Interpreten fragwürdiger Ansichten gemacht?"

Das Echo, das diese Glosse in Bonn an amtlicher politischer Stelle auslöste, bestätigte den Eindruck, daß mit dieser Fragestellung der „Welt" der Überbringer einer Information gekennzeichnet werden sollte, die offiziell unerwünscht war, denn sie sprach von einem Wandel in der Grundsatzfrage des Verhältnisses zwischen West und Ost. Bonn aber wollte keinen Wandel. Die Zeitung setzte mit ihrer „Frage" die vorangegangenen Angriffe des Bundeskanzlers Konrad Adenauer auf den Chefredakteur der dpa fort.

Hans Zehrer war von 1928 bis 1933 Herausgeber und entscheidender Gestalter der politischen Zeitschrift „Die Tat". Sie hatte einmal als kulturpolitische Stimme der Freideutschen Jugend begonnen und war durch ihn und seine Mitarbeiter zu einer Publikation des radikal-konservativen „Tat-Kreises" geworden. Ihn bildete eine Gruppe junger Akademiker, deren Thesen nicht unwesentlich zu dem sogenannten Gedankengut des Nationalsozialismus beigetragen haben. Daß die Zeitschrift unter Goebbels nicht fortgesetzt werden durfte, worauf sich Zehrer später gern als Alibi berief, lag daran, daß auch jene „Revolution" ihre Väter oder Vorfahren und alle die in die Verdammnis schickte, die einmal nützlich gewesen waren, nun aber überflüssig wurden.

Hans Zehrer wurde 1946, als die britische Besatzungsbehörde die Zeitung „Die Welt" gründete, zum Erstaunen vieler, die seinen Weg in der Weimarer Republik verfolgt hatten, von britischen Dienststellen zum Leiter der Redaktion der prominentesten Zeitung der britischen Zone berufen. Aber nur kurze Zeit danach entschied die Militärregierung anders, und Rudolf Küstermeier, einer der feinsinnigsten und charaktervollsten Journalisten, die ich je gekannt habe, hat diese Zeitung bis 1950 im Geiste freiheitlicher demokratischer Politik geführt. Als 1953 die „Welt" von Axel Springer erworben wurde, übernahm Hans Zehrer wieder die Leitung. Er starb 1966.

Die mindestens merkwürdige Aktion Zehrers gesellte sich zu dem unvertretbaren Bericht des amerikanischen Beamten Dubin. Was dann entstand beschrieb die wiederholt durch sorgfältige Beachtung politischer Zusammenhänge und Hintergründe und ihre selbständige Analyse und Bewertung aufgefallene „Cannstatter Zeitung" am 28. Januar 1956 so:

> „Innerhalb der dpa ist eine Auseinandersetzung um die Person des Chefredakteurs Sänger entbrannt, die offenbar durch eine Intervention amerikanischer Stellen geschürt wurde. Denn Sänger hat nach seiner Amerika-Reise im Hamburger Presseklub über seine Erlebnisse berichtet und auch

den Eindruck nicht verschwiegen, man erwarte in eingeweihten Kreisen Washingtons eine eigene deutsche Initiative in der Richtung auf eine Wiedervereinigung. Daraus erwuchs ihm der Vorwurf mangelnder Zurückhaltung und die Aussicht, seinen Posten zu verlieren."

So war es! In einer offiziellen Information des „Deutschen Presseclubs zu New York" vom April 1956 (Folge 2) wurde die ziemlich umfangreiche Diskussion, die in der Bundesrepublik zum Vorgang öffentlich geführt wurde, schließlich in dem Satz zusammengefaßt: „Die Stellung des Chefredakteurs der Deutschen Presseagentur, Fritz Sänger, ist, wie man aus Bonn hört, gefährdet. Seine Zugehörigkeit zur SPD hat zu Angriffen aus dem Regierungslager Anlaß gegeben."

Als dann aber der Aufsichtsrat entschied, daß ich meine Arbeit fortsetzen sollte, quittierten die „Stuttgarter Nachrichten" die gesamten Vorgänge mit dem Satz: „Der Fall Sänger kam – wenigstens für den Augenblick – zu einem Abschluß."

Indessen: War denn das ein „Fall Sänger"? War es falsch, was damals kommentiert wurde, es sei eine Intrige gesponnen worden, die dann zu einer nützlichen Diskussion über den besten und kürzesten Weg zu einer in Frieden möglichen Lösung der deutschen Frage geführt habe? Heute weiß man, wie nötig es war, dieses Thema endlich vorurteilsfrei zu erörtern und neue Gedanken nicht abzuweisen.

In den Vereinigten Staaten gab es zur gleichen Zeit nicht nur jene Stimmen, von denen in Arlington zu hören gewesen war und die sich – an Zahl und Intensität ständig zunehmend – öffentlich meldeten. Noch viele Beamte und Politiker wollten den Weg fortsetzen, den der Außenminister Dulles lange Zeit verfolgt, dann aber im Blick auf neue Entwicklungen zu verlassen begonnen hatte, als die Genfer Außenministerkonferenz kaum Aussicht auf Erfolg bot und sowjetische Äußerungen und Anregungen zu neuen Überlegungen zwangen. Noch am 16. März 1956 hat ein amerikanischer Beamter, dessen Name zwar bekannt, dessen hoher politischer Einfluß aber noch nicht überzeugend war, bei einem Essen mit Journalisten in Hamburg gesagt, „mit Rußland wird es niemals eine Zusammenarbeit geben, keine Entspannung". Er wandte sich damit in direkter Anrede und wohl in Erinnerung an die gerade zur Ruhe gekommene Diskussion an mich. Es war der später als Außenminister der USA so außerordentlich erfolgreiche Henry Kissinger, der dann die amerikanisch-sowjetische Zusammenarbeit nach vielen Richtungen hin in konkreten Vereinbarungen konsolidiert und die Politik der Entspannung gesichert hat. In der Politik gibt es eben kein „Niemals".

Für die deutsche Bundesregierung war das alles im Anfang 1956 noch zu früh. Welche Argumente auch für ein unentwegtes Festhalten an einer Politik vorgebracht werden, die aus militärischer Stärke heraus geführt werden soll – die Bundesregierung und die sie tragenden Unionsparteien hatten sich bereits allzu einseitig und ohne den notwendigen wachen Sinn für ständig neue Möglichkeiten und Zwänge in eine Position manövriert, aus der sie nur mit einem ihnen offenbar nicht zur Verfügung stehenden ungewöhnlichen Aufwand von Kraft und politischem Verständnis herauskommen konnten. Sie hatten sich selbst gebunden und konnten die Fessel auch in den nächsten Jahren nicht lösen.

Wie tief das Mißtrauen gegen die „Gesamthaltung in Deutschland", wie sie sagten, in manchen Kreisen wurzelte, wurde in einem Gespräch deutlich, das am Nachmittag des 20. Oktober 1955 in Adams-House in der Harvard-Universität bei und mit den „Turmwächtern" stattfand, einer Vereinigung deutschsprachiger amerikanischer Studenten, die mich eingeladen hatten und ein „Gespräch ohne Vorbehalte" führen wollten. Sie fragten nach wichtigen und nach unwichtigen Dingen und zeigten, wie sie interessiert und auch daß sie informiert waren. Aber wie sie das ausdeuteten, was sie wußten und gelesen hatten, mag eine kleine Episode erläutern:

Gegen Ende des Krieges, so sagte einer von ihnen, habe sich doch gezeigt, daß führende Nazis die Absicht gehabt hätten, mit den westlichen Alliierten Frieden zu machen, um mit ihnen dann gemeinsam gegen die Sowjets vorzugehen, die damals den Krieg gegen die Deutschen bereits siegreich führten. Ob die jetzt von Adenauer betriebene Politik der Zusammenarbeit mit dem Westen nicht die gleiche Absicht verfolge, wollte der junge Mann wissen und ob in der Partei des Bundeskanzlers nicht starke Kräfte seien, die diesen Weg jetzt oder künftig für den wichtigsten hielten.

Ich brauche nicht darzulegen, daß ich jede Beziehung zu den Nazikonzeptionen bestritten und versucht habe, diese Überzeugung durchzusetzen. Sie nahmen es mit Zweifeln hin und bohrten weiter: Adenauer oder seine Freunde sprächen auch von einer „Neuordnung" in Europa und davon, daß die von den Sowjets geführten Länder in Ost- und Südosteuropa „befreit" werden müßten und ähnliches – immer wieder bezogen auf die Politik des nazistischen Deutschlands.

Ich bin solchen Hinweisen auch später in den USA begegnet, die freilich weniger beharrlich vorgebracht und vertreten wurden. In Boston endete die Diskussion mit der betonten Meinungsäußerung, die überwiegend Zustimmung fand: Deutschland wird immer „über alles" sein wollen. Absolventen der Harvard-Universität haben in den Vereinigten Staaten in Politik, Wirtschaft und Wissenschaft ihren besonderen Platz. Es ist in jedem Lande unentbehrlich zu wissen, was die Verantwortlichen denken, aber es ist auch überall nützlich zu hören, was die nächste Generation denkt, hofft und erstrebt, vor allem jener Teil, der voraussichtlich in die führenden Positionen einrücken wird. Die Jungen von 1955 haben heute längst ihre Plätze eingenommen und sind tätig.

Zum Abschied baten sie mich um ein Tischbanner in den Farben der Bundesrepublik. Es waren Amerikaner, aber sie lernten und sprachen Deutsch, so verschieden die Fakultäten waren, in denen sie studierten. Es war noch niemand auf den Gedanken gekommen, zu ihnen Kontakt aufzunehmen und ihnen ein Symbol des neuen demokratischen Deutschlands zu übergeben.

Bemerkenswert war in dieser überaus lehrreichen Zusammenkunft, daß die deutsche Opposition, die damals hauptsächlich von den Sozialdemokraten gestellt wurde, daß aber auch von den Liberalen in der Bundesrepublik so gut wie nichts bekannt war. Sie wußten einige Namen, sie kannten einige Grundsätze, aber schon diese Aussage muß ich mit Einschränkungen versehen, weil die eigene Interpretation des einmal gelesenen oder gehörten Grundsatzes offensichtlich erfolgreicher gewesen war als das exakte Erinnern. Diese Unkenntnis begegnete mir aber nicht nur bei den „Turmwächtern", wie sich diese Vereinigung nannte, weil sie in einem Turm des Hauses ihren Gemeinschaftsraum hatte. Auch wichtige Politiker, auch Beamte im State Department schienen nur geringe Kenntnis von dem zu haben, was die Linke in der Bundesrepublik wollte. Sie wußten kaum etwas davon, daß die erwartete Flexibilität der deutschen Politik in der Bundesrepublik durchaus und nicht erst seit kurzem leidenschaftliche Fürsprecher besaß. Es war bezeichnend, daß einer der damaligen Gesprächspartner mir drei Jahre nach diesen Gesprächen einen fast begeisterten, auf jeden Fall erstaunten Brief schrieb, nachdem er die Reden gelesen hatte, die Gustav Heinemann am 23. Januar 1958 im Bundestag als Abgeordneter der SPD und die Thomas Dehler am gleichen Tage zum gleichen Thema der Bemühungen um internationale Entspannung gehalten hatten und in denen beide weit zurückgegriffen und auf die beständigen Versuche hingewiesen hatten, die starre „Politik durch Stärke" in realistische Erwägungen überzuführen. Besonders Heinemanns „Abrechnung mit Konrad Adenauer" hatte offenbar starken Eindruck gemacht. Eine einseitige Information über die in der Bundesrepublik Deutschland stets offen und hörbar für jeden vertretenen unterschiedlichen Meinungen war zum nicht geringen Teil auch durch die Bundesregierung verschuldet worden. Das hat das gegenseitige Verstehen lange Zeit beeinträchtigt.

Die Politik der Unionsparteien und der von ihnen getragenen Bundesregierung in Bonn hatte mit der Entwicklung in der Weltpolitik nicht Schritt gehalten. Erst am 17. Januar 1966 trat ein amtierender Bundesminister, Dr. Johann Baptist Gradl, in einem mutigen Interview, das „Der Spiegel" veröffentlichte, aus eigener Initiative vor die Öffentlichkeit, sehr zum Unwillen der Regierungsführung (Bundeskanzler Erhard), die dem eigenen Minister und Parteifreund öffentlich widersprach und meinte, das sei doch alles nicht neu, und bei vielen Gelegenheiten hätten Mitglieder der Bundesregierung „deutlich genug für alle, die es hören wollten", angeboten, über vieles mit sich reden zu lassen.

Das war eine unglaublich saloppe Reaktion auf eine ernste, aus gewissenhafter Verantwortung unternommene Bemühung, nun nach zehn Jahren die Starre endlich aufzubrechen, durch welche die Bundesrepublik immer deutlicher in die Isolierung geraten war. Es war schon zu spät für die Unionsparteien, mit der notwendig neuen Politik in der Führung zu bleiben. Die Außenpolitik ging noch im gleichen Jahr in die Hände der Sozialdemokraten über.

Dr. Gustav Heinemann, Mitbegründer der CDU, hat am 12. Januar 1969 zum wiederholten Male in einem Interview zur historischen Entwicklung festgestellt:

> „Wir wollten nach dem Kriege uns mit allen Nachbarn einigen, wollten ein vereintes Europa einschließlich der Ostvölker. Dieses Konzept wurde durch Konrad Adenauer zunichte gemacht, der der Westeingliederung Deutschlands den Vorrang vor der Wiedervereinigung gab und der die Teilung Deutschlands durch einen massiven militärischen Druck auf den Osten zu überwinden glaubte. Die Verständigung mit dem Westen und mit dem Osten war unsere Aufgabe."

Heinemann verwies in dem Interview auch auf die 1952 und danach von der Bundesregierung ungenutzt gelassene Chance, mit der Sowjetunion über eine Regelung der deutschen Frage in Verhandlungen zu kommen. Niemand konnte damals oder kann heute wissen, was dabei herausgekommen wäre, erst ein Versuch hätte eine brauchbare Antwort erbracht. Die Regierung hat ihn unterlassen. Wer auf diesen Seiten die Bemerkung jenes hohen amerikanischen Beamten gelesen hat, der 1955 über die Zugehörigkeit der Bundesrepublik zur NATO und das deutsch-amerikanische Verhältnis mit aller Vorsicht sprach, wird verstehen, daß Heinemann bei dieser Klarstellung auch dieses Problem in seine Überlegungen mit einbezog:

> „Denn die Russen waren einverstanden mit freien Wahlen – allerdings unter der Voraussetzung, mit der uns zugestandenen Armee nicht in ein Bündnis gegen die Sowjetunion einzutreten. Damals wollten die Verantwortlichen bei uns nicht verhandeln."

Auf jeden Fall: Das mit der Ablehnung von Verhandlungen mit der Sowjetunion 1952 und später ausgesprochene Nein der Unionsparteien zu dem Versuch, die Sowjets an den Verhandlungstisch zu bringen, bleibt allen abstreitenden und demagogischen Ablenkungsversuchen zum Trotz das entscheidende Nein der deutschen Geschichte nach dem zweiten Weltkrieg.

Zum Abschied Konrad Adenauers vom Kanzleramt schrieb die „New York Herald Tribune" am 10. Oktober 1963:

> „Als klar geworden war, daß die Russen bis zur Elbe in Europa stehen bleiben würden, hatte Adenauer die Wahl zwischen der Wiedervereinigung Deutschlands in einem neutralen Staat oder der Verbindung der westlichen Hälfte des Landes in einer Allianz mit der NATO und den USA. Obwohl er sich klar darüber war, daß der zweite Weg die Russen ärgern und die deutsche Einheit wahrscheinlich für eine Generation hinausschieben würde, wählte er die westliche Allianz. ... Die Schaffung einer westdeutschen Armee, weit davon entfernt, ein drohender militärischer Schritt zu einer Wiedereroberung des Ostens zu sein, hat es sicherer als je gemacht, daß Deutschland geteilt bleiben würde. Die Gründer der Bundeswehr haben das gewußt."

Konrad Adenauer gab am 11. Oktober 1963 seine Rücktrittserklärung beim Bundespräsidenten ab. Als sein Nachfolger im Kanzleramt, Ludwig Erhard, keine andere Deutschlandpolitik verfolgte, mahnte der politische Freund Adenauers, Charles de Gaulle, in einem Gesamtblick auf die Situation in Europa am 4. Februar 1965, „daß jede Regelung der deutschen Frage notwendigerweise auch die Regelung seiner Grenzen und seiner Bewaffnung durch eine Einigung mit allen seinen Nachbarn im Osten wie im Westen einschließen muß". Der nicht mehr amtierende Adenauer soll die Äußerung de Gaulles „mit Empörung" aufgenommen und gesagt haben, die Aufnahme der Beziehung zum Westen habe er stets als die eine Seite einer Gesamtaufgabe gesehen; entsprechende Ostbeziehungen habe er folgen lassen wollen. Diese Äußerung – ihre Tatsache vorausgesetzt – wäre ein Jahrzehnt nach seinem sensationellen Moskau-Besuch gefallen. Wie dem auch sein mag, Adenauers Antwort auf de Gaulle hat, soweit sie bekannt geworden ist, nur wenig überzeugend, mehr peinlich gewirkt. Sie vertrug sich in keiner Weise mit seinem beharrlichen Widerstand gegen jeden Versuch, von einer Politik der Entspannung auch nur zu sprechen, geschweige denn Wege und Möglichkeiten zu erörtern.

Dem Besuch von 1955 in Moskau ist keine irgendwie sichtbar gewordene politische Tätigkeit gefolgt, die auch nur entfernt mit der verglichen werden kann, die in Richtung Westen vorausgegangen war und weiter betrieben wurde. Es blieb bei formalen „Beziehungen".

Die von der Bundesregierung oft erwähnte und als besondere eigene Leistung beanspruchte Rückführung der damals noch in der Sowjetunion festgehaltenen deutschen Kriegsgefangenen war von den Sowjets nur zugesichert worden; sie wurde nicht, wie der Anschein erweckt und gepflegt wurde, „ausgehandelt" oder gar „vereinbart". Es gab keinen Vertrag.

Das Schwedische Rote Kreuz hatte in jahrelanger mühevoller Kleinarbeit in Verbindung mit den Sowjets die Listen über den Aufenthaltsort der Gefangenen erarbeitet und eine Rückführung weitgehend vorbereitet. Es hatte von sowjetischer Seite her einige Schwierigkeiten in der Verbindung zum Deutschen Roten Kreuz gegeben, das an den vorbereitenden Arbeiten selbstverständlich beteiligt war. Sie mußten beseitigt werden, eine Vermittlung erschien nützlich. Bei einem auf Einladung der Schweden erfolgten Besuch Anfang Mai 1955 in Stockholm erhielt ich von den höchst verdienstvollen schwedischen Bemühungen Kenntnis. Sie blieben in der Bundesrepublik leider weitgehend unbeachtet.

Die offizielle deutsche Außenpolitik nahm damals nicht einmal das Wort von der Flexibilität auf, das Dulles nach dem Scheitern der Genfer Verhandlungen (November 1955) mehr und mehr zu gebrauchen für nützlich hielt. Adenauer und sein Nachfolger blieben offensichtlich unberührt davon, als in den Vereinigten Staaten maßgebliche Politiker die Frage der Zugehörigkeit der Bundesrepublik zur NATO, ungeachtet ihrer Treue zu diesem Bündnis und ihres Verzichtes auf Kontakte zu den Ostblockmächten, als „einer neuen Erwägung wert" bezeichneten. Noch als Kennedy (seit 1961) immer deutlicher und nachdrücklicher den Versuch eines Ausgleichs der politischen Interessen mit der Sowjetunion zu unternehmen begann, hörte man aus Bonn nichts von einer Bereitschaft, sich neuen Tatsachen anzupassen, die seit über einem halben Jahrzehnt unleugbar waren.

Die größere zeitliche Nähe zu den Ereignissen und der Entwicklung läßt es angezeigt erscheinen, hier einer Darstellung zu folgen, die ich am 16. Februar 1966 im „Vorwärts" veröffentlicht habe. Sie fand auch jenseits der damaligen Demarkationslinie überraschende Aufmerksamkeit: Am folgenden Tage druckte „Neues Deutschland" (Ostberlin) den größten Teil daraus unverändert nach. Es folgen einige Zitate, welche die Situation unmittelbar vor dem entscheidenden Regierungswechsel in Bonn kenntlich machen sollen:

„Die Aufforderung an die Bundesregierung, die unter Kennedys Regierung alsbald ausgesprochen wurde, eine Deutschland-Politik ‚mit Substanz' zu konzipieren, verhallte lange Zeit vergeblich. ‚Was soll die Forderung nach größerer Elastizität', so fragte Heinrich von Brentano, viele Jahre Außenminister der Bundesrepublik, am 25. April 1961 auf dem Bundesparteitag der CDU und fügte die Frage hinzu: ‚Was soll die Forderung nach eigener deutscher Initiative?' Der Bundesregierung genügten allgemeine Kommuniques, in der Art, von der Karl-Günther von Hase (Bundespresseamt) kürzlich vor Berliner Schülern sagte, daß sie nach jeder Unterredung zwischen Staatsmännern alsbald mitteilen, ‚wie herzlich und nutzbringend die Aussprache für alle Beteiligten verlaufen' sei, sonst aber stehe nur das darin, was man zwischen den Zeilen lesen könne. Dies aber, so müssen wir nun hinzufügen, genügt nicht zur Information eines Volkes, das wissen will und muß, wie es um seine Sache und sein Schicksal bestellt ist."

In der Beobachtung der damaligen Vorgänge fuhr der Artikel fort:

„Wenn Staatsmänner und Politiker an die Mauer nach Berlin fuhren, so wurden solche Besuche als Beweise des Fortschritts einer Außenpolitik dargestellt, die längst im Schlepp weltpolitischer Geschehnisse und Verwicklungen weit hinter den Mächten hergezogen wurde. Als Ersatz für eine reale, substantielle politische Tätigkeit erschienen jahrelang ungezählte Erklärungen über die Treue unserer Freunde zur Bundesrepublik, über den Fortbestand der Truppenstärke in allen Teilen unseres Landes und was diese Nachrichten sonst noch an freundlichen Gesten und unbeschwerten Feststellungen mitzuteilen vermochten."

„Als ob wir daran zweifelten, daß die Freunde uns helfen würden, zumal sie sich selbst damit zu helfen wünschten! Als ob wir nicht wüßten, gerade auch und vor allem auch wir Sozialdemokraten, daß unsere Position im Lager der freien Völker und an keinem anderen Ort war und ist. Wer aber die Regierenden in Bonn mahnte, sie müßten eine greifbare, verständliche Politik für Deutschland vorzeigen, der wurde der Verleumdung oder der bösen Nachrede beschuldigt."

„... Konrad Adenauer hatte 1958 daran erinnert, daß es noch keinen Frieden für Deutschland gebe, daß der Waffenstillstand die Lage kennzeichne und ‚daß wir noch zur Kasse gerufen werden', wenn einmal die Schlußabrechnung geschähe. ... Vor Journalisten äußerte er bald danach, indem er deutlicher auf das erkannte Ziel zuging, auch Polen gehöre zu Europa, und es sei das am weitesten nach Osten vorgeschobene westliche

Land dieses Erdteiles, weshalb man es in das politische Kalkül einbeziehen müsse."

„In der 108. Sitzung des Deutschen Bundestages schließlich sagte Bundeskanzler Adenauer am 6. April 1960:

‚Wenn wir eines Tages zu einer Verständigung mit Sowjetrußland kommen – und ich hoffe, daß wir dies mit viel Geduld erreichen werden – werden Warschauer Pakt und NATO der Vergangenheit angehören. ... Das sind keine Ewigkeitsinstitutionen.'

... ‚Was haben wir denn schon in den vierzehn Jahren außenpolitisch erreicht', fragte Dr. Gerhard Schröder, Bundesminister des Auswärtigen, und er kündigte, einige Zeit danach, in einer Rede im Bundestag an, daß der Sturm noch bevorstehe, der durch das deutsche Haus wehen werde."

Der Beitrag im „Vorwärts", aus dem hier zitiert wurde, löste im Ausland und in der Bundesrepublik eine Reihe von Veröffentlichungen aus, die mit und ohne Bezugnahme auf ihn diese politische Situation bestätigten. Am 11. Oktober 1966 zog die „Politisch-Soziale Korrespondenz", die dem Adenauer-Berater und Bundesminister für den Verteidigungsrat, Dr. Heinrich Krone, nahestand, aus der entstandenen lebhaften Diskussion die Bilanz: In der Deutschland-Frage blase „uns Westdeutschen der Wind ins Gesicht", und es gebe so gut wie keinen Hoffnungsschimmer, daß sich dies in absehbarer Zeit ändern werde. Die Deutschen hätten im Westen keinen Freund und keinen Verbündeten, der bereit sei, für eine baldige, faire und vernünftige Regelung der deutschen Frage politisch ins Feld zu ziehen. Einen Ausweg aus der beinahe tragischen Verkettung der Umstände scheine es nur zu geben, wenn die Bundesregierung an der einen oder anderen Stelle Federn lasse.

Daß Dr. Krone ein zuverlässiger Beobachter der politischen Szene war und ein getreuer Registrator der Geschehnisse, bezeugen seine „Aufzeichnungen zur Deutschland- und Ostpolitik 1954–1969", die in den „Veröffentlichungen der Kommission für Zeitgeschichte (Reihe b, Band 15) unter der Bezeichnung „Adenauer-Studien III" (herausgegeben von Rudolf Morsey und Konrad Repgen, Matthias Grünewald-Verlag, Mainz 1974) erschienen sind. Sie bestätigen in erregender Eindeutigkeit, daß die Führung der Bundesrepublik in den Unionsparteien und in der Regierung, jederzeit unterrichtet war, daß ihr aber Mut und Wille fehlten, den für die deutsche Sache nötigen und durch die Politik der Freunde Deutschlands und die weltpolitische Entwicklung längst vorgezeichneten Schritt zu tun.

Die Ära Adenauer aber war erst 1966 wirklich abgeschlossen. Die Haltung der Sozialdemokraten zu der unfruchtbaren Deutschland-Politik dieses Kanzlers und seines Nachfolgers war das immer wiederholte, ständig variierte Ja der SPD zum Vorrang der deutschen Wiedervereinigung, zu einem Deutschland als Ganzem. Das Ziel konnte nur in einem Klima erreicht werden, das jeden Verdacht der Überheblichkeit, des Übergewichtes der Bundesrepublik ausschloß.

Am 30. Juni 1960 hatte der Abgeordnete Herbert Wehner jene historische Rede im Deutschen Bundestag gehalten, die einen anderen Weg als den der eingebildeten „Politik der Stärke" vorzeichnete, die nur Illusionen erzeugt und nicht einen Schritt vorwärts geführt hatte. Noch am 24. Januar 1966 hatte der Sprecher der Bundesregierung der Presse sagen müssen, daß die von den Unionsparteien geführte Bundesregierung nur bereit sei, „in eine Erörterung über die Frage der Nützlichkeit von Konkretisierungen einzutreten" – dies, obwohl seit mehr als zehn Jahren die Konkretisierungen selbst von den befreundeten Regierungen dargelegt worden waren und von der deutschen Regierung immer dringlicher verlangt wurden.

Noch im gleichen Jahre, im Dezember 1966, trat endlich die Wende ein, als der Vorsitzende der Sozialdemokratischen Partei Deutschlands, Willy Brandt, das Auswärtige Amt verantwortlich führend übernahm.

Der am 14. Oktober 1955 in Arlington in den USA unter Freunden gegebene konkrete Hinweise auf einen Wandel in der weltpolitischen Wirklichkeit war ganz gewiß keine Sensation. Er war ein merklicher Knoten in dem unaufhörlich zu spinnenden Faden, auf dem sich Hoffnungen, Wünsche und Forderungen, Reden und Entwürfe, Ereignisse und Unterlassungen endlos aufreihen. Wer ihn ergreift und ihn nicht aus der Hand läßt, ihn nicht zerrt und spannt oder gar zerreißt, wer sich behutsam an ihm vorantastet, der kann und wird dem Labyrinth der Chancen und Hindernisse, der tiefen Schluchten und gefährlichen Verschlingungen in der politischen Wirrnis entrinnen – wie einst Theseus dem Labyrinth in Knossos. Aber wo ist in unserer Zeit Ariadne?

Ach, dieses Amerika! Es ist ja gar nicht zuerst ein politisches Land, es war ja auch gar nicht vor allem eine politische Reise. Ein Buch wäre zu schreiben, ein fröhliches und kritisches zugleich, ein Buch von den Menschen, die dort so menschlich sind wie überall, vielleicht noch ein bißchen menschlicher, weil freier, ungebundener. Ich würde darin, könnte ich es, auch von „Valhalla" berichten.

Das ist eine Bretterbude, ganz nahe bei San Franzisko, jenseits der Golden Gate Bridge auf dem Wege nach . . . es ist ja ganz gleich, wohin es gehen soll! Petra Vermehren lud uns ein. Sie war die Pressereferentin im bundesdeutschen Generalkonsulat in San Franzisko. Wir wollten „über Land fahren". Über die Brücke am Goldenen Tor der Bay zu fahren versöhnt mit vielen kitschigen Bildern. Rechts ist die Bay, ist San Franzisko, ist Oakland. Ungezählte Häuser liegen an den Hängen vieler Berge an diesem Tage blendend weiß in der Sonne, bunte Blumen und Farbenfreude überall. Zur Linken ist der Ozean, weit, flimmernd, gewaltig. Es ging die Serpentinen hinauf und hinab nach Sauselito.

Das war die erste Überraschung. Hier hört Amerika auf, hier hat sich der Süden Europas niedergelassen, Spanien wiederholt sich. Frau Vermehren warnte vor Überschwenglichkeit.

Dieser Garten Gottes blühte als sei es Frühling. Der milde Herbsttag vermehrte das Glück der Empfindung: Das ist auch Amerika! Wir kamen nach Sonoma. Vor Jahrhunderten haben dort Mönche gesiedelt. Ihr Kloster wurde zerstört, aber der Zeitungskönig Hearst ließ es in diesem Jahrhundert wieder so aufbauen wie es einst erdacht war. Um dieses alte Stück Europa siedelte ein neues Amerika. Da es aber doch Scheu und Ehrfurcht empfand vor der Würde und der Schönheit des alten Klosters, paßte es sich an, und was auf diese Art entstand, das kann es nur einmal geben. Es hingen die prallen Zitronen im warmen Licht der Sonne. Die Palmen wiegten im leisen Wind. Mandeln und Feigen hingen überall, Oliven und Orangen daneben. Unter den Schritten zerplatzten die Wallnüsse. Aus allen Ritzen der Mauern und Hänge prahlten die Oleander. Kakteen in allen Größen und Arten, Agaven mit gelben und rosafarbenen, mit hellblauen und weißen Rädern standen mannshoch in den Gärten und auf Feldern.

Wir gingen in einen Garten. Er gehörte einem Norweger und seiner französischen Frau. Beide waren nicht anwesend. Unter schweren blauen Weintrauben, die vom Dach hingen, neben den goldgelben Zitronen am Strauch, stand eine zerbrochene Steinsäule, Gläser darauf, farbig, grün, blau, rot, eine leere Flasche lehnte am Stein, Plüschhocker standen herum. Die Rosen dufteten ringsum. Ich habe noch nie Rosenduft so betäubend gespürt.

Bei Italienern kauften wir Chianti, Käse und Brot. Wir fuhren durch ein einsames Tal und saßen auf einer Wiese, auf der sich herber Duft von vergehendem Gras mit der Reizluft des nahen Ozeans mischte. Die Welt war weit fort – wir waren in Amerika.

Als wir um eine Waldecke bogen, lag unversehens der Pazifik vor uns. Carl Weiß, noch heute Korrespondent des ZDF in den USA, der mit von der Partie war, und ich, die wir nicht aufzupassen brauchten, weil unsere Gastgeberin es für uns tat, haben es in vollen Zügen genossen, dieses Bild unfaßbarer Weite, diese tiefe Stille und das Wissen, nun auf einer Straße zu fahren, die von Alaska her durch Kanada kommt, die durch die Vereinigten Staaten am Ozean entlang nach Süden durch Mexico und Südamerika führt bis an die Spitze des Kontinents, vom Nordpol bis zum Südpol.

Die Sonne schickte sich an, um den Erdball herum ihre Strahlen nun wieder nach Europa zu senden. Die Luft wurde blau und violett. Himmel und Meer, Berge und Strand umfing in wenigen Minuten tiefdunkle Nacht.

Millionen Lichter schienen uns entgegen, als wir auf San Franzisko zu heimwärts fuhren. Aber da war noch „Valhalla". Die rot angepinselte Bretterbude stand auf einem Hügel. Wir wollten dort essen.

Uns empfing das 19. Jahrhundert unserer Väter und Mütter, Plüsch, Rüschen, Nippsachen jeder Art und Menge, bemalte Teller an den Wänden, Bilder mit Traumszenen am Waldbach, mit Elfen und phantastischen Vögeln und auch lebende Papageien.

Der Raum war mit Möbeln und sehr bald auch mit Menschen dicht gefüllt. Im weiten Eßraum war großartig gedeckt – aber auch großmütterlich. Es brannten nur Kerzen und zwei Petroleumlampen. Das Büffet und die Flaschen darauf, Gardinen und Bestecke, Geschirr und Kellner, sie waren alle aus Großmutters Zeiten hiergeblieben, hier in Amerika.

„Valhalla" hatte eine Geschichte. Die Bretterbude von außen und die behagliche Gemütlichkeit drinnen gehörten einer unternehmenden und stets erfolgreich gewesenen Dame der anderen Welt. Die Dollar hatten sich gehäuft. Als sie älter wurde, wollte sie in San Franzisko eine Bleibe haben und suchte nach einem Restaurant in der Stadt, das sie kaufen wollte. Aber man versagte ihr die Konzession. Selbstbewußt und zäh ließ sie nicht nach. Sie wußte wohl auch etwas von der Wirkung jener Propaganda, die man nicht zu machen braucht, die von selbst entsteht. Es kam zum Prozeß, und die Zeitungen schrieben davon. Da floß hinein: Aber hinter der Stadt, wenn die Brücke fertig ist, die Golden Gate . . .! Sally, wie sie hieß, verlor ihren Prozeß und – mußte in die rote Bretterbude ausweichen, die dort hinter der Brücke stand.

Die Schlagzeilen der Zeitungen hatten ihre Wirkung getan. Bald hatten einhundert Menschen an den weißgedeckten Tischen Platz und fast fünfzig in den Plüschen und Rüschen. Und es kam ein neuer Prozeß, und er brachte neue Schlagzeilen und einen neuen Andrang des Publikums. Sie antwortete mit Preissteigerungen der Mahlzeiten und Getränke, sie erhöhte den „Schmuck" des Unternehmens und erschien an jedem Abend im langen Kleid mit violetter Orchidee auf der Schulter, seriös, von jedermann achtungsvoll begrüßt. Dort saßen sie nun im Frack oder im Straßenanzug. Wir fanden ein bürgerliches Lokal eigener Art, weit über den exquisiten Lokalen des alten Europa stehend, behangen mit den Ornamenten und Zieraten des jungen Amerika.

Die Lampe im Fenster bestand aus einem Stiefel einer Cancan-Tänzerin. Ein Teil des Beines ragte noch heraus, und der rote Unterrock bildete den Schirm. Auf der Herrentoilette war die Brille als Gesicht bemalt, und zwei Augen schauten Dich an, das eine offen, das andere leicht zugekniffen, und auf dem Deckel stand: „I see you, do you see me?" Die Wandbemalungen waren entsprechend und sollten nicht nachgezeichnet werden. Drinnen aber herrschte strengste Sitte. Der Ober und die Saaltöchter waren korrekt gekleidet, das Essen und der Wein – ganz ausgezeichnet!

Wie gesagt, „Valhalla" hieß das Etablissement. Ich habe Frau Sally gefragt, woher der Name komme. Natürlich, ein Deutscher habe ihn „spendiert", antwortete sie.

Wenn ich nicht irre, so habe ich vor nicht zu langer Zeit in einer deutschen Zeitung gelesen, daß Sally gestorben sei. Es ist ja auch mehr als zwanzig Jahre her. Amerika aber lebt – auf seine und auf ihre Art.

Deutscher Presserat

(1958/1970)   „Wenn Ihr das fertigbringt und wenn das gut läuft, dann kann das ein Vorbild für eine ganze Reihe von Berufen werden, die eigentlich keine gewerblichen sind, sondern die eine öffentliche Aufgabe erfüllen sollen." Theodor Heuß antwortete mit diesem Satz auf eine Skizze, die ihm – es ist nicht zuverlässig festzustellen von wem – am 4. April 1952 abends nach der zweiten Hauptversammlung des Deutschen Journalistenverbandes bei einem Glase Wein im Gespräch vorgezeichnet worden war. Das war die Skizze einer Institution, die Heuß wenige Jahre später „eine Dokumentation der Selbstachtung der Presse" genannt hat, die Skizze des Deutschen Presserates. Die Idee, eine Selbstkontroll- und Beobachtungs-Einrichtung der Presse aus eigener Entscheidung zu errichten, „lag in der Luft", wie das Echo meinte, das später laut wurde.

Aber zu der Zeit hatte der Gedanke noch einen anderen Anlaß. Der damalige Bundesminister des Innern, Robert Lehr (1950–1953), Nachfolger von Gustav Heinemann, hatte einen Entwurf für ein Bundesgesetz für die Presse vorbereitet und verfolgte die Absicht, Pressekammern zu errichten. Den Unionsparteien war kein besserer Einfall als der gekommen, anzuknüpfen an das, was im Pressereich des Joseph Goebbels Wirklichkeit geworden war. Journalisten und Verleger wehrten sich entschlossen gegen Lehrs Plan, der dann auch verfiel. Der später gebildete Presserat hat mit dieser Absicht nichts gemein, er wurde eher eine Folge der Abwehr unbegreiflicher Rückständigkeit, wie sie sich in dem Entwurf des Robert Lehr zeigte.

Die Art, wie das Regime der Nazis mit der Presse umgegangen war, der Zwang und der Terror jener zwölf Jahre von 1933 bis zum Kriegsende hatten alle Ansätze zerstört, die frühere Einrichtungen und Organisationen hätten wiederbeleben können. Man mußte ganz von vorn beginnen, damit kein Zweifel an der Unabhängigkeit und Selbstverantwortung der Presse aufkommen konnte.

Aus der Idee wurde jedoch erst vier Jahre später Wirklichkeit, eine nach Form und Wesen für bis dahin bekannte deutsche Verhältnisse ungewöhnliche Wirklichkeit. Der Deutsche Presserat konstituierte sich am 20. November 1956 in Bonn, und obwohl er sehr bald effektiv wurde, läßt sich auch nach zwei Jahrzehnten seines Bestehens noch nicht erkennen, daß andere Berufe, etwa die Ärzte oder Rechtsanwälte, die Heuß beide gemeint hatte, diesem Vorbild folgen werden. Es wäre wohl auch zu untersuchen – freilich nicht an dieser Stelle – ob der Deutsche Presserat das Vorbild erreicht hat, an das der Präsident geglaubt und auf das fortschrittlich gesinnte Journalisten und Verleger und auch manche Bürger des Landes hoffnungsvoll gewartet haben.

Auf jeden Fall war die Gründung dieser Einrichtung ein wichtiger Schritt in einer Entwicklung, für die es in der deutschen Geschichte fast nur Ansätze gegeben hat und nur wenige Beispiele: Selbstverwaltung, Selbstkontrolle und kollegiale Überwachung und Hilfeleistung für eine verantwortungsbewußte und korrekte, dem Gemeinwohl verpflichtete Berufsführung zu ermöglichen.

Der Deutsche Presserat beruht nicht auf einem Gesetz oder irgendeiner Handlung des Bundes oder der Länder, sondern ist eine unabhängige und freiwillig gegründete Körperschaft, in der Zeitungs- und Zeitschriftenverleger und Journalisten ohne staatliche Aufsicht oder Mitwirkung Berufsfragen prüfen.

Während des ersten Weltkrieges war in Schweden, das neutral geblieben war, ein „Ausschuß zur redlichen Aufgabenerfüllung der Presse" (1916) ins Leben gerufen worden. In der Weimarer Republik versuchte später eine „Reichsarbeitsgemeinschaft der Deutschen Presse" Beziehungen zwischen Herausgebern und Verlegern auf der einen Seite und Journalisten auf der anderen zu organisieren. Man blieb standespolitisch orientiert und wollte das Verhältnis zwischen Arbeitgeber und Arbeitnehmer überbrücken, tarifliche und arbeitsrechtliche Fragen beantworten. Die Arbeitsgemeinschaft gewann für die Entwicklung des Pressewesens und für die Position der Presse im Staate und in der Gesellschaft nur geringe Bedeutung.

Nach dem zweiten Weltkriege rief eine Verordnung der britischen Militärbehörden im Oktober 1947 einen „Zonen-Presserat" ins Leben, der aber ganz überwiegend materielle Fragen der Zeitungswirtschaft bearbeitete. Beratende Ausschüsse, die in den Ländern entstanden, nahmen allmählich auch zu innerberuflichen Vorgängen Stellung, bis Landespressegesetze Recht und Chancen unabhängiger Pressearbeit mehr oder weniger freiheitlich ordneten.

Wer so mit den Angelegenheiten des Berufes verbunden war wie ich, mußte sehr bald in Berührung mit diesen Arbeiten kommen. Um einen Überblick über die Entwicklung zu geben: Im Juli 1946 gründete sich der Verband der Journalisten in Niedersachsen, und ich wurde Vorsitzender. Im Nordwestdeutschen Journalistenverband und in der Arbeitsgemeinschaft nordwestdeutsche Presse, beides Einrichtungen der Zonen-Gliederung in dem noch nicht wieder organisierten Deutschland, gehörte ich zum Vorstand. Im Dezember 1947 errichtete der Senat der Freien und Hansestadt Hamburg einen „Beratenden Ausschuß für das Pressewesen", dessen Mitglied und alsbald Vorsitzender ich wurde und bis zur Auflösung (1957) blieb. Ende Dezember 1949 war ich in Hamburg an der Gründung der „Neue Deutsche Wochenschau" GmbH beteiligt, in deren Verwaltungsrat ich berufen wurde (und deren Beirat ich bis 1966, dann „Deutsche Wochenschau" genannt, angehörte). Im November 1950 wurde ich in den Hauptausschuß des Nordwestdeutschen Rundfunks gewählt und war auch dort bis 1961 im Rundfunkrat der Nachfolgegesellschaft Norddeutscher Rundfunk tätig und anschließend bis 1972, von DGB und DAG benannt, im Rundfunkrat des Deutschlandfunks.

Solche Aufgaben und Arbeitsmöglichkeiten konnten eine sinnvolle Ergänzung durch die Mitarbeit in einer Institution wie dem Deutschen Presserat finden. Auf Vorschlag des Deutschen Gewerkschaftsbundes wurde ich im April 1958 Mitglied dieses Gremiums und blieb es bis ich mit Ablauf des Jahres 1970 mein Mandat niederlegte.

Der Deutsche Presserat, obwohl nur aus Verlegern und Journalisten gebildet, die jeweils von den Berufsverbänden benannt wurden, war und ist keine Interessenvertretung. Er würde seine Chancen verlieren, wenn er unbeachtet ließe, daß es sich bei dem, was er zu tun hat, weder um Interessen der Journalisten, noch um solche der Verleger handelt, sondern allein um die Wahrnehmung der Ansprüche der Staatsbürger. Für sie müssen Information und Meinungsbildung in völliger Freiheit und unabhängig von jeglichen Interessen, allein an Tatsachen orientiert gesichert werden. Das will der Artikel 5 des Grundgesetzes sagen, der „jedem" das Recht zuerkennt – ein Grundrecht, das unveräußerlich und unaufhebbar ist! – „seine Meinung in Wort, Schrift und Bild frei zu äußern und zu verbreiten und sich aus allgemein zugänglichen Quellen ungehindert zu unterrichten". Dieses Grundrecht des Bürgers in der lebendigen Demokratie stellt zugleich die Pflicht der Presse fest, diesen Anspruch zu erfüllen. Der Presserat soll darüber wachen.

Über das, was der Artikel 5 des Grundgesetzes der Bundesrepublik Deutschland will, sind viele Kommentare geschrieben worden. Auch hier gilt: „Legt ihr's nicht aus, so legt was unter." Das Wort aus Goethes „Zahme Xenien" wurde oft genug zur Wahrnehmung spezieller Interessen allzu deutlich bestätigt.

Nicht lange vor seinem Tode am 12. Dezember 1963 schrieb mir Theodor Heuß in einem persönlichen Brief unter anderem:

> „Sie haben mehrfach auf die grundlegende Bedeutung des Artikels 5 des Grundgesetzes hingewiesen, aber sie ist noch viel größer. Denn der Artikel enthält nicht nur das Recht auf Informations- und Meinungsfreiheit, nein, wir wollten das als eine Verpflichtung feststellen, welche die Presse gegenüber dem Bürger in unserer Demokratie hat, auch der Rundfunk natürlich. Der Artikel sollte niemals ein Sonderrecht für einen Stand oder eine Berufsgruppe geben, sondern ein normales Recht für den Staatsbürger in demokratischer Verfassung festhalten, das sich allmählich entwickelt hat. Auf diese Verpflichtung muß dann geachtet werden, vom Rundfunkrat, von Ihrem Presserat. Erfüllen diese ihre Kontrolle nicht, kann der Staat nicht nur, sondern muß der Staat eingreifen und feststellen, wo etwas fehlt. Die Entwicklung ist in den letzten Jahren, soweit sie mir bekannt geworden ist, einen Abweg gegangen, weil sie die Frage entstehen ließ, ob die Verleger oder die Journalisten das Recht auf Pressefreiheit bekommen hätten. Sie haben es beide nicht bekommen, sondern beide haben die Pflicht zur Freiheit der Information und des Meinungsaustausches, und der Bürger hat das Recht, ich meine den Anspruch auf diese Freiheit, richtig und vollständig informiert zu werden, Meinungen zu erfahren und seine Meinung zu sagen und zu schreiben. Das haben wir mit Artikel 5 GG machen wollen."

Da Theodor Heuß, an den Fragen der Pressearbeit besonders stark interessiert, auch bei mehreren Gelegenheiten in Gesprächen gleiche Gedanken geäußert hat, wie von Augen- und Ohrenzeugen berichtet wurde, kann es keinen Zweifel über die Absichten geben, welche die Schöpfer des Grundgesetzes mit dem Artikel und den anderen die Presse betreffenden Bestimmungen verfolgt haben. Um mich dennoch zu vergewissern, habe ich einem zweiten prominenten Mitarbeiter an diesem Themenbereich, Prof. Dr. Carlo Schmid, eine Abschrift der Äußerung von Heuß mit der Bitte um kritische Stellungnahme vorgelegt. Er antwortete:

> „Der zitierte Brief von Theodor Heuß gibt in der Tat wieder, was wir Verfasser des Artikels 5 uns vorgestellt hatten. Das darin niedergelegte Recht ist nicht ein Privileg der Presse, sondern schlicht ein Menschenrecht. Wo diese Menschenrechte verletzt werden oder wo man ihnen keinen Raum gibt, ist es Sache derer, denen die Verantwortung über den Gehalt unserer Verfassungswirklichkeit obliegt, einzugreifen. Letzterer Satz sollte nicht mißverstanden werden: Ich meine dies nicht als den Versuch einer Zensur, auch nicht einer Zensur der Zensur, sondern als ein Aufmerksammachen, das sich an alle richtet."

Weil die Grundrechte aus Artikel 5 unserer Verfassung für Staat, Gesellschaft und jeden Bürger von entscheidender Bedeutung sind, schien mir von Beginn der Arbeit des Presserates an die Notwendigkeit gegeben, daß die Leser der Zeitungen, daß Persönlichkeiten aus dem öffentlichen Leben an der Arbeit des Presserates beteiligt und dort Mitglied sein müßten. Der nach dem Kriege in Großbritannien entstandene Presserat löste nur zum Teil diese Frage, indem er einen der angesehensten Juristen des Landes, Lord Shawcross, nach dem zweiten Weltkrieg britischer Hauptankläger vor dem Militärtribunal in Nürnberg, zu seinem Vorsitzenden berief. Der Deutsche Presserat tat Anfang 1977 mit der Berufung eines Juristen zum Vorsitzenden des vom Presserat gebildeten Beschwerde-Ausschusses einen ersten Schritt, die Öffentlichkeit an der Förderung seiner Bestrebungen zu beteiligen; er sollte mit dem nächsten, „Leser" in seinen Kreis einzubeziehen, nicht mehr zögern

Die Fragen, die Lord Shawcross kürzlich stellte: „Neigen wir zur Sensationsmacherei? Opfern wir Objektivität für auffallende Schlagzeilen?" müssen auch in der Bundesrepublik täglich gestellt werden. Alle Zeitungen sollten um sachlicher Unterrichtung willen immer von neuem prüfen, ob die Schlagzeile wirklich die erwartete kommerzielle Wirkung hat, von der sie träumen. Aufmachung im redaktionellen Teil ist nicht nur, sondern bewirkt auch Bewertung und Einflußnahme; übertriebene Aufmachung überschreitet oft die Grenzen, die der berechtigte Anspruch des Lesers auf zuverlässige Information für die Presse zieht. Es ist so: Rundfunk und Fernsehen veranstalten weder Trommelwirbel noch Trompetengeschmetter, wenn sie Nachrichten mitteilen, die allein durch Form und Inhalt, Kürze und Wortwahl ansprechen müssen und die zunehmend mehr zur Quelle der Information der breiten Massen werden. Der Wettbewerb zwischen rasanter Aufmachung und nüchterner Berichterstattung ist nicht von der Presse gewonnen worden, weder hierzulande, noch in den USA, wo man längst begonnen hat, aus dieser Erkenntnis Konsequenzen zu ziehen. Hier ist eine der wichtigsten Aufgaben des Deutschen Presserates noch zu erfüllen.

Der Presserat hat keine Exekutivbefugnisse, und das ist gut so! Theodor Heuß hat etwas zu früh gesagt, daß der Presserat bereits „eine Dokumentation der Selbstachtung der Presse" sei. Solange die Presse die Richtlinien des Presserates nicht in aller Regel respektiert, solange die meisten Zeitungen nicht einmal seine Beschlüsse veröffentlichen, besteht zwischen dieser hochachtbaren Einrichtung und denen, für die sie sich bemüht, eine bedauerliche Kluft. Dies gilt für die Redaktion, die es angeht.

Der Presserat darf nicht sein, was ihm leichtfertige Zungen bereits nachgesagt haben, „eine Verschwörung der Presse". Er darf auch nicht den Schein dazu geben. Da er eine staatspolitische Aufgabe in eigener Verantwortung erfüllt, da auch die Presse sie zu erfüllen hat, ist eine Verpflichtung zur Rechenschaft gegenüber der Öffentlichkeit gegeben. Die Zeitungen haben es in eigener Hand, ob sie durch ihr Verhalten gegenüber der unabhängigen Institution ihre Position in der Verfassungswirklichkeit unserer Gesellschaft und des Staates bewahren oder ob sie die Grundlagen ihrer Existenz einer schleichend aber beharrlich wirkenden Zerstörung überlassen wollen.

Der Deutsche Presserat hat sich zum Ziel gesetzt, Mißstände im Pressewesen nicht nur festzustellen, sondern auch „auf deren Beseitigung hinzuwirken". Er will Beschwerden über einzelne Zeitungen, Zeitschriften oder Pressedienste prüfen und in begründeten Fällen Rügen aussprechen, Empfehlungen für die publizistische Arbeit geben, für den unbehinderten Zugang zu den Nachrichtenquellen eintreten, Strukturveränderungen in der Presse aufzeigen und Entwicklungen entgegentreten, die die freie Information und Meinungsbildung des Bürgers gefährden können und schließlich gegenüber dem Gesetzgeber, der Regierung und der Öffentlichkeit Vorschläge in Pressefragen machen und Stellung nehmen, wo er es für erforderlich hält.

Das ist ein wahrlich umfassendes Programm, aus dem kaum eine Angelegenheit des Pressewesens ausgeschlossen bleibt. Gemessen an diesem Vorhaben ist es freilich nicht schwierig diesem Gremium, das ehrenamtlich tätig ist, kritisch anzumerken, es habe „eine recht geringe Effektivität gezeigt". Allein die Arbeit des Beschwerdeausschusses, der eine ständig wachsende Zahl von Einzelbeschwerden zu bewältigen hat – jedermann kann sich an den Presserat wenden – bezeugt die Ernsthaftigkeit und den besten Willen, dem leider ein bedauerlich großes Maß von Uninteressiertheit zu vieler Zeitungen gegenübersteht.

Durch eine Initiative des Bundestages, nicht der Bundesregierung, beschloß das Parlament am 18. August 1976, „zweckgebunden für die Tätigkeit des Beschwerdeausschusses des Deutschen Presserates", diesem jährlich einen Betrag von DM 80 000 zur Verfügung zu stellen, der „zur Wahrnehmung seiner satzungsgemäßen Aufgaben zur Feststellung und Beseitigung von Mißständen im Pressewesen" verwendet werden soll. Entstehung und Wortlaut des Gesetzes lassen keinen Verdacht auf staatliche Einflußnahme zu.

So gering die unmittelbare Wirkung des Presserates in manchen und auch wichtigen Bereichen ohne Zweifel war, er hat dennoch eine lange Reihe von nützlichen Maßnahmen getroffen, die zu Verbesserungen von Gesetzentwürfen oder allgemeinen Anordnungen und Verordnungen führten. Daß alle bisherigen Bundespräsidenten den Presserat zu sich gerufen haben, daß Diskussionen mit Regierungsmitgliedern und den Regierungschefs in Bund und Ländern, mit dem Bundestag, dem Bundesgerichtshof und dem Bundesverfassungsgericht, mit Verbandsspitzen verschiedener Sparten in Wirtschaft und Kultur und mit den Fraktionen und einzelnen Abgeordneten, mit Gewerkschaften und öffentlich-rechtlichen Kammern geführt werden konnten und in der Mehrzahl wiederholt stattfanden, das sollte das stille, aber vorhandene Wirken bestätigen. Man bedient sich des Rates dieses Gremiums, obwohl es durch keine andere Macht als die legitimiert ist, sachliche Kompetenz zu besitzen und den Willen zur Objektivität zu bestätigen.

Einen am 19. und 20. September 1973 nach langen Beratungen verabschiedeten Pressekodex, den der Presserat dem Bundespräsidenten „notifizierte", halte ich für einen besonders wichtigen Beschluß. Er stellt fest, daß „Verleger, Herausgeber und Journalisten ... sich bei ihrer Arbeit der Verantwortung gegenüber der Öffentlichkeit und ihrer Verpflichtung für das Ansehen der Presse bewußt sein (müssen)". In fünfzehn Punkten nennt dieser Kodex die einzelnen Aufgaben, die zu erfüllen sind. Ob aber diese publizistischen Grundsätze, wie es in dem Beschluß heißt, „keine rechtlichen Haftungsgründe darstellen" und nur „der Wahrung der Berufsethik dienen", mag formal unbestritten sein, moralisch sollten sie als verbindlich für jeden Beteiligten und als Richtpunkte für Maßnahmen bewertet werden, die der Presserat – in welcher Form auch immer – für nützlich und nötig hält.

Dem Presserat wird, wo von ihm gesprochen wird, mehr Initiative gewünscht, mehr Mut, Verletzungen seiner Richtlinien auch öffentlich zu kennzeichnen und – wenn nötig – anzuprangern, mehr Wille zur Verfolgung solcher Verletzungen aus eigener Entscheidung, mehr Anerkennung seiner Pflicht, grundsätzliche Aussagen zu wesentlichen Vorgängen zu machen.

Bundespräsident Dr. Gustav Heinemann sagte einmal: „Es gibt nicht nur eine Staatsgefährdung durch Geheimnisverrat, es gibt auch eine Demokratiegefährdung durch Geheimnistuerei". Er wollte, daß eigentlich solche Pointen gerade und zuerst vom Presserat zu hören sein müßten – wenn sie nötig sind und auch dann, wenn die Presse notwendige Grenzen überschreitet. Dabei sind heute staatliche Versuche, die Presse einzuengen, weil sie nicht verborgen bleiben können, weit weniger gefährlich als sich den Unwillen oder den Zorn hochmögender, kapitalkräftiger und aggressiver „Presselords" zuzuziehen.

Adolf Arndt, einer der gründlichsten Denker in den juristischen Auseinandersetzungen über die Wirklichkeit des Verfassungsrechts, schrieb einmal:

> „Der unaufhörliche Kampf um die Pressefreiheit wird in unseren Tagen weniger an der Front einer Zensurabwehr oder der Verteidigung gegen behördliche Verbote ausgetragen, weit mehr im Krieg gegen pressefremde, leserfeindliche und meinungswürgende Einflußangriffe."

Die Freiheit zur Information und zur Mitteilung empfangenen wichtigen Wissens an alle, zur unbehinderten Aussage der eigenen Meinung ist nicht ein Geschenk des Staates und schon gar nicht einer Regierung an den Bürger des Landes, sondern ein ursprüngliches Recht jedes Menschen, mit dem er geboren wird. Die Presse ist Mittler zwischen Tatsache und Kenntnis. Sie hat damit eine ungewöhnliche Position. Darum kann und muß sie beanspruchen, daß Recht und Gesetz eines Landes ihre Arbeit und ihre Existenz schützen und daß zur Erfüllung ihrer Aufgabe alle materiellen und ideellen Voraussetzungen geschaffen, ausgebaut und verteidigt werden und sie selbst muß das ihre dazu tun.

Eine ständige enge Verbindung des Deutschen Presserates mit der breiten Öffentlichkeit und seine klare Abgrenzung gegenüber gewerblichen und beruflichen Interessen ist nach meiner Überzeugung die wichtigste Voraussetzung für den Erfolg und die Effektivität der Arbeit, dieses wie immer organisierten und strukturierten Kontrollorgans.

Der Deutsche Presserat insbesondere kann die Position der Presse um so nachdrücklicher beeinflussen, wenn er mit allen gesellschaftspolitischen Kräften zusammenwirkt und sich nicht in eine Isolierung drängen läßt. Die Presse ist nach dem Grundgesetz und der seit 1949 sichtbaren Entwicklung in einem ungleich größeren Maße eine „öffentliche Angelegenheit" geworden als jemals vorher, nicht im Sinne administrativer Ordnung, sondern weil das politische Gespräch, das sie maßgebend anregt, führt und beeinflußt, ein entscheidender Faktor zur Verwirklichung der Demokratie ist. Die Arbeit der Presse und des Presserates muß von dem unmittelbaren Interesse der Bürger verständnisvoll und hilfreich begleitet werden können. Das ist nur durch ständige, offene Zusammenarbeit zu erreichen und zu festigen.

Das Profil

(1959)   Im laufenden Dienst der Deutschen Presseagentur wurde am 7. April 1959 folgende Nachricht ausgegeben:

> „In der heutigen Sitzung des Aufsichtsrates der Deutschen Presseagentur ist zwischen dem Aufsichtsrat und dem Chefredakteur der Agentur, Fritz Sänger, gegenseitig vereinbart worden, daß Herr Sänger mit Wirkung vom 1. Juni 1959 aus den Diensten der Gesellschaft ausscheidet. Der Aufsichtsrat hat Herrn Sänger seinen Dank für die Verdienste ausgesprochen, die er sich seit Gründung der Agentur erworben hat."

Diese mit Sorgfalt nüchtern formulierte Nachricht erregte erhebliches Aufsehen in der politischen Öffentlichkeit und führte zu einer ungewöhnlich großen Zahl von Kommentaren. Das unerwartete Echo veranlaßte den Vorsitzenden des Aufsichtsrates, Dr. Hugo Stenzel, wenige Tage danach an die Mitarbeiter der dpa ein zusätzliches Schreiben zu richten, in dem er seine Meinung bekundete, daß

> „in diesen Kommentaren der Sachverhalt teilweise recht schief dargestellt worden (ist), ja es sind einige Dinge geradezu auf den Kopf gestellt worden. Die oben angeführte Nachricht kann nicht so aufgefaßt werden, daß der Aufsichtsrat Herrn Sänger ‚entlassen' habe. Sie besagt auch nicht, daß Herr Sänger resigniert habe."

Dann bestätigte das Schreiben, das sogleich weit über den Kreis der Angehörigen der dpa hinaus bekannt wurde, daß dieser Trennung „viele Aussprachen zwischen dem Aufsichtsrat und Herrn S." vorausgegangen seien. Sie hätten nicht immer zu übereinstimmenden Auffassungen geführt, und der Aufsichtsrat habe „deshalb eine friedliche Lösung der bisherigen Zusammenarbeit für zweckmäßig" gehalten. Es sei keine Abstimmung im Aufsichtsrat erfolgt – so hieß es dort weiter – wohl aber sei eine Vereinbarung mit mir getroffen worden, die der Aufsichtsrat gebilligt habe. Dies sei einstimmig geschehen. Es sei, so fuhr das Schreiben fort,

> „selbstverständlich, daß der Aufsichtsrat bei der Gelegenheit der in völliger Ruhe getroffenen Abmachungen Herrn S. für seine durch viele Jahre der Agentur geleistete Arbeit dankte . . ."

Die Zahl der Kommentare, die den Vorgang mit z. T. scharfen Kritiken verfolgten, nahm danach noch zu. Unter den Veröffentlichungen waren auch völlig irreführende und unrichtige Behauptungen, so daß ich einer besonders unsinnigen Veröffentlichung gegenüber eine Erklärung abgab, die im Einvernehmen mit dem Aufsichtsratsvorsitzenden auch allen ähnlichen Publikationen zuging:

> „Entgegen anders lautenden Behauptungen und Informationen stelle ich fest, daß ich bei meinem Ausscheiden aus der Deutschen Presseagentur nicht ‚mit 120 000 DM abgefunden' worden bin. Die dpa, der ich – den Vorgänger dpd eingeschlossen – seit dem 1. Juli 1947 als Geschäftsführer und als Chefredakteur angehört habe, erfüllte meinen Anstellungsvertrag und gewährte das in einem solchen Falle übliche Jahresgehalt, das bei Auseinandersetzungen vor einem Arbeitsgericht gewährt zu werden pflegt.
> Mein Ausscheiden erfolgte nicht auf meinen Wunsch und auch nicht durch Kündigung. Der Aufsichtsrat hatte mir bekundet, daß er eine Trennung für wünschenswert halte. Die Gründe für diesen Wunsch sind mir nicht bekannt. Sie können weder sachlicher Art noch sollen sie politischer Natur sein. Ich habe zu jeder Zeit wert darauf gelegt, diese Gründe kennenzulernen und Behauptungen, ich wünschte nicht, daß über diese mir unbekannten Gründe gesprochen werde, sind niederträchtig. Ich habe keine Auseinandersetzung zu scheuen.
> Es schien mir indessen die rechte Art zu sein, nicht einen Weg der Auseinandersetzung zu gehen. Meine Position in der dpa und die Position der

Deutschen Presseagentur in der deutschen und internationalen Öffentlichkeit schrieben mir den besseren Stil vor, der in einem solchen Falle zu üben ist. Ich konnte ihn gehen, weil ich mir auch bei strengster Prüfung nichts vorzuwerfen habe, weder dienstlich, noch außerdienstlich, noch persönlich."

Auch diese am 20. Mai 1959 verbreitete Erklärung führte nur allmählich zum Abflauen der Diskussion, die in der Öffentlichkeit mit grundsätzlichen allgemeinpolitischen und auch parteipolitischen Bewertungen geführt wurde.

Wie war es zu dieser Situation gekommen, durch die ich eine mir lieb gewordene Aufgabe verlassen mußte? Die Antwort darauf ist nicht wegen des Einzelfalles erforderlich, sondern weil sie Komplikationen kennzeichnet, die in einer Demokratie auftreten können, in der Kanzler-Demokratie Adenauers aufgetreten sind und die nur aufgelöst oder gemildert werden können, wenn von allen Seiten Fairneß gewahrt wird. Ob und wie dies geschieht, muß dann für jeden Vorgang gesondert entschieden werden.

Zwischen den leitenden Gremien der Genossenschaft Deutscher Pressedienst, die in der britisch besetzten Zone bestand, und der Geschäftsführung und Chefredaktion der Agentur dpd hat es so gut wie niemals Spannungen oder gar Auseinandersetzungen gegeben. Sie begannen erst mit erkennbarer Stärke nach der Fusion der drei in den westlichen Besatzungszonen durch die Militärregierungen ins Leben gerufenen Agenturen. Vielleicht lag in den unterschiedlichen Plänen, welche die drei Besatzungsmächte vorgezeichnet hatten, ein auslösendes Moment. In der vereinigten Gesellschaft mußten manche Ausgleiche vorgenommen werden, um eine einheitliche Linie für eine gemeinsame Arbeit zu gewinnen. Unter der Leitung des ehemaligen dpd-Vorsitzenden Dr. Anton Betz und mit seinem vorbildlich sachlichen Führungsstil wurde sie auch gefunden.

Zur Zeit der Entstehung der dpa bildete sich das erste Parlament der Bundesrepublik Deutschland. Die politischen Parteien organisierten sich, entwickelten Programme und differenzierten bisher allgemeine politische Zielsetzungen und Auffassungen nach ihren Grundsätzen. Die sich ausbreitende Politisierung des öffentlichen Lebens erreichte auch die Nachrichtenagentur. Wo immer in einem Lande eine unabhängige Nachrichtenzentrale tätig ist, war und ist sie dem besonderen Interesse partei- und gesellschaftspolitischer Kräfte ausgesetzt. Das war in jenen Jahren auch in der Bundesrepublik Deutschland der Fall, so ungern es auch zugegeben wird.

Als 1946 und 1947 die Gremien der Agenturen und die Personen in Aussicht genommen und gewählt wurden, die später auch die Leitung einer vereinigten Agentur zu übernehmen hatten, war niemals nach Parteizugehörigkeit, wohl aber nach beruflicher Erfahrung, sachlicher Leistung und menschlicher Profilierung gefragt worden.

Dankbar erinnere ich mich des ersten Gespräches über die Möglichkeit meiner Mitarbeit in einer Nachrichtenagentur. Der englische Berufskollege Sefton Delmer hatte es erbeten, der in Hamburg den „German News Service" im Auftrage der britischen Militärregierung leitete. Damals, 1945, habe ich sein Angebot zur Mitarbeit abgelehnt, weil ich nur unter eigener Verantwortung und nicht unter der einer Militärregierung tätig werden wollte.

Ein Jahr später fragte mich der liberale Hamburger Verleger Prof. Dr. Paul Heile, ob ich die Redaktionsführung einer von deutschen Zeitungsverlegern getragenen Nachrichtenagentur zu übernehmen bereit sei. Heile redete mir zu, aber er hatte bereits in der Einladung zum Gespräch vor zu großem Optimismus gewarnt: „Die alten Verleger werden, wenn sie erst wieder mitmachen können, nichts hinzugelernt haben; sie haben immer und jeder für sich gemeinsame Einrichtungen und auch ihr Nachrichtenbüro stets als Teil des eigenen Betriebes betrachtet und selten begriffen, daß es eine von ihnen und auch von ihren Interessen unabhängige Einrichtung sein müsse." Das habe sich, so Heiles Meinung, „sicher nicht geändert".

Paul Steinfurth, lange Jahre Chefredakteur eines Nachrichtenbüros in der Zeit der Weimarer Republik, wiederholte die Warnung kurze Zeit danach in gleicher Weise, aber mit noch stärkerem Nachdruck. Die Erfahrung hat mich später gelehrt, daß sie für einige Heißsporne und Unbelehrbare berechtigt war. Prof. Heile schlug mich für die Aufgabe vor.

Das dritte Vorgespräch fand mit Emil Groß, einem Bielefelder Verleger und politischem Freund, statt. Er war in vielen Jahren die wohl an Initiative und Energie aktivste Kraft unter den Verlegern, und die deutsche Presse der Nachkriegszeit hat ihm viel zu verdanken. Alle drei Gespräche hatten die gleiche Tendenz, zeigten die gleiche Wertung der Aufgaben und der Möglichkeiten, so daß sie die Situation kennzeichnen können, in der dann im Juli 1947 die Arbeit in Hamburg aufgenommen wurde.

Natürlich hatte in jedem Gespräch die Frage eine Rolle gespielt, welche Haltung die vorgesehenen Personen in der Vergangenheit, in der Zeit der nationalistischen Diktatur in Deutschland eingenommen hatten. Eine Nachrichtenagentur, die auf internationale Verbindungen angewiesen ist, muß in besonderer Weise darauf sehen, daß sie jederzeit, an jedem Ort und durch jedermann, den sie präsentiert, so vertreten wird, daß Gespräche und Beziehungen ohne Hemmung oder Hindernisse möglich und fruchtbar werden. Das war damals besonders wichtig, nachdem die Pressepolitik der Nazis alle Brücken nach jenseits der deutschen Grenzen zerstört hatte und nach dem Kriege jegliches Vertrauen zu deutschen Presseinstitutionen geschwunden war.

Es war nicht verborgen, daß ich Sozialdemokrat und in dieser Partei auch öffentlich tätig war. Als ich zum Chefredakteur und Geschäftsführer des Deutschen Pressedienstes berufen wurde, war ich Abgeordneter im Landtag Niedersachsen. Ich hatte 1946 den „Sozialdemokratischen Pressedienst" wieder ins Leben gerufen, gab ihn heraus und leitete die Redaktion. Dies alles war natürlich bekannt. Daß die Zeitungsverleger alle leitenden Personen der Agentur einstimmig wählten, galt auch 1949 bei dem Zusammenschluß der Zonen-Agenturen zur Deutschen Presseagentur.

Das Interesse an möglichen oder bekannten parteipolitischen Beziehungen von Angehörigen der Nachrichtenagentur wurde von außen her an das Unternehmen und die verantwortlichen Gremien herangetragen, auch an Mitglieder von Vorstand und Aufsichtsrat. Vor allem amerikanische Offiziere forschten nach Parteizugehörigkeiten oder entsprechenden Handlungen und zeigten deutlich Unzufriedenheit, wo sie einem Sozialdemokraten begegneten. Ihre Auffassung von der deutschen Sozialdemokratie und deren politischer Konzeption zeugte zuweilen von groteskem Unwissen und völliger Verkennung der Wirklichkeit.

Als die Fusion 1949 wirksam geworden war, wurde auch in der neuen Gesellschaft, der Deutschen Presseagentur, nicht nach politischen oder anderen als sachlichen Voraussetzungen gefragt. Der Aufsichtsrat hat als solcher niemals den Vorwurf parteipolitischer Einseitigkeit in Arbeit oder Verhalten erhoben, auch mir gegenüber nicht. Für Meinung und Verhalten einzelner seiner Mitglieder könne das Gremium, so eine Erklärung des Vorsitzenden Dr. Stenzel, nicht verantwortlich gemacht werden.

Den ersten in breiter Öffentlichkeit bekannt gewordenen Angriff aus parteipolitischer Sicht hatte der Bundeskanzler der jungen Bundesrepublik Deutschland, Konrad Adenauer, gegen den Chefredakteur der dpa geführt, danach auch gegen die Agentur ingesamt (s. a. „Der Kanzler Konrad Adenauer"). In einem Gespräch mit mir hat er (am 12. Mai 1950) kein Hehl daraus gemacht, daß er mit der Wahl eines Sozialdemokraten unzufrieden sei, weil er als Bundeskanzler damit von einem politischen Gegner informiert werde. Ich habe das nicht begriffen und ihm dies nicht verschwiegen, daß ich es nicht verstehen könne, daß ein Mann in seiner Verpflichtung vor dem Ganzen einen so einseitigen und noch dazu unsachlichen Standpunkt einnehmen könne, als ob die Zugehörigkeit zu einer politischen Partei Bindungen für sachliche Entscheidungen auferlegen müsse. So lange ich in meiner Position war – bis 1959 – hat Konrad Adenauer nicht aufgehört, eine andere Lösung zu verlangen oder wenigstens einen Stellvertreter aus seiner Christlich-Demokratischen Union neben den amtierenden Chefredakteur zu stellen, ein Zeugnis parteipolitischer Befangenheit, in der dieser Mann wirkte, ein Zeugnis aber auch für das geringe Verständnis des Kanzlers für Grundsatz und Praxis journalistischer Arbeit.

Die aus parteipolitischer Enge geführten Angriffe, die sich wiederholten und verstärkten und die ausschließlich aus den Unionsparteien kamen, haben mich jedoch weniger beeindruckt als Meinungsverschiedenheiten und daraus abgeleitete Vorwürfe, die von Zeitungsverlegern kamen, keinesfalls von allen. Sie nahmen ihren Ausgang von dem Novum, daß ein Journalist zugleich Geschäftsführer eines Unternehmens der Presse war und wesentliche Reformen der Struktur des Pressewesens für nötig hielt und dies auch sagte, auch schrieb und immer wieder vorbrachte.

Es kam hinzu, daß ich in der Berufsorganisation der Journalisten, dem Deutschen Journalisten-Verband (DJV) zum Stellvertreter des Vorsitzenden gewählt wurde, daß ich nicht nur in Pressekreisen, sondern auch vor Lehrgängen, Instituten und im Ausland Vorträge über Grundsatzfragen der Presse hielt, deren Tendenz nicht immer mit der der Berufsorganisation der Zeitungsverleger übereinstimmte. Ich trat 1956 zur Deutschen Journalisten-Union über, die der Industriegewerkschaft Druck und Papier und damit dem Deutschen Gewerkschaftsbund angehörte und wurde von diesem und der Deutschen Angestelltengewerkschaft gemeinsam für den Deutschen Presserat benannt. Ich hatte bald nach dem Kriege die „Neue Deutsche Wochenschau" mitbegründet und gehörte deren Verwaltungsrat an und seit Beginn auch dem Hauptausschuß des NWDR und später dem Rundfunkrat des NDR.

Gegen diese „Tätigkeiten in der Öffentlichkeit" nahmen mehrere Mitglieder des Aufsichtsrates wiederholt Stellung. Vor allem die Zugehörigkeit zum DGB haben mir Zeitungsverleger, die dies ausdrücklich und mit anerkennenswerter Offenheit sagten, als für sie unerträglich bezeichnet. Das waren persönliche Meinungen, aber sie blieben nicht auf Gespräche mit mir beschränkt. Es wurde immer deutlicher, daß Meinungsunterschiede zwischen Verlegern und Journalisten die Hauptursache der auch gegen mich erhobenen Vorwürfe bildeten.

Nach einem Vortrag, den ich als Mitglied des Deutschen Presserates vor dem vierten Lehrgang für Presserecht der Industriegewerkschaft Druck und Papier Anfang November 1958 gehalten hatte, entstanden besonders lebhafte Auseinandersetzungen. Ich hatte eine stärkere Einflußnahme unabhängiger Persönlichkeiten des öffentlichen Lebens im Deutschen Presserat gefordert. Sie sollte vor allem Verbandsfunktionäre ersetzen. Ich hatte ein organisches Verhältnis zwischen Redaktion und Verlag ohne Über- und Unterordnung, getrennt nach den unterschiedlichen Aufgaben zu zeichnen versucht; ich hatte eine Koppelung von Verlagsführung und Redaktionsführung nur dann für nützlich gehalten, „wenn ein motorischer Verleger-Publizist das gewerbliche Unternehmen auf die Ebene der geistigen Institution heben" könnte. Und schließlich lautete der letzte Leitsatz: „Wir müssen uns darüber verständigen, daß das Zeitungmachen eine geistige Aufgabe ist, der das kommerzielle Interesse des Verlegers zu dienen hat". Dies sei die Position, welche das Grundgesetz der Bundesrepublik der Presse gebe. Durch zuverlässige und objektive Information und freie Meinungsäußerung soll die Presse dem Bürger eine ständige Kontrolle des Geschehens ermöglichen.

Ich hielt es für selbstverständlich, daß ich mich bei der Erörterung von Fragen meines Berufes nicht zurückzuhalten, sondern daß ich wegen der besonderen Stellung, die mir einen großen Überblick erlaubte, geradezu verpflichtet sei, einen persönlichen Beitrag für eine freie Aussprache zu leisten. Meine Auffassung war in der Sache seit 1926 unverändert geblieben, als ich zum ersten Male zu diesen Themen gesprochen und geschrieben habe.

Jedoch: Die Tatsache meines öffentlichen Wirkens ingesamt sei der Anlaß zu Vorwürfen und zu Forderungen an mich, so erfuhr ich nun. Es werde nicht mein Standpunkt beanstandet, sondern daß ich ihn erkennbar mache. Ich hätte wieder „ein zu starkes politisches Profil" gezeigt.

Der Vorwurf war in dieser Formulierung zwei Jahre vorher erhoben worden und hatte in der fachlichen und politischen Öffentlichkeit von allen Seiten zu eindeutigen Mißbilligungen dieser Meinung geführt und zu der Frage, ob denn ein Chefredakteur ohne Profil erwünscht sei, wobei zwischen politischem und parteipolitischem Profil unterschieden wurde. Der Vorwurf der parteipolitischen Profilierung war jedoch nicht erhoben worden. Ein Versuch, unerwünschte oder unzulässige politische Tätigkeit in der Öffentlichkeit durch eine formelle Vereinbarung zu unterbinden, zu der ich bereit war, mißlang; eine solche Vereinbarung wäre mit dem Grundgesetz nicht zu vereinbaren gewesen. Was immer gewollt wurde – alle Beteiligten waren bestrebt, daß jeder sein Gesicht wahrte und daß nicht öffentliche Kritik an der Agentur provoziert wurde. Die Wahrung der Unabhängigkeit der Agentur und die Rücksichtnahme auf ihre Empfindlichkeit spielten eine entscheidende Rolle bei allen Überlegungen, gerade auch für mich.

In diesem Sinne und Geiste hatte ich schon 1952 erklärt, daß ich bereit sei,

> „mich von politischen Äußerungen in der Öffentlichkeit zurückzuhalten. Ich halte es im Interesse der Gesellschaft im Blick auf die Unabhängigkeit und die Pflicht zur Objektivität meiner Arbeit für erforderlich, daß der an der Spitze der Redaktion der Nachrichtenagentur stehende Chefredakteur in seinem gewollten Verhalten keine Möglichkeit bietet, über seine Person die Agentur und ihre Unabhängigkeit und Überparteilichkeit berechtigt anzugreifen."

Meine schriftlich formulierte und abgelesene Erklärung fuhr damals fort:

> „Ich erkläre, daß, weil jede Äußerung als politische gewertet werden kann, von mir solche Äußerungen verstanden werden, die für eine Partei und gegen eine andere Stellung nehmen. Von solchen Äußerungen werde ich mich auch künftig zurückhalten. Ich halte mich jedoch für berechtigt und verpflichtet, in Sachfragen, die zum Beruf gehören, jederzeit auch öffentlich Stellung zu nehmen."

Ich konnte mir nicht vorstellen, daß gegen diese Auffassung Einwände zu erheben seien. Da aber irrte ich mich. Ich war der Meinung, ich bin auch heute dieser Meinung und habe sie 1956 in einer abermals abgegebenen Erklärung fast gleichen Wortlautes auch ausgesprochen:

> „Nachdem ich bei der Berufung mein Mandat als Mitglied eines Parlamentes niedergelegt, zweimal Berufungen, Minister eines Landes zu werden, abgelehnt und außerdem auf eine öffentliche Tätigkeit für eine politische Partei verzichtet habe, ist von mir aus das geschehen, was zumutbar, sinnvoll und möglich ist, um ein etwa vorhandenes ‚politisches Profil' mindestens nicht zu verstärken."

Es ging aber nicht um politische Auseinandersetzungen, jedenfalls nicht allen Mitglieder, nicht der Mehrheit des Aufsichtsrates, sondern, wie es der Vorsitzende des Gremiums, Dr. Hugo Stenzel, nach meinem Ausscheiden aus der Agentur in einem Vortrag (in Stuttgart) nach seiner mir mitgeteilten Information formuliert hat, es war „ein Pressestreit entstanden", es hatte leider „viel Rederei, Schwätzerei und unverantwortliches Gerede" gegeben.

Ich habe, soweit ich in eigener Sache urteilen kann, die mir selbst gezogenen Grenzen nicht überschritten, in deren Bereich ich meine Rechte und meine Pflichten als Staatsbürger wahrnehmen konnte und wollte. Ich habe meine Meinung zu wichtigen Sachfragen geäußert.

Den gegen mich entstandenen Widerstand empfand ich deshalb immer mehr als belastend und unerträglich. Öffentliche Angriffe kamen ausnahmslos aus einer Richtung, von den Unionsparteien und aus der von ihnen getragenen Bundesregierung. So sehr sich der Aufsichtsrat als Ganzes gegen jeden Versuch einer unmittelbaren oder mittelbaren Einflußnahme wehrte, so nützlich er damit die Agentur schützte und auch mir Schutz bot – der Druck nahm zu. Er überhitzte die Atmosphäre, in der eine gute Arbeit immer schwieriger zu leisten war.

„Ich verstehe es vollkommen", so habe ich in den turbulenten Wochen der Zuspitzung des Konfliktes im November 1958 einem befreundeten Verleger einer großen süddeutschen Zeitung geschrieben,

> „daß man eine andere Auffassung von beruflichen Dingen haben kann als ich. Ich verstehe es auch, wenn man sagt, daß man wegen der unterschiedlichen Auffassungen nicht miteinander arbeiten möchte. Da ich der Angestellte bin, hat dann mein Arbeitgeber daraus Konsequenzen zu ziehen und zu sagen, er wolle sich von mir trennen. Darüber muß dann gesprochen werden – aber ehrenhaft und nicht mit Angriffen und Vorwürfen. Begeben sich die nicht in die Nähe oder gar in die Front der Gegner von Pressefreiheit und Unabhängigkeit, der Gegner des freien Wortes, die es einem Angestellten untersagen wollen, seine Meinung zu haben und zu äußern?"

Ich hatte schließlich deutlich gemacht, daß ich zu einer Lösung bereit sei, wenn mir offiziell mitgeteilt werden sollte, daß eine Trennung für erforderlich gehalten werde. Diese Entscheidung lag nicht bei mir, und ich hatte sie auch nicht zu verantworten. Der Aufsichtsrat hat lange gezögert.

Am 7. April 1959 erhielt ich diese Mitteilung und zog die Konsequenzen.

In einer Zusammenkunft mit meinen Kolleginnen und Kollegen aus der Redaktion und Mitarbeiterinnen und Mitarbeitern aus allen anderen Zweigen des Betriebes und mit einem Brief an den Betriebsrat verabschiedete ich mich. Dabei stellte ich fest, daß die große Mehrheit der Angehörigen des Betriebes in allen zwölf Jahren meiner Tätigkeit im Deutschen Pressedienst und in der Deutschen Presseagentur mit mir dort zusammen gearbeitet hatten. Ich konnte voller Dankbarkeit gegenüber den Frauen und Männern auf gemeinsam erreichte und anerkannte Erfolge hinweisen. Was immer von der Redaktion geleistet wurde, es war das Ergebnis einer im besten Sinne des Wortes Gemeinschaftsarbeit, die ein Vorbild für journalistisches Tun sein könnte. Für alle die vielen Namen, die zu nennen wären, möchte ich Alfred Bragard und Erich Eggeling anführen, die nicht nur in ihren Ressorts – der eine im Aufbau des Dienstes für das Ausland, der andere in der Berichterstattung für die deutschen Zeitungen – sondern insgesamt in der Entwicklung der redaktionellen Leistung der Agentur die größten Verdienste erwarben. Eggeling wurde mein Nachfolger in der Chefredaktion.

★

Unerwartet im Umfang und in der Eindringlichkeit der Bewertung dieser Arbeit war das Echo, wie es in Zeitungskommentaren, in Rundfunksendungen, in Telegrammen und Briefen aus allen Kontinenten laut wurde. Es war völlig einmütig in der Beurteilung, unterschieden nur im Temperament der Wertung des Geschehens, das fast ausnahmslos als ein politischer Vorgang und nicht als „Pressestreit" gesehen wurde. In einem ausführlichen Artikel (129 Zeilen) befaßte sich der Londoner „The Economist" (liberale Zeitung der Wirtschaft) am 25. April 1959 mit Versuchen der deutschen Industrie, wie die Zeitung schrieb, Einfluß auf die Nachrichtengebung und die Agentur in Deutschland zu gewinnen. Sie wies auf meine Parteizugehörigkeit zu den Sozialdemokraten hin und schrieb:

> „Intrigen mit dem Ziel, sich seiner zu entledigen, waren schon seit 1952 im Gange. Die Kreise, die sich nunmehr durchgesetzt haben, behaupten, es sei Zeit für einen Wechsel. Sie mögen recht haben. Aber die Art seines Abganges hat wieder den Verdacht aufkommen lassen, daß sich Sängers Kritiker eher durch politische als durch geschäftliche Motive haben leiten lassen.
> Was immer auch Recht oder Unrecht bei Sängers Ausscheiden sein mag, die Reaktion der deutschen Presse und der Öffentlichkeit war im großen und ganzen ermutigend. Denn es gibt kaum Zweifel darüber, daß bewußt oder unbewußt von seiten der Industrie und des Staates immer stärker versucht wird, Reportern und Redakteuren Zügel anzulegen. Da dies mehr im Verborgenen vor sich geht, ist es der Druck der Industrie, der gegenwärtig der heimtückischere ist. ... Die Story von den Eingriffen der Industrie in die Pressefreiheit ist im großen und ganzen die alte und höchst simple Story von der Macht des Mannes, der die Kosten trägt. ..." (dpa)

Dieser Beitrag wurde in voller Länge von der japanischen Zeitung „Yomiuri" (am 4. Mai 1959) in englischer und japanischer Sprache übernommen.
Das amerikanische Nachrichten-Magazin „Time" nahm am 4. Mai Stellung und schrieb u. a.:

> „Sängers politische Anschauungen waren seit langem allgemein bekannt; seit 1920 war er Sozialist. Aber als Redaktionschef der genossenschaftlichen, ap-artigen dpa hatte Sänger seit der Gründung im Jahre 1949 seine sozialistischen Ideen sich nicht mit der Nachrichtenbehandlung verweben lassen.

Immerhin, schon die Tatsache, daß er Sozialist war, hatte die CDU-Verleger der großen Zeitungen, die den Nachrichtendienst kontrollieren, fortwährend gestört. Mit dem Endtermin 1961, zu dem die Bundeswahlen heranrücken, trommelten sie schließlich genug Unterstützung zusammen in dem Zwölf-Mann-Aufsichtsrat der Agentur, um Sänger den Laufpaß zu geben." (dpa)

Das Blatt zitierte dann eine Reihe von deutschen Pressestimmen, um seine Meinung damit zu stützen.

Der liberale „Manchester Guardian" folgte am 16. Mai der großen Zahl von Kommentaren, indem er (in 86 Zeilen) kritisch zu der Behauptung schrieb, ein „gegenseitiges Übereinkommen" habe die Trennung von der dpa herbeigeführt:

„In Wahrheit hat Herrn Sängers Entlassung nur politische Ursachen und stellt eine Einmischung der Politik in Presseangelegenheiten dar. ...
Es ist unglücklicherweise eine zwingende Schlußfolgerung, daß Herrn Sängers Entlassung – denn das ist es in Wahrheit – mit den Bundestagswahlen von 1961 eng verbunden ist. Man hat ihm nämlich in seiner Amtsführung niemals politische Voreingenommenheit vorwerfen können; im Gegenteil, sein ‚Verbrechen' scheint es zu sein, daß er die dpa als absolut neutrales Organ gehandhabt hat, das sie als Nachrichtenagentur auch sein sollte." (dpa)

Mit der Unter-Überschrift „Ein Warnzeichen" zog der „Guardian" dann politische Folgerungen.

Zwei deutsche Pressestimmen mögen schließlich als Beispiel für nahezu alle übrigen genügen:

Die „Frankfurter Allgemeine" vom 9. April 1959:

„Wer sich jemals mit der Arbeitsweise und der Organisation der die meisten deutschen Tageszeitungen mit Nachrichten beliefernden dpa vertraut machen konnte, wird vielerlei aber nicht haben feststellen können, daß ihr Chefredakteur, Fritz Sänger, versucht habe, die Berichterstattung einen seiner eigenen politischen Überzeugung entsprechenden subjektiven Stempel aufzudrücken. Dennoch ist kein Jahr seit Bestehen dieser Nachrichtenagentur vergangen, in dem nicht gegen Sänger, der seit 1920 Mitglied der Sozialdemokratischen Partei ist, ‚geschossen' worden wäre. Dem ist er jetzt, obschon er auch in der Regierungspartei viele Freunde hat, erlegen,."

Die Zeitung „Christ und Welt" befaßte sich am 16. April 1959 mit der Behauptung,

„Sänger sei nur deshalb gekündigt worden, weil er Sozialdemokrat sei und gewisse Kräfte in der CDU (wollten) im Wahlkampf 1961 diesen Posten für sich beanspruchen.
Der Aufsichtsrat der dpa wußte nichts zu entgegnen außer einem kläglichen Dementi, das den ... geäußerten Verdacht eigentlich nur bestätigen konnte.
Dem Außenstehenden muß das Verhalten des Aufsichtsrates der dpa als ein exemplarischer Skandal erscheinen. ‚Christ und Welt' steht weit ab von der Sozialdemokratie. Uns aber dünkt es unerträglich, wenn man die Einparteienherrschaft so weit treiben will, daß es genügt, Sozialdemokrat zu

sein, um sich in einer wichtigen Schlüsselposition auch dann nicht halten zu können, wenn sachliche Vorwürfe gar nicht gemacht werden. Die Herren Verleger hätten sich überlegen müssen, daß dies ungefähr genau das gleiche ist, was wir Ulbricht und Konsorten vorwerfen."

Von solchen Stimmen unterschieden sich nur wenige andere, die in Zeitungen erschienen, welche der CDU nahestanden. Jedoch war auch in der Christlich-Demokratischen Union die Meinung über den Vorgang geteilt. Das wurde mir 1961 bei meinem Eintritt in den Deutschen Bundestag eindrucksvoll bestätigt.

Minister . . .

(1959)   Das Telefon klingelte am 14. Mai 1959 um zwei Uhr nachts. Kein Grußwort, keine Vorstellung, nur sofort das Anliegen: „Morgen mußt Du im Laufe des Vormittags hier sein, in die Staatskanzlei kommen. Ich warte darauf. Du sollst hier Kultusminister sein. Kein Aber! Schluß!" Er hängte ein.

Diese Art von Hinrich Wilhelm Kopf, Ministerpräsident in Niedersachsen, war ich gewohnt. Wenn er etwas wollte, handelte er. Das konnte am frühen Morgen oder eben in tiefer Nacht sein. Es waren Wahlen gewesen; er bastelte an einer neuen Landesregierung.

Schon einmal hatte ich auf seiner Liste gestanden und „nein" gesagt. Das war 1948, bald nach meinem Ausscheiden aus dem Landtag. Damals war Adolf Grimme Kultusminister und war zum Generaldirektor des Nordwestdeutschen Rundfunks bestimmt worden; ich sollte ihm im Regierungsamt folgen. Ich aber hatte gerade erst meine Arbeit im Deutschen Pressedienst aufgenommen. Also lehnte ich das Angebot, das mich überrascht hatte, ab.

Ich lehnte auch 1959 ab und fuhr nicht nach Hannover. Dafür gab es mehrere Gründe. Noch war ich Chefredakteur der dpa, und ich wollte nicht von mir aus fortgehen, bevor die vorgesehene Frist abgelaufen war. Sollte ich nun aber wieder eine Aufgabe übernehmen, die nach aller Voraussicht im wesentlichen Verwaltung bedeuten würde? Ich sah nur geringe Möglichkeiten, eine eigene schulpolitische Konzeption durchzusetzen, nachdem eben erst das Land entstanden und Grimmes Programm gerade eingeleitet worden war. Gewiß, es hätte kaum sachliche Unterschiede in unseren Überlegungen gegeben. Aber ich wollte auch die Freiheit nicht wieder aufgeben, die mir mein Beruf als Journalist seinem Wesen nach garantiert. Kopf drängte auch in den folgenden Wochen und ließ sich erst in einem langen Gespräch dazu bringen, wenigstens zu verstehen, daß man ein so honoriges Amt, wie er es mir angeboten hatte, auch ablehnen kann.

Er war auch nicht der erste, der mir eine neue Chance gab. Georg August Zinn, Ministerpräsident in Hessen, war ihm um zehn Tage zuvorgekommen. Auch er wollte, daß ich bei ihm Minister für Erziehung,

Wissenschaft und Bildung werden sollte. Auch er blieb hartnäckig und bot an, da ich von der Freiheit des Journalisten gesprochen hatte, zwischen dem Amt des Kultusministers und dem des Ständigen Bevollmächtigten des Landes Hessen in Bonn zu wählen. Er wiederholte das letzte Angebot am 28. Oktober 1962 noch einmal. Aber zu der Zeit war ich bereits Mitglied des Deutschen Bundestages, Abgeordneter unter eigener Verantwortung.

Beiläufig begann der damals in Bonn tätige Berliner Senator Klein im Juni 1959 eine Unterhaltung über „unser Berlin". Er konnte den Geist dieser einzigartigen Stadt so überzeugend in seine Ansichten einfließen lassen, daß der Zuhörer sich angezogen oder sogar verpflichtet zu fühlen begann. Ich merkte erst spät, worauf er hinaus wollte als er meinte, dort könne jetzt eine fortschrittliche schulpolitische Arbeit geleistet werden. Ich müßte doch wollen. Es war fast ein Appell an den ihm aus früheren Jahren bekannten Schulpolitiker. Die Gespräche zogen sich bis in den November hin. Auch er bot andere Möglichkeiten an. Ich könnte „für besondere Aufgaben" unmittelbarer Mitarbeiter des Bürgermeisters, Willy Brandt, werden oder die Leitung der Pressestelle übernehmen. So reizvoll gerade diese Aussichten waren – ich mußte „nein" sagen, denn ich glaubte daran, als Abgeordneter im Bundestag etwas in Bewegung bringen zu können, was mir aus meiner journalistischen Arbeit besonders vordringlich erschien: ein fortschrittliches Gesetz für die Freiheit der Presse, für die Unabhängigkeit der Journalisten von jeglichen Einflüssen irgendwelcher Interessenten. Ich habe auch bei Günter Klein schließlich Verständnis dafür gefunden, daß ich mich für den Bundestag entschied. Er hatte im Einvernehmen mit Willy Brandt gehandelt. Daß ich mit meiner Entscheidung nicht zu einer engeren Zusammenarbeit mit Brandt kam, habe ich später als ein schweres Versäumnis empfunden.

Dennoch hat mich keine der Möglichkeiten, die sich mir boten, so stark beschäftigt wie die Bitte des Hamburger Bürgermeisters Dr. Paul Nevermann, die Leitung der Schulbehörde zu übernehmen und als Senator der Freien und Hansestadt Hamburg tätig zu werden. Dort gab es zahlreiche Ansätze für eine fortschrittliche schulpolitische Arbeit. Hamburgs Schul- und Bildungswesen galt schon in der Weimarer Zeit neben dem von Dresden und Leipzig als vorbildlich. Heinrich Landahl, mit dem mich aus den Jahren der schulreformerischen Bewegung vieles verband, die nach dem ersten Weltkrieg die Gemüter tief erregte, hatte nach 1945 die alten Gedanken wieder aufgenommen und in praktische Arbeit zu übertragen sich bemüht. Ihm nachfolgen zu können, wäre eine in hohem Maße befriedigende Aufgabe gewesen. Aber zehn Tage vor dem Gespräch war ich Abgeordneter des Deutschen Bundestages geworden. Sehr schweren Herzens habe ich das „Nein" ausgesprochen, das notwendig war, weil ich nun die Wähler nicht vor den Kopf stoßen durfte und wollte, gleichgültig, ob ich direkt gewählt war oder – wie geschehen – über die Landesliste in den Bundestag kam.

Vor allem aus dem Kreise meiner Berufskollegen fehlte es nicht an

Vorwürfen, wurden meine Entscheidungen mißbilligt. Nach dem Kriege sind nicht wenige Journalisten in politische Ämter übergegangen. Unter den verantwortlichen deutschen Diplomaten, welche die Bundesrepublik im Ausland repräsentieren und als Minister in Regierungen der Länder und des Bundes sind ehemalige Journalisten – auch solche aus der dpa – tätig und haben Erfolg und Ansehen errungen. Frühzeitig gehörte Karl-Heinz Knappstein in diese Reihe, vorher in der alten „Frankfurter Zeitung" Redakteur, dann Generalkonsul und schließlich Botschafter in Washington, Staatssekretär im Auswärtigen Amt. Rüdiger von Wechmar, einst im Redaktionsstab der dpa, ist Botschafter der Bundesrepublik bei den Vereinten Nationen in New York und gehört zur Zeit dem Welt-Sicherheitsrat der UN an. Werner Ahrens, ehemals in der dpa, wurde Botschafter, und ebenso Richard Balken, zuletzt Chefredakteur der „Westdeutschen Rundschau", – um nur aus einer längeren Reihe einige Namen zu nennen. In der Bundesregierung ist Helmut Rohde, einst dpa-Redakteur, Bundesminister für Bildung und Wissenschaft.

Ein britischer Offizier, der viel Verständnis für Deutschland und die Deutschen und ihre Eigenart hatte und der dem Zeitungswesen in der jungen Bundesrepublik außerordentliche Dienste geleistet hat, meinte einmal: „Erst wenn ein deutscher Minister freiwillig aus seinem Amt scheidet, um seinen Weg in einer Redaktion fortsetzen zu können, wird man glauben müssen, daß Eure demokratische Verfassung nicht nur auf dem Papier steht."

Ich habe einen solchen Kollegen bisher nicht getroffen.

Zeitgemäße Politik

(1959)   Erich Ollenhauer, Vorsitzender der Sozialdemokratischen Partei Deutschlands, war ein Mann der praktischen politischen Arbeit. Politik war für ihn das, was im alten Griechenland, aus dessen Sprache das Wort herzuleiten ist, damit gemeint war: Sich um die Dinge der nächsten Umgebung, räumlich und geistig, kümmern. Das heißt dann, daß sie zu bessern sind, zum Wohle aller und in Gerechtigkeit für alle.

Es hatte sich nach dem Zusammenbruch des Deutschen Reiches von selbst ergeben, daß in den sich von neuem bildenden Ortsvereinen der ehemaligen SPD nach dem Kriege alsbald Diskussionen über Ziel und Weg der Parteiarbeit entstanden. Allzu viele erfahrene politische Freunde waren tot. Diktatur, Emigration, Terror des Nazi-Regimes, Entbehrungen hatten sie fortgerissen. Eine neue Generation trat auf und eine Fülle neuer Tatsachen und Probleme zwang zu Überlegungen und zu veränderten Planungen. An den Grundsätzen sozialdemokratischer Auffassungen hatte sich nichts geändert; sie waren so gültig und anwendbar wie je zuvor.

Menschen aus verschiedenen Glaubensrichtungen, unterschiedlicher Denkweise, nun aber weitgehend gleicher Erfahrung und Hoffnung, sahen in dieser Partei einen Faktor nützlicher politischer Arbeit. Sie hatte als einzige Hitler widerstanden, ihm das Recht zum Regieren verweigert und sich damit moralisch legitimiert, ein neues Deutschland aufzubauen. Sie nahm als einzige Partei in Deutschland mit altem Namen neue Pflichten auf sich.

Die Partei war im vergangenen Jahrhundert aus den materiellen und geistigen Nöten der besitzlosen Massen entstanden, die nur ihre Arbeitskraft hergeben konnten und die ohne Hoffnung für eine bessere Zukunft ihrer Kinder und für den Lebensabend ihrer Alten von der herrschenden Gesellschaftsschicht in die Opposition zu dieser und zum Staat gedrängt worden war. In mühsamen und opferreichen Auseinandersetzungen hatte die Arbeiterbewegung in Deutschland wie in anderen europäischen Ländern erreicht, daß die allgemeinen Menschenrechte allmählich auch den neuen Schichten der Gesellschaft zuerkannt wurden. Die Integration der besitzlosen Massen in die Nation wurde im Ringen mit jenen erreicht, die sich allein „national" nannten und die Patrioten sein wollten. Nur allmählich waren Bürger zu Staatsbürgern geworden, Untertanen zu freien, sich selbst entscheidenden Menschen und alle einander gleich – wenigstens nach dem geltenden Recht. In der Wirklichkeit fehlte es an der unverzichtbaren Gerechtigkeit auf sozialem, ökonomischem, bildungs- und wirtschaftspolitischem Gebiet – so vor dem Regime der Nationalsozialisten, wie vor allem als es zusammenbrach. Das politische Gespräch, das nie geschwiegen hatte, wurde nun offen und öffentlich geführt. Die Diskussion um ein Programm der notwendigen politischen Arbeit der Sozialdemokraten begann und Theorie und Praxis mußten zueinander finden. Aus Hoffnungen, geistiger Arbeit und Lebenserfahrung entstanden politische Pläne und Programme.

Willi Eichler, Mitglied des Vorstandes der Partei, erarbeitete eine ausführliche Darstellung und Zusammenfassung der seit Kriegsende geführten Aussprache und legte sie dem Parteitag der SPD in Stuttgart 1958 vor, wo eine umfassende Diskussion von Grundsätzen und Zielen, Formulierungen und Begründungen nochmals Stellung nahm. Ein von Eichler angefertigter „Entwurf zu einem Grundsatzprogramm" war noch in fortlaufendem Text als theoretische Begründung eines Programms geschrieben worden. Ein außerordentlicher Parteitag, der für Ende 1959 vorgesehen war, sollte die endgültige Fassung beraten und beschließen, die für praktische politische Arbeit gelten sollte.

Als Erich Ollenhauer mich zu einem Gespräch zu sich bat und mir die Aufgabe stellte, aus dem vorliegenden Material und dem diskutierten Entwurf „in einfachen, klaren Aussagen" und in übersichtlichen Kapiteln einen beschlußreifen Entwurf des neuen Programms anzufertigen, war es Ende Mai 1959. Er, der erfahrene Praktiker in der politischen Arbeit, wollte das Heidelberger Programm (von 1925) „in einer ganz nüchternen Sprache" der Gegenwart anpassen, damit neuen Tatsachen gerecht werden und dies in einer Form, die jeder verstehen könne. Die Theoretiker, so sagte er in unserer ersten Aussprache hierzu, hätten ihre Arbeit getan, jetzt müsse die praktische Erfahrung den Text formen. Ich sollte mich „von den Spezialisten fernhalten", hören und lesen, aber unabhängig formulieren. Dafür hatte ich drei Wochen Zeit. „Etwa Ende Juni" sollte der Vorstand der Partei ein erstes, aber vollständiges Papier in die Hand bekommen. Damit sollten die endgültigen Beratungen beginnen.

Obwohl ich mit der Direktive verabschiedet wurde: „Jetzt wird nicht mehr diskutiert, jetzt werden Nägel mit Köpfen gemacht", hielt ich doch eine gründliche Aussprache mit dem menschlich wie sachlich großartigen Willi Eichler für angebracht, und Ollenhauer revidierte sich selbst, indem er noch ein Gespräch mit Benedikt Kautsky empfahl, der für die österreichischen Sozialisten ein Programm erarbeitet hatte. So lehrreich und förderlich die Gespräche mit Eichler waren, so wenig erbrachte das einzige mit Kautsky in Wien. Er hatte nur knappe zwei Stunden Zeit, gab mir den von Eichler geschriebenen „Entwurf eines Grundsatzprogramms" zurück, in dem er viele Seiten gestrichen hatte und zu dessen Rest er sagte, so etwa stelle er sich das Programm vor. Später hat er in Beratungen in Bonn größere Hilfe geleistet.

Den ersten Entwurf eines neuen Parteiprogramms legte ich am 21. Juni 1959 Erich Ollenhauer vor, der ihn mit mir in einer über mehrere Stunden dauernden kritischen Aussprache erörterte. Es wurden viele Änderungen nötig. Ollenhauer wiederholte seinen Wunsch, daß „nüchtern und realistisch" gesagt werden müsse, „was für die praktische politische Arbeit unmittelbar brauchbar" sein sollte. Er unterschied dabei zwischen einem Grundsatzprogramm, wie dem, das erstrebt wurde, und einem Arbeitsprogramm, das für eine Bundestagsperiode oder mehrere gelten könne.

In den ersten Julitagen 1959 fanden dann Aussprachen in größeren Kreisen statt. Am 9. Juli besuchte mich überraschend Dr. Otto Leichter, ein besonders sachkundiger und erfahrener österreichischer Parteifreund und Berufskollege. Er hatte über die Sozialdemokratie und die Gewerkschaften in Österreich wiederholt publiziert. In einer bis tief in die Nacht dauernden präzis Punkt für Punkt behandelnden Diskussion haben wir den Entwurf durchgearbeitet. Von den vielen nützlichen Anregungen, die Leichter gab, hatte schließlich auch der endgültige Entwurf noch Vorteil. Bis 1938 hatte Leichter in Wien gelebt und war dann in die Vereinigten Staaten ausgewichen als die Nazis nach Österreich kamen. Nach dem Kriege übernahm er die Berichterstattung aus den Vereinten Nationen für die Deutsche Presseagentur und erwies sich als ein besonders sorgfältiger und zuverlässiger Informant, von dessen Kenntnissen und Beziehungen auch die später folgende amtliche deutsche Vertretung Nutzen hatte. Unter den Journalisten in dem riesigen UN-Gebäude in New York galt Leichter als einer der am besten informierten Kenner der Probleme dieser Völker-Organisation.

Der Vorstand der Partei und eine für die Erarbeitung des Programms gebildete besondere Kommission haben in mehreren vielstündigen Sitzungen nach zuweilen temperamentvollen Diskussionen die Beschlüsse gefaßt, deren letzte für das Programm bestimmte Formulierungen von Fall zu Fall in besonders intensiver Zusammenarbeit mit Heinrich Deist, Adolf Arndt, Fritz Erler und Ernst Schellenberg festgestellt wurden. Ich war als Sekretär der Kommission tätig und habe in dieser Eigenschaft auch die abschließenden Arbeiten in der vom außerordentlichen Parteitag eingesetzten Redaktionskommission mit leisten können.

Aus Anlaß der fünfzehnten Wiederkehr des Tages, an dem das Programm vom Parteitag in Godesberg am 15. November 1959 mit 324 von 350 Stimmen verabschiedet wurde, hat Herbert Wehner in einer Rede die wichtige Frage nach den geschichtlichen Zusammenhängen beantwortet:

> „Dieses Programm ist nicht zufällig entstanden.
> Seine Qellen liegen in den Erfahrungen der Arbeiterbewegung eines Jahrhunderts. Es ist nicht die Summe von Berechnungen. Es wurde nicht in Studierstuben ausgedacht. Dieses Programm wäre undenkbar ohne die Summe der Erfahrungen, die in zwei Weltkriegen und mit ihnen einhergehenden Diktaturen von Sozialisten gemacht und erlitten worden sind."

Ich möchte bezeugen, daß in den Beratungen niemand eine beherrschende Position gewonnen hat und niemand schmollend oder resignierend zur Seite stand, als die Praktiker und die Theoretiker miteinander um die beste Form und die eindeutige Aussage rangen. Wohl alle beteiligten sich an allen Themen, und manche Zuschrift von Parteifreunden und auch nicht zur Partei gehörenden Interessierten hat die Auseinandersetzungen bereichert und klären helfen. Eine solcher Art entstandene geistige Arbeit konnte nicht jeden befriedigen und nicht alle Bedenken zerstreuen, nicht jeden Wunsch erfüllen. Daß dann aber nur 16 Stimmen gegen den endgültigen Entwurf votierten, bestätigt eine außerordentliche Einmütigkeit und Geschlossenheit der SPD.

Ein politisches Programm, das aus einer wirklichkeitsnahen Analyse entstand und seine Ziele der historisch gegebenen Situation folgend sorgfältig absteckte, muß sich selber überholen. In dem Maße, in dem, was es fordert, Wirklichkeit wird, entstehen neue Tatsachen, neue Werte, neue Fragen, Hoffnungen und Wünsche, und neue Diskussionen sind die Folge, aus denen sich wieder ein Programm der künftigen Wirklichkeit formen wird. Was die Sozialdemokraten im Verlaufe der Geschichte ihrer Partei getan haben, was sie jetzt nach dem Zusammenbruch des Deutschen Reiches erneut unternahmen, indem sie ihre grundsätzlichen politischen Gedanken neu formulierten, das war keinesfalls ungewöhnlich. Auch andere Gruppen der menschlichen Gesellschaft haben sich immer wieder um die Klärung ihrer Gedanken und Aussagen bemüht. So haben auch die Kirchen entscheidende Änderungen der gesellschaftlichen Tatsachen respektiert und suchen sich in jeweils moderner, die Menschen ansprechender Form verständlich zu machen. Daß 1891 im Erfurter Programm der Sozialdemokraten die erste realistische Kennzeichnung der sozialpolitischen Situation in Deutschland dargelegt wurde und im gleichen Jahre die erste Sozialenzyklika der Katholischen Kirche auf die Folgen hinwies, die aus der ökonomisch-technischen Revolution für die Menschen entstanden waren, hat gewiß keinen unmittelbaren Zusammenhang, ist aber ebenso gewiß kein Zufall. Auch Bewegungen in den Kirchen der Protestanten bezeugen den inneren Zusammenhang.

Nach dem ersten Kriege in diesem Jahrhundert hatte sich das Weltbild wesentlich verändert. Die Sowjetunion war entstanden; in Europa belebte der demokratische Gedanke die politischen Kräfte, und in Asien und Afrika brach unter den in Kolonien bevormundeten Völkern der Wille zu nationaler Selbständigkeit kräftig hervor. Krieg und Not hatten die Lebenserfahrung der Menschen verändert. Das 1925 beschlossene Heidelberger Programm der deutschen Sozialdemokraten zog aus diesen Tatsachen die für deutsche Verhältnisse nötigen Folgerungen, und wenige Jahre danach hat die sorgfältige Analyse der veränderten Welt auch die Katholische Kirche zur zweiten Sozialenzyklika veranlaßt (1931). In der Evangelischen Kirche wurde die Begegnung mit der durch Jahrzehnte vernachlässigten Arbeiterschaft in der volkskirchlichen Bewegung eindringlicher.

Noch nachdrücklicher haben die Diktaturen und der zweite Weltkrieg das Denken und die Lebensbedingungen, die Hoffnungen und die Forderungen der Menschen auf der ganzen Erde beeinflußt. In einer weitgespannten Übersicht hat die dritte Sozialenzyklika der Katholischen Kirche 1961 daraus Folgerungen gezogen, die größere Beachtung verdienen als sie bisher gefunden haben. Für das, was in der neu gebildeten Bundesrepublik Deutschland wichtig und notwendig zu tun war, sollte das in Godesberg 1959 beschlossene Programm der Sozialdemokraten die Aufgaben stellen *.

Ein Programm ist kein Dogma. Es setzt Ziele, aber es gibt keine Anweisungen für die einzelnen Schritte, die groß oder klein sein müssen und nach den Voraussetzungen zu bemessen und zu unternehmen sind, die den möglichen Erfolg jeweils sichern. Das politische Gespräch, die Diskussion in der Partei und zwischen den Parteien, die nur die Teile des Ganzen sind, für das sie zu wirken haben, darf deshalb niemals enden. Je selbstverständlicher es sich an der Wirklichkeit orientiert, desto mehr wird es helfen, den unaufhaltsamen Fortschritt zu fördern.

---

* Unter dem Titel „Soziale Demokratie, Bemerkungen zum Grundsatzprogramm der SPD" habe ich 1960 ausführlicher über Geschichte, Entstehung und Absichten des Programms geschrieben, jedoch keinen Kommentar, den doch nur die Arbeit der Sozialdemokraten im politischen Alltag geben kann. (Verlag J. H. W. Dietz Nachf. GmbH, 3. Auflage 1964, vergriffen.)

(1961/1969) In diesem Augenblick, in dem ich über den letzten Abschnitt meines Wirkens in der Öffentlichkeit zu schreiben beginne, berichten die Zeitungen, daß in den ersten Novembertagen 1976 die Senate von Berlin, Bremen und Hamburg in gemeinsamen Beratungen die Notwendigkeit und Dringlichkeit des Baues einer Autobahn von Berlin nach Hamburg besprochen und dazu gesagt haben, daß diese für die Entwicklung der Beziehungen der beiden deutschen Staaten zueinander und der gemeinsamen Beziehungen zu Berlin wichtige Strecke „nun bald in Angriff genommen" werden müsse.

Die Nachricht beschäftigt mich; der Vorgang kann als Beispiel für eine Reihe ähnlich verlaufener dienen, an denen zu zeigen ist, wie parlamentarische Arbeit erfolgt und daß sie nicht darin besteht Reden zu halten, Polemik und Rechthaberei als grundsätzliche Auseinandersetzungen erscheinen zu lassen, so zu tun als ob jederzeit Prinzipien in Gefahr oder dramatische Entscheidungen über das nationale Schicksal zu treffen sind.

Arbeit im Parlament besteht schon gar nicht in Demonstration und Obstruktion. Sie setzt einen nüchternen Sinn für das Erreichbare voraus und verlangt Fleiß und Beharrlichkeit, bewegliches Denken und Bereitschaft zum Ausgleich. Das ist kein Plädoyer für Unentschiedene und Zaghafte, sondern für solche, die um einer Sache willen Erfolge erreichen wollen, die aber ihr Ziel auch dann nicht aus dem Auge verlieren, wenn es nur schrittweise zu erreichen ist.

Die Autobahn Berlin–Hamburg – ich benutze das Beispiel – wurde vor mehr als vier Jahrzehnten geplant, sogar in großem Zuge schon entworfen. In der Diktatur machten sich die Nazis zu eigen, was andere vorher ausgedacht hatten. Es wurde eine Trasse von Hamburg her vorbereitet und es wurden auch erste Bauvorhaben fertiggestellt. Dann aber blieb das Projekt liegen.

Nach dem verlorenen Kriege fand die Verkehrsverwaltung im neuen Deutschland eine Trasse in der Landschaft vor, dazu einige Brückenpfeiler und einige Brücken, die Landstraßen über die Trasse führten. Auch ein Tunnel bezeugte die Vorarbeiten. Das alles war jedoch unbenutzt und nutzlos geworden. Der moderne Verkehr erfordert andere Dimensionen. Die Bauwerke werden abgerissen werden.

Als ich von meinen politischen Freunden am 9. April 1961 mit 98 von 98 abgegebenen Stimmen zum Kandidaten für den Bundestag gewählt worden war und mich im Wahlkreis umschaute, fiel mir das unfertige Werk in der Landschaft besonders auf. Es gehörte auch zu den am häufigsten erwähnten Themen, die mir von Bewohnern der kleinen Städte und Dörfer nahegebracht wurden. Vor allem Handwerker, Gewerbetreibende, Landwirte und der Handel waren neben den Gewerkschaften daran interessiert, daß es wieder in Angriff genommen wurde. Sie erwarteten eine Besserung der Verkehrsverhältnisse, Vermehrung der Arbeitsplätze, und manche glaubten daran, daß auch „die drüben", wenn die neue Autobahn die Zonengrenze erreicht haben würde, einen Anstoß empfinden müßten. Im Kreise zwischen Hamburg und Lübeck wohnten viele Flüchtlinge aus den Gebieten östlich der nahen Elbe.

Die Wahl war im September 1961. Es war gleichgültig, ob ich direkt oder über die Landesliste, wie geschehen, in den Bundestag eintrat. Die Verpflichtung, sich nun um die Angelegenheiten des Wahlkreises zu kümmern, ist die jedem Abgeordneten gestellte erste und wichtigste Aufgabe. Dort beginnt die praktische politische Arbeit und dort muß sie zum Erfolg gebracht werden, denn dort ist die Grundlage, auf der das Ganze aufbaut, die Länder und der Bund. Abgeordneter in Bonn zu sein darf nicht vom Wahlkreis trennen.

Östlich von Hamburg waren die Verkehrsverhältnisse unzureichend bis miserabel. Das Gebiet war Grenzzone geworden, wie immer die rechtliche oder eine politische Kennzeichnung es auch nennen mochte. Radfahrer und gelegentlich auch ein Pferdefuhrwerk benutzten den festen Seitenstreifen der einst geplanten Autobahn, in deren Mitte ein Urgrund aus Erde und Wasser jeden Verkehr ausschloß. Hamburg brauchte den Nahverkehr, und der Kreis suchte die Verbindung zur größten Stadt der Bundesrepublik. Ein Ausbau, das überzeugte jeden, wäre eine Demonstration des Willens zur Stärkung der Beziehungen zum Osten gewesen.

Deshalb begann ich nach der Wahl damit, die Voraussetzungen eines neuen Baubeginns zu erkunden. Ein umfangreicher Briefwechsel mit den Behörden in Kiel und Hamburg, im Landkreis und vor allem in Bonn mußte über die Möglichkeit der Fortführung des Projektes Aufschluß bringen. Reisen und viele Gespräche waren nötig. Wie stand es mit den Eigentumsverhältnissen für die Landstreifen? Welche Feststellungen bestanden bereits? Welche Pläne lagen vor oder mußten ausgearbeitet werden? Hatte man überhaupt Pläne? Hatte man schon an dieses Projekt gedacht? Welche Mittel standen zur Verfügung? Welche bisher unbekannten Schwierigkeiten gab es? Und dann vor allem: Wußte man, wie die Verantwortlichen in Ostberlin über einen Anschluß an die Autobahn von Hamburg nach Berlin dachten? Man sollte mit ihnen sprechen, regte ich an.

Das geringste Interesse schien in Kiel zu bestehen. Man habe dringlichere Vorhaben zu bedenken, mußte ich anhören. Über persönliche Beziehungen konnte ich aus Ostberlin erfahren, daß man „offensichtlich interessiert", daß aber eine direkte Stellungnahme „angesichts des Verhaltens der Bonner Regierung" nicht zu erwarten sei. Ein Funke Hoffnung auf Vernunft mußte genügen, um den nächsten Schritt zu tun.

Das alles zog sich über Jahre hin. Erst am 7. März 1965 konnte ich im Bundestag die Frage einreichen:

> „Ist die Bundesregierung bereit, die seit vielen Jahren bereits trassierte Autobahn Hamburg-Berlin im Bereich der Bundesrepublik herzustellen und bis an die Zonengrenze zu führen?"

Am 19. März sollte die Frage im Plenum des Parlamentes beantwortet werden, wie es üblich war und ist. Nach der Geschäftsordnung des Bundestages kann jeder Abgeordnete Fragen an die Bundesregierung richten und, wenn die Antwort gegeben wird, bis zu zwei Zusatzfragen stellen, die ebenfalls mündlich und sogleich beantwortet werden. Andere Abgeordnete können sich mit Zusatzfragen anschließen. Es ist ein unmittelbares Gespräch, das zwischen den Abgeordneten und in der Regel dem Minister oder seinem Staatssekretär geführt wird, eine der glücklichsten Einrichtungen des Deutschen Bundestages.

An diesem Tage aber kam es nicht mehr zu einer Antwort. Die *Fragestunde* im Bundestag, mit der im allgemeinen ein Sitzungstag beginnt, war abgelaufen, bevor meine Frage an der Reihe war. In einem solchen Falle werden die Fragen brieflich beantwortet, was leider zur Folge hat, daß keine Zusatzfragen möglich sind, die oft besonders aufschlußreiche Antworten provozieren.

Der Bundesminister für Verkehr, damals Hans-Christoph Seebohm (CDU), antwortete am gleichen Tage; und solche Briefe werden in den offiziellen Drucksachen veröffentlicht:

„Nach den bisherigen Überlegungen zum weiteren Bau neuer Bundesautobahnen im 3. Vierjahresplan (1967/70) ist die erste Teilstrecke der Bundesautobahn von Hamburg in Richtung Berlin der 5,5 km lange Abschnitt Barsbüttel (Autobahnkreuz Hamburg/Ost) – Schönningstedt (Landesstraße 122) mit rund 12,5 Mio. DM Baukosten vorgesehen."

Der Minister fügte hinzu, daß diese Strecke „für den starken Verkehr im Vorfeld Hamburg Bedeutung" habe. Nach dieser Information folgte eine weniger genaue Zusage, daß „wenn irgend möglich" die Fortsetzung bis Schwarzenbek (21 km) vorgesehen sei, daß diese 85 Mio. DM und daß auch die dann noch erforderlichen 20 km bis zur Zonengrenze nochmals 85 Mio. DM kosten würden.

Man hatte in Bonn den Blick auch darauf gelenkt, daß „diese Teilstrecke zu bauen ... verkehrlich nur sinnvoll (ist), wenn die Autobahn jenseits der Demarkationslinie fortgesetzt oder doch mindestens ein Anschluß an die Fernstraße 5 in Richtung Hagenow, mindestens aber nach Boizenburg im Bereich der sowjetischen Besatzungszone hergestellt werden würde". Aber in dem Schreiben und in den dann folgenden Unterhaltungen, die ich mit dem Minister führte, um die Sache voranzubringen, war niemals Verständnis dafür zu erkennen, daß man sich schließlich auch in Ostberlin einmal in direktem Kontakt um dortige Überlegungen zu kümmern habe. Die von den Unionsparteien getragenen Regierungen lehnten auch solche sachlich nötigen Verbindungen ab.

Erst zehn Jahre später hörte die Öffentlichkeit wieder etwas von dieser von allen Seiten als bedeutungsvoll bezeichneten Autobahn, als die im November 1976 tagende Konferenz der Senate von Berlin, Bremen und Hamburg sich der dringend aktuellen Aufgabe annahm. Es wurde bekannt, daß wohl erst 1980 mit dem Bau begonnen werden könne. Käme es dazu, dann wären immerhin zwei Jahrzehnte vergangen, seit zum ersten Male nach dem Kriege der Ausbau einer Hamburg und Berlin verbindenden, den Weg stark verkürzenden Autobahn im Bundestag angesprochen und die Notwendigkeit offiziell bejaht wurde. Geschehen ist danach so gut wie nichts.

Dieses Beispiel praktischer politischer Arbeit, herausgenommen aus einer großen Zahl ähnlicher Vorgänge, schildert kein ungewöhnliches Ereignis, es ist nur eine Erfahrung von vielen, die mich über meine Abgeordnetenzeit unbefriedigt sein lassen. Ich fand, daß der Abgeordnete größere Möglichkeiten braucht, sich zu unterrichten, daß er *Zugang zu allen Akten* der Verwaltung haben muß, daß er der uneingeschränkten Kenntnis aller ihm wichtig erscheinenden Vorgänge bedarf, wenn er seine Aufgabe erfüllen will. Ich bin mir der Tatsache bewußt, daß dies die bisherigen Befugnisse des Abgeordneten erheblich erweitern würde. Aber wenn er der Kontrolleur der öffentlichen und der die Öffentlichkeit angehenden Angelegenheiten sein soll – und nur diese sind gemeint – dann muß er sie von grundauf kennen und nichts darf ihm vorenthalten werden. Seine Kontrollaufgabe, zu der er gewählt wurde, wird zur Farce, wenn die Exekutive nach ihrem Ermessen mitteilen oder verschweigen kann, was sie für nötig hält.

Ich habe das Beispiel des Autobahn-Projektes auch deshalb aus einer Vielzahl von ähnlichen Vorgängen gewählt, weil ich damals von den verschiedenen Stellen in Bund, Ländern, Kreis, Gemeinden und von Firmen sehr unterschiedliche Auskünfte zu gleichen Fragen erhielt. Sie widersprachen einander nicht nur, sondern schienen zuweilen schlicht „aus der Luft gegriffene" Zahlen zu behaupten, denen andere unvergleichbar gegenüberstanden. Eine unabhängige, intensive Kontrolle durch das Parlament und den einzelnen Abgeordneten, das lernte ich erneut, ist dringend nötig.

Die seit vielen Jahren übliche *Fragestunde* des Deutschen Bundestages bietet eine im deutschen Parlamentarismus viel zu seltene Möglichkeit zu eigenen Initiativen des Abgeordneten. Dort werden Themen aufgegriffen, die bis dahin in der Regel nicht oder nur grundsätzlich oder nebenher behandelt worden sind und die sonst wohl kaum behandelt werden würden. Sie werden in das politische Gespräch eingeführt und, wenn sie wichtig sind, auch weiter erörtert, und aus ihnen kann eine politische Aktion entwickelt werden. Die später eingeführte „*Aktuelle Stunde*", die mancher Frage folgt und spontan gefordert und angesetzt wird, ist ein Beweis dafür. Sie gibt den Abgeordneten Gelegenheit, ein in einer Frage nur angeschnittenes Thema sofort anschließend in kurzen, höchstens fünf Minuten dauernden Stellungnahmen in Rede und Gegenrede frei im Plenum zu diskutieren. Die persönliche Initiative lohnt! Sie öffnet ein Ventil. Eine in dieser Weise effektive Volksvertretung ist demokratische Wirklichkeit und dient der Idee des parlamentarischen Systems besser als das herkömmlich repräsentative Parlament.

Die Fragestunde des Bundestages findet auch in der Öffentlichkeit weit größeres Interesse als es offenbar im Bundestag bekannt ist. Die Zahl der Anregungen und Wünsche an das Parlament nimmt erfreulicherweise ständig zu. Die Bürger haben erfahren, daß dort ihre Angelegenheiten zur Sprache kommen. Sie fühlen sich dem Bundestag näher gerückt. Das ist von großer Bedeutung.

Zuschriften an den Bundestag werden dort einem ständigen Ausschuß zugewiesen, der diese „Petitionen", wie die Bürgerbriefe leider noch immer genannt werden, hinter verschlossenen Türen bearbeitet. Dem Plenum wird darüber nur ziemlich summarisch berichtet. Fände der Bundestag einen Weg, die außerordentlich wichtige, vielfältige und lebensnahe Arbeit dieses „Petitions-Ausschusses" weit mehr als bisher in das Plenum und damit nach außen wirken zu lassen, so würde das die Beziehungen zwischen Parlament und Wähler wesentlich verbessern können. Man sähe draußen dann laufend, was „die da in Bonn" in dem meist aus Unkenntnis oder wegen verzerrter Darstellungen viel gelästerten Bundestag wirklich tun.

In aller Regel ist nur *das Plenum* Gegenstand der Anschauung und der Kritik, besonders wenn es wenig besetzt ist, dann aber doch diskutiert und abstimmt. Nur wenige Zuschauer wissen, daß die Abgeordneten, bevor sie sich im Plenarsaal zur Entscheidung zusammenfinden (oder eben auch nicht einfinden), die Vorlagen, über die abzustimmen ist, bereits mehrere Male vor sich gehabt haben. Sie hatten Gelegenheit, Inhalt und Tendenz, Argumente des Für und des Gegen zur Kenntnis zu nehmen und sich selber zu entscheiden. Sie haben in der eigenen Partei darüber beraten, dann in den Sachausschüssen ihrer Fraktion und haben in den von allen Fraktionen besetzten Bundestags-Ausschüssen nochmals eingehend diskutiert. Dort wird in dem kleineren Kreis meist fachlich besonders informierter Parlamentarier Punkt für Punkt einer Vorlage besprochen, oft neu formuliert, ausgleichend beraten und beschlossen, so daß in der Regel eine Mehrheit für die Plenarentscheidung bereits dort gesichert oder erkennbar wird. Schließlich nimmt noch die Gesamtfraktion vor der Plenarsitzung Stellung, ehe es zur letzten Abstimmung kommt. Deren Verlauf ist dann schon, wenn sich in den vielfachen Vorberatungen keine wesentlichen Differenzen mehr gezeigt haben, vorauszusehen. Die große Mehrzahl der Gesetze des Bundestages wird ohnehin einstimmig oder mit starken Mehrheiten beschlossen. Im Plenum sind deshalb oft nur die Spezialisten anwesend, wenn die Schluß-Abstimmung in dieser Weise vorbereitet wurde.

Der Abgeordnete, der nicht „faul" ist, aber seine Zeit einteilt, wird stets dann in die Schluß-Entscheidung gehen, wenn es sich um eine noch umstrittene Vorlage oder um eine grundsätzliche Beschlußfassung handelt. Das ist im Deutschen Bundestag nicht anders als in den Parlamenten der alten und jungen Demokratien anderer Länder. Ich habe dort manchmal nur drei, vier oder fünf Abgeordnete im Saale gesehen, wenn Abstimmungen anstanden. Man hatte die Beschlüsse so vorbereitet, daß die letzte Entscheidung nur noch eine Frage des Protokolls war.

Würde der Bundestag, was in der Geschäftsordnung vorgesehen ist, endlich und endgültig „Vorlesungen" der Abgeordneten im Plenum nicht nur untersagen, sondern auch verhindern – sie tragen wahrlich nicht zum Ansehen des Parlamentes bei – so würde eine in freier Rede geführte Aussprache auch in der letzten Phase vor der Entscheidung noch mehr Anteilnahme finden als dies heute der Fall ist. Kommt es wirklich mehr auf das Schaubild eines jederzeit gefüllten Plenarsaales an als auf die sachlich sorgfältige Vorbereitung eines ausgewogenen Beschlusses?

Ich kann nach meinen Erfahrungen nicht die Absicht haben, das Bild des Bundestages freundlicher zu zeichnen als es wirklich ist. Auch unter den Abgeordneten sind Fleiß und Phlegma als Eigenschaften des Menschen verteilt. Im Plenum erscheinen sie alle gleich; in den Ausschuß-Arbeiten sind Unterschiede leicht erkennbar. Dort wird nicht selten der Hinterbänkler zum Sachverständigen und der temperamentvolle Redner aus dem Plenum zum Phrasendrescher. Die Formen der parlamentarischen Tätigkeit sind allzu starr geworden. Es kann und es muß manches, sogar vieles, geändert, vereinfacht, erleichtert werden. Reformmaßnahmen werden oft angeregt, auch besprochen, aber selten werden sie verwirklicht.

Welche *persönliche Arbeit* zwischen Partei- und Parlaments-Konferenzen und Besprechungen, zwischen Sitzungen in Ausschüssen und kleineren Kommissionen, in Gesprächen mit Besuchern und Kollegen – und möglichst auch solchen aus der anderen Fraktion –, durch Briefwechsel, Ausarbeitungen, Telefonate zu leisten ist, kann von außen her kaum gerecht ermessen werden. Kaum ein Abgeordneter ist in der Lage, über jede Frage eine vertretbare oder gar sachgemäße Entscheidung zu treffen. Sachkenntnisse sind nötig und müssen erworben werden, wenngleich es auch nicht Aufgabe des Parlamentes ist, durch *Fachkenntnis* in Konkurrenz zur Regierung und ihren Behörden zu treten. Die Aufgabe des Abgeordneten ist es, fachliches Wissen in überschaubare und kontrollierende Beziehung zu den gesellschafts- und allgemeinpolitischen Tatsachen und Zuständen zu bringen, also politische, dem allgemeinen Zustand dienliche Wertungen vorzunehmen und Entscheidungen zu treffen und seine *Kontrollaufgabe* darin zu erfüllen, die Zusammenhänge und Hintergründe der Geschehnisse und Entwicklungen zu erforschen, zu erkennen und zu beachten, wenn ein Beschluß eine Neuerung bringen soll, die besser ist als der vorherige Zustand war. Es ist die Pflicht des Abgeordneten, zu prüfen, ob die auf differenziertem Fachwissen beruhenden Absichten der Verwaltung dem politischen Wollen der Mehrheit im Parlament gerecht werden oder ob sie (und nicht nur aus der Sicht der Opposition!) zu korrigieren, abzulehnen oder gemeinsam zu bejahen sind. Auch im Deutschen Bundestag gibt es einen Wetteifer des Fachwissens, manchmal des Besserwissens. Dort aber ist *politisch* zu denken und zu werten. Das geschieht oft nur allzu wenig und scheint zuweilen gar verpönt, als ob Politik stets und notwendig eine Sünde sei.

Dummköpfe und Nichtwisser haben das Parlament höhnend und herabsetzend eine „Schwatzbude" genannt. Im Parlament muß aber gesprochen, muß parlamentiert und das heißt unterhandelt werden, muß sich der Parlamentarier *im Gespräch* auseinandersetzen, muß Meinung gegen Meinung im Streitgespräch ausgetragen werden. Das ist der Gegensatz zu dem System, in dem an die Stelle des geistigen Ringens der Befehl tritt. Es ist besser und Vaterland und Menschheit haben mehr davon, daß „geschwatzt" als daß kommandiert oder gar geschossen wird. So lange Menschen und Völker miteinander reden, töten sie sich nicht.

Die Arbeit der Parlamentarier ist nur zu wenig bekannt, am wenigsten vielleicht die, welche in *Ausschüssen* zu leisten ist, und sie wird alles in allem selten richtig eingeschätzt. Nicht nur aus diesem Grunde sollte die Forderung ernster genommen werden, für die Sitzungen der Parlaments-Ausschüsse die *Öffentlichkeit* zuzulassen. In einer meiner letzten Reden im Bundestag habe ich (am 18. Juni 1969) zu diesem Thema gesprochen und zwar als jemand, „der in vielen Jahren seiner Berufstätigkeit die Dinge von der anderen Seite hat sehen können und sehen müssen, von der Seite dessen, der Bericht zu erstatten hat über das, was im Parlament geschieht". Ich habe für die öffentliche Sitzung der Ausschüsse plädiert und darauf verwiesen, wie notwendig es sei, die Information über den Bundestag und seine Arbeit zu verstärken, damit die Wähler erfahren, was dort geschieht – oder unterbleibt. Dabei mußte ich die wichtigsten Argumente der Gegner dieser Auffassung behandeln, die übrigens quer durch die Fraktionen unterschiedlich vertreten wird:

„Es wird gesagt, dann werden Reden zum Fenster hinausgehalten oder es wird darauf hingewiesen, daß dann, wenn die Öffentlichkeit in den Ausschuß kommt, vorher Besprechungen stattfinden, die also eine Mehrzahl von Sitzungen notwendig machen und daß so inoffizielle Gesprächsinstitutionen errichtet werden.

Zunächst sollte niemand von uns Furcht vor möglichst vielen politischen und sachlichen Gesprächen haben. Das Gespräch ist die Voraussetzung demokratischer Arbeit und der Wirklichkeit in einer Demokratie. Aber wenn wir miteinander reden, so können wir nur vorbereitend miteinander sprechen. Das entscheidende politische Gespräch aber, die Auseinandersetzung mit dem Andersdenkenden in der Politik, findet im Ausschuß statt. So ist der kleine Gesprächskreis vorher also interessant und wichtig, niemals entscheidend. Bei diesem entscheidenden Gespräch sollten diejenigen, die uns wählen und uns ja auch zu kontrollieren haben, anwesend sein können.

Es wird gesagt, daß dann Reden gehalten werden können, die möglicherweise das Licht der Öffentlichkeit zu scheuen haben. Ich wende mich entschieden gegen diese Auffassung. Selbst eine törichte, zuweilen auch einmal eine uninformierte Rede kann noch immer einen Nutzen für die bringen, die daraus, wenn Sie so wollen, erkennen: Was ist das für ein Abgeordneter meines Wahlkreises! Oder auch für die, die daraus erkennen, wie nötig es ist, sich mit der Materie zu befassen, ehe man über sie spricht. Ich glaube, daß ein besseres Überlegen und ein besseres Vorherarbeiten eine nützliche Voraussetzung ist, zu der man erzogen, wenn Sie so wollen, gezwungen wird, wenn man in die öffentliche Ausschuß-Sitzung geht.

Das Plenum werde weniger interessant! Finden Sie nicht alle, meine Damen und Herren, die wir jetzt eine Reihe von Jahren gemeinsam hier im Plenum und in den Ausschüssen gearbeitet haben, daß vieles, mindestens manches aus diesem Plenum herauskönnte, was an Sachdiskussion in die Ausschüsse gehört, daß hier hinein aber die politische Auseinandersetzung – um der Sache, nicht um der Polemik willen – gehört? Ich glaube, es wäre nützlich, den Journalisten, den Vertretern des Rundfunks und allen denen, die an unserer Arbeit interessiert sind – haben Sie keine Furcht, das sind nicht so furchtbar viele, wie manche es in der polemischen Diskussion in der Öffentlichkeit vortäuschen –, die Möglichkeit zu verschaffen, sich am Zustandekommen der Gesetze zu beteiligen."

In den Ausschuß-Arbeiten wird von den Abgeordneten verlangt, daß sie den Weg zum Ausgleich finden, und gerade darin können sie ihre geistige und sachliche Überlegenheit beweisen und sich und ihrer Partei Respekt und Anerkennung der Zuhörer erwerben. Auch in der öffentlichen Plenarsitzung müssen die Argumente dargelegt und müssen Kompromisse begründet werden, und auch dort ist die „Gefahr" vorhanden und ihr ist nicht auszuweichen, daß Reden „zum Fenster hinaus" oder direkt ins Fernsehpublikum gehalten werden.

Die Parlamentarier sollten die Öffentlichkeit unserer Tage nicht unterschätzen: Sie hat mittlerweile – und nicht zuletzt geschult durch die allzu häufigen und kräftigen Paukenschläge der groben Propaganda und der sensationellen Übertreibung – ein feines Ohr und einen sicheren Blick dafür bekommen, was „Geschwätz" ist, was Phrasen sind und wann leeres Stroh gedroschen wird. Man sollte die Hörer in Kauf nehmen, die kritiklos jede listig formulierte Redewendung als Wahrheit hinnehmen, als ein Zeugnis redlicher Mitverantwortung. Es entstünde, wäre die Öffentlichkeit der Arbeit des Parlamentes auf allen Stufen hergestellt, eine engere und ständige Beziehung zwischen dem Wahlvolk und seinen Gewählten. Eine öffentliche Arbeit der Ausschüsse wird eine Fülle von Diskussionen über das auslösen, was man gehört und gesehen hat. Also wird die Anteilnahme größer, und sie wird zu Kritik führen. Wäre das nicht erfreulich?

Ich erinnere mich mancher Ausschuß-Sitzung, in der ich die Anwesenheit der Öffentlichkeit gewünscht hätte, etwa als der Minister die eigenen Parteifreunde, die seinem politischen Konzept nicht folgen wollten, beschwörend warnte, sie könnten ja „nein" sagen, sie könnten ja „mit den Beinen strampeln", das ändere nichts daran, daß die Dinge so lägen wie er sie dargestellt habe, gefährlich für die deutsche Ansicht und notwendig für den Weg, den er vorschlage. Der Zwang zum Respekt vor Tatsachen, so konnte ich immer wieder beobachten, ist vielen ein harter, aber auch ein nützlicher Lehrmeister geworden – und manche lernten es nie. In solchen Situationen begannen sich Fäden unsichtbar zwischen Menschen unterschiedlicher politischer Grundhaltung und auch zwischen Sachverhalten und Einzelvorgängen zu spinnen, was Lösungen förderte.

Am wenigsten hat mich stets das Argument beeindruckt, aus vertraulichen Ausschuß-Sitzungen würden geheime Angelegenheiten bekannt, wenn die Presse Zugang gehabt habe. Ich habe kaum einen Fall in Erinnerung, der belegen könnte, daß eine wirklich interessante und bedeutsame Beratung, die vertraulich geführt worden war, auch geheim geblieben ist, obwohl keine Presse anwesend war. Im Deutschen Reichstag war es möglich, daß Angelegenheiten, welche die breitere Öffentlichkeit angingen, in Anwesenheit der Presse im Ausschuß beraten wurden. Als dies in der Sitzung des Bundestages am 1. Dezember 1965 dem Redner der CDU, dem Abgeordneten Ernst Benda, im Verlaufe seiner Ausführungen durch eine Zwischenfrage in Erinnerung gerufen wurde, erwiderte er im Plenum: „Darüber kann man ernsthaft reden." Er erwähnte, daß diese Frage im Rechtsausschuß des Bundestages auch schon besprochen worden sei, und meinte, daß man sie „weiter prüfen" müsse. Dies ist die häufigste Formel, nach der dann in der Regel nichts mehr geschieht.

Meine journalistische Tätigkeit im internationalen Nachrichtenaustausch hatte nützliche menschliche und sachliche Beziehungen zu vielen wichtigen Persönlichkeiten in anderen Ländern erbracht, eine Voraussetzung für die Mitarbeit im Bundestagsausschuß für *auswärtige Angelegenheiten*. Der Andrang zu diesem Ausschuß ist lebhafter als zu jedem anderen. Er gilt als der prominenteste, und sein Prestige ist größer als es berechtigt erscheint. Nur wenige Abgeordnete sagen es, daß sie in der Außenpolitik nicht mitreden wollten oder nicht könnten, weil es ihnen an Tatsachenwissen fehle. Andererseits ist die häufige Behauptung, Außenpolitik sei eine besondere Kunst, unberechtigt. Auch die Behandlung internationaler Angelegenheiten verlangt, wie jede politische Arbeit, gründliche und objektive Information, Taktgefühl und Einfühlungsvermögen in das Denken, in die Mentalität und die Möglichkeiten des anderen. Nationale Überheblichkeit oder auch nur Überbetonung erschweren oder verhindern außenpolitische Erfolge. Wer nicht zuverlässig weiß, was sein Gegenüber will und was er leisten kann, wer nicht die Möglichkeiten für das Aushandeln eines unausweichlichen Kompromisses nüchtern abzuschätzen vermag, der ist für politische Arbeit im Parlament und in jedem Falle für außenpolitische Mitarbeit ungeeignet. Ideologie trägt kaum zur Lösung außenpolitischer Fragen bei und ist gerade auf diesem Gebiet parlamentarischer Tätigkeit gefährlicher als auf jedem anderen. Undoktrinäre Weltoffenheit, Erfahrung im Umgang mit Menschen aus fremden Ländern, Bereitschaft zu humaner Bewertung jeglicher Ereignisse, so schwer das in manchem Einzelfall auch sein mag, sind unentbehrliche Voraussetzungen für die Pflege internationaler Beziehungen, die der Außenpolitik auferlegt ist.

Auf der anderen Seite ist es eine besonders ernst zu nehmende Pflicht der Regierung, die Mitglieder des Parlaments, die für dieses Gebiet der politischen Arbeit zur Verfügung stehen, vollkommen und unvoreingenommen zu informieren. In den verantwortlichen Ämtern beobachtete ich – und nicht nur als Abgeordneter, sondern auch als Journalist – nur zu oft, daß man sich vor allem als Träger von Geheimnissen verpflichtet fühlte. Nicht selten aber haben journalistische Berichte sogenannte Geheimnisse als billige Phasen einer erkennbaren Entwicklung entlarvt, von der nur noch nicht gesprochen werden sollte, weil die Regierung es nicht wollte oder weil eine überkommene und immer noch herrschende Mentalität aus unerklärlichen Gründen den Mantel darüber breitete.

In Antworten, die in der Fragestunde des Bundestages von dieser Seite, Minister oder Staatssekretär, zuweilen gegeben wurden, enthüllte sich manches „Problem" als eine wenig schwierige Sache, wenn Sie von konstruierten Hindernissen befreit wurde.

Um es am Beispiel zu zeigen: Als ich den Bundesminister des Auswärtigen in einer Sitzung fragte, ob er nicht glaube,

> „daß es zweckmäßig wäre, dieses Parlament, zumindest die Mitglieder des Auswärtigen Ausschusses, auch in Einzelheiten einzuweihen, damit sie mit Ihnen gemeinsam von der Zweckmäßigkeit dieser Haltung überzeugt sein können",

lautete die Antwort:

> „Alles was für die Entscheidung in diesem Hause notwendig war, ist in großer Breite und Gründlichkeit dargelegt worden."

Also glaubte der Minister allein darüber entscheiden zu können, was ein Mitglied der Legislative erfährt und was es nicht zu wissen braucht, obwohl bei diesem Hause die letzte Entscheidung in auswärtigen Angelegenheiten der Art liegt, über die hier zu beschließen war. Es handelte sich damals um das umstrittene Embargo für Rohre, die von der Sowjetunion benötigt wurden.

Als bekannt wurde, daß Konrad Adenauer, zu der Zeit nicht mehr Bundeskanzler, in seiner Amtszeit einmal mit dem früheren Präsidenten der Vereinigten Staaten, John F. Kennedy, über einen Plan gesprochen oder gar eine Abrede getroffen haben sollte, daß Mittelstrecken-Raketen entwickelt und in Europa stationiert werden müßten, und als der Minister des Auswärtigen gefragt wurde, ob diese Information zutreffe, antwortete dessen Staatssekretär Karl Carstens: „Auch diese Frage zu beantworten, sehe ich nicht als meine Aufgabe an." Der obrigkeitliche Ton war im Deutschen Bundestag leider nicht selten. Ehe ich diese Erfahrung machte, hatte ich den Kinderglauben, daß sich ein Parlament geschlossen ein solches Verhalten nie gefallen lassen werde. Daß es sich nicht gehört, meine ich freilich heute noch.

In der Zeit der Bundesregierungen Adenauer und Erhard wurde die Außenpolitik nur zu oft als eine „geheime Bundessache" behandelt. Vieles wurde den Abgeordneten verschwiegen, auch den Mitgliedern des Bundestagsausschusses für auswärtige Angelegenheiten. Die Geheimnistuerei grenzte nicht selten an Lächerlichkeit, so, wenn man – wie es mir ergangen ist – in Washington im State Department ein deutsches Dokument zu lesen bekam, das man als Mitglied eben jenes Ausschusses in der Bundesrepublik nicht zur Kenntnis erhielt. Daß in einer solchen Atmosphäre ein Beamter des Auswärtigen Amtes eine gewiß ungewöhnlich anmutende politische Information, die er in einem Gespräch erhielt, glaubte nicht nach Bonn weitergeben zu können, weil man sie ihm „dort doch nicht abnehmen würde", obwohl er sie im Beisein deutscher Journalisten von einem amerikanischen Diplomaten erhielt, war zwar unglaublich, aber verständlich. Die Schuld für ein solches Verhalten lag nicht bei dem Beamten. Für die objektive Information einer Regierung war diese hausgemachte Atmosphäre freilich unerträglich und schädlich.

In jenen Jahren nach dem zweiten Weltkrieg war es keine Seltenheit, daß Korrespondenten deutscher oder ausländischer Zeitungen und Nachrichtenagenturen Meldungen über wichtige Vorgänge oder Entwicklungen mitteilten, die auch im Auswärtigen Amt noch unbekannt waren. Ich habe es nur ein einziges Mal erlebt, daß ein hoher Beamter – und der war ein „Außenseiter" in der Laufbahn – nach Verbreitung einer solchen Nachricht bei dpa anrief und um weitere Auskünfte bemüht war.

Der ehemalige Reichsaußenminister in der Weimarer Zeit, Gustav Stresemann, der gern freimütig Stellung nahm, wenn es sich um die Praxis seines Amtes handelte, äußerte einmal gegenüber einem Mitglied der Berliner Redaktion der alten „Frankfurter Zeitung", es sei „eine Originalität des deutschen auswärtigen Dienstes, sich höchst ungern, wenn überhaupt Informationen zu bedienen, die nicht aus amtlichen Quellen geschöpft" werden konnten. Auf diesem Klavier, so sei Stresemanns bildhafte Äußerung gewesen, könnten eben nur Pianisten spielen, die auch ohne Noten genügend Gehör hätten, um Melodie, Tempi und Töne richtig zu erfassen. Er wußte, daß es für einen Journalisten in aller Regel leichter ist, ein Gespräch zu führen, in dem sonst nicht ausgesprochene Ansichten vertreten werden. Nicht selten gehen Verantwortliche diesen Weg über die Presse, um „etwas verlauten zu lassen" und ein Echo zu provozieren.

Sowohl in der Weimarer Zeit, aber besonders nach dem zweiten Weltkrieg haben jedoch auch deutsche Diplomaten im Ausland (dort vor allem) den Nutzen einer Zusammenarbeit mit verantwortungsbewußten Pressekorrespondenten schätzen gelernt, und nicht wenige offizielle Berichte basierten und stehen auch heute immer wieder auf solchen Kontakten. Die politische Literatur enthält eine lange Reihe von Memoiren von Journalisten, die internationale Politik intim berichten. Es war und es ist die Sache einer sorgfältig arbeitenden Presse, sich Glaubwürdigkeit zu sichern und Informationen stets in der Form zur Kenntnis zu geben, die keine Indiskretion darstellt. Es hat lange gedauert, bis im deutschen auswärtigen Dienst dieses Zusammenspiel möglich wurde. Der in einer Diskussion hierzu gehörte Zwischenruf „Das haben wir schon immer so gemacht!" kennzeichnete nur eine peinliche Empfindung.

Vor allem hat sich vieles geändert, seitdem auch „Außenseiter", tüchtige und geeignete Gelehrte, Kaufleute, auch Journalisten in führende Positionen des auswärtigen Dienstes berufen wurden und die *Nachwuchsfrage* ernsthaft zu Reformen geführt hat. Viele der jungen Menschen, die in den Außendienst gekommen sind, haben in Hamburg – zuweilen ein ganzer Kursus der Diplomatenschule in Speyer – in der Deutschen Presseagentur nicht nur Umschau gehalten. Einige sind später wiedergekommen, und manche haben sich längere Zeit über Technik und Arbeitsweise unterrichtet. Aus diesen Begegnungen sind Verbindungen geblieben, und beide Seiten haben gelernt. Ich habe im Bundestag aus solchen Erfahrungen angeregt, die Bedingungen und Grundsätze zu überdenken, die für den Nachwuchs galten, so „daß man vielleicht auch zu anderen Prinzipien als den bisherigen für die Ausbildung des geeigneten Personals kommen müßte". Der amtierende Außenminister antwortete darauf mit viel Verständnis. Aber gerade dieses Ministerium ist wohl aus Tradition und grundsätzlich konservativer Haltung wenig zu nötigen Reformen in Auswahl, Ausbildung und Verwendung bereit.

Am leichtesten scheint eine Lockerung überlebter Voraussetzungen in der auswärtigen Kulturpolitik möglich gewesen zu sein. Am schwierigsten war es offenbar, Zustimmung zu der Ansicht zu finden, daß Beschwerden eines Landes über Äußerungen in der deutschen Presse, die eine Regierung vorbrachte, nur abgewiesen werden können. Denn die Presse in der Bundesrepublik untersteht nicht der Aufsicht der deutschen Regierung; sie ist frei. Statt dessen wurde – ein Beispiel für andere Vorgänge – dem belgischen Botschafter „die sofortige Nachprüfung des Falles" zugesagt, als eine Fernsehsendung die Kongopolitik kritisch behandelt hatte. Immer wieder wurde von „der deutschen Presse" gesprochen, wenn eine Zeitung etwas gemeldet oder auch kommentiert hatte, was nach Meinung der Bundesregierung für ihre Politik „unangenehm" oder was angeblich „falsch" war. In einer Fülle von Fragen, die je nach dem Thema aus allen Fraktionen gestellt wurden, sind solche Vorgänge behandelt worden, kein Zeichen von Respekt vor der Unabhängigkeit der Presse.

Außenpolitische Aussprachen sind im Plenum des Bundestages nicht häufig. Die dabei gehaltenen Reden sind in der Regel wenig geeignet, neue Überlegungen auszulösen, weder hierzulande, noch bei den jeweiligen Partnern. Beiträge deutscher Zeitungen hätten – so eine Feststellung nach Beobachtungen von Beamten im Londoner Foreign Office – „wesentlich größere Bedeutung für die Information über die Außenpolitik der Bundesrepublik Deutschland als Stellungnahmen deutscher Politiker oder Parteiführer". Der Wähler und das innenpolitische Echo werde von deutschen Politikern wichtiger genommen als das angesprochene Ausland.

Diese Äußerung, die ich im Juni 1956 in Bonn aus gewichtigem britischem Munde hörte, wurde am 24. Januar 1961 bei einem Abendessen ziemlich gleichartig wiederholt, das vom Foreign Office für Erich

Ollenhauer gegeben wurde, den ich auf dieser Reise begleitete: Man klagte über einen erkennbaren Mangel an dem Willen deutscher Politiker, „sich mit den Ansichten realistisch zu befassen, die im Ausland für bedeutungsvoll gehalten werden". Das führe zu einigen der in diesem Gespräch erörterten internationalen Schwierigkeiten. Ähnlichen Ansichten bin ich vorher und nachher begegnet, und dabei immer wieder dem Bedauern, daß Unterhaltungen mit deutschen Politikern „von Ungeduld getrieben" und „von einem absoluten Vorrang deutscher Interessen belastet" seien. Es war stets erholsam, wenn auch einmal eine andere Feststellung getroffen wurde, aber das war seltener als der andere Fall.

In Moskau unterhielten wir uns, Berufskollegen des sowjetischen Nachrichtenbüros TASS und ich, bei einem geselligen Beisammensein über die Beharrlichkeit vorgefaßter Bilder von dem jeweils anderen Lande und Volke. Es war im November 1957. Mit großer Vorsicht und Diskretion wollte ein Kollege ein Beispiel nennen und fragte, ob es denn wirklich sehr klug gewesen sei, einen offiziellen Vertreter des neuen Deutschlands nach Moskau zu entsenden, dessen Gesicht von Narben bedeckt sei und der auch „entsprechend knarrig" rede. Er hielt ihn für einen ehemaligen Korpsstudenten alten konservativen Geistes. Als ich ihn aufklärte, daß die Narben Wunden aus dem Kriege seien, war es ihm äußerst peinlich; er erschrak sichtlich, trat einen Schritt zurück, bat um Entschuldigung und fragte, ob er diese Antwort weitergeben dürfe. Sechs Jahre später erfuhr ich in New York, wie anders sich von dieser Stunde an die Sowjets gegenüber dem ausgezeichneten deutschen Diplomaten verhalten, daß sie ihn mit besonderer Höflichkeit behandelt hätten. Das Beispiel möge für andere stehen und zeigen, wie nützlich jegliche Rücksichtnahme und jede Überlegung ist, wenn die Repräsentanten des Landes ausgewählt werden, wie häufig und wie verfehlt Vorurteile oder Schemata des Denkens und der Beurteilung sind.

Auch das Mitglied des Deutschen Bundestages repräsentiert: Das Parlament, seine Wähler, das deutsche Volk. Die an einen *Abgeordneten* zu stellenden Ansprüche dürfen nicht geringer sein als die, welche aus den Tüchtigen des Landes die Besten kennzeichnen. Dennoch wird, wer immer in das Parlament eintritt, dort geformt, auch wenn ihn das Leben in Beruf und öffentlicher Mitarbeit schon in die Schule genommen hatte. Daß „Dreck am Stecken" auch „zur politischen Marschausrüstung gehört", wie aus prominenter Feder zu lesen war, daß eine Lüge vor dem Parlament, eine Haltung eines Ministers außerhalb der Gesetze nicht sogleich den Verlust des Mandates herbeiführten – das waren auch „Lehren", die in der Zeit meiner Zugehörigkeit zum Bundestag erteilt wurden. Die Lauheit, mit der das Parlament auf solche Vorgänge reagierte, war gewiß auch ein Beitrag für das Entstehen und die Ausbreitung einer antiparlamentarischen Opposition. Junge Menschen verstehen den Zwiespalt nicht, der vor ihren Augen offenbar wird.

Ich habe keine Vorbehalte gegen *junge Abgeordnete,* das Gegenteil ist der Fall. Ich halte sie für hilfreich und nützlich, einfach ihrer Unbefangenheit wegen. Aber es ist das Ergebnis von Beobachtung und Erfahrung über viele Jahrzehnte als Berichterstatter im Reichstag und Landtag und als Mitglied in mehreren Parlamenten, in Kreistag und Gemeindevertretung, in Vorständen von Berufsverbänden, in Kuratorien und Gremien jeder Art, vor allem aber im Deutschen Bundestag: Wer ohne Erfahrung und anerkannte Leistung in Beruf und Leben, wer ohne vorangegangene kommunalpolitische Tätigkeit in den Bundestag eintritt, ist in jedem Falle gewollten oder nicht gewollten Einflüssen von Hierarchie und Bürokratie, ihrer Routine und ihren Kunstgriffen und ist auch dem Druck von Partei, Fraktion, Verwaltung und Parlamentsgewohnheit wehrloser ausgesetzt als der, dem die Lehren bereits im überschaubaren Bereich der lokalen Angelegenheiten vermittelt wurden, im Beruf und im täglichen Lebensablauf. Dabei besteht die größte Gefahr für den Neuling darin, daß er die fremden Einflüsse meist nicht bemerkt bevor sie ihre Wirkung getan haben und sie dann natürlich abstreitet: Ihm sei das nicht passiert!

Die Identität und Unabhängigkeit des Abgeordneten wird nicht beeinträchtigt werden, wenn er sich bereits „im Strom der Welt" seinen Charakter gebildet hat. Immer wieder wird die Kraft der Persönlichkeit auf die Probe gestellt, ob sie sich bei Entscheidungen im Parlament von den Forderungen des Berufes oder der persönlichen Position beeinflussen läßt oder ob die Verpflichtung gegenüber dem Ganzen stärker ist. Ich würde diese wirklich häufige Problematik gern weniger theoretisch behandeln, wenn Beispiele nicht verletzend wirken müßten. Hier geht es um menschliches, allzu menschliches Verhalten, das aber in der praktischen parlamentarischen Tätigkeit und stets bei öffentlicher Mitwirkung eine sehr viel größere Rolle spielt, als zugegeben zu werden pflegt.

Wer zur *Legislative* gehört, der kann nach meiner Überzeugung nicht zugleich in der *Exekutive* tätig sein. Ich weiß, daß es Argumente gibt, die dieses Prinzip ablehnen, aber ich glaube auch zu wissen, daß diese Argumente weit überwiegend aus Gründen der Zweckmäßigkeit vorgebracht werden, nicht aber aus grundsätzlichen und verfassungslogischen Gründen. Ich habe auch diese Meinung vor 1933 mündlich und schriftlich vertreten und konnte sie nach allen Erfahrungen nicht ändern. In manchen anderen Ländern, erfolgreichen Demokratien, ist sie Grundsatz und auch Wirklichkeit. Ich halte es für einen Bruch der verfassungsgemäßen Ordnung, wenn ein Bundesbeamter dem Bundestag, ein Landesbeamter dem Landtag angehört, er, jeweils ein Mitglied oder Funktionär der Exekutive, damit also zugleich auch der Legislative – also ein Kontrolleur seiner selbst! Auch ein Minister kann nach diesem Grundsatz nicht zugleich Abgeordneter sein und sollte sein Mandat für die Dauer seiner Zugehörigkeit zur Exekutive (Minister in der Regierung) an den nächsten Listennachfolger abgeben müssen und es zurücknehmen dürfen, wenn er wieder als Parlamentarier tätig wird. Bliebe es bei der in der Bundesrepublik üblichen (aber vielfach kritisierten) Handhabung, müßte nach meiner Meinung das Parlament wesentlich mehr und größere Rechte bekommen, um seine Kontrollaufgabe voll erfüllen zu können. Abgeordnete zweierlei Rechts sind auf die Dauer untragbar. Nun hat der Staatsgerichtshof in Hessen eine Entscheidung getroffen, daß nach der hessischen Landesverfassung ein „ruhendes Mandat" unzulässig sei. Was für ein Land gilt, hat in einem anderen, das eine andere Verfassung hat, keine Gültigkeit. Hamburg, Bremen und Rheinland-Pfalz z. B. würden von einem solchen Spruch nicht berührt werden. In jedem Falle aber müßte eben, wenn eine solche Entscheidung rechtens wäre, die Verfassung geändert werden oder der in eine Regierung eintretende Abgeordnete hätte sein Mandat im Parlament niederzulegen. Eine klare Trennung zwischen der Legislative und Exekutive ist in einer Demokratie unverzichtbar, und alle noch so gewichtig erscheinenden „praktischen" Überlegungen hätten diesem Prinzip bedingungslos zu weichen. Der Bürger ist die Quelle der Staatsgewalt. Er muß deutlich erkennen können, wer regiert und wer kontrolliert und niemals sollte jemand sein eigener Kontrolleur sein können.

Zu diesem Thema ist hinzuzufügen, daß bei einer solchen Regelung Beamte nicht etwa von der Möglichkeit ausgeschlossen werden dürfen, Parlamentarier zu werden. Sie müßten nur für die Dauer ihres Mandats auf alle Rechte und Pflichten ihres Berufes (eingeschlossen auch Beförderung und Besoldung) verzichten, jedoch das Recht des Wiedereintritts in ihre frühere Amtsposition behalten, sobald sie aus dem Parlament ausscheiden – nicht nur, wie leider geschehen, für einen Tag, um an diesem im Amtsberuf aufzusteigen und am nächsten wieder Abgeordneter zu sein. Während der Abgeordnetenzeit verlorene Berufsjahre werden durch die in der parlamentarischen Tätigkeit erweiterten und vertieften Kenntnisse und die so wahrscheinlich größere Leistung zu einem begründeten schnelleren Aufstieg des Beamten führen können, wenn er wieder Beamter geworden ist.

Was gegenüber Beamten und Angestellten verhältnismäßig leicht zu regeln sein dürfte, ist gegenüber Selbständigen wohl schwieriger in rechtliche Ordnung zu bringen, sollte aber auch jenen Unabhängigkeit und Freiheit der Entscheidung ohne Rücksicht auf Interessen sichern, den Managern und den beauftragten oder leitenden Mitarbeitern in Konzernen und Organisationen jeder Art, wo sie, sind sie zugleich Abgeordnete, in einflußreichen und machtbeherrschenden Positionen ihre legislativen Chancen exekutiv verwirklichen könnten. Gerade dort ist die Trennung zwischen öffentlichem Mandat und persönlicher Position um der Unabhängigkeit willen nicht weniger dringend und genau so unentbehrlich. Es scheint mir unvertretbar, daß ein Abgeordneter durch irgendeine außerparlamentarische Bindung oder auch nur durch eine

„gebotene Rücksichtnahme" bei einer Abstimmung im Parlament auch nur in Konflikt gerät, von schlimmeren Gefahren abgesehen.

Der Abgeordnete, der im Bundestag seine Pflicht erfüllen will, ist mit seiner Arbeitskraft und seiner Arbeitszeit voll in Anspruch genommen. Ein Vergleich zu den Verpflichtungen der ehemaligen Reichstagsabgeordneten ist nur bedingt möglich. Die vielfachen zwischenstaatlichen Beziehungen, die weltweite Verflechtung in Wirtschaft, Kultur und Wissenschaft, das wesentlich größere Ausmaß der Informationen aus aller Welt und aus dem Bereich des eigenen Landes haben zu einem Arbeitsumfang geführt, der Nebentätigkeiten nicht zuläßt, Sie sollten auch nicht erlaubt sein. Die Entschädigung der Abgeordneten hat dieser Entwicklung Rechnung getragen. Sie erfüllt heute – die Altersversorgung eingeschlossen – alle Bedingungen einer angemessenen Lebensführung. Mit größter Sorgfalt sollte aber darauf geachtet werden, daß der Abgeordnete eines Parlamentes nicht wie der Beamte im öffentlichen Dienst steht. Es muß auch der Anschein vermieden werden, daß die Position des Abgeordneten mit der des Beamten vergleichbar sei, daß sie der des Beamten oder des Angestellten im öffentlichen Dienst auch nur ähnele. Wenn die Mitglieder eines Parlamentes im demokratischen Staat nicht völlig unabhängig und absolut weisungsfrei sind und bleiben, wenn die finanziellen Regelungen, die für sie zu treffen sind und die ihre Unabhängigkeit sichern müssen, nicht eindeutig jede Bezugnahme auf Beamtenregelungen vermeiden, gibt es kein freies Parlament mehr, wäre die Demokratie alsbald eine Mystifikation. Der Träger eines Mandats in einer parlamentarischen Vertretung muß von jeder wie immer gearteten direkten oder indirekten Bindung frei sein. Er ist nur und in jedem Falle dem Ganzen verpflichtet, dieser Bundesrepublik Deutschland und diesem Volke.

Er muß diese Pflicht in voller Unabhängigkeit erfüllen, auch frei von Forderungen, die seine Partei oder Fraktion ihm stellen. Das Stichwort *„Fraktions-Disziplin"*, das in einem solchen Zusammenhang sogleich laut zu werden pflegt, ist nach den Erfahrungen und Beobachtungen, die ich habe machen können, bei weitem nicht in dem Maße berechtigt, in dem es verwendet wird. Ich war während der gesamten Zeit meiner Zugehörigkeit zum Bundestag und vorher zum Landtag Mitglied des jeweiligen Fraktionsvorstandes und hatte ausreichend Gelegenheit, Bestrebungen mit diesem Ziel zu erkennen. Eine politische Partei muß ihre Möglichkeiten im Parlament voll zu nutzen versuchen. Der Ruf nach Disziplin ist deshalb verständlich. Aber in den Fraktionen, denen ich angehört habe, war er nur höchst selten zu hören, und er wurde kaum je „militärisch stramm", wie oft behauptet wird, befolgt. Ich selbst habe mit wenigen oder auch mehr politischen Freunden wiederholt und bei wichtigen Entscheidungen – etwa bei der Notstands-Gesetzgebung – anders als die Fraktionsmehrheit gestimmt, und unter den „Widerborstigen" waren führende, in hohen Parteifunktionen oder Staatsämtern tätige Freunde. Ob es in anderen Fraktionen anders war oder ist, weiß ich nicht.

Ich habe nie eine aus diesem Verhalten resultierende bleibende Spannung empfunden. Es ist ein Zeichen gesunden parlamentarischen Lebens, wenn so frei gehandelt und damit auch bezeugt wird, daß selbständiges Denken und Handeln nicht der Schablone und nicht der Routine geopfert werden müssen, daß nicht auf sachliche Erwägung und nicht auf Charakter verzichtet wird. Viel öfter verderben labile Charaktere die Politik als dies umgekehrt der Fall ist, wie das Sprichwort es behauptet.

Die eigentliche Aufgabe des Abgeordneten ist und bleibt, in der politischen Arbeit für seine eigene, gefestigte Meinung eine Mehrheit zu gewinnen. Findet er sie nicht, muß er sich darüber klar werden, welchen anderen Weg als den erwünschten er mitgehen kann. Die persönliche Entscheidung ist unverzichtbar, wenn der Abgeordnete nicht zum Werkzeug werden will. Erst eine sachlich gesicherte Position aber gibt ihm die Freiheit zur eigenen Verantwortung, die er gegenüber dem Ganzen, gegenüber dem Wähler und gegenüber seiner politischen Partei trägt.

Es ist nicht ein Fehler des Systems, wenn der Mensch, auf den es ankommt, nicht so ist, wie die Wähler ihn nötig haben und sich ihn im besten Falle wünschen: unabhängig, sachkundig und nicht zuletzt mutig. Die Parteien haben die entscheidend wichtige Aufgabe, die *Auswahl der Kandidaten* für ein Mandat nach den Kriterien vorzunehmen, die eine erfolgreiche Mitarbeit ermöglichen. Das in jüngerer Zeit häufig gewordene, stark beachtete Auftreten von *Bürger-Initiativen* – man mag sie im Einzelfall beurteilen wie man will – ist von grundsätzlicher Bedeutung. Diese Tatsache kann und sollte einen Anstoß für eine sorgfältigere Auswahl der Mandatsträger geben. Die Bürger-Initiativen sind im Grunde Ausdruck der Kritik an der Arbeit der Parlamentarier. Ihr unmittelbarer Kontakt zu einer von ihnen verfolgten Sache und zum Bürger weist unübersehbar darauf hin, daß zwischen Regierern und Regierten ein eindeutig klares und beziehungsreiches Verhältnis oft erst noch herzustellen ist und keinesfalls immer besteht. Wahlen genügen nicht und Wahlversammlungen der Art, die modern geworden ist, noch weniger. Das unentbehrliche politische Gespräch kann nicht durch Propaganda, nicht durch Werbeschriften, noch weniger durch Kommuniques oder offizielle Verlautbarungen anderer Art ersetzt werden.

Die technischen Voraussetzungen für die Arbeit der Mitglieder des Bundestages sind in den letzten Jahren beträchtlich verbessert worden. Die Möglichkeiten sind denen, die etwa im Kongreß der Vereinigten Staaten vorhanden sind, noch keinesfalls gleich. Am wichtigsten scheint aber noch immer zu sein, die *Information* der Abgeordneten durch die Regierung zu verbessern. Der Abgeordnete sollte in der Kenntnis der in Vorbereitung befindlichen Gesetze nicht hinter den Referenten der Ministerien zurückstehen müssen. Tüchtige Rechercheure unter den Journalisten sind bisher oft eine bessere Informationsquelle für die Mitglieder des Bundestages als die Regierung. Es besteht noch immer in Bonn der Eindruck, daß der Entwurf eines Gesetzes nur noch vor den

Abgeordneten wirklich „abgesichert" werden kann oder gar soll. Der Regierung muß eine vollständige Auskunftspflicht gegenüber dem Abgeordneten auferlegt sein. Ich halte auch eine laufende, intime Information der Opposition für eine unentbehrliche Voraussetzung des Funktionierens der parlamentarischen Demokratie. Eine konstruktive Opposition, die allein sinnvoll ist, wird nur möglich auf der Grundlage des gegenseitigen Vertrauens und Wissens. Gelegentliche und oberflächliche Informationen schaden in jedem Falle mehr als sie nutzen und führen zu unkontrollierbaren Entwicklungen.

Eine nahezu unbegrenzte *Lobby* hat nach meinen Beobachtungen als Journalist und als Abgeordneter dazu geführt, daß selbst die Interessenten-Vertreter oft besser unterrichtet sind als die Abgeordneten, daß sie über Beziehungen in den Ministerien verfügen, die sich den Mitgliedern des Parlamentes verschließen. Das sind für alle Beteiligten unwürdige Zustände.

Als ich nach meinem Ausscheiden aus dem Bundestag (1969) Gelegenheit hatte, mit jungen und älteren politischen Freunden und Neulingen im Bundestag, die anderen Parteien angehörten, über ihre Erfahrungen und Eindrücke zu sprechen, hat es mich nicht überrascht, daß ziemlich einhellig Klage über eine allzu starke Rücksichtnahme des Parlamentes, der Fraktionen, der „eingearbeiteten Kollegen" (oder: „der alten Füchse") auf die Ministerialbürokratie und ihre Argumentation geführt wurde. Ich fand eigene Erfahrungen und Eindrücke bestätigt. Ich habe erlebt, daß Abgeordnete aus verschiedenen Fraktionen in einer Sache, die sie vor der beginnenden Ausschuß-Sitzung gemeinsam vorbereitet hatten, während der Sitzung durch die anwesenden Beamten der Ministerien mit gekonnter Fertigkeit unterlaufen wurden und daß eine Mehrheit sich nicht dagegen wehrte. Die Sachkunde der Beamten steht in einem solchen Falle politischen Absichten gegenüber und hat ihnen Hilfe zu geben. Das Parlament verfolgt politische Ziele, es will und soll erreichen, daß gegebene gesetzliche Hindernisse überwunden werden, um eine beabsichtigte Besserung durchzusetzen. Es ist wichtig und unverzichtbar, Gegenargumente zu kennen, aber es ist unerträglich, administrativen Widersprüchen dann nachzugeben, wenn sie mit der ausgewogenen politischen Absicht kollidieren. Nicht die Bürokratie, sondern ein Parlament hat die Gesetze zu verantworten. Das gilt für alle Behörden, auch für die Nachrichtendienste, mögen sie noch so geheim sein wollen. Eine Demokratie, die sich nicht durch den ungeteilten Gebrauch ihrer Zuständigkeiten durchzusetzen vermag, wird von innen her ihre Kraft und ihr Ansehen verlieren.

Im vierten Bundestag (1961/65) wurde von einem Untersuchungsausschuß als Ergebnis einer sorgfältigen Arbeit (Telefonaffäre) festgestellt, daß es unbedingt erforderlich sei, alle Nachrichtendienste durch das Parlament kontrollieren zu lassen („... und zwar wirksam", wie Gustav Heinemann hinzufügte). Der damals noch amtierende Bundesinnenminister Höcherl gab seine grundsätzliche Zustimmung. Dann aber wurde diese einstimmig getroffene Entscheidung „so gut wie überhaupt nicht wirksam" (Heinemann). Im 1965 gewählten fünften Bundestag tauchten angeblich „neue Details" auf, wurden Bedenken erhoben, keine sensationellen, nur eben „aus der Praxis" oder „vorsichtshalber" oder wie die mehr angedeuteten als ausgesprochenen Begründungen hießen. Unsicherheit breitete sich unter den Abgeordneten aus, Unentschlossenheit und Bereitschaft zu Korrekturen zeigten sich. Ich erinnere mich einer bitteren, scharfen Kritik, die Gustav Heinemann damals über diese Entwicklung aussprach, die, wie er meinte, „eben so verläuft wie alles, was nicht von ernsthaftem Willen getragen ist".

Ende 1976 zeigten sich böse Folgen in Übergriffen des Bundesamtes für Verfassungsschutz und selbst des Bundesinnenministeriums. Sie lösten im Frühjahr 1977 einen Skandal aus, an dem die demokratische Wirklichkeit noch lange zu laborieren haben wird. In der Tat: „Der Bundestag hat oft mehr administrative Züge in seiner Arbeit als daß er eine feste legislative Haltung einnimmt, die von ihm erwartet werden muß", so ein Neuling im Parlament, der es schnell begriffen hat.

Auf jeden Fall wäre es nach den Erfahrungen, die meine Generation seit dem Zusammenbruch des Obrigkeitsstaates hat machen müssen, dringend erforderlich, daß die Demokratie in ihren repräsentativen Organen sich das Ansehen bewahrt, das allein im Volke zu Vertrauen und zu der Gewißheit und Sicherheit führt, es sei in dieser, „der besten aller schlechten Regierungsformen", gut aufgehoben.

In staatsbürgerlichen Vorträgen oder staatspolitischen Untersuchungen wird in jüngerer Zeit häufiger der *Status* eines Mitgliedes des Bundestages oder Landtages behandelt. Die Öffentlichkeit befaßt sich – von dem Thema Diäten abgesehen – höchst selten mit dieser Frage, obwohl es doch die Volksvertreter sind, um die es hierbei geht, die Vertreter der Wählerschaft. Das Bewußtsein für die Beziehung zueinander und für das gemeinsame Prestige ist wenig ausgeprägt. Im Grundgesetz steht der stolze Satz, daß alle Staatsgewalt vom Volke ausgehe. Welchen Platz aber räumt dieses Volk seinen Gewählten unter denen ein, die den Staat in Legislative, Exekutive und Gerichtsbarkeit führen, die ihn im öffentlichen Leben sichtbar machen?

Der protokollarische Status ist gewiß nicht die letzte Aussage über die Bedeutung des Abgeordneten, er ist aber nicht unwichtig und kann die Arbeit des Volkvertreters erheblich beeinflussen. Wie immer sich der einzelne Abgeordnete zu dieser Frage verhalten mag, sie ist nicht seinetwegen wichtig, sondern um des Ansehens des Parlamentes, der Demokratie und ihrer Einrichtungen willen. Vom Bundespräsidenten über Parlamentspräsident, Kanzler und Minister, Behördenvorstände in Bund und Ländern, über Landräte und Bürgermeister, Generale und Vorsitzende großer und kleiner Organisationen gibt es ein heimliches Ringen um den Platz in einer Rangordnung, die in aller Stille immer noch gilt, ob erwünscht oder nicht.

Der Abgeordnete als gewählter Volksvertreter sollte seinen Platz weit vorn (nicht oben) haben. Am 27. Februar 1969 äußerte sich der damalige Bundesminister des Innern und heutige Präsident des Bundesverfassungsgerichtes, Ernst Benda, zu diesem Thema. Er verwies indessen nur darauf, daß auch er meine, es sei im Interesse der Demokratie, „daß den Abgeordneten . . . die ihnen gebührende Achtung als Abgeordneter der Legislative des Bundes zuteil wird". Ein entsprechender Erlaß sei „in Aussicht genommen". Der Minister fügte hinzu:

> „Eine offizielle und verbindliche Rangordnung im Sinne ähnlicher Regelungen früherer Zeiten besteht jedoch – abgesehen von den auf internationalen Gepflogenheiten beruhenden Regeln des diplomatischen Protokolls – für die Bundesrepublik nicht. Die Bundesregierung betrachtet es auch nicht als ihre Aufgabe, den protokollarischen Status des Mitgliedes des Bundestages zu bestimmen."

Der Appell war deutlich. Als weitere Fragen von Abgeordneten an den Minister folgten, beendete der amtierende Vizepräsident des Bundestages, der Sozialdemokrat Erwin Schoettle, die Diskussion, die peinlich zu werden drohte:

> „Ich habe zwar nicht das Recht zu einer Frage an den Herrn Minister; ich frage aber die Herren Kollegen, ob es nicht auch ihre Aufgabe wäre, sich durch ein gewisses Selbstbewußtsein, das sie an den Tag legen, gegenüber protokollarischen Verstößen durchzusetzen."

Die immer wieder auftauchende, zuweilen leidenschaftlich, zuweilen auch demokratie-feindlich gestellte Frage nach dem idealen Parlament und dem idealen Parlamentarier ist die Frage nach dem unabhängigen, gebildeten Volksvertreter – und Bildung und Wissen sind nicht identisch. Das Niveau des Parlamentes wird durch seine Mitglieder verbürgt, die es durch ihr Verhalten und ihre Leistung darstellen und glaubwürdig machen, die nicht Funktionäre sein dürfen, sondern souveräne Streiter für eine Sache, die sie vertreten, weil sie überzeugt sind, daß sie dem Wohle des Ganzen dient.

Enttäuschte Hoffnung

(1961/1969)   Nur die allgemeinen Rechtsverhältnisse der Presse können im Deutschen Bundestag behandelt werden; er kann nur in einem Rahmengesetz Vorschriften erlassen; die Länder sind für die Pressegesetzgebung zuständig. Um dieses Rahmengesetz geht es nun aber, seitdem die Bundesrepublik Deutschland besteht. Es hätte, wäre es erlassen worden, den gewiß nicht einfachen Versuch unternehmen müssen, gleiches Recht in allen Bundesländern zu begründen. Daß die seit langem geltenden Landes-Pressegesetze in den meisten wesentlichen Punkten erfreulich weitgehend übereinstimmen, ist kein Verdienst der Bundespolitik.
Die von den Regierungen der Unionsparteien unternommenen Versuche, ein Rahmengesetz zu schaffen, sind wegen ihrer konservativen Tendenz ausnahmslos am Widerstand der in allen Fraktionen des Bun-

destages und in allen Parteien wachsam gebliebenen liberalen Kräfte gescheitert. Die Presse widerstand einmütig. Der Ausbau und die Sicherung der redaktionellen Unabhängigkeit gegenüber Staat, Parteien, gesellschafts- und politischen oder kommerziellen Einflüssen, von woher sie auch immer kommen mögen, ist und bleibt der Kern jeder gesetzlichen Regelung, wenn die Demokratie lebendig erhalten bleiben soll.

Die Fraktion der SPD legte dem Deutschen Bundestag schließlich einen eigenen Entwurf für ein „Rahmengesetz zur Vereinheitlichung des Presserechtes" vor. In der Sitzung am 5. Februar 1964 hatte ich ihn zu begründen. Fast neunzig Jahre waren vergangen, seit das theoretisch noch immer gültige „Reichsgesetz für die Presse" geschaffen worden war. Das Grundgesetz von 1949 hatte eine veränderte, den Grundrechten der Bürger entsprechende Position der Presse in Staat und Gesellschaft bestätigt. Mir lag vor allem daran, daß dies gesehen wurde:

> „Heute sind wir an einem Punkte, wo wir sagen können und müssen und dürfen, daß das Grundgesetz in seinen Grundrechten die Richtung für eine neue Pressepolitik angibt. Wie immer Juristen die Position der Grundrechte formulieren werden und wie sie die Gewichte zu verteilen bereit sind, es ist doch so, daß das Fundament und die Bedeutung des Rechts in unserem Lande aus diesen Grundrechten besteht. Alle Menschenrechte – eines wollen wir ja heute in ein praktisches Verhältnis zu unserer Wirklichkeit bringen, nämlich das Recht der Informationsfreiheit und der freien Meinungsäußerung –, alle diese Menschenrechte, auch das zuletzt genannte, kommen nicht aus dem Wohlwollen des Staates, sondern wir leiten sie ab aus den Gesetzen Gottes, und unsere Aufgabe ist es, eine redliche und eine gediegene Ordnung des Gebrauches der Freiheit zu finden, die unser Zusammenleben fördert und das Zusammenleben aller Völker ermöglicht. Hier geht es also nicht um Sonderrechte, nicht um die Sonderrechte eines Gewerbes, nicht um das Sonderrecht einer Berufsgruppe oder um irgendein Sonderrecht einer Einrichtung im Staate, sondern hier geht es darum, das Recht der Bürger einer Demokratie zu sichern, sich frei zu informieren und freie Meinung jederzeit zu äußern. In Artikel 5 des Grundgesetzes ist das festgehalten."

In der allgemeinen Aussprache über Pressefragen war auch in diesem Falle geäußert worden, es werde in Deutschland zuviel Kritik, zuviel verantwortungslose Kritik geübt. Darauf ging ich ein:

> „Ich glaube, in Deutschland ist viel größer die Gefahr, daß nicht reichlich, aber auch nicht sachlich genug Kritik geübt wird und daß es an persönlichem Mut und auch an der charaktervollen Beharrlichkeit fehlt, Kritik zu üben. Unsere Gefahr ist immer noch die Bereitschaft zum Verzicht auf den öffentlichen Disput und eine gewisse Furcht, sich durch Kritik zu vereinsamen.
> Die Demokratie und die Information und freie Meinungsäußerung sind nicht Grundsatz und Methode, sondern Einheit im Wesen. Das politische Gespräch, das wir durch das Vorhandensein der freien Presse ermöglichen und fördern wollen, ist der Beginn der demokratischen Wirklichkeit. Ich glaube, daß eine unabhängige Information, frei gegeben und frei genommen, und daß eine frei bearbeitete und erarbeitete Presse, verantwortungs-

bewußt geführt, die Komponenten sind, aus denen wir ein vernünftiges politisches und verantwortungsbewußtes Gespräch in Deutschland führen können."

Das amtliche Protokoll des Bundestages verzeichnete hier „Beifall auf allen Seiten des Hauses". Auch das Echo der Presse und des Presserates auf den Entwurf der SPD war positiv; es schien also eine Chance zu geben, den Entwurf noch in der laufenden Legislaturperiode verabschieden zu können, obwohl nur noch wenig mehr als ein Jahr zur Verfügung stand, ihn in den Ausschüssen zu beraten. Die Hoffnung trog! Auch dieser Entwurf wurde nicht Gesetz; er verfiel mit Ablauf der Arbeitszeit des vierten Bundestages (1965).

Noch im Juni hatte Fritz Erler in einer der letzten Sitzungen dieses Bundestages in temperamentvoller Rede die Tatsache aufgegriffen, daß die Pressefrage noch immer keine Antwort gefunden habe. Der Bundesminister des Innern, Hermann Höcherl, versuchte, die Bundesregierungen der Unionsparteien, die seit 1949 die Richtlinien der offiziellen Politik in der jungen Bundesrepublik zu bestimmen hatten, mit einer Darstellung der bisherigen Arbeiten zur Sicherung der Pressefreiheit zu verteidigen. Er wies dazu auf eine Kommission hin, die einen Entwurf vorgelegt habe, „der sich an ausländische Vorbilder anlehnt und in der ersten Fassung liberaler war als z. B. der der klassischen Demokratie, der Schweiz". Aber auch der habe nur zu weiteren Verhandlungen mit dem Deutschen Presserat Anlaß gegeben, der Einwendungen gemacht habe: „Wir haben alle diese Einwendungen berücksichtigt", behauptete der Minister. In einer Zwischenfrage habe ich damals auf die Tatsachen hingewiesen:

> „Herr Minister, sind Sie bereit, dem Hause zu bestätigen, daß der Deutsche Presserat zunächst sechs Entwürfe von Ihnen, die Sie nach und nach abfassen ließen, abgelehnt hat, weil er nicht zustimmen konnte, und daß er zu dem siebenten Entwurf, der angeblich als Kabinettsbeschluß vorliegen soll, diesem Hause aber nicht bekannt ist, ebenfalls nein gesagt hat?"

Der Minister antwortete: „Wir machen die Gesetze und nicht der Presserat", sagte es und schloß damit. Den Satz konnte niemand bestreiten. Nur entsprach er nicht dem, was sein sollte, denn es gab kein Gesetz, es gab nicht einmal einen Entwurf, der bis zu einer Fassung herangereift war, die dem Bundestag hätte vorgelegt und von diesem beraten werden können und müssen. An Mahnungen an die Bundesregierungen hat es nicht gefehlt, auch nicht an die, die nach dem Ende der Ära Adenauer–Erhard die gleiche Aufgabe zu erfüllen gehabt hätten.

Am 16. Februar 1967, die Große Koalition aus CDU und SPD trug die Bundesregierung, erklärte der Staatssekretär im Bundesministerium des Innern, Karl Gumbel, im Bundestag, „die Bundesregierung ist der Meinung, daß im Bundesgebiet, was die wesentlichen Vorschriften des Presserechtes angeht, einheitliches Presserecht herrschen sollte". Dies war die Meinung seines Ministers Paul Lücke (CDU). Aber es „herrschte" eben nicht, weil nämlich, so Gumbel weiter

„die Bundesregierung glaubt, daß sich bei Anwendung der Landespressegesetze erweisen wird, welche Abweichungen so nachteilig sind, daß sie eines Ausgleiches durch ein Presserechts-Rahmengesetz des Bundes bedürfen".

Diese nach sieben vergeblichen Versuchen der Bundesregierungen, alle von Ministern der gleichen Unionspartei unternommen, nahezu unglaubliche Begründung wurde in der Presse und in der informierten Öffentlichkeit wie eine Verhöhnung aufgenommen.

Im fünften Bundestag, der seine Arbeit im Oktober 1965 aufnahm, wurde die Presse häufiger Gegenstand ausführlicher Diskussionen, aber ein Rahmengesetz kam auch in den folgenden vier Jahren nicht zustande.

Die wirtschaftliche Lage der Presse verschlechterte sich und führte zu einer immer lebhafter werdenden *Konzentration* und das hieß praktisch zu einer Verminderung der Zahl der unabhängigen Redaktionen, die selbständige Zeitungen erarbeiteten. Alle Parteien mußten ein Interesse daran haben, daß die Vielfalt der Presse erhalten bleibe. Das aber war nur zu erreichen, „wenn sie die wirtschaftliche Kraft besitzt, um ihre Arbeit leisten zu können". Ich sagte dies in einer Stellungnahme im Bundestag (am 15. März 1967) mit dem Hinzufügen: „Wenn die Zeitung eine staatspolitische Aufgabe zu erfüllen hat, eine Aufgabe, die sie aus ihrem Wesen nimmt, kann sie nicht mit Subventionen gespeist werden."

Über die Bedeutung der freien Presse gab es kaum unterschiedliche Meinungen zwischen den Parteien. Sobald aber die Frage der Struktur der Presse angeschnitten oder auch nur angedeutet wurde, ergaben sich quer durch die Fraktionen erhebliche Meinungsverschiedenheiten.

Damals arbeitete eine von der Bundesregierung gebildete Kommission daran, die *Wettbewerbsverhältnisse* zwischen Presse, Funk und Film festzustellen. Der Bericht dieser Kommission, die ihre Arbeit im Dezember 1964 aufgenommen hatte, wurde im September 1967 auf vierhundert Seiten erstattet. Ich erlaubte mir im Bundestag (im Oktober 1967) die Meinung: „Nun könnten wir doch eigentlich mit der praktischen Arbeit beginnen, und mancher langen Rede kurzer Sinn sollte sein: Was ist zu tun, um der Presse zu helfen?" und habe abermals gedrängt, man möge es nicht bei augenblicklich nötigen Maßnahmen belassen, sondern daran denken, daß „in der Konstruktion einer stabilen Wirtschaftlichkeit der Zeitungsverlage ... etwas erdacht und organisiert werden" muß.

Fast zwei Jahre später waren die Arbeiten noch nicht erkennbar weiter, die zu einer dauerhaften Sicherung der Wirtschaftlichkeit unabhängiger Zeitungsverlage führen sollten. Vor meinem Ausscheiden aus dem Bundestag habe ich in meiner letzten Rede am 2. Juli 1969 deshalb „so wenig Staat wie möglich und soviel Selbsthilfe wie möglich" gefordert. Alle Mühe um eine dauerhafte Sicherung des Fundamentes einer unabhängigen Presse, das krisenfest das Wirken freier Information und Meinungsäußerung ermöglichen muß, war vergeblich gewesen.

Aber auch bis zu dieser Stunde im Winter 1977 gibt es in der Bundesrepublik Deutschland, die seit mehr als einem Vierteljahrhundert besteht, weder ein Gesetz, das die Rechtsverhältnisse für die Arbeit der
Presse im Bundesgebiet einheitlich ordnet, noch ein Konzept für die
Wahrung der Vielfalt der Informationsquellen, die der Staatsbürger
braucht, noch eine Garantie der unabhängigen journalistischen Arbeit,
die sich allein an der Pflicht zur Sorgfalt, zur Redlichkeit und Wahrheit orientiert. In der bisher letzten programmatischen Regierungs-
erklärung, die der 1976 gewählte Bundeskanzler Helmut Schmidt am
16. Dezember des Wahljahres im Bundestag abgab, wurde auch eine
Abgrenzung der Kompetenzen, die zwischen Verlegern und Journalisten um der inneren Pressearbeit willen zur Sicherung der Entschei-
dungsfreiheit der Journalisten nötig ist, behandelt: Der Bundeskanzler
forderte Verleger und Journalisten zu einer freien Verständigung auf.
Sollte sie aber bis zur Halbzeit der Legislaturperiode nicht erfolgt sein,
werde, so der Bundeskanzler, die Regierung ein Gesetz zur Ordnung
einer unabhängigen Informationstätigkeit vorlegen. Sie steht im Wort!

Ruhestand

(1977)   Unmöglich! Ich finde keinen Anfang für diesen letzten Abschnitt meines Lebens. Einer der ersten Briefe, die ich nach meinem
Ausscheiden aus dem Bundestag im Herbst 1969 aus Bonn bekam, war
nicht an mich gerichtet; er sollte mir aber zugeschickt werden. Der Empfänger hatte handschriftlich darauf vermerkt: „An S., der hat jetzt Zeit,
der kann das ausarbeiten. Frist stellen!"
Dabei ist es bisher geblieben, so und in anderer Weise: Der hat ja jetzt
Zeit, der könnte doch ...
Also sitze ich weiter am Schreibtisch, suche Unterlagen aus dem Rest
meiner noch nicht an Institute, Bibliotheken oder an das Bundesarchiv
abgegebenen Sammlungen wichtiger Vorgänge aus der Weimarer Zeit,
aus den Nazijahren und aus den letzten drei Jahrzehnten, forsche im
hilfreichen „Archiv der Gegenwart", ohne das eine kontinuierliche
Rückverfolgung aktueller Vorgänge in aller Welt nur schwer möglich
ist, versuche in Nachschlagewerken eigene Feststellungen bestätigt zu
finden und unbekannte Tatsachen zu erfahren, schreibe Briefe mit
Fragen, um verworrene Darstellungen zu klären, um fragwürdige
Berichte zu recherchieren und um die vielen Fragen zu beantworten,
die mir in wachsender Zahl gestellt werden.
Was unterscheidet diesen „Ruhestand" eigentlich von den vergangenen
Jahren der Arbeit im Beruf und in der politischen Tätigkeit?
Es müssen auch Artikel geschrieben werden – aber, da ist doch ein
Unterschied! Sie müssen nicht, aber sie werden geschrieben. Es geht
nicht anders. Der Tag, jeder Tag, ruft den Journalisten, das Geschehen
zu beobachten, Kenntnis zu nehmen, teilzuhaben und die Meinung zu

äußern, die sich aus den Erfahrungen und Erlebnissen so vieler Jahrzehnte heute wie je bildet. Man kann nicht Journalist für ein paar Jahre sein, man kann es auch nicht über feststehende Arbeitsstunden des Tages sein und über andere Stunden nicht – Journalist ist man immer und zu jeder Stunde.

Von August Dresbach, der noch kurz vor dem Verbot der alten „Frankfurter Zeitung" in die Redaktion eintrat (der er dann zuerst einmal eine Rüge wegen undemokratischen Verhaltens erteilte – es war 1941) wird berichtet, er habe einmal ein Exempel statuiert, das die journalistische Verpflichtung überzeugend kennzeichnete. Wie immer es gewesen sein mag, Dresbach hat es einmal im Bundestag in einer „interfraktionellen Runde" so erzählt:

Er habe eines „nicht sehr frühen Morgens" seinen Verleger in Köln, wo er in der Redaktion der „Kölnischen Zeitung" tätig war, vor seinem Redaktionszimmer getroffen, als er gerade, „reichlich spät", so räumte er ein, eintraf. Der habe nur auf die Uhr gesehen, „etwas beziehungsvoll", meinte Dresbach, und höflich einen guten Morgen gewünscht. Ihm sei das als eine gute Gelegenheit erschienen, „ein für alle Male Klarheit zu schaffen", berichtete er.

„Hören Sie mal, Herr Prinzipal", habe er gesagt, „ich habe Ihnen meinen Kopf vermietet, nicht meinen Arsch".

So hätten sie sich denn „verständigt", meinte dieser prächtige Kollege, der der CDU-Fraktion angehörte. Die Politik hat uns nicht getrennt.

Für den, der Journalist ist und nicht nur den Beruf „ausübt", ist das Schreiben der Atem des Lebens. Jetzt, wo es doch ruhiger geworden ist, weil ich nicht mehr „müssen muß", kann ich außer Artikeln zur Politik des Tages, zum Gedenken an wichtige Ereignisse der Vergangenheit oder an bedeutende Persönlichkeiten zuweilen auch ein Memorandum zu einem Vorhaben erarbeiten, das seit längerer Zeit nicht weiterkommt und das Freunde betreiben möchten. Ich kann auch eine Argumentation zu einem neuen Plan beitragen, der ausreifen soll. Die vielen Jahre praktischer Tätigkeit in den Berufsorganisationen der Beamten und Lehrer, später der Gewerkschaften und in der Erfüllung politischer Aufgaben, nicht zuletzt aber auch die in der Nachrichtenarbeit gesammelten Informationen haben ein breites Fundament für Vergleiche und Urteile geschaffen und Wege zu Quellen gewiesen.

Ob es schul- oder pressepolitische Fragen sind, die zur Aussprache stehen, ob es kommunal- oder staatsrechtliche Themen sind, die behandelt werden – es überrascht nicht mehr zu erkennen, daß sie vor einem halben Jahrhundert nicht weniger intensiv, wohl mit anderen Wörtern aber in gleicher oder ähnlicher Problematik zur Diskussion gestanden haben. Der „Fortschritt" ist ein müder Weggenosse gewesen und bedarf vieler Antriebe und Anstöße, um voranzukommen.

In der internationalen Wirklichkeit sind entscheidende Veränderungen eingetreten, sind neue Grundgedanken und Konzepte in die ständige Auseinandersetzung eingeflossen, und es bedarf eingehender und sorgfältiger Arbeit, um neue Tatsachen bekannten Erfahrungen zuzuordnen, ihre Bedeutung zu erkennen und ihren Wert gerecht abzuschätzen.

Alles in allem: Aus der journalistischen Arbeit wurde mehr und mehr auch eine publizistische Mitarbeit.

Das führte zu engeren Beziehungen zu Bibliotheken und Archiven. Es bildete sich ein Kreis Interessierter, der sich schnell erweiterte. Zeitungen und Zeitschriften, Rundfunk und Fernsehen knüpften alte Beziehungen neu, nicht überwiegend, um Beiträge zu bekommen, sondern um miteinander zu beraten und zu überlegen: Wie war das damals und warum war das so?

Wer noch das Kaiserreich erlebt hat, wer die Weimarer Republik entstehen und vergehen sah, wer den wild aufschießenden Nationalismus verfolgen konnte, wie er log und betrog und verführte, wie er zerstörte und leider nur von außen her überwältigt wurde, wer dann am Aufbau eines neuen Deutschlands teilnehmen durfte, der mußte vor allem der jungen Generation nützlich werden können.

Wie war das damals? Viele Male habe ich diese Frage gestellt bekommen und wieder und wieder wurde angezweifelt, was dann erklärt und oft nicht begriffen werden konnte, wie es möglich war, was da geschehen ist. Warum konnte es geschehen? Ob ich in Deutschland, in Dänemark, in der Schweiz oder in Israel in Vorträgen oder im geschlossenen Kreis mit jungen Menschen sprach – diese Fragen blieben im Mittelpunkt jeder Diskussion, und in Israel wurden sie, so ist mein Eindruck, 1966 dringlicher als sie zehn Jahre vorher beim ersten Besuch gestellt worden waren.

Es sprach sich herum, daß ein Kontakt möglich, eine Auskunft brauchbar, eine Frage sinnvoll sein könnte. So kamen der eine, dann der andere und immer mehr Studentinnen und Studenten aus den historischen Seminaren und aus den Instituten für Zeitungswissenschaft zu mir oder sie schrieben Briefe und baten um Material oder Auskunft, wollten Hintergründe erhellt haben und Details wissen. Wir haben miteinander gesprochen. Sie saßen zuweilen wochenlang unten im Keller, wo das Archiv war und bereiteten ihre Dissertation oder Seminararbeit vor, suchten nach neuem Material und waren dankbar für jedes Gespräch. Der Briefwechsel ist zu dicken Mappen angewachsen.

Die Themen durften bei mir nicht durcheinander geraten, so mußte ich ein Verzeichnis anlegen, damit Namen und Interessengebiete nicht vertauscht wurden. Zu weit mehr als hundert jungen Menschen hat sich auch durch diese Arbeit in den späten Jahren eine oft enge, auch freundschaftliche Verbindung entwickelt, die ich nicht mehr missen möchte. Es war jederzeit ein Gewinn für mich, mit ihnen über Zeiten und Ereignisse sprechen zu können. Sie sind aus Berlin und aus München, aus Frankfurt, Mannheim, Freiburg und Dortmund, aus Wien und Kopenhagen, aus London und Tel Aviv gekommen, sie schrieben aus Washington, Denver, Boston und Seattle, aus New Delhi und Tokio und aus vielen anderen Städten und Ländern, auch aus Warschau, Prag und Ostberlin. Historische und zeitungswissenschaftliche, journalistische und presserechtliche Fragen wurden gestellt und Urteile über Ereignisse und über Personen sollten gegeben werden. Die Fülle geistiger Interessen und die Sorgfalt der geleisteten Arbeit, die zu beobachten ich dabei Gelegenheit hatte, haben mich über die Jugend von heute anders belehrt als manche Pauschalbehauptung, die üblich ist und die Oberflächlichkeit und Sinnlosigkeit des Tuns vieler gern einer ganzen Generation auflasten möchte. Es ist gut, daß viele begriffen haben, daß aus Büchern und Akten allein kein getreues Bild der Tatsachen entstehen kann, daß der Mensch untrennbar ist von der Sache, die er betreibt oder die ihn treibt.

Ich weiß nicht, wie viele Dissertationen oder Seminararbeiten oder wissenschaftliche oder sonstige Beiträge aus den Kontakten und Gesprächen und aus dem umfangreichen Briefwechsel entstanden sind oder wie oft Mühe vertan wurde. Aber viele Arbeiten haben die Ernsthaftigkeit des Denkens und eine kritische Vernunft dieses Teils der heranwachsenden Generation bewiesen. Ich habe das dankbar erfahren.

Es ist unkorrekt, daß ich dies als in der Vergangenheit geschehen beschreibe. Sie kommen noch immer, sie schreiben und fragen und nehmen Stellung. Das sollte so bleiben. Die jungen Menschen bilden eine Brücke, über die Tatsachen, Gedanken, Erfahrung und Hoffnung aus der Vergangenheit und Gegenwart in eine unbekannte Zukunft gelangen können. Wir leben doch einer aus dem anderen, und es geschieht ein Neues nur nach und aus dem Vergangenen. Der Ursache folgt unausweichlich die Wirkung. Es gibt keinen Anfang, und es wird kein Ende geben.

Dieses mein Leben war und ist noch und wird wohl bis zur letzten Stunde das eines Journalisten bleiben. Kein Beruf, so meine ich, kann mehr Freiheit gewähren, mehr Verantwortung abfordern und mehr inneren Reichtum bringen als dieser. Dieses Leben war aufregend und angefüllt, es brachte Enttäuschung und Erfolge, Mißgeschick und Freude, es war mühsam und auch gefährlich:

„Und doch, wär's in die Wahl mir gegeben,
ich führte noch einmal dasselbe Leben!
Und sollt' ich noch einmal die Tage beginnen,
ich würde denselben Faden spinnen."
(Theodor Fontane)

Personenverzeichnis

Sachwortverzeichnis

Internationale Bibliothek

Erich Ollenhauer
Reden und Aufsätze
Herausgegeben und eingeleitet von Fritz Sänger
(Internationale Bibliothek, Band 103) 2. Aufl. (1. Aufl. 1964).
389 S. Brosch. 15,– DM

Der Band enthält die wichtigsten Reden und Aufsätze des Nachfolgers von Kurt Schumacher. Er umfaßt Texte von 1920 bis 1963, darunter auch Ollenhauers Rede auf dem Godesberger Parteitag 1959 zum Godesberger Grundsatzprogramm der SPD. Fritz Sänger, Publizist und langjähriger Bundestagsabgeordneter, würdigt in einem für diese Neuauflage erweiterten Kapitel „Mensch und Leistung" die Persönlichkeit Erich Ollenhauers. Ollenhauer, so Sänger, „wirkte in der Zeit, in der jene Schichten des Volkes, die um ihre Anerkennung kämpfen mußten ... in den Staat hineinwuchsen ... lange vor dem Gewaltstreich der Nationalsozialisten in Deutschland hatte Ollenhauer darauf hingewiesen, ,daß die alte sozialistische Phraseologie im Kampf der Nachkriegszeit entwertet worden ist'." Ollenhauers Beiträge, vor allem die aus der Zeit nach 1945, sind also eher nüchtern, daß er dennoch kein prinzipienloser Pragmatiker war, wird in diesem Band deutlich. – Fritz Sänger war Bundestagsabgeordneter und Mitbegründer der Deutschen Presse-Agentur.

Verlag J.H.W. Dietz Nachf. GmbH
Godesberger Allee 143
5300 Bonn 2